国家社科基金
GUOJIA SHEKE JIJIN HOUQI ZIZHU XIANGMU
后期资助项目

西方政策评估理论与方法研究

Research on Theories and Methods of Policy Evaluation in Western Countries

杨代福 等著

ZHEJIANG UNIVERSITY PRESS
浙江大学出版社
·杭州·

图书在版编目(CIP)数据

西方政策评估理论与方法研究 / 杨代福等著. —杭州:浙江大学出版社,2023.11
ISBN 978-7-308-23994-3

Ⅰ.①西⋯ Ⅱ.①杨⋯ Ⅲ.①公共政策－评估－研究－西方国家 Ⅳ.①D523-31

中国国家版本馆 CIP 数据核字(2023)第 120173 号

西方政策评估理论与方法研究

杨代福　等著

责任编辑	蔡圆圆　赵　伟
责任校对	许艺涛
封面设计	周　灵
出版发行	浙江大学出版社
	(杭州市天目山路 148 号　邮政编码 310007)
	(网址:http://www.zjupress.com)
排　　版	浙江大千时代文化传媒有限公司
印　　刷	杭州捷派印务有限公司
开　　本	710mm×1000mm　1/16
印　　张	26.5
字　　数	461 千
版 印 次	2023 年 11 月第 1 版　2023 年 11 月第 1 次印刷
书　　号	ISBN 978-7-308-23994-3
定　　价	98.00 元

序

　　本书是作者主持的 2020 年国家社科基金后期资助项目的最终成果。但据我所知,作者于 2017 年前后就开始对这一领域进行探索。2017 年作者赴美访学之前,我就知道他对这一领域的强烈兴趣,并且访学的主题就是"公共政策评估"。

　　公共政策评估确实是当前中国公共管理学界特别是公共政策学界值得深入研究的问题。党的十八届三中全会以来,在中央的引领和示范之下,政策评估实践在我国迅速提速,变得十分活跃。然而,与蓬勃发展的实践相对照,我国政策评估的理论与方法建设却较为滞后。可以说,政策评估理论是我国政策过程理论中较为薄弱的一个环节。这种理论状态不仅将制约我国政策评估实践的进一步开展,甚至还会对我国治理体系和治理能力现代化形成阻碍。

　　"他山之石,可以攻玉",西方国家对政策评估理论与方法的研究自 20 世纪 60 年代中期就已进入专业化时代,目前已经积累了丰硕的成果,视野宽阔而多元,研究系统而深入。毫无疑问,借鉴和吸收西方国家较为成熟的公共政策评估研究成果,有利于夯实我国公共政策评估理论与方法的基础。

　　正是基于这一认识,作者对西方政策评估的理论与方法进行了较为全面和深入的研究,也思考了西方政策评估理论与方法对建构我国政策评估理论与方法体系的启示。作者首先基于自身认识政策评估理论的视角,按照历史发展顺序,识别出了西方政策评估的八大理论流派,即后实证主义政策评估流派、建构主义政策评估流派、实用主义政策评估流派、批判复合主义政策评估流派、变革性政策评估流派、循证政策评估流派、辩证多元政策评估流派以及大数据政策评估流派。其次基于政策评估理论的"哲学基础—理论流派—评估方法"框架,对每一流派的含义与哲学基础,每一流派的理论渊源、理论演变、理论家及其对理论与方法的贡献,每一流派的经典方法进行了全面的梳理。最后对西方政策评估理论与方法的发展进行了历史反思和未来展望,揭示了其历史演进的逻辑,并运用相应标准评价了西方政策评估理论的发展程度,还展望了其未来的发展趋势,在此基础上,思考了西方政策评估理论与方法对建构中国特色政策评估理论体系和方法体系的启示。

纵观全书,我认为其具有如下几个特色:其一,研究具有系统性。尽管西方国家的学者已将西方政策评估理论划分为若干"代""流派""浪潮""导向",国内也有学者对西方政策评估理论进行过一定的介绍,然而对西方公共政策评估理论与方法的认识的系统性和全面性还不足。本书则识别出了西方政策评估的八大理论流派,时间跨越了近60年,内容涵盖了教育学、管理科学与工程、经济学、统计学、数学、社会学、公共管理、政治学、数据科学与大数据技术等多个学科,因此,较为系统地揭示出了西方政策评估的理论与方法体系。其二,研究具有深入性。人们常常将公共政策评估视为一种"技术性"领域,谈论的更多的也是各种评估方法或"如何做"的问题,因此,研究常常停留于"操作"层面。然而,本书没有局限于此,而是提出了政策评估理论的"哲学基础—理论流派—评估方法"框架,并且基于这一框架对西方政策评估理论与方法进行了深入挖掘。在框架中,哲学基础包括一系列逻辑相关的哲学假设(本体论、认识论、方法论、价值论),其构成了政策评估之"根";由于哲学基础的不同,导致评估的理念、规则、假设的不同,由此便形成了各种政策评估理论流派;由于所处理论流派的不同,导致每一流派开发的评估模型或评估方法存在差异。基于这一框架,作者对八大流派中的每一流派的哲学基础、理论渊源、理论演变、理论家及其对理论与方法的贡献、经典方法进行了梳理,因此,也突出了公共政策评估的深层次哲学问题和"理论性",从而较为深入地揭示出了西方政策评估的理论与方法体系。其三,研究具有创新性。本书没有拘泥于已有学者对西方政策评估理论的各种划分(如"四代论""四大流派论""四大浪潮论"等),而是提出了自身认识公共政策评估理论的视角(政策评估的双重属性、政策评估的哲学基础、政策评估理论的两种发展方式),并基于这些视角对西方政策评估理论进行了新的流派划分,从而创新性地展示出了西方政策评估理论的样貌和图景。

然而,做学问类似于世间任何其他事情,总会多多少少留下一些遗憾。尽管作者付出了若干努力,但是也存在一些需要未来进一步完善之处,例如西方政策评估理论与方法对建构我国政策评估理论与方法体系的启示还有待进一步思考,对复杂(重大)政策评估的理论与方法还有待进一步研究,对政策评估、项目评估、计划评估和干预评估的理论与方法的差异也还需要进一步探讨等。但总体来看,作者当初确定的研究设想和目标已经得到了很好地实现,而且,在目前这个竞争日益激烈的时代,作者能够静下心来从事基础性研究也值得肯定。

是为序。

丁　煌

2023 年 11 月于武汉大学

前　言

政策评估是政策过程的重要环节,也是实现国家治理体系和治理能力现代化的重要途径。党的十八届三中全会以来,政策评估实践在我国迅速提速,变得十分活跃,中央和地方的政策评估活动如火如荼。然而,与蓬勃发展的实践相对照,我国政策评估的理论与方法建设却非常滞后。可以说,政策评估理论是我国政策过程理论中最为薄弱、最为苍白的一个环节,甚至可以说是政策过程理论的一个瓶颈。这种理论状态不仅将制约我国政策评估实践的进一步开展,甚至还会对我国治理体系和治理能力的现代化形成阻碍。与我国形成鲜明对比的是,西方国家以及联合国、世界银行、世界卫生组织等机构已经形成了丰富的政策评估理论和方法。在20世纪60年代,西方政策评估便进入了专业化时代。经过多年的发展,目前其理论和方法已经较为成熟。"他山之石,可以攻玉。"因此,全面系统地梳理、研究西方政策评估理论与方法具有较为重要的理论意义和现实意义。

本书首先提出了认识政策评估理论的视角和框架。认识政策评估理论具有三个重要的视角:政策评估具有双重属性,哲学基础是政策评估之根,政策评估理论具有两种发展方式。认识政策评估理论也具有一个基本的框架,即哲学基础—理论流派—评估方法。该框架认为,政策评估理论与方法是由哲学基础、理论流派和评估方法三个层次构成的综合体系。

基于以上三个视角,本书识别出了西方政策评估的八大理论流派,即后实证主义政策评估流派、建构主义政策评估流派、实用主义政策评估流派、批判复合主义政策评估流派、变革性政策评估流派、循证政策评估流派、辩证多元政策评估流派以及大数据政策评估流派。基于"哲学基础—理论流派—评估方法"框架,本书对每一流派的含义与哲学基础、理论渊源、理论演变、理论家及其对理论与方法的贡献、经典方法进行了全面的梳理。

后实证主义政策评估流派以后实证主义为哲学基础,坚持"价值中立"

和工具理性,采用定量方法来评估政策的效果,数学、统计学、社会心理学、计量经济学、系统工程等学科不断为其注入理论和技术,随机对照试验、准实验、基于理论的评估、自然实验、成本收益分析已经成为该流派的经典方法。建构主义政策评估流派以建构主义哲学为基础,拒绝价值中立,强调以"谈判协调"为核心动力促进不同评估参与主体进行互动,创造出一种共同建构的评估结果,主要通过定性方法识别多种价值观和视角,开发了无目标评估、回应性评估、鉴识评估、案例研究和"第四代评估"等重要方法。实用主义政策评估流派以实用主义哲学为基础,强调对评估结果的使用,他们研究了评估使用的形式,探索了影响评估使用的因素,构建了评估使用的模型,也提出了 CIPP 模型、以利用为中心的评估、学习型组织评估、授权评估和实际参与式评估等具有影响力的方法。批判复合主义政策评估流派以批判性复合主义为哲学基础,探索调和、协调和整合后实证主义评估和建构主义评估,谋求范式的对话,试图整合事实与价值,也提出了政策辩论逻辑框架、整合评估实践的框架等整合框架和策略。变革性政策评估流派以变革范式为哲学基础,聚焦于边缘化群体的观点,并通过混合方法质疑系统的权力结构,以促进社会正义和人权,建立了协商民主评估、伙伴国家领导的评估、基于批判种族理论的评估、面向土著的评估、文化响应评估、基于残疾人和聋人权利的评估、基于女权主义的评估和变革性参与评估等经典模型。循证政策评估流派意味着实用主义和后实证主义的复兴,同时也受到了批判现实主义的影响,他们以描述和测量"评估—政策缺口"、解释"评估—政策缺口"的原因和提出干预"评估—政策缺口"的措施为研究主线,积累了大量理论成果,随机对照试验、自然实验、成本收益分析、系统评价、荟萃分析、现实主义评估成为生产高强度评估证据的经典方法。辩证多元政策评估流派以辩证多元主义为哲学基础,主张仔细地、系统地、深思熟虑地倾听、理解、欣赏、学习和结合多种范式、学科、价值观、方法论、立场、种族观点和视角,形成一个新的、可操作的整体,从而对政策或项目进行评估,他们提出或发展了一般混合评估方法、辩证多元主义实施框架、辩证多元混合评估方法和辩证多元系统评价方法等重要方法。大数据政策评估流派以"数据密集型科学发现范式"为哲学基础,将大数据提供的多数据源、新的方法和技术整合进政策评估当中,不仅形成了新的评估理念和优化了评估过程,还开发了运用社交媒体数据、卫星遥感数据、手机数据、网络搜索数据、综合数据等评估政策的方法。

本书最后对西方政策评估理论与方法的发展进行了历史反思和未来展望。首先,揭示了其历史演进的逻辑,评价了当前西方政策评估理论的发展程度,并展望了其未来的发展趋势。其次,在此基础上,思考了西方政策评估理论与方法对建构中国特色政策评估理论和方法体系的启示。

尽管本书对西方政策评估的理论与方法进行了较为全面、系统、深入的梳理和研究,但由于西方政策评估理论与方法的发展历史悠久、视野宽阔而多元、研究系统而深入,本书仅是对其主要的理论和方法进行的一个初步探索,未来还需要对其进行更全面和更深入的研究。

目　录

第一章 导 论

第一节 研究背景、研究目的与意义

一、研究背景

公共政策评估是检验政策效果的基本途径，是决定政策取向的重要依据，是合理配置资源的有效手段，是公共决策科学化、民主化的重要体现，是国家治理体系和治理能力现代化的重要内容。

自 20 世纪 80 年代以来，党和政府日益重视政策评估对决策科学化、民主化的重要作用，并在政府管理实践中开始引入政策评估，一些地方政府也进行了零星的探索。随着党的十八届三中全会报告指出要"推进国家治理体系和治理能力现代化"，政策评估实践在我国迅速提速，变得十分活跃。一方面，中央和地方关于政策评估的文件频出。2014 年，党的十八届四中全会通过的《中共中央关于全面推进依法治国若干重大问题的决定》指出：对争议较大的重要立法事项，由决策机关引入第三方评估。2015 年，中共中央、国务院出台的《关于加强中国特色新型智库建设的意见》，明确提出"建立健全政策评估制度"。2015 年，民政部也制定了《关于探索建立社会组织第三方评估机制的指导意见》。在地方政府层面，自 2014 年以来，重庆、湖南、江苏、江西、广西、贵州等省区市和南京、青岛、肇庆、中山、温州、绍兴及贵州黔东南州等地也陆续出台第三方评估办法。另一方面，在中央的示范下，各地的具体政策评估活动也变得"很火"。李克强总理一直高度重视公共政策评估，将第三方评估视为政府创新管理方式的重要措施，自 2013 年以来，国务院委托第三方机构至少对 15 项重大政策（如鼓励民间投资"新 36 条",重大水利工程建设和农村人口饮水安全,保障性安居工程建设,取消和下放行政审批事项,企业投资权和示范项目,推进大众创业、万众创新,增加公共产品和公共服务供给,实施精准扶贫、精准脱贫,实施长江经济带发展战略,全面支持小微企业发展,推进简政放权、放管结合、优化服务,金融支持实体经济等)进行了评估①,第三方评估接连成为国务院常务会议的议题②。自 2015 年以来,国务院扶贫办委托中国科学院对国家精准扶贫工作成效进行第三方评估。中国科学院曾组建了覆盖中西部 22 个省区市、32 所高校和科研单位,包括 29 名院士,101 名教授,113 名副教授,103 名讲师,957 名博士、硕士研究生,共计 1303 人的调研团队,对贫困县、贫困村、贫困户以及脱贫户进行实地调查③,对国家精准扶贫工作成效进行评估,使得这次评估成为"世界上规模最大的第三方评估"④。在中央的示范下,各地政策评估活动如火如荼。如从 2014 年底开始,重庆市先后委托重庆社科院、重咨公司、重庆智库和重庆市社情民意调查中心等研究咨询机构,针对重庆推进五大功能区域协调发展、办好民生实事、深化投资体制改革和两江新区大部门制改革等工作进行了第三方评估。又如,广州市投入 1245 万元,对广州市实施乡村振兴战略工作进行第三方评估。而且,第三方评估目前也逐渐延伸到区县甚至乡镇,成为区县、乡镇的管理手段。正如有的学者指出的那样,政策评估实践在我国正变得"热火朝天"。⑤

　　然而,与此蓬勃发展的实践状况相对照,我国政策评估的理论与方法体系建设却非常滞后。陈振明明确指出:"政策评估可以说是我国政策过程中最为薄弱、最为苍白的一个环节,甚至可以说是政策过程的一个瓶颈。"⑥2014 年,我国另外三名著名公共管理学者(薛澜、胡鞍钢、贠杰)在接受《中国经济时报》的采访时,也明确指出:"对不同公共政策评估的方法研究不够"(薛澜),"我们自己评价的方法体系不成熟"(胡鞍钢),"对于正处在学科

---

① 《覆盖面更广,参与机构更多——第三方政策评估将进入发展加速期》,中国政府网,http://www.gov.cn/zhengce/2015-08/28/content_2921249.htm,访问日期:2015 年 8 月 28 日。
② 《第三方评估为何接连成为国务院常务会议题?》,中国政府网,http://www.gov.cn/zhengce/2015-09/18/content_2935062.htm,访问日期:2015 年 9 月 18 日。
③ 祁中山:《扶贫绩效第三方评估:价值与限度——以 2016 年国家精准扶贫工作成效考核第三方评估为参照》,《信阳师范学院学报》(哲学社会科学版)2017 年第 6 期。
④ 《国家精准扶贫工作成效第三方评估重大任务启动暨培训会在京举行》,中国政府网,http://www.gov.cn/xinwen/2018-01/03/content_5252808.htm,访问日期:2018 年 1 月 3 日。
⑤ 老卢庸观:《公共政策第三方评估的感思》,简书,https://www.jianshu.com/p/fe0a6a3ec1e3,访问日期:2017 年 10 月 29 日。
⑥ 陈振明:《公共政策分析》,中国人民大学出版社,2003。

初创阶段的中国公共政策评估来说,目前仍然未形成一套成熟、完善的政策评估理论和方法体系,这无疑在很大程度上制约了政策评估的科学化程度和规范化水平,使政策评估缺乏科学、系统的理论指导,在实践中具有较大的盲目性"(贠杰)。① 不难看出,我国政策评估的理论和方法研究目前仍处于非常薄弱的状态,这种状态会制约我国政策评估实践的开展,进而会对政府治理体系和治理能力的现代化形成阻碍。因此,对政策评估理论和方法的研究迫在眉睫。

二、相关概念界定

(一)政策评估

评估是"为了减少做决策时的不确定因素而对对象的优势和作用进行系统的调查研究"②。专业化的评估都具有如下显著的特色:(1)与明确界定的对象(如政策、项目、计划、干预措施)联系在一起。(2)评估目的,即应该明确评估应该达到的目的。评估服务于三个目的:社会宣传,即根据普遍接受的标准和价值来检验政治的相关性;民主管理的合法性证明,即在合理、可检验的基础上调整决策的可靠性和可接受性;调控的优化,即提高政策、项目等的效率、效益和可持续性。评估具有四种功能:获得认知,执行监督,促进发展和学习过程,以及证明实施的政策、项目或计划的合法性。(3)评估标准,即应根据相关的标准来进行评估。(4)评估主体,即由谁来评估,通常由具有评估能力的人来进行评估,可以是内部的、外部的评估者或内外部评估者的组合来进行评估。(5)评估方法,即用什么样的数据收集方法和分析方法来进行评估。因此,对评估来说最重要的就是由谁、为了什么目的、根据哪些标准、对什么、如何来评估。③ 基于以上理解,本书认同陈振明所下的定义,即政策评估是依据一定的标准和程序,对政策的效益、效率、效果及价值进行判断的一种政治行为,目的在于取得有关这些方面的信息,作为政策继续、政策调整、政策终结或制定新政策的依据。④

① 《构建中国公共政策评估机制迫在眉睫》,中国改革论坛网,http://www.chinareform.org.cn/gov/system/practice/201404/t20140430_196039_1.htm,访问日期:2014 年 4 月 30 日。

② D. M. Mertens, *Research Methods in Education and Psychology: Integrating Diversity with Quantitative & Qualitative Approaches* (Thousand Oaks: Sage Publications, 2005).

③ [德]赖因哈德·施托克曼、沃尔夫冈·梅耶:《评估学》,唐以志译,人民出版社,2012,第 70-71 页。

④ 陈振明:《公共政策分析导论》,中国人民大学出版社,2015,第 105 页。

　　但需注意的是,从评估的对象(evaluand)来看,其实际上存在多样性。如前所述,它包括政策、项目、计划、干预措施。政策(policy)是关于某一特定主题或问题领域完整的、自成一体的行动策略。政策表述的是指向未来的远景,但也预先规定了行动步骤,或者说政策都有一个值得期待的目标,但也有一个详细的实施计划,通常这一实施计划要在相互协调的项目(program)、计划(project)和干预措施(intervention)中完成。项目是指"为达到某些目标而设计的一系列活动的有机整体",它由一系列彼此相关的计划组成。计划是指"政府试图将政策和项目转变为行动方案的主要手段",是由一连串的单个措施构成的。而干预措施指的是最小的行动单元。① 基于这些不同的对象,可以将评估区分为三个层次:政策评估、项目评估、计划评估。由于每一个层次的评估都面临着各自的挑战,因而每一个层次的评估均应使用不同的评估方法。② 需要说明的是,本书承认这三个层次的差异,但认为从评估的基本理论和方法来看,三个层次的评估存在大量的共性,或者说三个层次的评估的基本理论和方法是大同小异的。由于本书立足于探索西方政策评估的基本理论和方法,因此在后文中不再对政策评估、项目评估和计划评估进行区分,而笼统地以"政策评估"予以指代。

　　(二)评估理论

　　理论是人们由实践概括出来的关于自然界和社会的知识的有系统的结论,或用一种系统化的方式将经验世界中某些被挑选的方面概念化并组织起来的一组内在相关的命题。评估理论被描述为回答"我们是谁"的问题,"从某种意义上说,它给了我们在这个跨学科领域中用来描述我们作为评估者所做的独特工作的语言"③。在著名评估先驱斯塔弗尔比姆(Daniel L. Stufflebeam)看来,评估理论是"将概念、假设、实践和伦理原则形成框架相

---

① ［德］赖因哈德·施托克曼、沃尔夫冈·梅耶:《评估学》,唐以志译,人民出版社,2012,第71-72页。但对"干预"的理解亦有学者存在不同理解,如班贝格(Bamberger)认为,干预是一个总的概念,包括政策、项目和计划,见 Michael Bamberger, "Integrating Big Data into the Monitoring and Evaluation of Development Programmes", http:// unglobalpulse. org/ sites/default/files/ IntegratingBigData_intoMEDP_web_UNGP. pdf, 2016,pp. 76-77.

② Michael Bamberger, "Integrating Big Data into the Monitoring and Evaluation of Development Programmes", http:// unglobalpulse. org/ sites/default/files/IntegratingBigData_intoMEDP_web_UNGP. pdf, 2016,p. 76.

③ W. R. Shadish, "Evaluation Theory is Who We are", *American Journal of Evaluation*, no. 19 (1998): 1-19.

结合且能够指导评估研究和实践的全面概括"①。在这一概念中,评估理论包含了四个要素。(1)概念,即评估理论应具有若干成熟的概念,如形成性评估、总结性评估、背景、输入、过程、结果等。(2)假设,即政策评估理论应包含若干与评估相关的假设并对其进行检验。比如评估中利益相关者的参与可以强化评估结果的应用,用于能力建设的合作方法能够提升评估效力等假设。(3)方法,即进行政策评估工作时采用的方式方法和步骤,比如实验法、成本收益分析、CIPP 模型等方法和评估程序等。(4)伦理,即政策评估行为和活动的社会化角色的道德原则和规范。比如评估人员应坚持系统的调查、诚信、尊重他人和公共利益责任等原则。斯塔弗尔比姆还指出,一个完善的政策评估理论应具有如下六个特点:全面一致、核心概念、关于评估进程如何产生预期结果的假设检验、可行的程序、伦理需求、指导政策评估实践和进行评估研究的总体框架。②

需要指出的是,一些西方学者也提出了政策评估的规定性理论和描述性理论的区分。规定性理论(prescriptive theory)是指一套明确规定什么是好的或适当的评估,应该如何进行评估等的规则、规定、禁令和指导框架。描述性理论(descriptive theory)则是一套描述预测或解释评估活动的陈述和概括,它被设计为提供一个经验理论。规定性理论的重点在于规定什么是好的或适当的评估、应该如何进行评估等方面,而描述性理论的重点在于解释或预测,即能解释和预测评估行为与其产生的结果之间的关系。③ 显然,政策评估理论既包含规定性理论,也包含描述性理论,只是二者的侧重点不同。

由此可以发现,评估理论从内容上看,至少包括了四个方面,即相关的核心概念、规定性理论、描述性理论和评估伦理。由于相关的核心概念众多,且一些研究已有所探索;在西方国家,描述性理论是评估理论的"最薄弱环节",还处于研究的呼吁和萌芽状态;评估伦理的内容众多,宜进行另外的专门研究,因此本书仅聚焦于对西方政策评估的规定性理论进行研究。

---

① ［美］斯塔弗尔比姆、科林:《评估理论、模型和应用》(第 2 版),杨保平等译,国防工业出版社,2019,第 36 页。

② ［美］斯塔弗尔比姆、科林:《评估理论、模型和应用》(第 2 版),杨保平等译,国防工业出版社,2019,第 36 页。

③ M. C. Alkin, *Evaluation Roots: A Wider Perspective of Theorists' Views and Influences* (2nd ed.) (Thousand Oaks: Sage Publications, 2012), p. 14.

（三）评估方法

对于评估方法，西方政策评估文献中常常运用两个词（approach 与 method）来表示，然而其含义具有较大差异。approach 侧重于抽象的"方法、手段、措施"，其常常与"模型"（model）一词混用。评估模型是"从实践中衍生出来的、通常由最初描述它们的个人（例如斯泰克、斯克里文和梅尔滕斯)所确定"①，或者说是"个别评估者概念化及描述评估过程方法的总结、缩影或摘要——每一种都能体现作者描述和从事评估的方法"②。举例来说，实验与准实验、案例研究、回应性评估、以利用为中心的评估均属于评估模型。而 method 则侧重于具体的"办法或技术"，比如如何进行评估设计？如何确定评估的目的和问题？如何确定和选择利益相关者？使用哪些指标来确定目标的实现情况？如何收集数据？如何分析数据？如何使用评估结果等。无论是 evaluation models 或 approaches，还是 evaluation methods，显然都是规定性理论的重要部分。

三、研究目的和研究意义

（一）研究目的

基于我国公共政策评估实践的强烈需求，以及我国政策评估理论和方法的研究的薄弱状态，本书的研究目的是系统梳理西方国家 50 多年来政策评估理论和方法的研究成果，为夯实我国政策评估理论和方法的基础、建构中国特色政策评估理论体系和方法体系添砖加瓦。

（二）研究意义

1. 学术价值

系统梳理西方国家 50 多年来政策评估理论和方法的研究成果，有利于弥补国内政策评估理论和方法研究的薄弱状态，夯实我国政策评估的理论和方法基础。

2. 应用价值

本书也是对我国公共政策评估实践的强烈需求的回应，可为我国公共

---

① Jean A. King and Marvin C. Alkin, "The Centrality of Use: Theories of Evaluation Use and Influence and Thoughts on the First 50 Years of Use Research", *American Journal of Evaluation* 40, no. 3(2018):1-28.

② ［美］斯塔弗尔比姆:《评估模型》，苏锦丽等译，北京大学出版社，2007，第 25-26 页。

政策评估实践提供理论指导,促进我国政策评估实践的科学化、专业化和规范化,进而促进我国治理体系和治理能力的现代化。

第二节　研究思路、方法与内容结构

一、研究思路

(一)时间范围

西方政策评估理论与方法的起源可以追溯到 18 世纪末期[①],一些学者认为美国 20 世纪 30 年代对"新政"框架下为减少失业率或改善社会安全的改革项目所进行的评估是现代评估的实际起点[②]。而西方政策评估的专业化则是 20 世纪 60 年代初期伴随着大量的社会、教育、卫生、营养和基础设施项目而兴起的,当然,特别是受到了美国约翰逊总统推行的"伟大社会"运动的影响。而欧洲相对于美国而言晚了 10 年,直到 20 世纪 70 年代才进入评估的专业化时期。20 世纪 60 年代以前的探索,为西方政策评估理论与方法的发展奠定了一定的基础,但是这些时期的探索更主要的是"评估思想",而难以称为"评估理论"。因此,本书对时间范围的限定是西方 20 世纪60 年代专业化时代以来至今。

(二)流派划分

自 20 世纪 60 年代以来,西方政策评估理论与方法一直在探索和发展,由于其跨学科性质,使其视野宽阔而多元。评估的理论和方法被描绘成许多不同的"代""分支""浪潮"。尽管不是绝对的,但是这些"代""分支""浪潮"都坚持着他们自己的各种范式、理论和方法。因此,本书在明确研究的时间范围后,按照一定的标准或依据对西方政策评估理论进行"流派划分"。

(三)"哲学基础—理论流派—评估方法"框架

关于适当评估策略的决定始于评估者对自己及其角色的信念以及他们的世界观,评估者自然而然地对存在的一切做出解释,他们对世界的运作有

---

① [美]斯塔弗尔比姆:《评估模型》,苏锦丽等译,北京大学出版社,2007,第 5 页。
② [德]赖因哈德·施托克曼、沃尔夫冈·梅耶:《评估学》,唐以志译,人民出版社,2012,第 12 页。

自己的先入之见。理论可以为有关评估实践的决定和评估方法的选择提供信息。因此从层次上看,西方政策评估理论与方法是一个有着不同层次的综合体系,这包括哲学基础、理论流派和评估方法三个层次。

其一是哲学基础。哲学基础是广泛的形而上学结构,包括一系列逻辑相关的哲学假设。[①] 正如沙迪什(William Shadish)指出的那样:"评估中的许多基本问题反映了基本哲学假设的差异:评估领域中的大多数争论都是关于认识论和本体论、我们在构建知识时所做的假设、我们在工作中使用的许多基本概念(如因果关系、概括和真理)的性质。"[②]哲学基础揭示了政策评估之"根",任何一个理论流派都是依据一定的哲学假设或"范式"而形成的。哲学基础往往是包含了如下四种哲学假设而构成的形而上学结构:(1)本体论,回答"现实的本质是什么?";(2)认识论,回答"知识的本质是什么? 认识主体与认识客体之间的关系是什么?";(3)方法论,回答"收集认识客体相关信息的系统方法是什么?";(4)价值论,回答"伦理的本质是什么?"。[③]

其二是理论流派。哲学基础的不同,会导致评估的理念、规则、假设、方法的不同,由此便形成了具有独特性的派别,即理论流派。如前所述,在西方政策评估文献中,一些学者使用的"generation"(代)、"branch"(分支)和"wave"(浪潮)均是对理论流派的一种隐喻。对于任何一种理论流派,都有其产生的背景、产生与发展的过程,都存在一些理论家或学者构成的学术群体,都具有可以归为这一流派的相关的理论观点。

其三是评估方法。这涉及政策评估的操作层面。如前所述,评估方法既包括较为抽象的 evaluation models 或 approaches,又包括更为具体的、侧重技术的 evaluation methods。所处理论流派的不同,或者说所持理论观点、研究志趣等不同,导致每一流派开发的评估模型或评估技术存在差异。

由此,可以形成一个认识和理解西方政策评估理论的框架,即"哲学基础—理论流派—评估方法"框架。其中,哲学基础是理论流派和评估方法的根源或者说是指导评估的一般思想,处于最基础层次。不同的哲学基础影

---

① Donna M. Mertens and Amy T. Wilson, *Program Evaluation Theory and Practice*: *A Comprehensive Guide*(2nd ed.)(New York: The Guilford Press, 2019), p. 36.

② W. R. Shadish, "Evaluation Theory is Who We are", *American Journal of Evaluation* 19 (1998):1-19.

③ [美]埃贡·G. 古巴、伊冯娜·S. 林肯:《第四代评估》,秦霖等译,中国人民大学出版社,2008,第 51-52 页;E. G. Guba and Y. S. Lincoln(eds.), *Handbook of Qualitative Research* (Thousand Oaks: Sage Publicatons, 2005).

响着不同评估观点的形成,汇聚成不同的学术群体,从而形成不同的评估理论流派,因此理论流派处于中间层次。而不同的哲学基础和理论流派影响着评估模型或评估技术的开发或选择,因此评估方法处于具体的层面。由此,西方政策评估理论是一个具有紧密内在联系的由三个层次构成的综合体系。

基于以上时间范围的限定、流派划分设想以及"哲学基础—理论流派—评估方法"框架,本书的研究思路为:首先,从浩瀚的有关西方政策评估理论与方法的文献中,梳理出西方政策评估理论与方法的历史发展脉络和重要的理论流派。其次,对各种理论流派的哲学基础进行归纳。再次,对各种理论流派的理论渊源、理论家、理论成果进行整理,然后对各种理论流派开发的具体政策评估方法或模型进行梳理。最后,对西方政策评估理论与方法的历史发展进行评析并展望其未来研究趋势,最终呈现出西方政策评估的理论体系和方法体系。

二、文献述评

(一)国外研究概况

国外政策评估的发展已逾百年。早在 1902 年,美国颁布《河流与港口法》,就要求对水域资源工程项目进行评估。20 世纪 60 年代中期,美国总统约翰逊推行"伟大社会"运动,使得政府、公众、学者都很关注这些政策的效果并开展大量的评估。到 20 世纪 60 年代后期,政策评估在美国已经变成一个成长中的产业;20 世纪 70 年代,政策评估成为西方社会科学界的一个重要学术领域;20 世纪 80 年代,政策评估已经成为美国社会科学中最有活力的前沿阵地。20 世纪 90 年代至今,随着新公共管理运动"结果为本"的理念的传播,一些国家更加重视对政策的评估,如美国、英国、加拿大、澳大利亚、日本等国均签署和出台了大量的政策评估法案和行政命令。21 世纪以来,西方各国普遍出现对"循证"的追求,人类社会也进入了大数据时代,这都给政策评估带来了挑战和机遇,也大大推动了西方政策评估实践和理论的拓展。

一般而言,国外学者认为正式的西方政策评估理论与方法的研究开始于 20 世纪 60 年代中期。目前著作汗牛充栋,难以计数。首先就其理论流派而言,呈现"百家争鸣"的态势,不同的学者依据不同的标准将其划分为诸多流派,比如有的将其概括为"四大流派",有的将其归纳为"四大导向"(详见本书第二章)。一些著作已经列出了在西方政策评估理论中做出重大贡献的八大"理论先驱",包括来自北美的斯泰克(Robert E. Stake)、阿尔金(Marvin C. Alkin)、斯克里文(Michael Scriven)、斯塔弗尔比姆、切利姆斯基(Eleanor Chelimsky)、豪斯(Ernie House)、帕顿(Michael Quinn Patton)[1]和来自欧洲的韦唐(Evert Vedung)[2]。就其方法而言,也是"多彩纷呈"。每一理论流派在其产生或发展过程中,都开发出了若干"模型"或方法。更为引人注目的是,西方国家在学术层面已经形成了"政策评估学科建制化"。在书籍方面,自韦斯(Carol H. Weiss)在 1972 年出版第一本政策评估教材以来[3],目前已经出版了大量的专著和教材。在期刊方面,1976年,随着《评估评论》的创刊,目前政策评估方面的期刊已达到 10 多种。除了《评估评论》外,还包括《美国评估杂志》《评估新方向》《评估:国际理论研究和实践杂志》《评估和项目规划》《政策分析和管理杂志》《评估和卫生职业》《教育评估和政策分析》《评价和高等教育评估》《教育评估研究》《教育数据和研究季刊》《成本收益分析杂志》《实践性研究和评估》和《评估信息》等。这些书籍和期刊对于促进西方政策评估的知识增长起了重要作用。在学术团体方面,20 世纪 70 年代,美国就成立专门的评估研究者协会,自此以后,大量的专业评估协会得以创建。目前比较有影响力的评估协会包括美国评估协会(AEA)、政策分析和管理协会、美国教育研究协会(评估分会)、成本收益分析协会、评估圆桌会议、更好的评估和评估员协会、联邦评估者等。其中,美国评估协会是美国最有影响力的专业组织。它是一个国际专业评估人员协会,拥有代表美国 50 个州和 60 多个国家的 5500 多名会员,它的历史以及与全球近 100 个专业协会的联系体现了特别在该领域的发展和专业化。许多大学、智库成立政策评估研究机构,开展政策评估研究和进行政策评估,如布鲁金斯学会 2017 年开展了迄今为止美国规模最大的评估——对"平价医疗法案"("奥巴马医改")的评估,其中包括全国各地家庭访问项目的数据,以及基于多项随机对照试验(randomized controlled trial, RCT)的项目实施和影响的研究结果。[4] 2003 年以来,麻省理工学院的贫困

---

[1] David D. Williams (ed.), *Seven North American Evaluation Pioneers*(San Francisco: Jossey-Bass, 2016).

[2] Tranquist, J., "The Oral History of Evaluation: The Professional Development of Evert Vedung", *American Journal of Evaluation* 4, no. 36(2015): 570-583.

[3] Carol H. Weiss, *Evaluation Research: Methods of Assessing Program Effectiveness* (Englewood Cliffs:Prentice-Hall, 1972).

[4] National Academies of Sciences, Engineering, and Medicine, *Principles and Practices for Federal Program Evaluation:Proceedings of a Workshop-in Brief*(Washington, D.C.: The National Academies Press, 2017), https://doi.org/10.17226/24716.

行动实验室(Poverty Action Lab)已经进行了 1073 项随机对照试验评估，希望"通过确保政策得到科学证据的信息来减少贫困"，其中三位重要的参与者获得了 2019 年诺贝尔经济学奖。[①] 斯塔弗尔比姆创立的西密歇根大学评估研究中心已经享有世界声誉，华盛顿公共政策研究中心运用荟萃分析法和成本效益分析法进行循证研究，已为华盛顿州政府决策提供了广泛的"证据"。在大学教育方面，随着政策评估研究的发展，政策评估日益成为公共行政或政策分析专业的核心课程。许多大学将政策评估视为公共事务专业学生特别是政策分析专业学生的基本技能，成本收益分析和公共项目评估是学生必修的两门核心课程。

总之，西方国家政策评估研究历史悠久，迄今已经开展 50 多年，成果也颇为丰硕，研究系统而深入，视野宽阔而多元。甚至有的西方学者认为："政策评估领域已经成熟。"[②]

(二)国内研究概况

21 世纪初，我国学者开始投入政策评估的研究，至今大体上可以分为两个阶段：一是 21 世纪初至党的十八届三中全会以前，一些学者开始译介国外政策评估著作并对政策评估进行初步探索(负杰、杨诚虎，2006；李允杰、丘昌泰，2008；范柏乃等，2011；赵德余，2011)。二是党的十八届三中全会以后，我国政策评估研究开始较大幅度增长。我国政策评估研究主要的主题包括：其一，对政策评估的理论和实践的综合研究，如李志军主编的《重大公共政策评估的理论、方法与实践》。其二，对具体政策的实证评估。一些学者运用不同的方法对大量的具体政策进行了评估，如对政府监管、反倾销、自贸区、农机购置补贴、国家高新区等经济政策的评估(王蕾，2012；张平等，2016；孔祥智，2016)，对灾害救助、大学生资助、十大民生工程、农村最低生活保障、社区居家养老服务、精准扶贫等社会政策的评估(张欢、任婧玲，2014；王世忠，2014；耿明斋、王雪云，2015；何植民，2015；李文军，2017；孙璐，2018)，对水污染物排放收费、生态补偿等环境政策的评估(高树婷等，2013；周丽旋等，2018)，对科技支持、科技人才、公共文化服务体系专项资金等文化政策的评估(王崇举等，2015；刘洪银、田翠杰，2017；上海社会科学院

① "The Abdul Latif Jameel Poverty Action Lab(J-PAL)", https://www. povertyactionlab. org / evaluations.

② R. Lance Hogan, "The Historical Development of Program Evaluation: Exploring the Past and Present", *Online Journal of Workforce Education and Development* 2, no 4(2007).

政府绩效评估中心,2017)以及对政府信息公开等政府管理政策的评估(中国社会科学院法学研究所法治指数创新工程项目组,2015)。其三,我国政策评估制度化建设研究。由于中央高度重视决策咨询工作和进行第三方评估的示范,一些学者开始对政策评估特别是第三方评估的制度建设进行研究,如董幼鸿、李志军等对我国地方政府政策评估、重大政策评估、第三方评估的制度化建设进行了探索(董幼鸿,2012;李志军,2013;李志军,2016;马旭红、唐正繁,2017)。

　　总体来说,21世纪初以来,我国政策评估研究得到一定范围的展开,并积累了一定成果,为我国政策评估研究的"起步"做出了重要贡献。但就政策评估理论和方法的研究而言,其局限是颇为明显的,集中体现在以下四个方面:一是对政策评估理论和方法的研究"弱化",主要是对具体政策进行实证评估和我国政策评估制度化建设进行研究,对基础理论和方法的研究付之阙如。二是对理论基础的研究"泛化",常以公共治理理论、委托代理理论、利益相关者理论等作为理论基础,没有专门针对"政策评估"。三是研究"零散化"。学者们常从各自所在的学科入手介绍和运用相关的方法,使得理论缺乏整体性、系统性,呈现出"只见树木不见森林"的研究状态。四是对政策评估理论和方法的研究"表面化",侧重介绍和运用具体方法,而对这些方法背后的哲学基础、理论基础没有挖掘。

　　通过对国内研究概况的梳理,可以发现这印证了前述四名著名学者的观点,即目前我国政策评估理论和方法的研究非常薄弱,没有形成中国政策评估的理论体系和方法体系,与西方国家相比,存在明显的差距。"他山之石,可以攻玉",因此借鉴和吸收西方国家较为成熟的研究成果,夯实我国政策评估理论和方法的基础,就成为题中应有之义。

三、研究方法

(一)资料收集方法

1.文献法
本书主要采用文献法,即通过各种渠道收集大量的与西方政策评估理论与方法相关的、具有代表性的中外文论文与著作。

2.专家咨询法
通过邮件、现场访谈等方式向国内外著名政策评估专家特别是西方学者进行咨询。

（二）资料分析方法

1.定量分析方法

通过文献计量分析技术和网络分析技术确认西方政策评估基本理论、挑选重要的理论家、选择经典的评估方法。

2.规范分析方法

在阅读、讨论的基础上，通过整理、梳理、比较、综合、提炼等方法对各种政策评估理论和方法进行研究。

四、内容结构

基于前述的研究思路和研究方法，本书第二章归纳出西方政策评估的八大理论流派，第三章至第十章按照时间顺序梳理各个理论流派，最后一章对西方政策评估理论与方法的历史发展进行评析并展望其未来研究趋势。因此本书的基本内容结构如下。

第二章介绍西方政策评估理论与方法产生的历史背景、理论流派划分的依据以及理论流派划分。

第三章介绍后实证主义政策评估理论和方法。首先，探讨后实证主义政策评估理论的哲学基础，包括价值论、本体论、认识论和方法论；其次，梳理后实证主义政策评估的理论渊源、理论演变、理论家及其理论贡献；最后，梳理后实证主义政策评估的经典方法。

第四章至第十章依次介绍建构主义政策评估理论和方法、实用主义政策评估理论与方法、批判复合主义政策评估理论与方法、变革型政策评估理论与方法、循证政策评估理论与方法、辩证多元政策评估理论与方法以及大数据政策评估理论与方法。各章均依据政策评估理论与方法的三个层次进行梳理。

第十一章对西方政策评估理论与方法进行历史反思并探索其未来的发展趋势。"他山之石，可以攻玉"，最后探索西方政策评估理论与方法对推进我国政策评估理论发展的启示。

第二章 西方政策评估理论流派的划分

本章将对西方政策评估的理论流派进行划分。首先,我们简要介绍西方学者对西方国家政策评估理论划分的观点;其次,在批判他们的观点的基础上,提出本书对西方国家政策评估理论流派划分的依据;最后,对西方国家各政策评估理论流派进行简要勾画,以为把握随后各章提供一个"概略"。

第一节 西方政策评估理论流派的划分:
西方学者的观点

西方政策评估理论的历史发展中,出于对理论的批判、修正和整合的目的,20世纪70年代以来,不断有学者对政策评估理论流派的划分提出自己的观点。如斯泰克对九种项目评估方法的分析为确定不同类型的项目评估提供了一种有用的先行组织者的应用(用于确定信息需求的变量类型)。[①] 哈斯丁(T. Hastings)对评估理论和实践发展的回顾有助于将评估领域置于历史的视角。[②] 古巴(Egon G. Guba)的《范式对话》一书以及他对评估中六大哲学的阐述和评价都是具有启发性的。[③] 豪斯对评估方法的分析阐明

---

① R. E. Stake, Nine Approaches to Educational Evaluation (unpublished chart, Urbana: University of Illinois, Center for Instructional Research and Curriculum Evaluation, 1974).

② T. Hastings, "A Portrayal of the Changing Evaluation Scene", Keynote Speech at the Annual Meeting of the Evaluation Network, St. Louis, 1976.

③ E. G. Guba, The Paradigm Dialog (Newbury Park: Sage Publicatons, 1990); E. G. Guba, "Educational Evaluation: The State of the Art", keynote address at the Annual Meeting of the Evaluation Network, St. Louis, 1977.

了重要的哲学和理论区别。[①] 斯克里文关于评估的跨学科性质的著作也归纳出不同的评估理论。[②] 以下介绍五种较为新近的、颇有代表性的观点。

一、政策评估四"代"论

古巴和林肯（Yvonna S. Lincoln）曾将政策评估研究划分为四"代"。第一代评估处于 20 世纪 30 年代至第二次世界大战前夕期间。其本质是以测验或测量的方式，测定评估对象的状况或某项特质。其特点在于认为评估就是测量，评估者的工作就是测量技术员的工作，选择测量工具、组织测量、提供测量数据。因此，这一时期也称为"测量"时期。第二代评估处于二战至 20 世纪 70 年代初期间。其本质是"描述"，描述政策结果与政策目标相一致的程度。其特点在于认为评估过程是将政策结果与预定的政策目标相对照的过程，是根据预定的政策目标对政策结果进行描述的过程；评估的关键是确定清晰的、可操作的行为目标；尽管"测量"可以成为评估的一部分，但评估不等于"测量"。第三代评估处于 20 世纪 70 年代至 80 年代中期。其本质是"判断"，特点在于把评估视为价值判断的过程，评估不只是根据预定目标对结果的描述，预定目标本身也需要进行价值判断；既然目标并非评估的固定不变的铁的标准，那么评估就应当走出预定的目标的限制，过程本身的价值也应当是评估的有机构成。20 世纪 80 年代中期至今的评估被称为"第四代评估"。其本质是一种通过协商而形成的心理结构，坚持"价值多元性"的信念，反对"管理主义倾向"。其特点在于把评估视为评估者和被评估者"协商"进行的共同心理建构过程；评估是受"多元主义"价值观所支配的；评估是一种民主协商、主体参与的过程，而非评估者对被评估者的控制过程；评估的基本方法是"质的研究"方法。[③]

二、政策评估四大"导向"论

斯塔弗尔比姆在《评估模型》一书中，对 1960 年至 1999 年间主要在美国出现的 22 种经常用于评估项目的模型进行评估。他认为，评估是指为帮助一些读者评价一个对象的价值和优点而设计和进行的研究。根据符合这一特定评估定义的程度，将前述 22 种评估模型分为四大类。一些模型看起

---

① E. R. House, "Assumptions Underlying Evaluation Models", *Educational Researcher* 7, no. 3 (1978).

② M. Scriven, *Evaluation Thesaurus* (Newbury Park: Sage Publications, 1991); M. Scriven, "Evaluation as a Discipline", *Studies in Educational Evaluation* 20, no. 1(1994):147-166.

③ ［美］古贝、林肯：《第四代评估》，秦霖等译，中国人民大学出版社，2008。

来合理,但评估者和他们的客户有时会试图掩盖、选择性地发布,甚至伪造评估结果。因为它们不能产生并向所有有权了解的人报告有效的对优点和价值的评估,所以这类模型被称为伪评估。一些模型倾向于解决特定的问题或者一些模型旨在使用特定的方法,但它们都将提出的方法或问题是否适合评估项目的优点和价值视为次要考虑因素,因此,被称为问题和方法导向的评估。还有一些模型强调通过服务于项目决策、向消费者提供可选择的项目和服务的评价以及帮助消费者审查竞争机构和项目的优点来改进项目,它们和前述评估的定义非常一致,被称为以改进/问责为导向的评估。还有一些模型旨在通过项目评估改变社会,它们运用项目评估将权利赋予被剥夺的人,确保社会各阶层平等获得教育和社会机会与服务。它们强调利益相关者在获取和解释评估结果时的民主参与,倾向于建构主义方向和定性方法的使用,反映了后现代主义的哲学,同时也强调文化多元主义、道德相对论和多重现实。由于这些模型强烈地倾向于平等和公平的民主原则,并采用实际程序让所有利益相关者参与进来,因此被称为社会议程/倡导导向的评估。[①]

三、政策评估理论树

阿尔金在 2004 年出版(2012 年再版)的《评估根源:理论家观点和影响的更广泛视角》一书中提出了对评估理论进行分类的评估理论树。他们认为,所有评估理论都必须考虑:(1)与所用方法有关的问题;(2)对数据进行判断或估计的方式;(3)评估工作的用户焦点。理论之间的关系以评估理论树的形式表示。该"树"的根基是社会问责、系统社会调查和认识论,它们为评估理论树的成长提供了基础。而理论树具有三大分支,代表着三种评估理论:方法、判断/评估和使用。评估理论树的中心分支是方法分支,它是以研究方法论为主要指导的评估分支。虽然大多数评估理论家都有方法论的关注,并将应用研究视为项目评估的起源,但一些理论家却坚定地强调了这一导向。这一分支的理论家在评估中的特定限制的情况下,通常以最严格的方式关注知识建构(Shadish et al.,1991)。这些理论的基础是坎贝尔(1957)的作品,随后是坎贝尔和斯坦利的作品(1966),其中规定了适当的实验和准实验设计的条件。方法分支的右边是价值分支,它最初受到了斯克里文的作品的启发。斯克里文宣称,没有价值判断,评估就不能称为评估

---

① Daniel L. Stufflebeam, *Evaluation Models*, *New Directions for Evaluation* (San Francisco: Jossey-Bass, 2001).

（1967）。他认为,评估工作是对正在研究的对象做出价值判断。这一分支的理论家也从斯泰克的著作(1967,1975)中汲取影响。这一分支分为客观主义和主观主义两类,这区分了渗透入评估过程中的两个基本观点。受客观主义影响的左边的次分支最受斯克里文观点的影响。他认为评估者的职责就是价值判断。从本质上讲,重要的价值判断角色属于评估者。在右边的主观主义分支中,支持者认为现实是一个持续的、动态的过程,真理总是与某个特定的参照系有关。因此,评估必须在理解评价信息的"主观意义"的背景下进行。与客观主义相反,这些理论家本身并不是单纯地做出价值判断。树的第三个分支是使用,它最初侧重于面向评估和决策。从本质上讲,这一分支的早期理论家的工作主要集中在那些有权使用信息的人身上——最典型的通常是为评估而签约的个人。随后的理论家将使用问题扩大到了更广泛的用户群体和被评估的组织内的评估能力建设。[1]

四、政策评估四大"浪潮"论

在瑞典学者韦唐看来,评估的历史发展不是一代一代的,也不是"树"状的。他认为,自 20 世纪 60 年代以来,评估理论的历史呈现以下样态:一种评估形式受到了严重的批评,在支持同样受到高度赞扬的新形式中失去了许多支持。然而一段时间以后,这些新形式也受到了攻击,在其他时尚之中也失去了支持。但尽管困难重重,一些早期的形式会获得新的势头,并以不同的语言形式和略加修改再次时兴。因此,评估理论的历史发展不是线性的或者树状的,而是不断咆哮和消退的浪潮。在海浪下沉过程中,每一波都会留下一层沉积物,随着时间的推移,评估景观逐渐由层层沉积物组成。根据这一隐喻,他将 20 世纪 60 年代以来的评估理论历史分为四次浪潮。第一次浪潮是科学浪潮。它要求学术界通过两组经典实验,以经验的方式和适当的测试手段达到外部设定的、公认的主观目标。评估应以科学研究的方式进行,应由学术人员操作,也并非一次性地进行。然后,应该向决策者推出最有效的手段。这符合韦伯(Max Weber)的价值学说,意味着手段—目的理性的胜利。第二次浪潮是对话评估浪潮。20 世纪 70 年代初,对科学评估的信心逐渐丧失。评估不应该是科学的,从利益相关者导向的意义上说,评估应该是民主的,信息是从使用者、操作者、管理者和其他相关方获得的。它应该通过讨论或商议来进行。这样,对话浪潮就进入了场景。评

---

[1]　Marvin C. Alkin, *Evaluation Roots: A Wider Perspective of Theorists' Views and Influences* (2nd ed.) (Thousand Oaks: Sage Publications, 2012).

估应该由普通人来做,而不是由学者来做。以对话为导向的浪潮以交往理性为基础,它基于哈贝马斯(Jürgen Habermas)的观点而不是韦伯的观点。第三次浪潮是新自由主义或新公共管理浪潮。在 20 世纪 70 年代的最后几年,西方国家进入了新自由主义浪潮(也被称为新公共管理)。放松管制、私有化、合同外包、效率和顾客导向成为关键话语,人们也建议将评估作为实现责任、金钱价值和客户满意度的手段。评估成为购买者—提供者模式、顾客导向和结果导向的管理等重要的治理学说的一部分,其中,结果导向的管理是评估在新公共管理中发挥作用的范例。第四次浪潮是循证评估浪潮。在"重要的是什么有效"的口号下,循证评估浪潮意味着科学实验的复兴,这似乎标志着科学浪潮的回归。两组双盲随机试验被再次当作首选方法。而且,他们还构建了综合的方法层次结构,其中,试验产生的证据被认为是最好的证据,而专业的知识和客户的知识被认为是最差的证据。另外,他们也相信对现有的试验研究进行系统的评论是为决策提供证据的一种手段。随着时间的推移,这种将双盲随机对照试验作为最佳证据的坚实观点遭到了学术界和专业人士(比如社会工作专业人士)的强烈批评。他们提出了对"基于证据"的另一种解释,这种解释被总结在循证实践(EBP)的概念下,即除了科学证据外,通过评估得出的专业知识和客户知识也被视为公共部门决策和审议中应考虑的证据。[①]

五、政策评估的四大"流派"论

美国学者梅尔滕斯(Donna M. Mertens)和 A. T. 威尔逊(Amy T. Wilson)在提出政策评估"四大范式"的基础上提出了政策评估的"四大流派"。他们认为,范式是广泛的形而上学结构,包括一组逻辑上相关的哲学假设。由于对不同哲学假设的强调,当今的评估世界形成了四种范式,分别为后实证主义范式、建构主义范式、变革范式和实用主义范式。而各种不同的评估理论都可以与特定的范式相联系,由此西方政策评估便形成了四大流派,即方法流派、价值流派、社会正义流派和应用流派。方法流派强调评估人员运用科学方法(如经验观察),价值中立地对政策进行评估,他们主要关注定量设计和数据;虽然可能使用混合方法,但定量方法占主导地位。价值流派强调评估者和参与者通过有意义的互动和对话来建构评估结果,主要侧重于通过定性方法识别多种价值和观点,可能使用混合方法,但定性方法占主导地位。社会正义流派的重点是促进社会正义,侧重于边缘化群体

---

① Evert Vedung, "Four Waves of Evaluation", *Evaluation* 16, no.3(2010):263-277.

的观点,并通过各种方法询问系统的权力结构,以促进社会正义和人权。应用流派强调不是为了评估而评估,评估的目的是结果的有效利用,侧重于发现对利益相关者有用的数据,提倡使用混合方法。[1]

第二节　西方政策评估理论流派的划分:本书的观点

一、对已有理论流派划分的评析

以上西方政策评估理论流派划分的五大观点的提出者均为西方政策评估理论的先驱人物。[2] 他们是某些评估模型或方法的提出者,或是西方政策评估理论发展的见证者,由他们进行的划分应该是具有说服力的。从上述五大观点来看,基本上都认同存在三大理论流派:方法流派(即主张运用科学方法在环境约束下获得尽可能严格的评估结果)、价值流派(强调价值判断在评估中的重要作用,主张利益相关者的参与,运用对话、协商等手段获得对评估对象的认识)和应用流派(评估结果应被视为公共部门决策和审议中会被考虑的证据,被有效地应用于政策改进和问责目的)。可以说,他们的共同观点为西方政策评估理论流派的划分提供了基本的依据。

但是他们的认识仍然存在一些需要批判之处。其一,学科的局限。一定程度上,西方政策评估最早起源或者繁盛于教育(政策)评估领域,以上理论家大多从事教育或教育政策的评估实践,理论背景也大多为教育理论,他们大多侧重于教育评价或教育政策的评估,因此,便缺乏看待西方政策评估理论发展的"一般性"。其二,时代的局限。以上学者对西方政策评估理论的划分大都是在 2010 年之前完成的,因此无法或难以观察到在新的时代背景下西方政策评估理论的发展。其三,缺乏一个全面的视角。上述学者有的依据评估方式来进行划分(古巴和林肯),有的依据哲学范式来进行划分(如梅尔滕斯),有的依据评估目的来划分(如斯塔弗尔比姆),但都不能很好地涵盖评估中的各种观点。例如,他们都忽视了理论和方法整合的努力。

① Donna M. Mertens and Amy T. Wilson, *Program Evaluation Theory and Practice: A Comprehensive Guid* (2nd ed.) (Guilford: The Guilford Press, 2019).

② David D. Williams, *Seven North American Evaluation Pioneers: New Directions for Evaluation* (San Francisco: Jossey-Bass, 2016); Joakim Tranquist, "The Oral History of Evaluation: The Professional Development of Evert Vedung", *American Journal of Evaluation* 36, no. 4(2015):570-583.

比如 20 世纪八九十年代在政策科学兴起的"批判复合主义",就主张采取多种角度、多维方法、多维途径、多数据源和多交流媒介等对政策进行评估①,特别是费舍尔(Frank Fischer)所提出的"实证政策辩论逻辑框架",就谋求将事实与价值进行整合②,因而成为具有重大意义的理论。然而,上述学者却忽视了此类整合的努力。

二、本书划分理论流派的依据

基于以上认识,本书在借鉴先驱人物的观点的基础上,试图提出一个新的理论流派划分的依据。本书认为,要正确认识西方政策评估理论,必须首先对政策评估的属性、政策评估的哲学基础和政策评估理论的发展方式具有充分的把握。

(一)政策评估的双重属性:评估的科学性和评估的有用性

政策评估是为了减少决策时的不确定因素而对客体(政策或项目)的优势、价值进行的系统调查研究。作为现代社会的一种发明,评估不仅可以对观测到的社会变革进行总结性的测量、分析和评价,为过程的合理调控生成形成性的数据,而且它与经济和社会进步、努力向上和做得更好的愿景联系在一起,具有民主宣传、社会监督和政策调控的目的。因此,评估表现出一种特殊的"双重性",即评估始终处于"科学和政治""科学性和有用性"之间的对立关系中。③ 一方面,人们判断评估的优劣,往往以评估结果的准确性、客观性、可靠性和可信性为标准,意即它必须符合"科学"的要求,需要遵循经验社会科学的规则。然而另一方面,评估总是和政治过程联系在一起的,政治作为主要的任务委托方会以各种方式对评估产生影响并要求回应政治的需求:为政治或社会实践的改进提供可以使用的结果。由于这一双重性,一方面,政策评估理论应注重政策评估本身的科学化,即更多地遵循科学的标准,探索如何取得准确、客观、全面的评估结果;另一方面,政策评估理论应充分研究评估的使用,即坚定地遵循决策者或利益相关者的需求,探索如何让评估结果得到决策者或利益相关者及时、有效地使用以及发挥更大的社会影响。

①　[美]威廉·邓恩:《公共政策分析导论》,谢明等译,中国人民大学出版社,2002。
②　[美]弗兰克·费舍尔:《公共政策评估》,吴爱明等译,中国人民大学出版社,2003。
③　[德]赖因哈德·施托克曼、沃尔夫冈·梅耶:《评估学》,唐以志译,人民出版社,2012。

（二）政策评估的哲学基础

正如本书第一章所提出的"哲学基础—理论流派—评估方法"框架所揭示的那样，哲学基础是政策评估之"根"，它是广泛的形而上学结构，包括一系列逻辑相关的哲学假设（本体论、认识论、方法论和价值论），也探讨了对社会现象的性质及其理解、评估过程和结果的客观性、评估者的价值与评估之间的关系以及开展评估的内在逻辑等问题。在某种意义上，哲学假设描述了每个人的思维方式。评估者在建立评估理论、评估模型和选择具体评估方法时，是从对自己及其角色的信念以及他们的世界观开始的，"评估者自然而然地对存在的一切做出解释，他们对世界如何运转抱有自己的事先形成的观念。他们可以相信他人和他们一样看待生活经历，或者（理想情况下）他们可以宣称别人看到的现实与自己不同"①。因此，首先，对于政策评估理论而言，任何一个评估理论流派都是依据一定的哲学假设或"范式"而形成和发展的。其次，由于哲学基础的不同，会导致评估的理念、规则、假设、方法的不同，意即形成不同的理论流派。因此，哲学基础便构成了区分不同评估理论流派的重要依据。

（三）政策评估理论的两种发展方式：单一理论开发与理论整合

在社会研究中，研究者的研究兴趣（或旨趣）是多样的。研究兴趣的多样性，决定了社会研究的理论目标、研究取向、知识形式和研究方法的多样性，并且不同的知识形式也各有其自身的基础、性质、功能和方法。② 社会理论的创立往往是基于某种研究兴趣、范式、研究取向或知识形式去开发相应理论的，并在随后的时间内按照各自的理论逻辑去发展。尽管这种"单一理论开发"方式推动了理论的创立或发展，然而，这种方式会产生两个明显的弊端：一是现实中事物往往是复杂的，没有一种单一的理论能够完全解决复杂性的所有方面。二是随着多种单一理论的产生或发展，会使社会理论出现一种"理论分化""理论丛林"甚至"范式战争"的局面，进而使得研究者对理论缺乏基本认同，也使得实践者无所适从。此时，研究者往往会以整合的视角来关照不同的理论基础、研究取向和研究方法的联系，谋求理论的整合，以加强理论的总体一致性和更好地解决现实问题。作为社会研究的一种

---

① Donna M. Mertens and Amy T. Wilson, *Program Evaluation Theory and Practice：A Comprehensive Guide*(2nd ed.) (Guilford：The Guilford Press，2019), pp.35-36.
② ［德］哈贝马斯：《作为"意识形态"的技术与科学》，李黎、郭官义译，学林出版社，1999。

典型形式,政策评估理论的发展也应具有单一理论开发与理论整合两种方式。

基于以上三个视角,根据西方政策评估文献,笔者识别出西方政策评估的以下八大理论流派,如表 2-1 所示。

表 2-1　西方政策评估的八大理论流派

视角	流派	哲学基础	产生时间
注重评估本身	后实证主义评估流派	后实证主义	20 世纪 60 年代初期
	建构主义评估流派	建构主义	20 世纪 60 年代末期
	变革性评估流派	变革范式	20 世纪 90 年代末期
	大数据评估流派	数据密集型科学发现范式	2010 年左右
注重评估应用	实用主义评估流派	实用主义	20 世纪 70 年代初期
	循证评估流派	实用主义、后实证主义与批判现实主义	20 世纪 90 年代末期
注重理论整合	批判复合主义评估流派	批判复合主义	20 世纪 90 年代初期
	辩证多元评估流派	元范式	2007 年左右

第三节　西方政策评估的八大理论流派:一个概要

为了对以上理论流派划分进行进一步说明以及为后续各章提供一个概略,下面对各个理论流派的概况进行介绍。

一、后实证主义评估流派

后实证主义评估流派产生于 20 世纪 60 年代。"测量"与"描述"时代的经验为其提供了理论渊源,"伟大社会"运动的出现为其提供了现实背景。后实证主义评估流派的基本主张是以后实证主义为哲学基础,强调价值中立,尽量运用定量设计特别是实验方法来对政策或项目进行评估。他们开发出了实验与准实验方法、基于理论的评估、培训项目的评估方法、自然实验方法、成本收益分析等模型或方法。后实证主义评估流派秉持"价值中立"和"技术理性"的精神,强调评估活动的技术化、理性化,开创了一条科学的路径。但该流派因忽视价值因素和利益相关者、往往面临成本过高和伦理问题、不能揭示出相关的深度事实和复杂细节等弊端而遭到"缺乏适用性"的批评。

二、建构主义评估流派

建构主义评估流派萌芽于 20 世纪 60 年代末期,成熟于 20 世纪七八十年代。对后实证主义评估流派的批评是其出现的理论背景。一批学者认识到,科学对社会现象的解释已无法脱离价值层面的考量,评估必须考虑对评估产生影响的价值和社会环境。建构主义评估以建构主义为哲学基础,主张促进利益相关者参与政策评估过程并激励他们进行有意义的对话和反思,主要通过定性方法识别多种价值和观点,从而对政策进行评估。就其开发的评估模型或方法而言,主要包括无目标评估、案例研究方法、鉴识评估和"第四代评估"等。建构主义评估流派开创了一条基于"价值"的路径,也提供了一种更加开放的视角,由于评估结果是基于各方谈判、协商形成的共识,也有利于提高评估结果的全面性和可信性。但是,在实际的操作中,如何界定和授权利益相关者、评估者如何转变角色等仍存在困难,特别是缺乏对评估结果的使用的关注更是需要在未来进一步地研究和解决。

三、实用主义评估流派

上述两个流派在如何"做评估"方面做出了重要的贡献,但都存在一个重要的缺陷,即忽视了评估结果的应用。评估的最终结果并不只是完成评估报告,还要关注评估的结果是否得到应用或被用来改进决策。自 20 世纪70 年代初开始,一些学者陆续开展了对评估使用的研究,逐渐形成了一个新的流派——实用主义评估流派。该流派以实用主义哲学为基础,认为应促进各种潜在用户对来自评估结果或评估过程的信息加以适当运用,以作出决策、改变态度、证实以前的决策或者建立个人或组织的评估能力。实用主义评估流派开发了 CIPP 模型、以利用为重点的评估、学习型组织评估、赋权评估和实践参与式评估等模型。该流派对于实现评估的使命提供了开创性的理论和方法。但是,其也存在诸多的不足之处,比如:评估使用研究的质量不高,对影响评估使用的因素缺乏全面、深入的挖掘,有关因素的影响也缺乏充分的经验验证等。

四、批判复合主义评估流派

随着主张价值中立、运用定量方法的后实证主义评估流派和强调承认价值、运用定性方法的建构主义评估流派的发展,在 20 世纪 70—80 年代,评估进入了一个"范式战争"时代。对多种评估理论和方法的整合便提上了议事日程。20 世纪 80—90 年代，一些学者以批判性复合主义为哲学基础，探索调和、协调和整合后实证主义评估和建构主义评估，出现了批判复合主义评估流派。该流派从以下几个方面提出了整合的尝试：一是在范式方面，谋求范式的对话；二是在事实与价值方面，谋求整合事实与价值；三是在方法方面，提出了一些整合定量方法和定性方法的原则、框架、可能性、做法和途径，例如政策辩论逻辑框架、整合评估实践的框架等。批判复合主义评估是西方政策评估发展史上第一次谋求整合的努力，一定程度上缓解了评估理论分化的局面，但是其对于整合的内在逻辑还缺乏深入的挖掘，对整合的操作方法研究也还不够具体，因此，还有待于未来进行更进一步的整合性研究。

五、变革性评估流派

尽管后实证主义评估流派、建构主义评估流派都对评估的科学性做出了重要的贡献，但是都存在一个明显的局限，即较少关注权利不平等问题，在评估中忽视了那些因种族/民族、残疾、移民身份、政治冲突、性取向、贫困、性别、年龄等而遭受歧视和压迫的人，没有将评估运用于改善边缘群体的生活和社会变革。20 世纪 90 年代，以梅尔滕斯为代表的评估学者开创了变革性评估流派，其以变革范式为哲学基础，聚焦于边缘化群体的观点，并通过混合方法质疑系统的权力结构，以促进社会正义和人权。变革性评估流派也开发了多种评估模型和方法，如协商民主评估、伙伴国家领导的评估、基于批判种族理论的评估、面向土著的评估、文化响应评估、基于残疾人和聋人权利的评估、基于女权主义的评估和变革性参与评估等。变革性评估流派将评估拓展到改善边缘群体的生活和社会转型上，弥补了以往评估忽略边缘化群体的"声音"这一缺陷，对于实现评估的科学性又向前迈进了一步。但是变革性评估流派开发的一些评估模型的精致性还不够，对评估人员的文化能力要求较高，而且由于社会不平等问题的复杂性，因此如何进行更恰当的评估以创造可持续的社会变革尚面临大量的挑战。

六、循证评估流派

评估使用虽然经过多年的研究，但结果仍然不尽如人意。20 世纪末期，西方国家"循证政策制定"的浪潮为评估使用理论的进一步发展提供了契机。1999 年以来，西方国家纷纷借鉴循证实践在医学领域的经验，谋求通过寻求严格和可靠的研究证据，并在政策制定过程中增加对研究证据的利用，以提高政策决策的科学性。评估作为一种典型的、核心的证据，如何进行严格的评估并增加评估在政策过程中的使用立即引起了评估学者的关注,于是循证评估流派得以产生。该流派意味着实用主义和后实证主义的复兴,同时也受到了批判现实主义的影响。循证评估流派以描述和测量"评估—政策缺口"、解释"评估—政策缺口"的原因和提出干预"评估—政策缺口"的措施为研究主线,积累了大量理论成果。在促进评估的使用方面,循证评估流派认为,一是要进行更严格和更可靠的评估。由于能生产高强度的证据,随机对照试验、自然实验、成本收益分析得到复兴和进一步扩展;由于能够进行有效的研究综合,医学领域的系统评价(Systematic Review)和荟萃分析(Meta-Analysis)被迅速引入;为了增加证据的强度和证据的可转化性、可移植性,现实主义评估方法被提出并得到广泛运用。除了要进行更严格和更可靠的评估,还需要改进评估者传播证据的方法和决策者使用评估证据的方法,比如改进评估信息的呈现、开发更多的传播渠道、提升决策者的循证意识、优化决策者证据使用激励制度等。循证评估流派开发了高质量的评估方法,极大地改变了评估的技术,提升了评估的信度和效度;更重要的是,他们对如何促进评估使用的研究使得他们追求的"使用的理想"得到了更大程度的实现。但是,循证评估流派仍然存在许多值得改进之处。一方面,现有的评估证据生产、综合的方法仍不是完美的,一些方法仍然存在争议;另一方面,从决策者使用评估证据的角度来说,现有方法能否适应决策的复杂性、确保决策者有效使用评估证据还有待于进一步研究。

七、辩证多元评估流派

虽然 20 世纪 90 年代批判复合主义评估流派对当时的评估理论进行了整合,然而,范式之间的争论仍然在持续,而且,到了 21 世纪初期,政策评估领域的范式或流派不断增加。因此,加强各范式之间的对话和整合仍需要更全面、更深入地推进。2007 年以来,一批重视社会科学混合研究方法的学者提出了辩证多元评估的理论和方法。其以辩证多元主义为哲学基础,主张仔细地、系统地、深思熟虑地倾听、理解、欣赏、学习和结合多种范式、学科、价值观、方法论、立场、种族观点和视角,形成一个新的、可操作的整体从而对政策或项目进行评估。他们也发展了一般混合评估方法、开发了辩证多元主义实施框架、辩证多元混合评估方法和辩证多元系统评价方法等。辩证多元政策评估流派对评估理论和方法的进一步整合做出了重要的贡献。但是其理论和方法的适用性有待提升,方法的可操作性有待加强,而且,不同范式之间具有不可通约性,因此如何实现更有效的综合仍有待研究。

八、大数据评估流派

2012 年被人们视为大数据元年。作为一种新的数据源、技术和创新方法，大数据对政策评估带来了新的机遇。在大数据时代，如何利用大数据及其技术和方法进行理论和方法的创新，成为政策评估理论研究的重大课题。西方学者自 2011 年左右就开始了对大数据时代政策评估理论和方法的探索，逐渐形成了大数据政策评估流派。其以"数据密集型科学发现范式"为哲学基础，将大数据提供的多数据源、新的方法和技术整合进公共政策评估当中，形成了新的政策评估理念（例如节约型政策评估理念、快速型政策评估理念、持续性政策评估理念、参与式政策评估理念、包容式政策评估理念等），优化了评估过程（提升背景和利益相关者识别的清晰性和完整性、改善评估设计、改善评估数据的收集和分析、促进评估结果的传播和利用），也开发了新的评估方法（如运用社交媒体数据评估政策的方法、运用卫星遥感数据评估政策的方法、运用手机数据评估政策的方法、运用网络搜索数据评估政策的方法、运用综合数据评估政策的方法）。大数据政策评估理论和方法是西方政策评估在新的时代进行的一次重大创新，可以说是对以往政策评估理论和方法的一种全面变革。但目前对政策评估领域大数据革命的基本原理、大数据在政策评估中尚存在的机会和实证运用方面研究还不够，未来还需要不断地改进。

以上对西方政策评估历史中的八大理论流派进行了划分和简要介绍，但需要说明的是，上述八个理论流派相互之间并非绝对排他的，理论的发展也并非绝对线性的。从横向上看，各个理论的内涵和外延并非绝对泾渭分明。正如阿尔金所指出的那样，并不是"只有一个理论相信某种方法论，而其他理论则不相信，相反，分类系统是基于各种理论中的相对重点"[①]。事实上各种理论存在着边界渗透、思想混合的机会。而从纵向来看，虽然以上是按照时间顺序加以介绍的，但并不意味着在某一个时间段只存在某一种理论，虽然某个理论会主导某一个时间段，但这个时间段内可能也存在着其他的理论。第三章至第十章将具体地梳理各个理论流派的哲学基础、相关理论、评估模型和方法。

[①]   Marvin C. Alkin，*Evaluation Roots：A Wider Perspective of Theorists' Views and Influences* (2nd ed.) (Thousand Oaks：Sage Publications，2012).

第三章 后实证主义政策评估理论及其方法

20世纪60年代,由于早期西方政策评估的经验和方法(如"测量"与"描述"时代的方法与实践)的历史积累,以及"伟大社会"运动的现实背景,催生了后实证主义评估理论流派的产生。在坎贝尔(Donald Campbell)、库克(Thomas Cook)、沙迪什、博鲁赫(Robert Boruch)、罗西(Peter Rossi)、克龙巴赫(Lee Cronbach)、亨利(Gary Henry)、马克(Melvin Mark)、陈惠泽(Huey-Tsyh Chen)、利普西(Mark Lipsey)、唐纳森(Stewart Donaldson)等理论家的努力之下,后实证主义政策评估理论不断丰富和发展。后实证主义评估流派以后实证主义为哲学基础,强调价值中立,尽量运用定量设计,特别是实验方法来对政策或项目进行评估。作为在西方国家最早出现的政策评估理论流派,其对西方政策评估的专业化具有开创性的意义;作为一条科学的路径,它成为西方政策评估理论中非常重要的理论流派,至今都产生着强烈的影响。本章将对后实证主义政策评估的哲学基础、理论发展脉络、重要理论成果及其主要的方法进行梳理。

第一节 后实证主义政策评估的含义与哲学基础

一、后实证主义政策评估的含义

关于后实证主义政策评估(Postpositivist Evaluation)的含义,目前尚无明确的定义。一些著名的评估理论家对其常常有着不同的称谓,例如阿尔金在"评估理论树"中将其称为"方法分支",韦唐将其称为"科学浪潮",而梅尔滕斯则将其命名为"方法流派"。检视和比较他们的相关论述,可以将后实证主义政策评估的基本含义概括为:以后实证主义为哲学基础,强调价值中立,尽量运用定量设计特别是实验方法来对政策或项目进行评估,以客观、准确地探究政策效果。

从本质上讲,后实证主义是主要运用定量研究方法客观地发现人类行为的规律的研究,是对人类行为的一般规律的假设检验。后实证主义本体论坚持一个现实存在,它独立于观察者,但是,与实证主义不同的是,后实证主义认为研究者会受到价值观、知识、背景、理论等的局限,现实只能在一定的概率内可以被认识。它的认识论认为,研究者要与研究对象保持距离,以减少偏见。后实证主义方法论主要强调定量方法(如实验、测量和统计等)的运用,尤其是实验方法的优先运用。

后实证主义政策评估具有如下特点:其一,坚持"价值中立"信条。后实证主义政策评估者们被要求在评估过程中剔除个人的情感、态度、价值等因素而成为"技术专家",以保证评估结论的客观性。其二,坚持工具理性和技术理性。评估者将给定的政策目标视为不可置疑的前提,主要研究政策实施中可定量测量的变量,以验证政策和项目是否达到目标、是否有效。测量、实验、准实验成本效益分析等方法广泛适用。[①]

二、后实证主义政策评估的哲学基础

(一)后实证主义

后实证主义(Postpositivism),也称为后经验主义(Postempiricism),是一种批判和修正实证主义的元理论立场。实证主义产生于19世纪三四十年代,其基本特征是:坚持自然科学的逻辑方法和程序同样适用于人类社会研究的基本假设,将哲学的任务归结为现象研究。拒绝通过理性把握感觉材料,认为通过对现象的归纳就可以得到科学定律。实证主义强调经验是一切知识的基础,在观察中即便有理论的指导,经验始终是获得"确定性"的唯一途径。实证主义的认识论强调必须通过观察或者经验感觉去认识客观环境。虽然每个人所接受的教育不同,但是他们用来验证感觉经验的原则却无太大差异,实证主义的目的就是希望建立知识的客观性。正如孔德在《论实证精神》中所讲:"真正的实证精神主要在于为了预测而观察,根据自然规律不变的普遍信条,研究现状以便推断未来。"[②]另外,在有关客观现象

---

① 李亚、宋宁:《后实证主义政策评估主要模式评析》,《天津社会科学》2017年第1期。
② [法]奥古斯特·孔德:《论实证精神》,黄建华译,商务印书馆,1996。

如何被认识的问题上,实证主义坚持价值中立的原则。价值中立是指研究者在他们的研究工作中应该做到避免个人价值的介入,研究者应该以不偏不倚的"纯粹的"中立的视角反映研究对象。后实证主义继承并修正了实证主义,它仍然强调研究者和研究客体之间的独立性,但是后实证主义接受了研究者的理论、背景、知识和价值观等可以影响观察的东西。在方法论层面,实证主义者强调量化方法,但后实证主义者认为定量和定性方法都是有效的方法。

后实证主义的兴起与发展,得益于哲学家波普尔(Karl Popper)的证伪思想。证伪主义认为,不可能证实关于普遍观点或不可观察观点的信念是真实的,可以通过一系列细致严谨的"证伪"的方式,对不尽精确的表象不断地进行排谬而逐步逼近客观事实。客观客体是存在的,但其真实性却不可能被人的认识穷尽。另外,库恩(Thomas Samuel Kuhn)关于范式转换的观点认为,不仅仅是个别理论,而且整个世界观必须偶尔根据证据进行转变。因而,后实证主义是重新引入了实证主义的基本假设——客观真理的可能性和可取性以及对实验方法的使用。

早期的政策评估活动深受实证主义的影响,在美国,20世纪初期,政策评估活动开始和测量、数字分析联系在一起。50年代,在实证主义范式的方法论信念引导下,政策评估活动与一种优先使用"真实实验"的方法相关联。但是,"真实实验"要求随机选择受试者并随机分配干预措施,在社会研究和评估领域,这些条件非常难以满足。坎贝尔设想了研究人员在"实验社会"中的作用,即利用社会科学研究方法来检验理论以改善社会。他为研究人员提供了一种准实验(quasi-experiment)研究方法,该方法是与真实验设计具有许多共同特征的设计,但它更适于复杂的人类行为[1],准实验研究方法实现了通过发展实证主义的方法来适应实证主义的原则。因此,从这个角度而言,政策评估更多的是在后实证主义范式的信念体系下进行的而不是实证主义,政策评估活动相对更多地受到人们的知识水平、背景经验的影响。

(二)后实证主义政策评估的价值论、本体论、认识论、方法论假设

接下来从价值论、本体论、认识论、方法论四个方面来具体阐述后实证主义政策评估的哲学基础。

---

[1]　W. R. Shadish and T. D. Cook, "Donald Campbell and Evaluation Theory", *American Journal of Evaluation* 19(1998):417-422.

1. 价值论

虽然实证主义者认为研究是或可以是价值无涉的或价值中立的,但后实证主义者认为偏见是不可避免的,因此调查人员必须努力发现并尝试纠正。后实证主义者努力了解他们的价值论(即价值观和信仰)如何影响他们的研究,包括他们选择的测量人群、问题和定义,以及他们对结果的解释和分析。因而,后实证主义政策评估价值论立足于进行"良好的研究"。所谓良好的研究是指反映诚实、压制个人偏见和仔细收集经验的研究。因而,现实的政策评估实践受到三项伦理原则的约束:一是尊重,要求礼貌地对待所有的政策评估参与者,包括年幼的儿童、智力有问题的人或者老年人;二是正义,即确保政策评估程序是合理的、非剥削的、仔细考虑的和公平管理的,并确保那些在政策评估中承担风险的人可以从中受益;三是有益性,即最大限度地提高对人类和个体研究参与者的良好结果,最大限度地减少或避免不必要的风险、伤害或错误。综上,客观、公正、准确、精确、可重复、预测和控制等价值对评估具有特殊的影响。评估者被希望忠实于上述价值,而尽可能保证其个人的任何价值不要影响评估数据的收集和解释。

2. 本体论

后实证主义本体论延续了实证主义本体论的基本假设,同样坚持现实是客观存在的,认为社会现象与自然现象的本质是一样的。它不是一种新的现实,它有类似于自然现象的规律,因此,社会现象可以像自然现象一样用科学的规律进行解释。但是,与实证主义不同,他们认为现实只能以不完全和概率的方式被认识。后实证主义者还强调了现实与观察者之间的关系的独立性,现实是存在的且它独立于观察者。现实是可知的,但是由于现实具有复杂性,人的认识具有有限性,因而,后实证主义认为,在一定概率水平内现实是可知的。[①]

3. 认识论

后实证主义的认识论认为,人类知识不是基于客观个体的先验评估,而是基于人类猜想。由于人类知识是不可避免的推测,所以这些推测的断言是有理由的,或者更具体地说,可以通过一套权证来证明,这些权证可以在进一步调查的情况下修改或撤销。然而,后实证主义不是一种相对主义的形式,并且通常保留着客观真理的观念。后实证主义政策评估主张在研究中与研究客体保持距离,有助于减少偏差。实证主义主张科学的目的是发

---

① Donna M. Mertens and Amy T. Wilson, *Program Evaluation Theory and Practice*: *A Comprehensive Guide* (Guilford: The Guilford Press, 2012), p. 56.

现一切现象所服从的自然规律,它在认识论上强调客体是独立于主体的外部存在,主体要排除主观意识中立地认识客体。由此可见,远离研究对象仍然是后实证主义认识论信仰体系的特征。政策评估人员在实践过程中应该努力做到"客观",限制与研究对象的接触或参与。与此同时,政策评估人员应努力找寻能够客观认识事物的研究方法。

4. 方法论

后实证主义不是一个明确的哲学流派,没有统一的思想,它是实证主义在经受众多批评后修正的总称。后实证主义者承认研究者不能"证实"一个理论或其他因果命题,但是可以通过消除其他解释来增强这一理论,承认对于同一套数据可以用不同的理论来解释,承认观察中内含着理论、研究过程中包含着主观因素,但是坚持客观性仍然是研究的努力方向,研究者应该尽可能地保持中立。马克等指出,当研究的目的是建立因果关系,并且对特定干预的效果存在不确定性时,随机对照试验设计的方法选择在伦理上是合理的,因为该设计在证明干预效果方面比其他方法提供了更大的价值。[①]根据马克等的说法,"一个良好的道德规范是可以证明的、有理由使用的研究方法,这些方法将给出关于项目有效性的最佳答案,因为这可能增加取得良好结果的可能性,特别是对那些最初处于不利地位的人"[②]。因而,后实证主义保留了对实验法的偏爱,同时对实验法有所发展,强调在此基础上使用多种定量分析方法开展政策评估的有效性。由于实验条件苛刻,非常难以满足,某些严格的科学方法的要求并不适合于社会科学研究,因此提出了准实验研究方法。并且后实证主义政策评估者在总结实验法与准实验法的基础上,还发展出了自然实验法,借助统计学和计量经济学的方法开展评估研究。综上所述,我们可以对后实证主义政策评估的哲学基础做如下归纳,如表 3-1 所示。

---

① Donna M. Mertens and Amy T. Wilson, *Program Evaluation Theory and Practice：A Comprehensive Guide*(Guilford：The Guilford Press，2012)，p. 56.

② Donna M. Mertens and Amy T. Wilson, *Program Evaluation Theory and Practice：A Comprehensive Guide* (Guilford：The Guilford Press，2012)，p. 56.

表 3-1　后实证主义政策评估的哲学基础

描述	价值论假设	本体论假设	认识论假设	方法论假设
注重政策或者项目实施的结果，强调定量设计和数据	评估者立足于进行"良好研究"，良好研究在实践中应做到尊重、正义和有益性	现实是存在的，并且在一定的概率内可以被认识	在研究中与研究客体保持距离，努力做到客观，以减少偏差	测量法、实验法、准实验法、数学分析方法、计量经济方法、系统工程等

第二节　后实证主义政策评估的产生与发展

对于任何一种评估理论流派，都有其产生的背景、产生与发展的过程，都具有由一些理论家或学者构成的学术群体以及他们所持的理论观点、开发的评估模型和方法。在明晰了后实证主义评估流派的哲学基础之后，还需要对上述问题加以回答。本节将梳理后实证主义政策评估的时代背景与理论背景、探索后实证主义政策评估的发展历程并系统梳理后实证主义政策评估的理论家及其重要理论成果。

一、后实证主义政策评估产生的现实背景与理论背景

（一）现实背景

1957 年，苏联 Sputnik Ⅰ号人造卫星成功发射，对美国产生了强烈的影响。1958 年，美国联邦政府制定了《全国国防教育方案》，提供了新的数学、理学以及外语的教学项目，并扩展了学区的咨询辅导服务和考试项目。这些项目被投入了大量的资金，并得到轰轰烈烈地开展。

与此同时，美国的经济也显露出衰退迹象，这引发了一系列经济社会问题。比如，美国的贫困人口不断增加，总人口的 18% 为贫困人口；弱势群体为争取种族平等、社会公正，导致"民权运动"此起彼伏。为了缓解这一系列的经济社会问题，1965 年，时任美国总统约翰逊提出了建设"伟大社会"的施政纲领，国会通过了包括"向贫困宣战""保障民权"及医疗卫生等方面的立法 400 多项，先后投入几十亿美元，在保障民权、反贫困、教育、医疗卫生、环境、劳动就业、消费者保护等领域推出了大量的政策和项目。比如在反贫困方面，就包括以下项目：就业工作团（Job Corps）——为 16—21 岁的贫困

青年提供宿舍,举办职业训练,目的是帮助处于弱势地位的青年具备自力更生的技能;"邻里青年团"(Neighborhood Youth Corps)——给贫困的城市青年提供工作经验并且鼓励他们继续学业;"文明城市"项目(Model Cities Program)——促进城市再发展;"向上跃进"(Upward Bound)项目——帮助贫穷的高中生进入大学;"领先"(Head Start)项目——为贫困儿童提供学前教育;对有子女家庭的补助项目(AFDC)——对父母一方死亡、出走、丧失工作能力、失业的家庭以及因离婚、弃婚、未婚和非婚生子女的单亲家庭进行补助等。

伴随着加强教育以及救助贫困人口的进程,出于对花费巨大以及巨大投资可能存在浪费问题的担心,人们开始关心这些政策和项目的效果,以及注重对它们的监督和问责。1964年,政府部门中建立了一个独立负责项目管理和财务的"经济机会局",开展了一系列的项目评估活动,包括上述的就业工作团项目、"领先"项目等。1965年,约翰逊政府在《中小学教育法》中,更是明确地提出了评估的要求,要求对有关指定的项目进行年度评估,从而掌握每个项目目标完成的程度和情况。当然,这也刺激了大量的专家学者投入到政策或项目的评估中。"这些都促使评估发展成一个专业,而评估事业发展成为一个行业。"[1]

(二)理论背景

在20世纪60年代中期以前,西方国家便有了对政策或项目评估的探索[2],并积累了一定的经验。结合古巴和林肯的"评估四代论"观点,我们简单地将20世纪60年代中期以前的评估探索划分为"测量"和"描述"两个阶段。正是这两个阶段的探索为后实证主义评估理论的出现提供了理论渊源,也正是这两个阶段评估探索的不足为后实证主义评估理论的出现提供了动力。

1. 测量时期

在西方国家,评估最早出现在教育领域。早在18世纪末期,法里什(William Farish)便开发出以量化分数记载测验成绩的方法,开启了在教育

---

① [美]斯塔弗尔比姆、科林:《评估理论、模型和应用》(第2版),杨保平等译,国防工业出版社,2019,第25页。

② 对西方国家政策或项目评估探索的开始时间,不同学者有不同的观点。例如有学者认为1792年是项目评估的开端,最早正式的评估始于1815年,而系统化的评估出现于1930年。而多数学者认为西方政策或项目评估源于1902年美国颁布《河流与港口法》,该法要求对水域资源工程项目进行评估。

评估领域以量化分数替代质性评估的历史。1845 年,他在波士顿具有首创性地采取笔试测试取代原来的口试考试进行系统的教学调查。1895 年,赖斯(Joseph Rice)通过大规模地采集和分析教育数据(如学生的拼写和数学成绩)来确定学校教育中的问题。20 世纪初,受到弗雷德里克·泰勒(Frederick Taylor)的"科学管理原理"的影响,效率与标准化的概念被引入评估中,即将统一标准化考试看作评判学生能力、教师能力、课程质量和学校教育质量的基础。

20 世纪二三十年代,"测量"和"评估"开始互换使用。[①] 1933 年,希尔德雷斯(Gertrude Hildreth)出版了"智力测试量表",该量表包含了上千个测试项,意味着学校测试科学化进一步加强。总之,这一时期,评估和测验、测量紧密相连,测验的资料通常成为评估的主要资料来源,评估的主要任务仅仅是获得"量"的数据。[②] 古巴和林肯指出,"测量"评估最典型的特点是评估者的角色是技术性的,他应该掌握可利用的工具,任何指定的调查变量都可以被测量,如果合适的测量工具不存在,评估者还要运用必要的专门技术去创造。[③]

2. 描述时期

虽然"测量时期"的客观成绩测验在项目评估中发挥了重要作用,但它只能提供所需要的很少一部分信息,这样的评估在优点、价值、诚信、可行性、重要性、安全性和公平性等方面都不能令人满意。自 20 世纪 30 年代以来,被后人誉为"评估之父"的拉尔夫·泰勒(Ralph W. Tyler)提出了全面的、创新的见解。在他看来,评估的定义就是目标是否实现,评估的本质就是描述结果与目标相一致的程度。由于这种方式侧重于直接的测量,且相对于标准化考试可涵盖更广的结果变量,以及不需要实验组、对照组之间高成本、破坏性的比较,因而具有显著优势,评估的结果可为课程和学校教育的发展提供基本的依据。拉尔夫·泰勒参与开展的"八年研究"——对美国 30 所学校的某些改革课程和教学政策的评估——验证了他的评估理念。这为他赢得了巨大的声誉,并对接下来的若干年产生了重要的影响。总之,这一时期,评估的主要方式是"描述",评估以描述关于某些规定目标的实现程度为特征,评估者的角色是描述者。"测量不再当作评估的同义词,而是

---

① [美]古巴、林肯:《第四代评估》,秦霖等译,中国人民大学出版社,2008,第 27 页。
② [美]古巴、林肯:《第四代评估》,秦霖等译,中国人民大学出版社,2008,第 23 页。
③ [美]古巴、林肯:《第四代评估》,秦霖等译,中国人民大学出版社,2008,第 27 页。

被重新定义为在提供服务时可以使用的众多工具之一。"①

　　经过这两个时期的发展,西方政策与项目评估领域已经形成了一些评估的理念,也积累了一定的评估方法和技术,比如标准化考试、教育数据统计方法、目标完成统计算法、专家实地考察法、现场对比试验法等,为评估的开展提供了一定的基础。然而,人们也逐渐发现,这些理念和方法的针对性和实用性存在不足,并没有对政策和项目的决策提供多少帮助,也没有解决评估过程中存在的问题。尤其是在 20 世纪 60 年代中期评估实践的巨大需求背景下,这些理念和方法的局限更为明显,"评估工作的焦虑日益增长"。学者们突然意识到,"他们需要学会认识评估面临的巨大障碍,并另辟蹊径地发展新的评估理论和方法"②。

二、后实证主义政策评估理论的发展历程

　　从 20 世纪 60 年代中期以来,为了弥补以往评估理念和方法的不足以及回应评估实践的巨大需求,一批学者在以往评估理念和方法的基础上,不断修正已有的评估方法,并形成和开发出大量的新的评估理念和方法,形成了后实证主义政策评估理论流派。当然,相关学者也不断地吸收其他学科的理论和方法,不断地推动该理论流派向前发展。从具体的发展历程来看,实验与准实验设计的引入与使用、基于理论的评估的开发、成本收益分析的普遍运用、培训项目评估方法的开发、计量经济学与系统工程等其他学科理论与方法的引入和依托"循证评估"的"复兴"是具有里程碑意义的事件。

(一)实验与准实验设计的引入与使用

　　长期以来,评估的测量模式仅仅关注政策实施之后的效果如何。但是,评估对象行为的改变是否真正源于政策的推行或者项目的实施,仍然是一个有待讨论的议题。20 世纪 60 年代,政策评估者们开始探究隐藏在政策实施与政策效果之间的因果关系,以寻找政策评估更加具有说服力的路径。坎贝尔为政策评估的因果推断做了大量的基础性研究工作。他和他的研究团队引入了随机对照试验和准实验方法,并系统地提出了基于因果推断的

---

① [德]赖因哈德·施托克曼、沃尔夫冈·梅耶:《评估学》,唐以志译,人民出版社,2012,第 122 页。

② [美]斯塔弗尔比姆、科林:《评估理论、模型和应用》(第 2 版),杨保平等译,国防工业出版社,2019,第 27 页。

政策评估实验和准实验研究设计思路。① 更为重要的是,他开创性地提出了实验与准实验设计中的效度理论,包括内部效度和外部效度,并且主张在实验方法的使用中,须控制影响内部效度的因素,例如选择方法、历史、成熟度等,由此引发了大批学者对实验方法的关注。坎贝尔在政策评估中偏爱使用随机实验,但他依然鼓励在条件允许的情况下,运用准实验研究方法。坎贝尔的贡献对后实证主义政策评估产生了深远的影响,他们的理论和方法成为政策评估的重要研究路径之一。② 20 世纪 90 年代,实验方法在评估实践中得到进一步发展。库克、沙迪什和博鲁赫支持在评估研究中使用实验和准实验,扩展了评估界对实验方法的理解。罗西以调查方法和社会科学实验的形式,从项目评估研究的角度对评估问题进行了思考。他通过多部著作继续在这方面做出贡献,其中最有影响力的是与利普塞(Mark W. Lipschitz)和弗里曼(Howard E. Freeman)合著的《项目评估:方法与技术》一书。书中详细地介绍了如何在评估实践中使用随机对照实验设计和准实验设计。进入 21 世纪,实验方法在探究政策干预与政策结果之间的关系方面取得了长足的进展。但是,更为重要的是,无论是被证明有利或者有害的干预措施对评估对象而言都意味着风险和不确定性,于是亨利和马克在因果模型应用于评估的背景下拓展了实验评估理论,尤其是对实验伦理问题进行了探索。③ 显然,实验与准实验设计的引入与使用对后实证主义政策评估的形成奠定了重要的基础,并对其发展产生了深远的影响。

(二)培训项目评估理论和方法的开发

无论是在企业、第三部门还是在政府中,都存在大量的培训项目。然而,如何评估培训项目的成效,在 20 世纪 60 年代前尚没有成熟的方法。1959 年至 1960 年,美国学者柯克帕特里克(J. D. Kirkpatrick)发表了有关培训学员反应、学习、行为改变和业务结果的四篇文章,提出了培训项目评

---

① D. T. Campbell and J. C. Stanley, *Experimental and Quasi-experimental Designs for Research* (Boston: Houghton Miffin, 1963); D. Campbell, "Reforms as Experiments", *American Psychologist* 24 (1969):409-429; S. W. Shadish, T. D. Cook and D. T. Campbell, *Experimental and Quasi-experimental Designs for Generalized Causal Inferences* (New York: Houghton Mifflin, 2002).

② W. R. Shadish, T. D. Cook and L. C. Leviton, *Foundations of Program Evaluation Theory of Practice* (New York: Sage Publications, 1991).

③ M. M. Mark and G. T. Henry, "Methods for Policy-making and Knowledge Development Evaluations", in I. E. Shaw, J. C. Shaw and M. M. Mark(eds.), *The SAGE Handbook of Evaluation* (Thousand Oaks: Sage Publicatons, 2006), pp. 317-339.

估的具有逻辑顺序的四个层面。[①]　其中,反应层和学习层主要对培训过程中学员的满意程度和学习获得程度进行评估,行为层和结果层主要对培训后学员的行为变化和培训成果进行评估。这些观点在 20 世纪 70 年代广为传播,并在相关学者的努力下,开发出了上述四级评估的更加具体的系统、流程和标准,形成了著名的"柯氏模型",并得到了广泛的使用。在柯氏四级评估模型的基础上,一些学者进行了扩展。1991 年,菲利普斯(Jack Phillips)提出五层次评估模型,其在柯氏四级评估基础上增加了财务评估层,即投资回报率评估。评估的重点在于将培训收益和培训成本进行比较,测算投资回报率的指标,进而分析员工培训对经济利润的影响。

另一个著名的模型是 2003 年布林克霍夫(R. O. Brinkerhoff)开发的"成功案例法"。该模型要求对所有培训对象进行调查并确定成功者和失败者;然后采访成功者和失败者中的样本,形成"成功的故事"或"失败的故事";最后根据对组织的利益报告投资回报率。显然,这也推进了培训项目评估理论和方法的发展。

(三)成本收益分析的普遍运用

成本收益分析是将政策中所有的成本和收益量化为货币形式后,通过成本和收益的比较来评估政策的一种方法。1936 年,美国国会制定的《洪水控制法案》开创了运用成本收益分析评估项目的先河,这一规定要求行政机关在防洪工程中可能获得的收益应当超过预估成本。20 世纪 40 年代,成本收益分析渗透到政府的评估活动中。20 世纪 70 年代,成本收益分析被应用于评估拟议的基础设施项目、公共工程的成本和收益。

然而,到了 20 世纪 80 年代,鉴于成本收益分析的重要价值,一些西方国家政府开始要求强制普遍运用成本收益分析。1981 年,里根总统发布了 12292 执行令,首次要求强制普遍运用成本收益分析。该命令要求对所有重要的监管举措进行监管影响分析(监管影响分析基本上是一种成本收益分析)。1990 年,美国国会颁布的《清洁空气法案修正案》也明确要求环境保护机构对该法案头 20 年的全部的收益和成本进行评估。克林顿总统在 1993 年国情咨文演说中,强调了对具体项目(如针对低收入家庭学前儿童的教育项目)的成本收益分析和增加其对这些项目的资助以及扩展这些项目的范围的作用。在 1994 年的 12866 行政令中,克林顿总统再次确认了美

---

① 詹姆斯·唐纳斯·柯克帕特里克、温迪·凯塞·柯克帕特里克:《柯氏评估的过去和现在:未来的坚实基础》,崔连斌、胡丽译,江苏人民出版社,2012,第 21 页。

国联邦政府对成本收益分析的承诺。诸如《无资金授权改革法案》《政府绩效与结果法案》《小企业监管执行法案》等相当多的联邦政府法律都具体要求执行一些成本收益分析的形式。美国法院也广泛使用成本收益分析来评估有关环境、健康和安全的规制和政策，以规范个人、团体和企业等主体的社会责任。除此之外，美国政府还在资助多种"试点""示范项目"和"社会实验"（包括在 20 世纪 80 年代和 90 年代多个州开展的各种福利改革示范）的过程中，要求使用成本收益分析。除了美国，几乎所有其他的工业化国家都在广泛的或具体的项目领域中，拥有类似要求运用成本收益分析的协议。比如，加拿大的监管政策便要求对任何监管的改变进行成本收益分析。由此，经过政府层面的强制推行，在 20 世纪 80 年代以后，成本收益分析逐渐成为西方国家政策评估的核心方法。[1]

如果从近年的趋势来看，西方国家还掀起了使用成本收益分析的第三波浪潮和第四波浪潮。第三波浪潮出现在 20 世纪 90 年代中期以后，成本收益分析扩展到了更广泛的涉及支付意愿的环境保护和自然资源等政策的评估。第四波浪潮出现于 21 世纪初，一些质量很高的成本收益分析被持续地应用到社会政策的评估中。

（四）基于理论的政策评估的开发

在 20 世纪七八十年代，后实证主义评估虽然已经具备了大量的"工具箱"，然而，评估者们却发现此时的评估理论存在一个重大的缺陷：评估者偏爱直接测试输入—输出链的"基于方法"的评估[2]，很少关注项目过程[3]。评估将政策或项目视作"黑箱"，通过检查投入、产出或结果来确定项目的成功程度，却不能解释关键的过程或连接投入和产出的因果机制。[4] 坎贝尔及其同事所开展的实验评估活动更是凸显了几乎完全依赖项目结果来确定项

---

[1] Anthony E. Boardman, David H. Greenberg, Aidan R. Vining and David L. Weimer, *Cost-Benefit Analysis: Concepts and Practice* (4th ed.) (Upper Saddle River: Prentice Hall, 2010).

[2] K. Conrad and T. Miller, "From Program Theory to Tests of Program Theory", *New Directions for Program Evaluation* 33(1987):19-42.

[3] Chen, H. *Theory-Driven Evaluations* (Newbury Park: Sage Publications, 1990).

[4] P. H. Rossi and S. R. Wright, "Evaluation Research: An Assessment of Theory, Practice, and Politics", *Evaluation Studies Review* 1, no.1(1977): 48-69.

目效果的事实①,这引来了诸多理论家的担心。1972 年,教育评估者汉密尔顿率先采用替代性评估方法来代替采用实验的学生心理测试,这在第一届剑桥会议上引起了很大反响。同样,在此次会议上,韦斯建议在进行评估研究时使用"项目模型",这是"基于理论的评估"的最早设想。② 从 1980 年开始,西方国家减少了项目投入,项目评估一度陷入萧条。许多被评估的项目被证明没有什么效果。陈惠泽和罗西认为大多数项目没有效果的原因在于项目设计者所描述的项目目标与实际项目结果之间的差异。③ 1981 年,二人发表了一系列论文,提出了"基于理论的评估"模型(Theory-Based Evaluation)。该模型强调以理论为基础来考察项目的效果以及在项目活动和效果之间起中介作用的机制,它不仅关注政策或项目的有效性,还关注导致变化的因果机制和背景因素,它是对在项目服务和干预过程中是否发生了项目理论预期变化的一种检验,是对项目运行过程"黑匣子"的破解。

　　基于理论的评估掀起了一场强有力的运动。20 世纪 80 年代末和 90 年代初,出现了一系列关于在评估工作中使用项目理论的出版物,其中包括三期《项目评估新方向》。进入 21 世纪,基于理论的政策评估得到进一步的发展。唐纳森为以项目理论为核心的评估贴上了一个新的标签——"项目理论驱动的评估科学"(Program-Theory-Driven Evaluation Science)。他将"项目理论驱动的评估科学"定义为"系统地使用有关调查现象的实质性知识和科学方法来改进、产生知识和反馈,并确定社会、教育、卫生项目等评估对象的优点、价值和意义"④。其基本原理是:通过审查文件和以前的研究、与利益相关者交谈以及观察项目运行情况,评估人员与利益相关者共同建立项目理论;然后评估人员使用项目理论定义评估问题并确定其优先顺序;最后使用科学的方法来回答评估问题。

---

① W. Shadish, T. Cook and L. Leviton, "Social Program Evaluation: Its History, Tasks, and Theory", in W. Shadish, T. Cook and L. Leviton (eds.), *Foundations of Program Evaluation: Theories of Practice* (Newbury Park: Sage Publications, 1991), pp. 19-35.

② C. Weiss, "Theory-based Evaluation: Past, Present, and Future", *New Directions for Program Evaluation* 76 (1997): s41-55.

③ Huey-Tsyh Chen and Peter H. Rossi, "The Multi-goal, Theory-driven Approach to Evaluation: A Model Lining Basic and Applied Social Science", in H. E. Freeman and M. A. Solomon(eds.), *Evaluation Studies Review Annual*(Londres: Sage Publications,1981),pp. 38-54.

④ S. I. Donaldson, *Program Theory Driven Evaluation Science: Strategies and Applications* (Mahwah: Erlbaum, 2007).

（五）其他学科理论与方法的引入

由于政策与政策效果的关系是一种因果关系，因此其他学科中有关因果推断的理论和方法就为政策或项目的评估提供了重要的资源，这突出地体现在统计学和计量经济学两个学科上。在统计学方面，"自1888年高尔顿（Galton）提出相关系数的概念以来，涉及因果推断的问题自始就缠住了统计学的脚后跟"[①]。20世纪70年代以后，统计学的因果推断取得了巨大的进展。1974年，鲁宾（D. B. Rubin）基于反事实的哲学框架提出关于观察性研究潜在结果模型（又称作鲁宾因果模型）。[②]20世纪90年代，珀尔（Judea Pearl）等提出了另一个非常重要的因果推断模型——因果网络图模型。[③]统计学中的这些模型都为推动后实证主义评估的丰富和发展起到了重要作用。在计量经济学方面，其对政策或项目评估的影响也许比统计学更大。自20世纪60年代以来，计量经济学中的基于反事实的因果推断方法不断发展，出现了多种适用于对社会经济项目进行计量经济学评估的现代工具。1958年，著名学者坎贝尔提出了断点回归设计，并在1960年与西斯尔思韦特（D. L. Thistlethwaite）正式发表关于断点回归分析的文章，提出在非实验条件下断点回归是处理处置效应的一种有效办法。特别是20世纪80年代以来，越来越多的因果推断方法被开发出来。例如：1978年，普林斯顿大学教授阿森菲尔特（O. C. Ashenfelter）首次使用双重差分法进行项目评估[④]；1983年，罗森鲍姆（P. R. Rosenbaum）等提出了倾向得分匹配的概念[⑤]。20世纪70年代，工具变量方法重新受到学者重视。1987年在对美国执行死刑是否可以降低谋杀率的一项研究中，埃利希（Isaac Ehrlich）最早运用工具变量来解决研究中的内生变量和遗漏变量的问题。[⑥]

① P. W. Holland, "Statistics and Causal Inference", *Journal of the American Statistical Association*(1986)：945-960.

② D. Rubin and B. Donald, "Estimating Causal Effects of Treatments in Randomized and Nonrandomized Studies", *Journal of Educational Psychology* 66,no. 5(1974)：688-701.

③ J. Pearl, *Probabilistic Reasoning in Intelligent Systems：Networks of Plausible Inference* (San Francisco：Morgan Kaufmann, 1988)；J. Pearl, *Causality：Models, Reasoning, and Inference*(2nd ed.)(New York：Cambridge University Press,2009).

④ O. C. Ashenfelter, "Estimating the Effect of Training Programs on Earnings", *Review of Economics and Statistics* 60, no. 1(1978)：47-57.

⑤ P. R Rosenbaum and D. B. Rubin, "The Central Role of the Propensity Score in Observational Studies for Causal Effects", *Biometrica* 70,no. 1(1983)：41-55.

⑥ Isaac Ehrlich, "The Deterrent Effect of Capital Punishment：A Question of Life and Death",*the American Economic Review* 65, no. 3(1975).

阿巴迪(Alberto Abadie)和加德亚萨瓦尔(Javier Gardeazabal)在评估西班牙巴斯克地区恐怖活动所产生的经济代价的过程中首次提出了合成控制法。[①] 2015 年,赛鲁利在《社会经济政策的计量经济学评估:理论与应用》一书中,根据其提出的分类框架对社会经济政策评估的现代微观计量经济学工具进行了总结和分类。他认为除了以上方法,还包括回归调整、再加权、选择模型等。[②]

从系统工程学的角度来看,对一个事物的评估常常要涉及多个因素或多个指标,评估是在多因素相互作用下的一种综合判断,几乎任何综合性活动都可以进行综合评价。政策或项目显然也是一个综合性的事物或活动,因此系统工程学中的系统评价或综合评价理论与方法给政策或项目的评估提供了重要的理论和方法资源。20 世纪 60 年代,在系统工程学中产生了特别适合于对主观或定性指标进行综合评价的模糊综合评价方法;20 世纪七八十年代是综合评价蓬勃兴起的年代,在此期间,产生了多种应用广泛的综合评价方法,如层次分析法、数据包络分析法等。20 世纪八九十年代更是综合评价向纵深发展的年代,人们对综合评价理论、方法和应用开展了更多方面的、卓有成效的研究,比如出现了人工神经网络评价法和灰色系统综合评价法等。这些方法也被广泛地运用到政策与项目评估中,从而大大地丰富了后实证主义评估理论。

(六)依托"循证评估"的"复兴"

20 世纪末期或 21 世纪初期,在"循证政策制定运动"(Evidence-Based Policy-Making)的影响下,西方国家掀起了一股"循证政策评估浪潮"。[③] 循证评估试图通过严格可靠的评估结果,并在政策制定的过程中增加评估证据的使用来提高政策决策的科学性。由于随机对照试验、成本收益分析以及相关的计量经济学因果推断方法等能够产生高质量的、可靠的和可信的评估结果,因此被循证政策评估者视为能够最好地或良好地生产高质量证据的评估设计。其中,随机对照试验方法被视为因果推断的"黄金准则",在循证政策评估中备受推崇。贾米尔贫困行动实验室在全球范围内对解决贫困问题的举措开展了广泛的"随机对照评估",截至目前,其开展的随机对照

[①]　Alberto Abadie and Javier Gardeazabal, "The Economic Costs of Conflict: A Case Study of the Basque Country", *American Economic Review* 93, no. 1 (2003):112-132.

[②]　[意]乔万尼·赛鲁利:《社会经济政策的计量经济学评估:理论与应用》,邸俊鹏译,格致出版社,2020,第 35-36 页。

[③]　在本书第八章"循证政策评估理论及其方法"中将进行详细阐释。

评估已有 1000 多项。① 2019 年，该实验室的代表人物巴纳吉（Abhijit Banerjee）和迪弗洛（Esther Duflo）因他们"在减轻全球贫困方面的实验性做法"而获得诺贝尔经济学奖。自然实验方法因其在多种政策评估中的适用性，也是产生高质量证据的代表。麻省理工学院的经济学家安格瑞斯特（Joshua Angrist）和加州伯克利大学教授卡尔德（David Card）是开创和使用自然实验方法的代表，他们将双重差分、得分倾向匹配、断点回归和合成控制等计量经济学方法运用于政策评估。2021 年，他们因"在因果关系研究方法论及其运用的贡献"获得了诺贝尔经济学奖。另外，成本收益分析方法也被作为循证评估产生高质量证据的有力工具。1999 年，英国布莱尔政府公布了《政府现代化白皮书》，提出了确保公共政策的战略性和前瞻性的七条核心原则，其中之一是强调注重成本收益分析和影响评估，避免简单化管制给企业增加不必要的负担。瑞典著名学者韦唐认为，循证评估是"后实证主义评估的回归"。这意味着，经过多年的"范式战争"和争论后，后实证主义评估再一次被重视和"复兴"。

三、后实证主义政策评估的理论家及方法

虽然在上述的后实证主义评估理论流派的发展历程中，已经提及了相关的理论家和一些评估模型，但是显得较为零散。下面笔者系统地对后实证主义评估理论家及其开发的模型进行归纳，如表 3-2 所示。

这些理论家均是相关模型的提出者、首次使用者或者做出重要贡献的学者。其中，坎贝尔为政策评估的实验研究贡献了基础性的力量，他和他的追随者（包括理论家斯坦利、沙迪什、库克等）系统地提出了基于因果推断的实验和准实验研究设计思路，对后实证主义政策评估方法的发展具有重大影响。罗西对实验方法的推广与应用亦有贡献，但是，更为重要的是他与陈惠泽在基于理论的政策评估方面所作出的成绩。柯克帕特里克对培训项目的评估做出了奠基性贡献，在他的基础上，菲利普斯和布林克霍夫将培训项目评估的理论和方法进一步深化。尽管成本收益分析方法在西方国家早已出现，但在麦加里蒂（Thomas O. McGarity）和桑斯坦（Cass R. Sunstein）等学者的推动下其在政府规制影响评估中得到普及。统计学、计量经济学、系统工程学等学科的著名学者也开发了相关的评估方法或者将其运用于政策或项目的评估中。总之，自 20 世纪 60 年代以来，在来自心理学、教育学、工商管理、经济学、法学、统计学和系统工程学的学者的共同努力下，后实证

---

① 参见：https://www.povertyactionlab.org.

主义评估理论和方法日益丰富和专业。

表 3-2　后实证主义政策评估理论与模型

主要理论家	评估模型	产生时间	突出特征
坎贝尔； 库克； 沙迪什； 博鲁赫； 罗西	随机对照试验 准实验	20世纪60年代至70年代	1.对于随机对照评估而言,评估者努力实现实验组与控制组的随机分派;精心设计实验程序以减少选择性偏误。实验过程中评估者严格控制其他因素以增加实验的内外部效度。 2.对于准实验而言,放松随机对照试验的实验条件,降低控制,但尽可能地遵循实验的逻辑和条件,最大限度地控制相关因素,进行实验处理。实验的结果与现实结合起来,现实性强
柯克帕特里克； 菲利普斯； 布林克霍夫	柯氏四层次 模型； 五层次评估 模型； 成功案例法	20世纪60年代至21世纪初	1.柯氏四层次模型对培训项目的效果进行四个层次评价:参与者反应、学习、行为和结果。 2.五层次评估模型在柯氏四级评估基础上增加了投资回报率评估。 3.成功案例法可以确认那些能将最好和最差员工区分开来的具体行为,并对培训的投资回报率进行评估
麦加里蒂； 桑斯坦； 维宁(Aidan R. Vining)； 韦默	成本收益分析	20世纪80年代	将项目的成本和收益进行量化并以货币价值的形式进行衡量,并对项目的成本和收益进行比较

续表

主要理论家	评估模型	产生时间	突出特征
陈惠泽； 罗西； 唐纳森	基于理论的评估	20世纪80年代	是一种以项目理论为基础或指导的研究，并非单一的评估方法。更加关注政策或项目的作用机制，检验政策或项目干预是否与项目理论预期一致
鲁宾； 珀尔	潜在结果模型； 因果网络图模型	20世纪70年至90年代	1.潜在结果模型强调对同一单位同时接受不同干预的比较而得出一个干预相对于另一个干预的因果关系，是项目评估的计量经济学研究进展的基础。 2.因果网络图模型是一种与图相关的统计模型，允许直观的因果解释
阿森菲尔德； 安格瑞斯特； 克鲁格（Alan Krueger）； 埃利希； 卡德； 阿巴迪	断点回归； 双重差分； 倾向得分匹配； 工具变量； 合成控制	20世纪60年代至21世纪初	基于反事实框架，针对非实验数据而开发的计量经济学方法，可以估计政策或项目的处理效应
扎德（L. A. Zadeh）； 萨蒂（T. L. Saaty）； 查恩斯（A. Charnes）； 库珀（W. W. Cooper）	层次分析； 模糊综合分析； 数据包络分析； 人工神经网络法； 灰色综合评价法	20世纪60年代至90年代	从系统工程学的角度来看，系统评价即首先测量系统的有关属性，并根据系统属性的相互关系综合出系统的总效用。可以将政策或项目视为一个系统，它具有多个属性（可以从多个标准或指标进行评价），因此也需要对政策或项目做出整体性的评判。这五个模型均能从整体上评估政策或项目的总体效果

第三节　后实证主义政策评估的经典方法

如第二节所述,在后实证主义政策评估的发展过程中学者们已经开发出了众多模型。基于前述的"哲学基础—理论流派—评估方法"框架,本节将聚焦于具体的模型或方法的研究。基于这些模型在后实证主义政策评估理论中的地位及其实践应用的程度,本节选择随机对照试验、准实验、成本收益分析方法、基于理论的评估、项目评估的计量经济学方法作为经典方法予以梳理。另外,考虑到随机对照试验评估在实践中(特别是在我国的实践中)开展得比较缓慢,因此又重点对随机对照试验评估进行重点探讨。

一、随机对照试验评估

(一)随机对照试验的原理

如前所述,无论是对已经实施的政策的效果予以推断,还是政策效应的因果预测,政策评估的核心问题主要是进行因果识别。[①] 然而,我们并不能直接观察相反的事实,我们只能观察政策干预之后发生了什么,而不是在没有政策干预的情况下会发生什么,因此我们必须对反事实进行推断。这是因果推理的基本问题。[②] 我们经常从别人身上发生的事情或者项目开始前参与者身上发生的事情来推断反事实。但是当我们做这些推论时,我们必须做一些假设,例如,那些参加和不参加这个项目的人在没有这个项目的情况下会有同样的结果。我们估计的正确性取决于那些假设的正确性。随机对照试验方法可以在高度控制的环境中,通过操作因素的变动来研究变量之间的因果关系,且具备随机化干预、可重复性、标准化操作、可控条件、时序性等类似科学研究的特征,因此,随机对照试验被看作识别因果关系的"黄金准则"[③]。随机对照试验的关键特征是随机分配(随机化)。随机分配的可取之处在于随机分配本身是一种将合格对象无偏分配给实验组和对照

① James J. Heckman and Edward Vytlacil, "Structural Equations, Treatment Effects and Econometric Policy Evaluation", *Econometrica* 73(2005):669-738.
② Rachel Glennerster and Kudzai Takavarasha, *Running Randomized Evaluations: A Practical Guide* (Princeton: Princeton University Press, 2013).
③ S. Y. Guo and M. W. Fraser, *Propensity Score Analysis: Statistical Methods and Application* (Thousand Oaks: Sage Publications, 2010).

组的可靠方法。[1] 无偏分配意味着所有参与者进入实验组和对照组的概率是相同的。在政策评估中,受到政策干预或从该政策中受益的人是随机选择的,这就确保了接受政策干预的人和作为对照组的人之间没有系统性的差异。另外,随机分配还保证了除了可观察的特征之外,我们无法衡量的不可观察的特征(如积极性、才能)也会在组间得到平衡。这意味着,实验组和对照组在项目开始时是相同的,而在没有项目的情况下,它们的轨迹也是相同的。

随机对照试验开展政策评估的基本逻辑是:将被试对象随机地进行分组,然后对某些被试对象施加政策干预,某些则不施加(被施加政策干预的组称为实验组,没有进行政策干预的组称为对照组),经过一段时间之后,比较实验组和对照组的差别,来识别政策干预的净效果。表 3-3 列出了随机对照试验的逻辑。

表 3-3   随机对照试验的逻辑

		前测		后测
实验组	R	O_1	X	O_2
控制组	R	O_3		O_4

注:其中 R 表示随机分配;X 表示实验刺激;O 表示实验组和对照组各自接受测试的结果。

随机对照试验逻辑的公式表示为:政策干预的净效果=随机实验组的差分-随机对照组的差分+设计效果和随机误差[2]=$(O_2-O_1)-(O_4-O_3)$。

采用随机对照试验进行政策评估进行随机分配是必要的。随机分配是指将被试对象按照某种随机过程将每个单位分配给实验组和对照组。随机分配往往采用随机数表法、掷硬币法等来实现。

政策干预的净效果依据实验组和对照组的变化差值,但是,实验组和对照组的差异大小是很难判断的,主要是因为有些期望的差异是独立于实验之外的,因此任何项目的结果衡量,都可能受到机会或随机变动的影响,而难以测量项目结果,这种因机会或随机变动所产生的波动效果,称为随机效果。政策干预的净效果,往往包含随机效果,现实中,往往采用 t 检验、方差

---

[1]   彼得·罗西、霍华德·弗里曼、马克·李普希:《项目评估方法与技术》,邱泽奇等译,华夏出版社,2007,第 165 页。

[2]   彼得·罗西、霍华德·弗里曼、马克·李普希:《项目评估方法与技术》,邱泽奇等译,华夏出版社,2007,第 168 页。

分析和协方差分析等统计工具进行克服。

（二）随机对照试验设计

常见的随机对照试验有三种基本的设计类型：前侧—后测控制组设计、后测控制组设计和所罗门设计。

前测—后测控制组设计是指随机分派之后，分别对实验组和对照组进行前测，实验组接受政策干预一段时间之后，再分别对实验组和控制组进行后测，通过比较实验组前测—后测差异和对照组前测—后测差异得出政策与净效果（见表 3-4）。这种设计能够充分保证样本的同质性，可以较好地消除历程、成熟、测验经验、选择、统计回归、测量工具的使用等因素对内部效度的干扰，达到较高的内部效度。但是有时候被试的前测因为时间、资源的限定等是很难进行的。

表 3-4　前测—后测控制组设计

		前测		后测
实验组	R	O_1	X	O_2
控制组	R	O_3		O_4

后测控制组设计是指利用随机分配的方式，将被试分别分配到实验组和对照组，在这里不对实验组和对照组进行前测，直接用后测的结果差异来估计政策效果（见表 3-5）。其原因在于，被试对象的随机分配已经保证了实验组和对照组在统计上趋于相等，前测实际上是不需要的。这种实验设计大大简化了设计程序；同时，省略前测也降低了测试经验和测量工具的使用对内部效度的影响。但实验组和控制组实验消耗的速率不同对内部效度的影响仍然难以解决。

表 3-5　后测控制组设计

		前测		后测
实验组	R	O_1	X	O_2
控制组	R	O_3		O_4

为克服前测—后测控制组设计的缺点，所罗门设计主张增加新的控制组，以此来比较前测处理的交互作用或试验刺激的霍桑效应是否影响净效果。所罗门设计有所罗门三组设计和所罗门四组设计两种类型。所罗门三组设计是在前测—后测控制组设计的基础上增加一个实验组，它不接受前

测,但对其进行实验刺激,并进行后测(见表 3-6)。所罗门四组设计是指在所罗门三组设计的基础上,再增加一个控制组,既不进行前测也不进行实验刺激,只进行后测(见表 3-7)。所罗门设计可以区分前测、实验刺激、外部因素以及它们之间的交互作用对因变量的影响,"历程"和"成熟"等因素引起的误差既可控又可测,因此内部效度较高。但这种实验设计也存在一些缺点:第一,所罗门四组设计设置四个组,实验对象大量增加,时间和成本也成倍增加;第二,当前测、实验刺激、外部因素之间的交互作用过强时,很难对自变量和因变量之间是否具有因果关系做出判断,即内部效度降低;第三,尽管该设计可以确定外部因素对自变量是否有影响,也可计算出影响的大小,但无法确定究竟哪些变量与因变量之间还存在着因果关系。

表 3-6   所罗门三组设计

		前测		后测
实验组	R	O_1	X	O_2
控制组	R	O_3		O_4
实验组	R		X	O_5

表 3-7   所罗门四组设计

		前测		后测
实验组	R	O_1	X	O_2
控制组	R	O_3		O_4
实验组	R		X	O_5
控制组	R			O_6

（三）随机对照试验评估的操作程序

随机对照试验是当前开展政策评估的流行工具,其有着自身独特的操作程序,许多学者都提出了他们认为合理的步骤。以下参考格伦纳斯特(Rachel Glennerster)和塔卡瓦拉哈(Kudzai Takavarasha)两位学者在《实施随机对照试验评估:实践引导》一书[1]和海恩斯(Laura Haynes)等的

---

[1]   Rachel Glennerster and Kudzai Takavarasha, *Running Randomized Evaluations: A Practical Guide* (Princeton: Princeton University Press, 2013), pp. 3-23.

观点①,梳理随机对照试验评估的操作程序,如表 3-8 所示。

表 3-8　随机对照试验评估的操作程序

步骤	核心处理事项	评估者需要重点关注的问题
1	选择正确的问题	评估者到底应该评估什么政策或项目?
2	充分理解问题的特定环境	开展评估的地点在哪里? 这个地点的环境如何? 如何选择评估的合作伙伴?
3	进行评估设计	如何设计结果的测量指标、抽样方案、具体的实验设计、随机分配方案、数据收集方案、数据分析方案?
4	随机分配	如何将样本中的试验对象分别随机分配到试验组和对照组中?
5	前测	政策或项目实施前如何对实验组和对照组的实验对象进行测量?
6	实施政策或项目	如何监测政策或项目按照预先的设计实施? 如何监测项目实施中评估出现的风险?
7	后测	政策或项目实施一段时间后或结束时如何对试验组和对照组的实验对象进行测量?
8	数据分析	如何比较实验组和对照组的差异获得政策或项目的效果?
9	获得结果并提出政策建议	政策或项目的效果是怎样的? 结果有何政策含义?

　　第一步为选择正确的问题,即明确要评估的政策或项目。一方面,随机控制试验基本上用于分析"因果关系",因此首先要确定"因";另一方面,由于随机对照试验有其特定的适用范围或适用情形,并不是所有的政策或项目都适合用随机对照试验的方法来评估,因此首先应该选择合适的待评估的政策或项目。

　　第二步为充分理解问题的特定环境。这涉及开展评估的地点和评估的合作伙伴的选择问题。首先,应注重对评估地点的选择以尽可能产生一般性的效果评估。为了体现出该政策或项目的一般效果或者出于推广的目的,评估地点的选择最好具有代表性,以避免一些特殊或不寻常的情况。其

---

① L. Haynes, O. Service, B. Goldacre and D. Torgerson, "Test, Learn, Adapt: Developing Public Policy with Randomised Controlled Trials", *SSRN Electronic Journal* 1(2022): 22-25.

次,要顺利地开展随机实验评估,需要得到实施被评估政策或项目的人的认同。比如只有执行项目的高层的善意和承诺,才能更好地明确衡量哪些目标并集思广益地解决不可避免地出现的挑战;只有执行项目的中层和基层的合作,才能更好地设计评估方案或者减少评估的风险与威胁(如溢出效应、实验对象的不服从等)。

第三步为评估设计。这可以称为后面相关步骤的准备工作。首先是定义政策或项目效果及其衡量问题。之前确定了"因",现在需要明确"果"。项目效果包括哪些? 运用什么指标来加以测量? 必须加以定义或确定。这不仅可以为前测、后测提供依据,也可以避免对数据进行过度解读以及将随机波动归因为实验效果的错误。其次是抽样的问题,政策或项目的影响往往非常广泛,不可能对所有的政策对象进行实验,因此必须确定样本量以及抽样方法。再次要明确具体的实验设计,是采取经典的实验设计还是所罗门三组设计、所罗门四组设计,是单臂实验设计还是多臂实验设计等要予以明确。从次是随机分配方案的设计,这涉及随机分配单位(机构、地区、社区、群体、个体)的选择以及随机分配方法的选择。最后还要明确数据收集方案和数据分析方案。包括在前测和后测时,具体调查方法(如问卷、访谈等)的选择和数据分析方法(简单的比较、复杂的计量方法等)的选择。

第四步为随机分配。抽样结束后,应将样本中的实验对象分别随机分配到实验组和对照组中,并确保实验组和对照组在其特征和关键因素方面是相同的,它使我们相信实验组和对照组在除干预措施以外的其他关键因素上是等同的。这是随机对照试验优于其他评估方法的关键所在。

第五步是前测,也称为开展基线调查。对所有样本中的实验对象开展同样的调查来获取有关信息,包括主要结果变量及可能影响结果变量的控制变量信息。

第六步为实施政策或项目。对实验组样本实施政策或项目,对对照组样本则不实施政策或项目。在此阶段,注意做好监测工作。一方面,要监测政策或项目是否按照预先的设计来加以实施;另一方面,应监测项目实施中影响评估的风险,因为实验过程中可能会出现干预对象不完全依从的现象,这些信息也要详细记录。

第七步为后测。当政策或项目实施到预先设计好的时长后,应对所有样本开展调查。调查内容通常与前测内容保持一致,即再次收集样本中的实验对象的结果变量和控制变量信息。根据政策或项目的不同性质,后测可以是一次调查,也可以是多次追踪调查。

第八步为数据分析。对从实验中获得的数据进行比较、分析,并对政策或项目的影响进行推断。可以运用相对简单的方法（如简单的前测、后测比较）来分析，也可以采用复杂的方法（如相关的计量经济学方法）来分析。此外，如果我们遇到使用分层或团体层次随机化、面临溢出等威胁，则必须运用适当的方法对政策或项目的影响进行调整。

第九步为获得结果并提出政策建议。通过对政策实施前和实施后结果变量的差异分析，将获得政策或项目的效果的结论。为了让评估结果为决策提供帮助，还需要根据评估结果来给出有关政策或项目如何修正、推广或废止的建议。

（四）随机对照试验评估实施的障碍与突破策略

目前，随机对照试验评估已成为政策或项目评估的"黄金标准"。然而，在现实中运用却非常少，特别是在中国运用尤其少。以下通过对贾米尔贫困行动实验室数据库中的 100 篇随机对照试验评估报告进行内容分析，揭示其在实施中存在的障碍，并对其突破策略进行分析，以促进随机对照试验评估的开展。

1. 研究设计

（1）方法选择。要把握随机对照试验评估实施的障碍和应对策略，最优的方法应是对富有经验的评估者进行访谈或问卷调查。现实中这样的实践者难以接触，但存在可以获得的足够的随机对照试验评估报告或论文。作为文献研究的一种典型方法，内容分析是指研究者通过对文献的显性内容的特征的系统分析，获得与之相关的潜在内容的特征的方法，因此选择内容分析方法作为研究方法。从分析逻辑上来说，如果评估者在随机对照试验评估实施中遇到特定的障碍、挑战，其必然在评估报告和论文中加以提出，并报告相应的解决策略，只有如此，才能符合评估报告或论文的严谨性和规范性，也才能体现其评估结果的可靠性和可信性。因此，内容分析方法适合该问题的研究。

（2）样本抽取。目前世界上最大的随机对照试验评估报告或论文数据库是贾米尔贫困行动实验室数据库[①]，截至 2021 年 2 月 1 日，其已收录了1073 项评估报告。作为世界上最有影响力的随机对照试验评估机构，其对随机对照试验评估有着深入的研究和严格的要求，因此可以将其作为目标数据库。由于其中部分报告存在内容不完整现象（如仅仅是摘要版、缩减版），首先从报告的完整性角度，剔除了 346 篇内容不完整的报告。然后在

---

① 参见：https://www.povertyactionlab.org/evaluations。

剩余的 727 篇报告中,运用简单随机抽样方法,抽取 100 篇报告作为研究样本。

(3)编码。依据上述的随机对照试验评估程序,确定了可能存在的障碍,然后根据理论文献中提出的可能的应对策略设计了每一个变量的答案选项(一个答案代表一种策略),形成了表 3-9 中的编码体系。

表 3-9　编码体系

类别	变量
确定评估问题	确定待评估的政策或项目
	选择结果变量
寻找合作伙伴	寻找政策或项目决策机构
评估设计	随机对照试验设计
	抽样
随机分配	确定随机化水平
	确定实验对象在实验组与控制组分配比重
	确定随机化的方法
评估伦理与关系	评估的伦理问题
	处理评估者与项目执行者之间的关系
过程控制	部分依从问题
	损耗问题
数据搜集与分析	选择数据搜集工具
	选择数据分析方法
	溢出效应问题
	驱动效应问题
评估成本	评估的时间耗费
	评估的人力资源耗费

考虑到在实际的操作中可能还存在其他的障碍和应对策略,因此,在最终的编码单中,还设计了一个开放性题目"是否存在其他障碍与应对策略",以识别上述编码体系还未考虑到的其他障碍及相应策略。依据上述编码体系形成编码单,然后对 100 篇评估报告进行逐篇阅读、记录并进行数据统

计,得到研究结果。

2. 随机对照试验评估的实施障碍

从总体上看,以上 18 个方面在 100 篇报告中均有提及,没有报告除此之外的其他障碍。表 3-10 揭示了这 18 种障碍及其在样本报告中的提及情况。[1] 以下结合这 100 篇评估报告对这些障碍进行具体分析。

表 3-10 随机对照试验评估的实施障碍及其在样本报告中的提及情况

类别	随机对照试验评估的实施障碍	该障碍在样本中的提及情况/%
评估问题	确定待评估的政策或项目	100
	选择结果变量	100
寻找合作伙伴	寻找政策或项目决策机构	100
评估设计	随机对照试验设计	100
	抽样	100
随机分配	确定随机化水平	100
	确定实验对象在实验组与控制组分配比重	93
	确定随机化的方法	100
评估伦理与关系	评估的伦理问题	76
	处理评估者与项目执行者之间的关系	68
过程控制	部分依从问题	75
	损耗问题	78
数据搜集与分析	选择数据搜集工具	100
	选择数据分析方法	100
	溢出效应问题	81
	驱动效应问题	84
评估成本	评估的时间耗费	91
	评估的人力资源耗费	100

(1)不易确定评估问题。这包括两个具体障碍。一是如何选择待评估的政策或项目。由于受到一些因素的制约,并非所有的政策或项目都适合

---

[1] 这里仅表明这些障碍在样本报告中的提及情况,并不反映处理各障碍的难易程度。

运用随机对照试验来进行评估。这些因素包括政治问题、伦理道德问题、评估的价值、实际研究中参照对象的可获得性、数据的可获得性和评估的预算等，它们都会对待评估的政策项目的选择构成影响，因而评估者必须慎重选择待评估的政策或项目。二是对结果变量的选择。评估是要对政策或项目的效果或者说政策或项目实施后政策对象的社会行为、身体状况、态度、感觉、信仰等的变化进行评估，而这种效果或者变化是多样的、复杂的，有的甚至不易衡量。是选择所有的效果或变化进行评估，还是只选择部分效果或变化进行评估？如果选择部分效果或变化进行评估，该选择哪些效果或变化呢？这些问题都需要进行充分的考量。

（2）寻找政策或项目决策机构的困难。随机对照试验评估与其他随机对照试验存在一个显著的区别，即评估者难以实施或操纵实验刺激。对于一般的随机对照试验而言，实验刺激的花费较少，比如开展一个"看一场有关狗的电影是否会降低对狗的偏见"的随机对照试验，研究者可以组织实验组的实验对象观看一场"有关狗的电影"，其投入往往是可以承受的。而对于随机对照试验评估而言，其实验刺激是"政策或项目"，对于研究者或评估者而言，由于"政策或项目"的投入往往巨大，评估者几乎不可能自己对实验组的对象实施政策或项目，因此随机对照试验评估需要获得政策或项目决策机构的准许、委托或资助。对于了解、理解随机对照试验评估或已认识到随机对照试验评估的价值和具有随机对照试验评估传统的国家或决策机构而言，它们可能主动委托、招标或者评估者比较容易说服他们，因而评估人员就相对容易获得他们的准许、委托或资助。反之，对于一些不了解、不理解随机对照试验评估或没有认识到随机对照试验评估的价值和不具备随机对照试验评估传统的国家或决策机构而言，要获得他们的准许、委托或资助则殊为不易。

（3）进行评估设计的困难。这也存在两个具体的障碍。一是如何进行随机对照试验设计。良好的实验设计有利于提升评估的信度和效度，然而，要进行良好的试验设计也并非易事。随机对照试验具有多种设计，既有前测—后测控制组设计、后测控制组设计、所罗门三组设计、所罗门四组设计；还有单臂设计、多臂设计；也有"单盲设计"和"双盲设计"等。良好的实验设计既要具备扎实的实验设计理论知识，也要能够根据现实环境进行取舍。二是抽样的问题。对于一个简单的项目，抽样可能不构成障碍。然而，如果是一个复杂的政策或项目（如涉及众多地域、众多的政策对象、随机化层次为地区或群体等）的评估，抽样将变得颇为复杂。比如对于一项全国性的项目，需要在多个行政层级、全国区域中进行抽样；如果随机化层次确定为地区或群体,除了要在地区或群体层面进行抽样,还可能需要在地区或群体内部抽取具体的调查对象。另外,还需要考量样本量的大小,这也需要在评估成本和抽样误差之间进行权衡。因此,确定抽样方案特别是确定针对复杂政策或项目的抽样方案也是评估者面临的一个困境。

(4)随机分配存在的障碍。在进行随机分配的过程中,评估者通常会遇到如何选择随机化水平、如何确定实验组与控制组分配比重、如何确定随机化的方法的问题。首先是选择随机化水平的问题。从理论上而言,随机分配可以在地区、社区、机构、群体、个人层面上进行,但合理的选择应综合考虑被试单位、溢出效应、损耗、部分依从、统计效力、可行性等因素[1],因而也是颇为复杂的问题。其次是 93% 的样本报告中提及了实验组与控制组的样本分配比重问题。在实验组与控制组中平均分配实验对象(各占 50%),显然可以减少实验组和对照组的样本在统计意义上的系统性差异。然而,一味追求各组样本量相等可能会带来一些风险,如可能会破坏随机化的不可预测性和产生选择偏倚。在某些情况下,如在前期实验中实验组相比对照组显示出卓越效果,从伦理角度来说应考虑将更多实验对象随机分配至效果更好的实验组,而分配较少实验对象至对照组。因此,评估者也应根据具体的情况来确定实验组与控制组样本量比例。最后是随机分配的方法选择问题。随机对照试验评估的一个关键特征在于要按照概率论的原理和方法将实验对象分配到实验组和控制组中,随机分配的方法包括抽签、抛硬币、随机数表等。但如果随机化的方法选取不当,会人为地夸大或缩小实验组与控制组之间的差别,给实验结果带来偏差,因此这又导致一个如何根据实际情况选择恰当的随机化方法的问题。

(5)评估伦理问题与关系处理不易。首先,随机对照试验评估往往涉及一些伦理道德问题。对于政策或项目而言,随机分配可能会拒绝实验对象有权获得的服务或让实验对象获得不应该享有的服务,例如某些福利项目,对照组中的对象就会被人为地剥夺享受相关服务;而对一些强制性、惩戒性的项目,对照组中的对象就能违背这些强制性规定或逃避相关的政策命令,这些显然都是违背道德甚至法律的。随机对照试验评估团队在实施随机化之前必须慎重考虑评估的伦理问题,否则可能导致评估的流产。其次,处理和项目执行者的关系存在难度。要顺利地开展随机实验评估,需要得到实施被评估政策或项目的人的认同,减少评估的风险与威胁也需要政策或项

---

[1]　Rachel Glennerster and Kudzai Takavarasha, *Running Randomized Evaluations: A Practical Guide* (Princeton: Princeton University Press, 2013), p. 112.

目执行者的合作。而这种认同和合作往往需要充分的沟通和说服,这都需要评估者进行相关的投入和具备相应的技能。

(6)过程控制中的障碍。随机对照试验评估的过程中(更具体地说在前测与后测之间),往往存在一些影响评估信度和效度的风险或威胁。一是部分依从(partial compliance)问题,即在随机对照试验评估开展过程中实验组个体和控制组个体都有可能存在不遵从随机分配情况的出现。例如,实验组个体不参与或者不遵守实验安排;控制组个体有意无意受到了实验刺激等。从样本报告的情况来看,75%的报告涉及这一问题。二是损耗问题(mortality)。由于随机对照试验评估往往持续较长时间,导致有的实验对象退出了评估,或者由于涉及个体隐私和一些其他问题,实验对象可能拒绝参与或者拒绝回答一些问题,又或者在最终的调查中调查员找不到实验对象,导致数据的缺失,这些都会形成损耗。损耗会降低实验组和控制组的可比性,也可能导致一个有效的项目在统计学上没有显著差异。因此,如何控制或减少这些风险或危险也是不小的挑战。

(7)数据搜集与分析的挑战。一是数据工具选择的挑战。评估者在前测、后测等阶段都需要运用一定的工具搜集测量数据,有时甚至需要对投入、产出、中间结果加以测量,追踪研究还需要多次对结果进行测量。然而,应该选择和使用什么样的数据收集工具来测量这些结果需要充分考虑。二是确定数据分析方法的挑战。数据分析是对从实验中获得数据进行比较、分析,并对政策或项目的影响进行推断。不同研究设计有不同的统计分析方法,有相对简单的方法(如简单的前测、后测比较),也有复杂的方法(如相关的计量经济学方法);而且对于实验组与对照组样本量不均等、使用分层或团体层次随机化、存在部分依从和损耗的情况,还需要运用适当的方法对政策或项目的影响进行调整。要准确估计政策或项目的净影响并不容易。三是处理溢出效应(spillovers)的挑战。样本中81%的评估报告提及了该问题。溢出效应指随机对照试验评估中实验刺激的外部性,它会导致实验组和控制组之间的结果差异不再代表项目的影响,因而评估者必须采取措施来处理溢出效应。四是处理评估驱动效应的挑战。评估者为搜集能证明其假设的实验结果,有可能在评估过程中有意无意地通过表情、动作、语言将预期的要求暗示给实验对象,引起实验结果有利或者不利于证明原假设的效应。[①] 这在一定程度上会破坏实验组和控制组的可比性,产生评估偏

---

① Rachel Glennerster and Kudzai Takavarasha, *Running Randomized Evaluations: A Practical Guide* (Princeton: Princeton University Press, 2013).

差。样本中 84％的报告提及了这一问题，具体的驱动效应包括霍桑效应、亨利效应、调查效应、需求效应、预期效应、怨恨和士气低落效应等。评估者如何克服评估驱动效应面临着一定的挑战。

（8）评估成本高昂。要开展一项有效的随机对照试验评估，往往需要大量的投入，许多文献已经指出了这一点，此处选择的 100 篇评估报告也大多提及了这方面的障碍。高昂的成本体现在以下两个方面：一是时间成本高昂。由于政策或项目的效果往往需要较长的时间才能呈现其效果，特别是一些社会政策或项目，它们的影响要完全呈现可能需要更长的时间。因此，随机对照试验评估往往需要较长的时间才能完成。二是人力资源问题。由于操作步骤多、操作程序复杂，随机对照试验评估往往不是个别评估者能够承担，一般都需要多个评估者组成团队共同为之努力，因而随机对照试验评估需要较多的人力资源投入。

3.有效实施随机对照试验评估的策略

同样基于内容分析的结果，以下报告这 100 篇评估报告提出的相关应对策略。

（1）确定研究问题的策略。第一，在待评估政策或项目的选择方面，可以发现：其一，随机对照试验评估应选择人们普遍关心、资源耗费比较大的项目。上述报告评估的项目中，有 80％的项目耗费都超过了 500 万美元，有 45％的项目耗费超过了 1000 万美元，这些项目是评估选择的优先级。其二，应选择尚没有被评估、尚无证据支撑的项目，100 个样本项目中有 95％的项目属于此种情形。其三，应选择具有足够的样本量的项目。其四，应选择正在试点或新近开展的项目，首先从样本的情况来看，多数被选择的项目是在项目试点了一期之后进行的。由此可见，随机对照试验评估所选择的项目大多是新的、稀缺的，或者与环境（或与之进行项目）的差异足够大的、几乎没有证据支撑的项目。另外，项目本身的成熟度和进展情况也是随机对照试验评估在选择项目中需要考虑的因素，做评估太早存在测试不成熟项目的风险，做评估太晚则存在项目资源浪费的风险。[①] 第二，在选择结果变量方面。选择的结果变量不宜过多，也不宜过少。过多的结果变量会导致数据收集量太大而无法实施，过少的结果变量则降低了评估的效益。第三，从样本报告的情况来看，大部分评估都会考察 4～6 个结果变量。例如，在对孟加拉国乡村法庭项目的评估中，评估者就考察了 6 个结果变量：

---

① Rachel Glennerster and Kudzai Takavarasha, *Running Randomized Evaluations：A Practical Guide*(Princeton：Princeton University Press,2013).

项目对村法院功能的影响、对既存争议的影响、对争议的整体影响、对地区法院的影响、对主观幸福感的影响以及对经济活动的影响。①

（2）寻找政策或项目决策机构的策略。样本报告提供了 4 种具体的途径。一是要紧密关注政府与相关机构（如国家组织及其分支机构、基金会、慈善组织）对政策或项目评估的需求。二是争取政府与相关机构对政策或项目评估的委托，积极参与他们的评估招标活动。三是游说政府与相关机构对他们的项目开展随机对照试验评估，要说服他们相信没有更简单的方法来获得答案，而随机对照试验评估是确定他们的政策或项目净影响的最可靠方法。四是与政府及相关机构建立合作伙伴关系。在这种合作伙伴关系中，评估团队不仅仅开展评估工作，而是全面地参与到政策或项目的开发和设计、执行、评估、修正甚至推广工作中，如此既有利于政府与相关机构实现其职能和使命，也有利于评估团队顺利开展评估。

（3）做好评估设计的策略。首先在随机对照试验设计方面，从样本的情况来看，在 100 篇评估报告涉及的 137 项实验中，主要采取了前测—后测控制组设计、后测控制组设计、所罗门三组设计、所罗门四组设计四种主要的实验设计类型。其中，有 47% 的实验使用了前测—后测控制组设计，有 14% 的实验使用了后测控制组设计，有 37% 的实验使用了所罗门三组设计，有 23% 的实验使用了所罗门四组设计。总的来看，评估者还是更倾向于使用经典的前测—后测控制组设计，其不仅难度相对较小，而且也更为常用。进一步来看，评估者选择何种实验设计还需要具体考虑评估的目的、评估信度与效度、政策或项目的数量、结果变量的个数和内容、伦理压力、资源支持、当地环境等因素。其次在确定抽样方法方面，样本报告主要采取了简单随机抽样、系统抽样、分层抽样、整群抽样等四种抽样方式。其中 12% 的样本使用简单随机抽样，33% 的样本使用整群抽样，17% 的样本使用系统抽样，28% 的样本使用分层抽样。总的来看，评估者比较偏爱整群抽样和分层抽样。当然，抽样方案的确定也应根据具体情况灵活选择，需要综合考虑评估的目的、误差的容忍度、总体的变异程度以及可能出现的溢出、部分依从、损耗等问题来确定。

（4）随机分配的策略。首先是随机化水平的确定。从样本的情况来看，随机化水平主要包括在个体层面进行随机化和在群体层面进行随机化两种

① Martin Mattsson and Mushfiq Mobarak，"Rural Institutional Innovation：Can Village Courts in Bangladesh Accelerate Access to Justice and Improve Socio-economic Outcomes?"，Impact Evaluation Report 116，April 2020.

类型。样本中有86％的随机化发生在个体层面,有14％选择在群体层面进行随机化。个体被试主要有学生、教师、农户等,群体被试主要有学校、储蓄组织、家庭或社区等。可以发现,随机评估应尽可能在最低一级(即个体层面)进行随机化。但是需要注意的是,随机化水平的确定也需要综合考虑测量的层面、溢出问题、损耗问题、不服从问题、统计效力和可行性等技术或非技术的因素。例如,随机化水平需要与结果测量层次相同或相对更高;随机化的层面应能捕捉到溢出问题,应能防止参与者退出样本,应使检测到处理效应的可能性最大,应能保证具有足够大的有效样本量;而且,随机化的层面还应在道德、财务、政治和后勤方面可行,应选择随机化最简单、成本最低的层面。其次在确定实验组与控制组的样本量的分配比重方面。从样本情况来看,在简单实验设计中(仅有一个实验组和一个控制组,占全部样本的32％),实验组和控制组的样本量的分配比重约为1∶1的样本占全部简单实验设计样本总量的62.5％,实验组和控制组的样本量的分配比重约为1∶2的样本占全部简单实验设计样本总量的28.12％。而在具有多个实验组的复杂实验设计中(占全部样本的68％),也优先考虑将分配比重设计为实验组的样本量与单个控制组样本量相当。由此可见,评估者优先考虑将样本量在实验组和控制组平均分配。这主要是基于对统计效力的考虑,一般来说,当样本在所有组中平均分配时,能够最大化统计效力。然而,在某些情况下(如当一笔资金同时用于项目运行和评估、当控制组起着特别重要的作用、当一组的方差大于另一组等),评估者需要根据相应的情况来确定增加实验组样本的比重或控制组样本的比重,以获得最大统计效力,因此此时不在各组之间平均分配样本也是有意义的。最后是随机化方法的选择。样本报告中采取了简单随机化、分层随机化和配对随机化三种方法。其中,分层随机化和配对随机化在整个样本中所占比重稍大,分别占总样本的33％和56％。分层随机化基于协变量将样本群体分为若干个不相关的部分,并在每一部分中随机化分配,排除了与实验结果相关的协变量(如性别、能力、偏好等)对实验结果的影响。而配对随机化将两个条件相同或相近的实验对象配成对子,随机化后使对子内个体分别接受两种不同的处理。由于分层随机化和配对随机化可以实现实验组和控制组在可观察维度上更为相似,因而评估者使用更多。而随机化工具则包括机械的(硬币、模具或球机)、随机数表或带有随机数发生器的计算机程序等,工具的选择需要综合考虑样本框大小、随机化的场合等因素。

(5)处理评估的伦理及与项目执行者之间的关系的策略。首先在处理评估的伦理问题方面,样本报告提供了三种主要的做法:一是确保评估只在项目申请人(或潜在申请人)多于实验对象的地点进行;二是尽量规避拒绝实验对象有权获得的服务的项目或让实验对象获得不应该享有的服务项目;三是严格遵守知情同意原则,采取一定方式向实验对象告知实验相关情况并征得实验对象的同意,充分尊重实验对象的自主权。其次在处理与项目执行者之间的关系方面,样本报告也提供了一些良好的做法,比如:要向项目执行者宣传和说明评估的意义和价值——可以为他们执行的项目提供取得良好结果的证据或者有利于优化项目;要向他们宣传和说明评估要采取的程序,以利于评估与项目执行进行良好的衔接;要注意减少评估工作给项目执行者带来的负担,比如在随机分配时,尽早确定潜在实验参与者,以便于项目执行者只为潜在参与者的人员提供服务等。

(6)过程控制的策略。评估者应如何限制部分依从呢?首先,28%的样本报告认为在评估设计阶段就对部分依从问题进行考虑,在评估设计时要努力使实验更容易被人们接受,并鼓励其参与该实验。其次,5%的样本中隐含了通过与项目执行者建立良好合作关系来降低部分依从问题,由于获得项目执行者的支持,他们在执行项目的过程会加强对实验对象的监测以及采取一定的说服工作,可以减少不服从行为。最后,68%的样本倾向于通过调整随机化水平来解决部分依从问题。例如,评估者可以在村庄层面而不是在个体层面进行随机化,通过这种调整,确保村庄内的个体不会混淆实验组和控制组。如何解决损耗的问题?首先,有11%的样本提到,在政策或项目设计中要能够考虑到将来损耗的发生,并且努力设计实验对象持续参与项目的机制,保证项目在任何时间都可以进行。其次,27%的文献提到通过改变随机化水平来减少损耗。例如,研究人员在社区一级的随机分配将会保证住在一起的人受到的待遇是一样的,这有助于减少损耗。最后,有56%的样本指出改进数据收集方案是一个有效降低损耗的做法。例如,通过改善数据搜集工具、合理化数据搜集程序来保证数据搜集的效率,继而来降低损耗,如通过持续不断地跟踪参与者来减少损耗以及通过缩短调查间隔或者给予激励来降低流失率等。另外,也有报告指出,从一开始就确保样本量足够大也是一个办法,因为相对于大样本来说,很小的损耗对评估结果不会有显著的影响。

(7)数据搜集与分析策略。就数据搜集工具而言,随机对照试验评估有两大类工具:调查工具和非调查工具。[①] 问卷调查、成绩测试、直接观察记

---

① Rachel Glennerster and Kudzai Takavarasha, *Running Randomized Evaluations:A Practical Guide* (Princeton:Princeton University Press,2013),p.192.

录、行政数据等为调查工具,匿名普查员、机械跟踪装置、游戏等为非调查工具。从内容分析结果来看,89%的评估都使用了调查工具,而使用非调查工具的评估仅占11%。这说明数据的收集以调查工具为主,非调查工具是调查工具的有益补充,特别是对特殊数据的搜集往往起到重要作用。在使用调查工具的评估中,92%的报告都采用了调查问卷进行调查,8%的报告使用了成绩测试、直接观察记录、行政数据等进行数据搜集。可见,调查问卷是最为常用的调查工具。总的来看,对数据搜集工具的选择,需要在数据的丰富性、成本和避免报告偏差之间进行权衡,更多的做法是将两种或者几种调查工具结合在一起使用。就数据的分析而言,从内容分析结果来看,59%的报告使用了回归分析,22%的报告采用了方差分析,18%的报告使用了结构方程模型来进行统计分析。由此观之,回归分析是评估者分析数据的主要方法。结构方程模型可以用来分析多变量之间的关系,进行变量的中介效应检验,也得到了一定程度的使用。这些都体现了评估者对复杂分析工具的偏爱。在溢出效应的处理方面,从样本的情况来看,首先,有35%的报告要求评估者在评估设计阶段都要明确以下问题:是否可能发生溢出? 如果可能,溢出的是什么? 溢出从谁那里来,又流向谁? 溢出产生什么影响? 通过什么途径产生影响? 明确这些问题之后,在设计阶段要采取适当的方式规避溢出效应。其次,有42%的样本认为,通过调整随机化水平使同一组的人之间发生最相关的相互作用是限制溢出效应的最好方法。最后,有小部分报告指出,很多时候溢出不可避免,要在数据分析阶段运用统计的方法处理溢出。在克服评估驱动效应方面,46%的报告中通过识别评估驱动效应的潜在来源来防止相关效应的产生;23%的样本通过改变随机化水平来克服评估驱动效应;15%的样本采用随机对照试验评估单盲设计来克服,37%的样本采用随机对照试验评估双盲设计来去除,9%的样本通过确保实验对象与评估人员的平等互动来降低相关效应。由于随机对照试验评估面临的驱动效应往往不是一种,因此,以上措施往往被评估者予以混合使用。

（8）节约评估资源的策略。以上的100篇评估报告并没有提供如何节约评估资源（包括节约时间、节约资金和减少人力资源）等方面的策略。总的来看,要节约评估资源,减少评估成本,有赖于评估者对随机对照试验评估的技术、技能的熟练掌握。鉴于贾米尔贫困行动实验室的评估人员及其合作者都具有较为丰富的评估经验和较强的评估的技术、技能,可以预期他们在评估中花费的时间、资金和团队的构建可以为后来者提供良好的参考和启示。从评估的时间花费来看,28%的评估持续时间为1~2年,有37%的评估要2~4年才能完成评估,11%的评估开展了5年以上。如果与项目的类型相联系,针对小型项目的随机对照试验评估一般要进行 2 年,中型项目的评估一般在 3~4 年,而大型项目的随机对照试验评估往往要 5 年及以上才能完成。这启发后续的研究者要注意评估的时间考量,在有限的时间内要选择相应类型的项目进行评估。从评估团队的规模来看,样本中 3% 的评估团队规模为 2 人,16% 的评估团队规模为 3 人,53% 的评估团队规模为 4 人,23% 的评估团队人数为 5 人,还有 5% 的评估团队的人数在 5 人以上。① 这启发后续的研究者应注意搭建适当规模的评估团队,一般情况下,团队人数以 3~5 人为宜。

二、准实验评估

坎贝尔和斯坦利在研究的过程中发现了随机对照试验评估的缺陷:在许多情况下,随机对照试验是不可能完成的,也是不可取的,并不总是实用的;实验可能是缺乏伦理的,甚至不可能将人随机分配到实验组和对照组。于是,他们提出了准实验设计。随后,库克和坎贝尔于 1979 年出版了《准实验研究:现场背景的设计和分析》一书,2002 年,沙迪什、库克和坎贝尔对 1979 年的经典著作进行再版,加上其他学者的努力,使得准实验评估更加成熟。

(一)准实验评估的含义

所谓准实验,是相对于真实验(随机对照试验)而言的,是指那种既不能直接操纵自变量又不能对研究中的额外变量作较严格控制的研究。它像随机对照试验一样,一般要比较不同的组或条件,但这种设计运用不可操纵的变量来确定要比较的组或条件。不可操纵的变量通常是被试变量(如性别)或时间变量(如处理前和处理后)。它和随机对照试验的主要区别在于:准实验中没有运用随机化程序进行被试选择和实验处理;也不能完全主动地操纵自变量。正如随机化是真实实验的关键,缺乏随机化是准实验的决定性特征。一般而言,准实验设计具有三个特点:其一,准实验研究中的自变量往往用被试变量。这些被试变量可能是自然形成的被试变量,如年龄、性别、种族等;可能是社会所形成的被试变量,如社会阶层、宗教信仰、居住区等;可能是因疾病及与之有关的被试变量,如残疾者、弱智者、脑外伤者等;也可能是学习现状不同的群体或已形成的不同个性的群体等。其二,准实验研究者只能选择那些已具有了某种不同程度特征的被试,而不能像真实

---

① 评估团队规模根据样本评估报告中所列作者的数量来统计。

验那样从总体中随机选取被试或随机分组。其三,一般而言,不能从准实验研究结果中作出因果关系的结论,其主要原因是在研究的变量上缺乏严格控制,因而其内部效度较低。

（二）准实验设计

准实验设计具有七种基本类型:不等的前测后测比较设计、不等的后测比较设计、单组时间序列设计、多组时间序列设计、修补法实验设计、有前测后测的单组设计、仅有后测的单组设计。由于后面三种设计的效度相对比较低,下面重点介绍前四种设计类型。

1. 不等的前测后测比较设计

不等的前测后测比较设计是指在这种设计中包括一个实验组和一个控制组,并且既有后测也有前测,但两组不是按随机化原则和等组法选择的对等组。由于不能采用随机化的原则来形成实验组和控制组,因此在干预前两组就存在某些差异,故称为不等的前测后测比较设计。[1] 其基本程序是:首先两组被试在政策干预前都接受前测,然后只对实验组进行政策干预,施加政策干预后再同时对两个组进行后测,来比较干预所带来的差异。如表3-11所示。

表 3-11　不等的前测后测比较设计

		前测		后测
实验组	R	O_1	X	O_2
控制组	R	O_3		O_4

该设计使用前测的目的是借助前测结果取得两个相等或存在某种差异的指标,以提供两个组在控制机体变量和因变量方面最初的相等或不相等的资料作为两个组间进行比较的基础,从而能使研究者解决存在于所有非等组研究中的分组偏差问题。[2] 这也是该设计的优点。

2. 不等的后测比较设计

不等的后测比较设计是指在这种设计中包括一个实验组和一个控制组,施加干预之前不进行测量,施加干预之后只进行后测的实验设计,由于

---

[1]　T. Cook and D. Campbell, *Quasi-Experimentation: Design and Analysis Issues for Field* (Boston: Settings Haughton Mifflin, 1979), pp. 96-99.

[2]　T. Cook and D. Campbell, *Quasi-Experimentation: Design and Analysis Issues for Field* (Boston: Settings Haughton Mifflin, 1979), p. 98.

不能采用随机化的原则来形成实验组和控制组,因此在处理前两组就存在某些差异,称为不等的后测比较设计。[1] 不等的后测比较设计的基本程序是:首先两组被试在处理前不接受前测;其次只对实验组进行政策干预,施加处理后再同时进行后测,如表 3-12 所示。

表 3-12 不等的后测比较设计

				后测
实验组	R		X	O_1
控制组	R			O_2

与不等的前测后测比较设计相比,这种设计减少了前测,操作相对简单。但值得注意的是,该设计是在研究者发现干预前两组很相似,可明确地证明一组被试与另一组被试在本质上无差异、分组偏差的影响非常小的情况下采用的。

3. 单组时间序列设计

单组时间序列设计是指对某个被试进行周期性的一系列测量,并在这一时间序列中的某一点上呈现实验干预变量,然后观察施加实验干预之后的一系列测量是否发生了非连续性变化,从而推断实验刺激是否产生效果的设计类型。[2] 单组时间序列设计的基本程序是:先对被试进行一系列的观测,接着引入实验干预事件,然后再进行第二个系列的观测。通过比较干预前和干预后的观测值来评估干预的影响,如表 3-13 所示。

表 3-13 单组时间序列设计

实验组	O_1	O_2	O_3	O_4	O_5	X	O_6	O_7	O_8	O_9	O_{10}

单组时间序列设计没有控制组,是只对一个实验组进行周期性的一系列前测和后测,操作简单。其存在的问题主要有两个:一是由于无控制组,因而不能有效地识别和控制伴随实验干预发生的偶发事件的影响,也不能排除那些与实验干预同时出现的附加变量的影响。二是多次实施前测往往会降低或增加被试对实验干预的敏感性,从而影响实验干预后的测量数值。通过单组时间序列设计实验不能得到最后的、确定性的结论,如果想得到肯

[1] T. Cook and D. Campbell, *Quasi-Experimentation*: *Design and Analysis Issues for Field* (Boston: Settings Haughton Mifflin, 1979), p. 99.

[2] T. Cook and D. Campbell, *Quasi-Experimentation*: *Design and Analysis Issues for Field* (Boston: Settings Haughton Mifflin, 1979), p. 221.

定的因果关系结论,应选用有控制组参加的实验设计。

4. 多组时间序列设计

多组时间序列设计是指在单组时间序列的基础上,添加一个控制组,该控制组为尽可能和原实验组相似的准实验设计类型。多组时间序列设计的基本程序是:先分别对实验组和控制组被试进行一系列的观测,接着对实验组引入实验干预事件,然后再分别对两组进行第二个系列的观测。[1] 通过比较实验组和控制组实验干预后的观测值来评估干预的影响,如表 3-14 所示。

表 3-14　多组时间序列设计

实验组	O_1	O_2	O_3	O_4	O_5	X	O_6	O_7	O_8	O_9	O_{10}
控制组	O_1	O_2	O_3	O_4	O_5		O_6	O_7	O_8	O_9	O_{10}

多组时间序列设计的优点在于:在随机分配得到的相同或相近水平的实验组和控制组被试的基础上,进行实验干预,可以剔除除干预以外的其他因素的效应(比如成熟、历史等其他因素)对被试的影响,从而进行因果识别。

三、成本收益分析

如前所述,成本收益分析(Cost-Benefit Analysis,CBA)已成为西方政策或项目评估的核心方法。以下对成本收益分析的含义与类型、理论基础与准则、主要流程和主要方法进行梳理。由于对社会政策进行成本收益分析评估存在一些困难,本书最后对成本收益分析在社会政策评估中的挑战也进行了梳理。

(一)成本收益分析的含义与类型

成本收益分析旨在对政策的全部成本和效益进行货币化的转换和比较后,以此评估政策的质量和效果是否满足特定的目标或绩效水平。一般来说,成本收益分析主要有四种类型:事前成本收益分析、事中成本收益分析、事后成本收益分析和比较成本收益分析。

1. 事前成本收益分析(Ex Ante CBA)

事前成本收益分析发生在政策实施之前。如果有多个替代方案可供参考,成本收益分析可以帮助政府科学衡量各种替代方案的不同价值,选择最

---

[1]　T. Cook and D. Campbell, *Quasi-Experimentation*: *Design and Analysis Issues for Field* (Boston: Settings Haughton Mifflin, 1979), p. 222.

佳方案,在很大程度上降低政策实施的风险。

2. 事中成本收益分析(In Medias Res CBA)

事中成本收益分析在政策实施过程中进行。对正在进行的政策进行事中评估有利于政策监测(无论是否继续进行该政策),同时提供了可用于预测事后评估成本和收益的信息。

3. 事后成本收益分析(Ex Post CBA)

事后成本收益分析是在政策实施结束时进行。这时,所有成本都是"沉没的",也就是说,它们已经被用于政策的实施过程中。因为事后成本收益分析不仅提供有关特定干预措施效果的信息,而且还提供有关此类干预措施的"类别"的信息,这对于政府官员、分析师、政客和学者学习特定类别的政策都大有裨益。

4. 比较成本收益分析

比较成本收益分析即一种将事前成本收益分析与同一政策的事后或事中成本收益分析进行比较的方法,既提供有关早期事前评估准确性的信息,也帮助分析师理解预期的收益或成本与实际的成本之间存在差异的原因,通过了解这些原因有助于将来实施政策减少误差。

总的来说,这四种成本收益分析类型各有优势和缺点,在实际的研究中,应该根据需要选择合适的成本收益分析方法。一般而言,事前的成本收益分析在决策阶段特别是政策方案规划阶段进行,被视为一种决策技术,而事中的成本收益分析可视为一种监测技术。事后的成本收益分析是对政策或项目实施结束后对其成本、收益的分析,这与评估政策实施后果相一致,而且,对政策实施以后的成本和收益进行比较,是相对确定的成本和收益,因此得出的结论更为准确。因此,本书主要从事后成本收益分析的角度来梳理成本收益分析方法。

(二)成本收益分析的理论基础与准则

成本收益的概念首次出现在法国经济学家帕帕特(Jules Papatt)于1844 年发表的著作中,被定义为"社会的改良"。其后,这一概念被意大利经济学家帕累托(Vifredo Pareto)重新界定。到 1940 年,美国经济学家卡尔多(Nicholas Kaldor)和希克斯(John R. Hicks)对前人的理论加以提炼,形成了成本收益分析的理论基础——"卡尔多—希克斯准则",其理论基础可以追溯到微观经济学、福利经济学的相关概念和原理。

福利经济学是从福利最大化的原则出发探讨福利改善的问题。1906年,帕累托在《政治经济学教程》一书中提出,理想的资源配置方式是不使任何人变好且不使至少一个其他人变坏,这种社会总体效用极大化的状态被命名为"帕累托最优"。然而,只有保持一方福利不受损失的同时,通过其他的资源配置方式提高另一方的福利,才能达到增进福利的目的,学界称之为"帕累托改进"。在现实世界中,几乎不可能存在不损失任何一人福利的情形。因而卡尔多率先提出了另一个衡量效用的标准,即用社会净收益来衡量政策的效果和价值。后来经过希克斯的补充和完善,这一定理逐步形成了"卡尔多—希克斯准则",成为学界普遍认同的成本收益分析的标准。由于成本收益分析很难在实际中兼顾到每一个社会成员的福利,因此只要社会净收益为正,便可认为该政策的效果最大程度上增进了社会福利。至于损失的承受方,则通过其他方式实现补偿。因此,成本收益分析依据的准则是"卡尔多—希克斯准则"。

(三)成本收益分析的一般流程与主要方法

在政策评估中使用成本收益分析包括六个基本步骤,每一个步骤都涉及相应的方法。

1. 识别、确定成本和收益

公共部门应立足全体居民的角度,识别政策的各种成本和收益。政策的成本和收益具有多样性:直接的或间接的成本收益,有形或无形的成本收益,内部或外部的成本收益,最终或中间的成本收益。列举成本和收益时,应考虑产出和福利的实际增长,谨防收益的重复计算,还有谨防列入由生产者和消费者的行为造成的虚假成本与收益,尽管总体福利未变化,但其中有些人的福利会受损。

2. 确定、分类影响类别,选择测量指标

成本收益分析要求对政策中涉及的成本和收益进行计算。在此之前,需要对政策所有的影响(潜在影响)进行分类,并确定每种影响类别的衡量指标,这是对成本和收益的统一性进行操作,因为只有在同一测量标准下才有可比性可言。一般情况下,测量指标包括金钱、时间等。从成本收益分析的角度来看,评估人员只对个人效用的影响感兴趣,而不计算对人没有任何价值的影响。值得注意的是,这仅仅适用于人类能够运用相关知识和信息进行合理评估的地方。对政客而言,他们通常以非常笼统的方式陈述项目的所谓影响。然而,这些标准都过于宽泛甚至模糊。我们必须理解政策关涉的不同主体对潜在影响的因果关系分析存在不同的立场和观点,以更准确地进行潜在影响的分类。而关于测量指标如何选择,则取决于数据的可用性和获取的难易程度。

3. 货币化所有影响

评估人员接下来必须测量并货币化每个影响,其目的是用同一个标准来衡量所有的成本和收益。例如,货币化所节省的生命和时间、货币化避免的事故危害等。货币化一般以美元来表示价值。有时一些最直观的而又非常重要的影响很难用货币来评估,这在环境政策的影响上体现得尤为明显。在成本收益分析中,最常见的是以"支付意愿"来衡量产出的价值。在市场存在或市场运作良好的情况下,可以用适当的市场需求曲线确定支付意愿。如果没有人愿意为某种影响付出代价,那么这种影响在成本收益分析中的价值将为零。当然,市场也可能存在运作不良的情况,这时市场无法显现真实价值,就要考虑别的方法来解决问题,比如找到市场背后的"影子价格",正如邓恩所言,"是一个当市场价格不可靠或者不可及的时候主观判断效益和费用的货币价值的过程"。一些政府机构和成本收益的批评家不愿意将货币价值附加到生活或其他影响上,这迫使他们使用替代分析方法,例如多目标分析。对于某些影响,用现有技术无法对其进行货币化估算,也应当考虑借助其他的手段和方法做出特别处理。影子价格是指当社会经济处于某种最优状态时,能够反映资源稀缺程度、市场供求关系和社会劳动的消耗的价格,它能够使资源配置往最优化的方向发展。在政策评估中,影子价格反映在政策的产出上是一种消费者的"支付意愿"。以下是估算影子价格的一些常用方法,如表 3-15 所示。

表 3-15　影子价格的主要估算方法

情形	主要方法
完全竞争市场	计算市场价格获得影子价格
不完全竞争市场	对市场价格进行调整
改变了市场价格的政策或项目	计算消费者剩余
没有市场价格(如时间、生命、健康等)	根据经济行为判断或条件价值评估

第一种是在完全竞争市场中,通过计算市场价格获得影子价格。这种方法考虑了在一个可操作的、未扭曲的市场,即一个具有竞争力且没有外部性的市场中产生货币化影响的情况,该市场可对供求计划进行估计。按照市场竞争理论,在完全自由竞争的市场中,供求关系的自发调节可以使资源得到合理配置,从而形成均衡价格。如果市场是完全竞争的,经济人是完全理性的,按影子价格计算的要素价值就等于按市场价格计算的要素价值,经济活动中的所有参与者在资源配置上同时达到了最优化状态,那么此时的

影子价格就等于市场价格。因此,在这种完全市场竞争的情形下,评估者可以通过计算市场价格获得影子价格。

第二种是在不完全竞争市场中,影子价格利用市场价格进行调整。市场存在信息不对称、外部性,经济人是有限理性的,或者存在自然的或政策性垄断,此时处于非完全竞争市场的环境中,由于不同的生产要素或参数的存在,影子价格通常只能反映某一个组织对资源的利用效率。因此,在非完全竞争市场中,影子价格不能直接用市场价格来衡量,而是应该利用市场价格来灵活调整和确定影子价格。

第三种是当政策或项目改变了市场价格时,通过计算消费者剩余来估计政策或项目的收益。消费者剩余是从边际效用价值论演绎出来的,也可以理解为消费者的净收益。作为衡量消费者福利的重要指标,通常认为,当边际效用等于边际支出时,消费者剩余达到最大化。在市场价格给定的情况下,消费者为得到某一物品或服务而产生的支付意愿与实际支付之间存在一个差距,这个差距是心理上的一种"剩余",这意味着消费者感知到在交易中他们获得了额外的福利。每个消费者的消费者剩余的总和便是这项物品或服务给社会产生的总的福利。政策或项目提供的公共物品或服务的收益便可以通过消费者剩余来加以衡量。

第四种是没有市场价格的情形。一些物品或服务(例如时间、生命、健康、休闲、污染等)是没有市场定价的。这种物品或服务在一些涉及减少犯罪的政策、卫生政策、社会政策中较为常见。要估计这些物品或服务的影子价格,可以区分为两种情形。第一种情形是当物品和服务存在替代物或人们的行为可以观察时,可以根据经济行为推断影子价格,常用的方法包括市场类推方法、权衡方法、中间物品法、资产估价法、享乐定价法、旅行成本法、防御性支出法等。比如政府提供的许多物品也是由私营部门提供的,估算这些物品的影子价格,可以运用市场类推方法,利用私营部门提供的类似商品的数据,可以获得整个需求曲线的估计值。又如要估算生命的影子价格,就可以在工资和发生致命事故的风险之间权衡。再如估算政府降低烟雾水平的政策的收益,便可以运用防御性支出法。防御性支出是指在政府实施这个政策之前,公众应对烟雾的行动(例如雇用某人定期清洁窗户)的成本。由于降低烟雾水平的政策的实施,导致公众减少防御性开支。减少的防御性开支便是政府降低烟雾水平的政策的收益。[1] 第二种情形是当物品和服

---

[1] A. Boardman, D. Greenberg, A. Vining and D. Weimer, *Cost-Benefit Analysis：Concepts and Practice*(4th ed.) (Cambridge, Cambridge University Press, 2018), p. 365.

务不存在替代物或人们的行为不可观察时,常常运用条件价值评估法(Contingent Valuation)来估计。该方法通过假定一个特定的情景,来询问和调查个体的最大支付意愿或最小接收意愿,从而估算物品或服务的价值。

4. 通过贴现获取成本和收益的现值

每一个政策的实施都是跨越了过去、现在和将来的时间,在不同的时间,同一项影响因素的成本和收益的价值也是不同的。之所以成本和收益会在将来产生"折扣",其主要原因有两个:一是项目中使用的资源存在机会成本;二是大多数人宁愿现在消费,而不是以后消费。尽管折扣与通货膨胀本身无关,但必须考虑通货膨胀这一因素。政策评估在进行成本收益分析时,同样需要进行折现,确定贴现率有两种观点:一种是基于私人部门收益率的贴现率,另一种是社会贴现率。由于社会、家庭和市场效率的因素,通常认为社会贴现率小于私人贴现率。政府部门一般采用市场利率、消费利率和最优增长率法来确定贴现率。正是通过贴现的方法将不同时间产生的成本和收益折算成现值,使它们能够在同一个时间点上进行计算。也就是说,相对于当前的成本和收益,折现未来的成本和收益,以获得它们的现值(PV)。如何选择和确定适当的折现率一直是成本收益计算的一个难题,至今尚未形成统一的标准,因此常常需要进行敏感性分析。

5. 得出政策效果,评估政策绩效

有两个指标可以得出政策效果:一是净现值,二是收益成本比率。净现值(NPV)是成本收益分析中重要的分析结果,计算出成本(C)和收益(B)的数值以后,就可以计算出政策的净现值(NPV)了,净现值=总收益现值-总成本现值,即 $NPV = PV(B) - PV(C)$。如果 $NPV = 0$,则政策可行;如果 $NPV < 0$,则政策不可行。另一种指标是收益成本比率,收益成本比率=总收益现值/总成本现值,如果收益成本比率不小于1,则表示政策可行;否则,政策不可行。

6. 进行敏感性分析(Sensitive Analysis)

敏感性分析主要解决成本和收益中难以判断的不确定性问题,通过选取不确定性因素,测算某一不确定因素的变动对成本收益分析结果的影响程度。[①] 正如前文的分析,预测影响、货币化影响、选择贴现率和影子价格都可能存在很大的不确定性。例如,评估人员可能不确定预期能够挽救的生命数量以及确定的生命所应赋予的价值,也可能不确定适当的贴现率。

---

① Elina Pradhan and Dean T. Jamison, "Standardized Sensitivity Analysis in BCA: An Education Case Study", *Journal of Benefit-Cost Analysis* 10, no.1(2019):206-223.

影子价格的存在也会导致整个政策的成本或收益存在被高估或低估的风险。敏感性分析试图解决此类影响的不确定性。如果相关不确定因素变动小而影响大,表明该相关因素的敏感性强,应当审视成本收益分析的过程;反之,则表明敏感性弱。在实践中,因为政策的影响可能在不同时间会出现不同的变化,可行的敏感性分析应该专注于最重要的不确定因素的分析。

（四）社会政策成本收益分析面临的挑战

社会政策可以被定义为政府用于增加人力资本投资,鼓励具有正外部性的行为,阻止具有负外部性的行为或减少财富、收入或消费差异的法律、规则、指令、项目或其他工具。[①] 它旨在通过配置社会资源满足个人的社会需求,以缩小社会成员的差距,使社会的整体价值得以提升。目前,西方国家已经运用成本收益分析对一些社会政策进行评估,例如少年司法教育、心理健康、可出租住房、司法矫正、从福利到工作、幼儿发展、药物滥用和成瘾、工作奖励措施、各种保健干预措施以及中小学教育等。[②] 从成本收益分析在社会政策评估的应用可以发现,成本收益分析在西方国家社会政策评估中取得了一些进展。

然而,与基础设施投资、政府规制和环境政策相比,成本收益分析在社会政策评估方面的应用相对欠缺,当前面临着一些挑战:第一,许多对社会政策最感兴趣的学术研究者不是经济学家,因此对成本收益分析的理论和实践都不熟悉。那些经济学家通常只专注于衡量政策干预的特定影响,而不是尝试进行全面评估。第二,社会政策的许多相关影响无法通过可观察的市场价格很好地进行货币化,因此需要影子价格。然而,对社会政策的影子价格充满了争议。第三,参与者或非参与者对正面或负面影响的程度差异很大。一些福利进入社会政策领域似乎使部分参与者的状况没有变得更好,反而更糟,却为整个社会带来了巨大的好处。第四,社会政策的影响常常跨越各种制度、政治和专业鸿沟。第五,将成本收益分析应用于社会政策评估提出了许多尚未阐明的重要理论问题。比如预测和估价因成瘾等行为而变得复杂,这些行为并未明确满足新古典福利经济学的假设;又如由于分

[①] David L. Weimer and Aidan R. Vining, *Investing in the Disadvantaged: Assessing the Benefits and Costs of Social Policies* (Washington D. C.: Georgetown University Press, 2009), pp. 1-16.

[②] David L. Weimer and Aidan R. Vining, *Investing in the Disadvantaged: Assessing the Benefits and Costs of Social Policies* (Washington D. C.: Georgetown University Press, 2009), p. 3.

配目标通常是社会政策的明确动机,对于公共政策目标来说,成本收益分析可能是一个不完整的框架,除非评估者能够找到方法将人们支付全社会消费分配变化的意愿纳入其中。① 如果要发挥成本收益分析评估社会政策的潜力,评估者必须意识到这些挑战,不断研究并帮助解决这些挑战。

四、基于理论的评估

如前所述,基于理论的评估于 20 世纪 80 年代由罗西、陈惠泽等学者开发,近年来,基于项目理论的评估研究数量不断增多。以下对基于理论的评估的含义与类型、主要评估模型进行梳理。

(一)基于理论的评估的含义

基于理论的评估的含义至今没有明确的界定。陈惠泽认为,基于理论的评估是一种以项目理论为基础,由理论驱动、理论导向、理论锚定、理论支撑的纳入项目管理过程的评估研究。② 唐纳森认为,基于理论的评估是系统地使用有关调查现象的实质性知识和科学方法来改进、产生知识和反馈,并确定社会、教育、卫生项目等评估对象的优点、价值和意义。③ 其基本原理是:通过审查文件和以前的研究、与利益相关者交谈以及观察项目运行情况,评估人员与利益相关者共同建立项目理论;然后评估人员使用项目理论定义评估问题并确定其优先顺序;最后使用科学的方法来回答评估问题。

在这些理论家看来,基于理论的评估具有两个特点。其一,每个政策或项目都体现了一种行动理论,这种行动理论反映了政策或项目所解决的社会问题的性质以及它希望在这个问题上带来改变的方式。其二,政策评估者应该把这个理论带出来,如果有必要的话,可以利用其他的资源来进一步证明它,从而作为政策或项目评估的基础。正如陈惠泽指出的那样,首先应在项目评估之前建立合理的、可辩护的项目运作理论。④ 通过建立相关模型或概念框架,考虑与项目相关的假设、机制、因果过程或预期的、意外的后

---

① David L. Weimer and Aidan R. Vining, *Investing in the Disadvantaged*: *Assessing the Benefits and Costs of Social Policies* (Washington D. C.: Georgetown University Press, 2009), pp. 221-222,244.

② P. J. Rogers, "Theory-Based Evaluation: Reflections Ten Years On", *New Directions for Evaluation* 114(2007): 63-67.

③ S. I. Donaldson, *Program Theory Driven Evaluation Science*: *Strategies and Applications* (Mahwah: Erlbaum,2007).

④ Huey-Tsyh Chen and Peter Rossi, "Evaluatingwith Sense: The Theory-Driven Approach", *Evaluation Review* 3,no. 7(1983):283-302.

果。在建立了项目理论之后,评估者应依据这一项目理论决定收集什么类型的数据、如何收集数据和运用什么方法来分析数据等。

(二)项目理论的类型

基于理论的评估的核心是项目理论。与社会科学家普遍采用的理论一样,项目理论的大多数定义本质上主要是描述性或解释性的[1],或一种趋势理论[2]。最常见的是,项目理论被定义为一种逻辑和可信的模型,说明项目如何以及为什么会运行。[3] 项目理论通常包括规范理论、趋势理论、社会科学理论和利益相关者理论四种理论。

规范理论。规范是指导群体行为的一般规则和规章。它们是规定性的和强制性的,规定了人们在不同情况下应该和不应该如何行为。项目的规范性理论代表了项目的价值,决定了项目"应该是……"的结构。[4] 规范理论涉及价值判断,本质上是可评估的,并就如何更好地做某事或应该做什么扩展命题。它通常是隐式的、未经检查的,被项目开发人员和其他利益相关者视为理所当然。[5]

趋势理论。最常见的趋势理论以经验为基础,提供干预和结果之间的因果关系的表象。其不仅考虑项目的预期影响,还考虑项目的非预期影响。它着重于理解干预和结果变量之间的因果关系的潜在机制。[6] 本质上,它与项目如何运作以及在什么条件下运作有关。[7]

社会科学理论。政策或项目常常是跨学科的。菲茨吉本(Carol T. Fitz-Gibbon)等特别强调可以运用社会学和心理学领域的相关理论作为项目理论发展的基础。[8] 陈惠泽和罗西提倡用社会科学的方法来发展项目理

[1] C. Weiss, "Theory-based Evaluation: Past, Present, and Future", *New Directions for Program Evaluation* 76 (1997):41-55.
[2] H. Chen, *Theory-Driven Evaluations* (Newbury Park: Sage Publications, 1990).
[3] L. Bickman, "The Importance of Program Theory", *New Directions for Program Evaluation* 33(1987):5-18.
[4] H. Chen, *Theory-Driven Evaluations*(Newbury Park: Sage Publicatons, 1990), p.43.
[5] H. Chen, *Theory-Driven Evaluations* (Newbury Park: Sage Publications, 1990).
[6] H. Chen, "The Conceptual Framework of the Theory-driven Perspective", *Evaluation and Program Planning* 12 (1989):391-396; H. Chen and P. Rossi, "Introduction: Integrating Theory into Evaluation Practice", in H. Chen and P. Rossi(eds.), *Using Theory to Improve Program and Policy Evaluation* (Westport: Greenwood,1992).
[7] R. Pawson and N. Tilley, *Realistic Evaluation* (London: Sage Publications, 1997).
[8] C. Fitz-Gibbon and L. Morris, "Theory-based Evaluation", *Evaluation Comment* 5, no. 1 (1992):1-4.

论,他们认为评估者对关键利益相关者价值的不加批判的接受可能并不能反映项目的现实。[①]

利益相关者理论。大多数社会项目都和利益相关者的认知、假设和与利益相关者有关的默认理论相联系。相关理论家主张从利益相关者的假设、认知和心照不宣的理论中梳理出项目理论。[②] 陈惠泽和罗西认为,在基于理论的评估中,利益相关者的理论有可能成为最常被采用的理论。[③] 参与性行动研究(participatory action research)常常被用来阐释利益相关者理论,该理论是为了响应人们对研究和政策议程强加于地方或社区团体的看法。这是一种非传统的研究形式,研究参与者在构建他们的社会现实中扮演积极的角色,并进而批判性地反思现实,以期改进。[④]

(三)基于理论的评估模型

基于理论的评估常常使用一种基于理论的评估模型。该模型通常包括松散结合输入、公共政策活动和输出而形成的政策过程理论和涵盖短期结果(有时称为短期、近端或直接的结果)、中期结果(有时称为内侧的结果)和长期结果(有时称为远端结果或影响)的政策影响理论[⑤],如图 3-1 所示。

图 3-1   基于理论的政策评估模型

① H. Chen and P. Rossi, "The Multi-goal, Theory-driven Approach to Evaluation: A Model Lining Basic and Applied Social Science", *Evaluation Studies Review Annual* 6(1981):38-54.

② M. Patton, "A Context and Boundaries for a Theory-driven Approach to Validity", *Evaluation and Program Planning* 12(1989):375-377; R. Pawson and N. Tilley, *Realistic Evaluation* (London: Sage Publications, 1997).

③ H. Chen and P. Rossi, "Issues in the Theory-driven Perspective", *Evaluation and Program Planning* 12 (1989):299-306.

④ S. Kemmis and R. McTaggart, "Participatory Action Research", in N. Denzin and Y. Lincoln (eds.), *The Handbook of Qualitative Research* (2nd ed.)(Beverly Hills: Sage Publications, 2000).

⑤ S. I. Donaldson, *Program Theory Driven Evaluation Science: Strategies and Applications* (Mahwah: Erlbaum,2007).

其中,输入包括实施项目所必需的各种类型的资源(例如人力、物力和财力)。公共政策活动是为了达到预期目的而采取的行动(例如开展培训和提供服务)。输出则是一项行动的直接结果(例如培训的次数和接受培训或接受服务的人数)。结果是直接或间接由于输入、活动和输出而发生的预期变化。短期结果通常表现为知识、技术、能力和其他特征的变化(例如安全性行为知识的增加)。中期结果通常被归类为行为改变(例如增加避孕套的使用)。而这些行为的改变被认为最终会产生长期结果,例如减轻、减少或预防特定的社会问题或满足项目目标人群的需求(例如降低艾滋病的发病率)。

基于该模型,评估人员即可定义评估问题并确定其优先顺序,最后使用科学的方法来回答评估问题。

五、政策或项目评估的计量经济学模型

随机对照试验在自然科学研究中应用广泛,随机性意味着所有被试者不知道自己的分组情况,研究人员也不知道被试者究竟在哪一组。但对于社会科学研究而言,严格意义上的随机性很难实现,在大多数社会运动中,政策干预并非为了实验目的而发生,而是自然而然发生的,当事人类似被"随机地"分组,因而近似地满足随机分配,这种情形被称为自然实验。如前所述,20 世纪 80 年代以来,一批学者陆续开发出一系列针对自然实验的计量经济方法,并被广泛地运用于政策或项目评估中。其中,最为典型的计量经济方法包括双重差分法、倾向得分匹配、工具变量、断点回归、合成控制五种。

(一)自然实验的基本含义

如前所述,现实生活中,某些社会和政治过程会导致近似于真正实验的场景。自然实验出现的来源包括:(1)外生冲击,如灾害、气候、经济波动;(2)个体的生物因素,如出生性别、双胞胎、生、死;(3)地理位置,如地形、边界;(4)人为制造的纯随机事件,如抽签、政府政策等。自然实验法指在真实生活情境中,在不影响正常的社会经济发展秩序的情况下,直接使用与研究对象相关的数据进行分析,控制和改变某些条件,观察由此带来的现象的变化,了解被试的行为表现的方法。

自然实验法有两个突出的特点:其一,需要充分地论证某个"自然"发生的情形中是否存在真实或近似的"随机分配",这是自然实验研究成败的关键之一。由于自然实验现象只是近似地满足随机分配,如果实验组和控制组不均衡,则相关计量经济方法不能准确地估计政策或项目的效果。为了

证明"随机分配"的存在,评估人员可以有两种路径选择:一是运用理论和逻辑来证明,例如政府的政策执行在某些方面确实具有随机属性;二是使用数字方法来证明实验组和控制组的均衡性,例如比较实验组和控制组在潜在各个混淆变量上的平均值差异或者回归等方法。其二,自然实验法需要比较实验组和控制组在实验前后的差别。

(二)五种典型的计量经济学方法

1. 双重差分法(differences-in-differences method,DID)

通过比较政策实施前后个体的差异性来评估政策效果是人们用来政策评估的惯常做法,然而,个体可能同时受到如时间、宏观经济和随机干扰等因素的影响,仅仅简单地比较政策前后的差异,不能纯粹反映政策效果,20世纪70年代末,双重差分法得以出现。双重差分法是在实验法的逻辑基础上产生的,它遵循实验的逻辑,通过比较实验组和控制组在政策干预前后的差异,得到政策干预的净效果,已经成为自然实验中基础性的评估方法。

双重差分的基本思路是:将全部的样本分为两组:一组受到政策影响,即实验组;另一组没有受到同一政策影响,即控制组。选取一个要考量的指标,在政策实施前后(时间)进行第一次差分得到两组变化量,经过第一次差分可以消除个体不随时间变化的异质性;再对两组变化量进行第二次差分,以消除随时间变化的增量,最终得到政策实施的净效应。表3-16体现了双重差分法的基本思路。

表 3-16　双重差分法原理

组别	政策实施前	政策实施后	差异
处理组	$a_0 + a_1$	$a_0 + a_1 + a_2 + a_3$	$a_2 + a_3$
对照组	a_0	$a_0 + a_2$	a_2
差异	a_1	$a_1 + a_3$	a_3 (D-in-D)

政策评估的双重差分法必须满足两个关键的前提条件:一是满足平行趋势(common trends)假设,即实验组和对照组在政策干预之前必须具有相同的发展趋势。平行趋势意味着,除"实验冲击"(政策冲击)外,无关因素对个体影响是相同的,在统计意义上处理组和对照组样本是同方差的。一般采用大样本随机抽样、异方差检验予以实现。二是满足随机性。在自然实验条件下,双重差分法通过随机化的方式消除那些不可观察的无关因素的影响,即对照组不受实验任何变相的影响。

政策评估内生性问题和选择性偏误问题是双重差分法在现实运用过程中遇到的主要障碍。分组不当与时间划分不当导致无法满足随机分组和随机抽样的条件，是造成"政策内生性"和"选择性偏误"的根本原因。理论上，通过随机分组和随机划分时间，实现平行趋势假定，才能根据对照组在处理后的值，推算出处理组若没有接受处理的情况，从而两者相减得到平均处理效应。如果分组和样本选择的目的性较强，可能导致以随机性为特征的自然实验难以成立。

双重差分法允许不可观测因素的存在，而且允许不可观测因素对个体是否接受干预的决策产生影响，从而放松了政策评估的条件，使得政策评估的应用更接近于经济现实，因而近年来应用广泛。尽管如此，双重差分法在现实中仍然面临局限性，主要体现在三个层面：一是双重差分法对数据要求苛刻。双重差分法以面板数据模型为基础，不仅需要横截面单位的数据，还需要研究个体的时间序列数据，特别是政策实施前的数据，这对社会政策的评估者而言是一个巨大的挑战。二是个体时点效应未得到控制。如前所述，双重差分法要求很强的识别假设，它要求在政策实施前实验组和对照组具有相同的发展趋势，这一假设并没有考虑个体时点效应的影响。由于时点效应的影响，在项目实施前后实验组和对照组个体行为的结果变量并不平行，此时应用传统的双重差分法就会出现系统性误差。三是未考虑个体所处的环境对个体的不同影响。双重差分法假定环境因素的冲击对处于相同环境中的个体会产生相同的影响。但实际中，实验组和对照组个体可能因为某些不可观测因素的影响，使得其在面临相同的环境因素的冲击时做出不同的反应，此时双重差分法的应用就会出现问题。

2. 倾向得分匹配（propensity score matching，PSM）

倾向得分匹配的主要用途是来均衡实验组与控制组之间的协变量（即一个独立解释变量，不为实验者所操纵，但仍影响实验结果）分布，以减少选择性偏倚。当一种处理方法无法完成随机化时，理想的路径是进行模拟随机化。PSM 法吸收了这一思路，其基本思想是建立一个在可观察到的特征方面尽可能与实验组相似的反事实组或对照组，然后比较两组结果的平均差异，以获得项目处理效果。

倾向得分匹配的一个重要步骤是依据倾向得分对实验组和对照组进行匹配。倾向得分是指给定一组可观察到的协变量（x），将任意一个研究对象随机分配到对照组或者实验组的条件概率，即 $P(X) = Pr(T=1 \mid X)$。倾向得分的研究方法认为，假如某个受试对象被分配到实验组的倾向得分 $E(x) = 0.3$，此时恰好有另外一个研究对象，虽然两个研究对象具有的某个或某些协变量是不同的,但如果其被分配到实验组的倾向得分也是 $E(y)=0.3$,就认为两个研究对象拥有的多个协变量整体上分布是相同的。如果将倾向得分相同或相近的研究对象在实验组和对照组间进行匹配,则在总体上组间研究对象的全部协变量的分布可能是均衡的,换言之,抵消了对照组与实验组之间协变量的不均衡性对处理效应估计的干扰。

倾向得分匹配的方法有多种类型,例如最近邻匹配法、卡钳匹配法、卡尺或半径匹配、分层或层间匹配、核与局部线性匹配等。其中最近邻 (nearest neighbour)匹配法是最简单且最常用的匹配方法,其从对照组中挑选一个倾向得分最符合处理组的试验对象,之后按照倾向评分值大小把两组观察对象进行排序,从处理组中顺次选出一个研究对象,从对照组中找寻倾向评分值与处理组对象最接近的对象作为配比个体。

倾向得分匹配同样要满足一些基本的假设。一是条件独立假设 (assumption of common support),即一旦控制了可观察的因素,干预与结果之间相互独立。二是共同支持假设(assumption of common support),其保证对 X 取任何值,既有处理组的观察值又有对照组的观察值,这样才能够匹配和比较。

在估计处理效应方面,倾向得分匹配方法的处理效应可以表示为平均处理效应(ATE)或对被处理对象的处理效果(TOT)。表 3-17 总结了运用倾向得分匹配进行政策评估的步骤。

表 3-17　运用 PSM 进行政策评估的步骤

步骤	评估者的任务
第一步,估计二元选择模型	解释个体是否参与项目的行为,运用 Logistic 回归或者 Probit 回归
第二步,计算倾向得分	据选定的模型计算每一个试验对象的倾向得分,取值在 0 至 1 之间,表示试验对象被分配到实验组或对照组的概率
第三步,匹配	依据倾向得分,将个体在实验组和对照组进行匹配
第四步,假设检验	检查是否满足条件独立假设和共同支持假设
第五步,估计处理效应	比较结果变量的加权平均数(用每个观察值被匹配的次数作为权重)

与线性回归相比,倾向得分的匹配具有突出的优点。PSM 能够区分参与项目的个体是否存在可比的对照组,避免用不好的或者不存在可比对的区域来识别项目效果。另外,在给每个参与项目的个体构建反事实期望时,

赋予那些跟参与项目的个体近似但没有参加项目的个体更大的权重。但是,倾向得分匹配仍然存在局限性,主要体现在倾向得分匹配时建立在满足共同支持假设的条件之下进行的,如果实验组和对照组倾向得分没有重叠,则无法进行匹配;另外,倾向得分的匹配的应用是以存在大样本为基础的,如果在小样本的情况下,组间协变量的分布就很难达到平衡。

3. 工具变量法(instrumental variable,IV)

在对自然实验的计量经济学分析中,尽管控制了许多变量,但由于非随机、实验组与对照组不均衡等原因,会出现仍有某个或某些变量未被考虑到的情况,即出现"遗漏变量"问题。遗漏变量主要有两种情形:遗漏变量与解释变量相关或者与解释变量无关。其中第二种情形可以不用处理,而第一种情形遗漏的变量与解释变量相关,则会出现内生性问题,导致参数估计的错误,影响因果推断,因此必须加以处理。要找到遗漏变量,最为常用的手段便是工具变量法。

工具变量法的基本思路是:寻找一个或多个工具变量,将其加入回归模型中,从而进行更准确的因果推断。一个合格的工具变量应该同时满足以下两个条件:其一为相关性,即工具变量应该与解释变量相关;其二为外生性,即工具变量应该与扰动项不相关,或者说寻找一个外生的、影响解释变量但不直接影响被解释变量的变量。在对美国执行死刑是否可以降低谋杀率的一项研究中,埃利希选择了此项政策支出的滞后量、总的政府支出、人口、非白人比例等变量作为工具变量;卡尔德在研究教育投入对教育质量的影响时,将学生的出生州与出生队列作为工具变量;邦托利阿(Samuel Bentolila)等在研究求职者使用社会关系对其工资的影响时,选择薪资数目和联邦就业率作为工具变量。工具变量常常依据相关理论、经验或已有研究进行寻找。但需注意的是,从相关理论、经验或已有研究中寻找到的工具变量不一定是合格的工具变量,因此也需要进行检验。常见的检验方法包括两阶段最小二乘法、DWH 检验,如果包含两个或两个以上工具变量,可以使用过度识别方法来进行检验。

工具变量法为解决因果关系研究中内生性的问题提供了一个很好的路径选择,进而有利于更准确地评估政策或项目的效果。但是,实践中工具变量法依然面临一些挑战,比如工具变量的选择问题。在政策评估问题中,要找出满足条件的工具变量并不容易。在实践中,尤其是当纵向数据和政策实施前的数据可以获得时,研究者多使用因变量的滞后变量作为工具变量。但是,这同样会引发相关性,并不能从根本上解决问题。又如,如果个体对于政策的反应不同,只有当个体对政策反应的异质性并不影响参与决策时,工具变量才能识别 ATT、ATE。但这是一个很强的假定,有时研究者不得不假定非理性或者忽略研究对象的异质性。

4. 断点回归(regression discontinuity,RD)

断点回归是针对一种较为特殊的自然实验——"断点现象"提出的计量经济学方法。断点现象是指存在一个变量,如果该变量大于一个临界值(断点)时,个体接受处置;而在该变量小于临界值时,个体不接受处置。由此,可以将大于临界值的个体视为实验组,而小于临界值的个体视为控制组。由于断点附近的个体在重要影响因素上表现相当,对于某些人为设定的标准来说,在标准附近的个体是具有较高同质性的,从而可以利用未达标个体作为达标个体的对照组来开展研究。例如,崔斯莱斯怀特和坎贝尔使用断点回归研究奖学金对于未来学业成就的影响。[①] 由于奖学金由学习成绩决定,故成绩刚好达到获奖标准与差一点达到的学生具有可比性。另外,安格瑞斯特和利维在研究班级规模对成绩的影响时,利用以色列教育系统的一项制度进行断点回归,该制度限定班级规模的上限为 40 名学生,一旦超过 40 名学生(比如 41 名学生),则该班级被一分为二。[②]

现实的应用中,断点附近个体接受处置的概率有时会呈现出两种以上的可能性。考虑到这一点,特洛姆(W. M. K. Trochim)将断点回归分为两类(见图 3-2):清晰断点回归(sharp regression discontinuity,SRD)[见图 3-2(a)]和模糊断点回归(fuzzy regression discontinuity,FRD)[③][见图 3-2(b)]。SRD 指在断点 X 处,个体接受处置效应的概率从 0 跳跃到 1。FRD 是在临界值 X 附近,个体接受处理效应的概率是单调随机的。

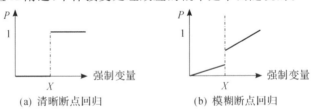

(a) 清晰断点回归　　　　(b) 模糊断点回归

图 3-2　RD 的两种类型

① D. L. Thistlethwaite and D. T. Campbell, "Regression-Discontinuity Analysis: An Alternative to the Ex Post Facto Experiment", *Journal of Educational Psychology* 51, no.6(1960).

② Joshua Angrist and Victor Lavy. "New Evidence on Classroom Computers and Pupil Learning", *The Economic Journal* 112, no. 482(2002):735-765.

③ W. M. K. Trochim, *Research Design for Program Evaluation: The Regression-Discontinuity Approach* (Newbury Park: Sage Publications, 1984).

在模糊断点回归中,强制变量对 Di 的影响不是决定性的,而是随机的,即在临界值左侧也存在进入实验组的个体,此时 Di 是一个内生变量,可以采用断点回归的工具变量法解决。安格瑞斯特认为模糊断点回归就是一个工具变量,因而可以采用工具变量的一些衡量估计量的方法来衡量。

断点回归是自然实验法中揭示因果效应最有效的方法之一,可以视作一种特殊的倾向值匹配,它不需要对多个混淆变量控制,而是考虑一个个体是否接受某个自变量的影响,不用考虑得太过复杂。但是,实践过程中断点回归方法也面临诸多挑战:其一,在使用断点回归时,如果其他协变量也存在"中断"的情况,则不清楚是由于其他变量还是我们所关心的强制变量所导致的。其二,非混淆假设条件严格。断点回归方法假设研究对象是同质的或近似同质的,即控制组的个体若放在实验组与放置在实验组的个体产生的效应是一样的,但在实际中很难保证,如若产生异质性反应,则估计结果是有偏的。其三,断点回归衡量的是在临界值附近的局部平均效应,不是一个整体的平均效应,因此很难推广到整体研究中。

5. 合成控制法(synthetic control method,SCM)

如前所述,自然实验由于非随机性问题,进行因果推论的关键在于找到合适的"控制组",通过比较实验组和接受政策干预的控制组之间的差异,来判断评估政策的效果。但是要找到合适的控制组并非易事。合成控制法正是为克服这一难题而出现的。其基本思路是:根据"反事实"框架,构造一个在其他各个方面与实验组个体特征相似,但未受到政策干预的虚拟对照个案,以此作为适当的控制组。比如,要考察仅在 A 市实施的某政策的效果,自然会想到与之相近的 B 市作为控制地区;但 B 市毕竟与 A 市不完全相同。按照合成控制法的思路,可以选择其他城市(比如 B 市、C 市、D 市)通过一定的权重合成一个在发展趋势上与 A 市一致的控制组,进而通过比较合成的 A 市与真实的 A 市的某项或某些指标,来判断政策实施的效果。

合成控制有着自身独特的操作流程。阿巴迪(Alberto Abadi)等发表于《美国政治学评论》上的《比较政治与合成控制——德国统一政策的效果评估》一文系统地介绍了合成控制法的具体操作步骤,如表 3-18 所示。需要指出的是,由于是一种合成的控制组而并非随机分配的,实验组与控制组的均衡性仍不能完全地保证。学者们也提出了相应的统计检验方法。例如,阿巴迪提出了"安慰剂检验"方法[①],以巴斯克地区恐怖活动案例为例,安慰剂检验可以作如下安排:依次将合成池中的每个区作为假想的处理地区(假设也受到了恐怖活动的影响),而将巴斯克区作为控制地区对待,然后使用合成控制法估计其"恐怖活动效应",也称为"安慰剂效应"。通过这一系列的安慰剂检验,即可得到安慰剂效应的分布,并将巴斯克地区处理效应与之对比。

表 3-18   合成控制法的操作步骤

步骤	主要任务
1.确定研究对象	确定研究对象的性质,确定其是否适合合成控制分析
2.确定条件变量和结果变量	根据研究目的,区分条件变量和结果变量的不同表达形式
3.选择案例组成合成池	根据条件变量和结果变量搜集合适的案例,明确合成池的标准
4.根据影响结果变量的作用大小确定对角矩阵	
5.利用软件计算各个合成池中各个个案的合成权重	计算合成池中个案的权重,使得对照个案与干预个案在条件变量作用之前,两者的趋势尽可能的吻合
6.根据权重确定对照个案后续发展趋势	根据权重计算对照个案在条件变量发生后的演化趋势
7.比较对照个案与干预个案后续发展趋势	比较对照个案的趋势与干预个案趋势的差异,根据两者之间的差异程度来判断条件变量与结果变量间的关系
8.安慰剂检验	对条件变量与结果变量的关系进行安慰剂检验,增强结论的信度
9.报告分析结果	对结果进行简要的文字表述,呈现结果

在相关的计量经济方法中,合成控制法相对新颖,也可以颇为有效地揭示因果效应和进行政策评估。但需要注意的是,在合成控制研究中,由于潜在的控制地区通常数目不多,所以它不适合基于大样本理论进行统计推断。

[①]   A. Abadie, A. Diamond and J. Hainmueller, "Synthetic Control Methods for Comparative Case Studies: Estimating the Effect of California's Tobacco Control Program", *Journal of the American Statistical Association* 105, no. 490(2010):493-505.

简要评析

自 20 世纪 60 年代以来，后实证主义政策评估逐渐形成、发展和深化。它以"后实证主义"为哲学基础，秉持"价值中立"和"技术性"的精神，主张重视评估活动的技术化、理性化，强调主要运用随机对照试验、准实验、自然实验、成本收益分析等量化分析方法，谋求对政策或项目进行准确的评估。在政策或项目评估理论和方法的发展中，后实证主义评估是具有开创性的，它是政策评估领域中最早形成的一个理论流派。后实证主义范式与方法流派强调定量设计和定量数据对政策进行评估，也开创了一条科学的路径。

但是，后实证主义政策评估仍存在一些问题。其一，在社会科学领域一味地追求"工具理性"而排斥"价值"和"信仰"的做法是非常可怕的，后实证主义政策评估虽然不排斥质性方法的使用，但主要还是运用定量方法追求效率和评估结果的客观性，于是项目或政策中的价值往往被忽视甚至扭曲，这会导致人们对政策评估本身的质疑。其二，后实证主义政策评估所开发出的方法在社会现实中操作性往往不强，尤其是随机对照试验法，不仅随机化要求的条件非常高，而且实验本身还存在成本过高和伦理问题。由于这些问题，后实证主义政策评估也招致了诸多的批评，催生了西方政策或项目评估中其他理论流派的产生。

第四章　建构主义政策评估理论及其方法

后实证主义评估流派秉持"价值中立"和"技术理性"的精神,强调评估活动的技术化、理性化,无疑开创了一条科学的路径。但对政策效果的评估已无法脱离价值层面的考量。自 20 世纪 60 年代末开始,政策评估人员意识到,评估科学必须考虑对评估产生影响的价值、政治和社会环境了。在这样的背景下,斯克里文、斯泰克、艾斯纳(Elliot Eisner)、古巴和林肯等著名评估学者开发并发展了建构主义政策评估理论以及相应的方法。建构主义评估不否认人们对科学的解释,而是希望在政策评估中重视、加深对社会现象意义、价值的理解和关注。建构主义政策评估理论成果丰硕,影响巨大,亦是西方政策评估理论中重要的理论流派。本章对建构主义政策评估的哲学基础、理论发展、重要的理论家及其理论贡献、主要方法进行梳理。

第一节　建构主义政策评估的含义与哲学基础

一、建构主义政策评估的含义

"建构主义评估"(Constructivist Evaluation)一词常常被西方评估学界使用,但是目前尚没有一致的定义。美国著名评估学者梅尔滕斯认为,建构主义评估以建构主义范式为基础,强调评估者和参与者通过有意义的互动和对话来建构评估结果,主要侧重于通过定性方法识别多个价值和观点,可能使用混合方法,但定性方法占主导地位。而阿尔金等则在他们的"评估树"上将其命名为"价值分支",政策或项目的评估就是对政策或项目做出价值判断。瑞典学者韦唐将其称为"对话评估浪潮",即评估应该是民主的,应该由普通人通过讨论或商议来进行。综合考察各种观点,本书认为,建构主义评估以建构主义为哲学基础,重视评估者和利益相关者的价值并承认他们的价值对于评估过程和结果有着重要影响,主张运用定性的、自然的方法,获得政策或项目多方面的信息,揭示深度事实和复杂细节,提供对政策或项目结果的更好的理解和洞察。

可以从五个方面来理解建构主义政策评估的含义:一是以建构主义为哲学基础。建构主义认为现实是社会建构的现实,个体的建构经过互动、对话可以形成更完善的共同建构。因此,对政策或项目的理解是利益相关者通过有意义的对话和反思而达成的共识或形成的共同建构。二是反对价值中立,将价值置于重要地位。评估者的价值观不可避免地会影响评估过程和评估结果,不仅如此,利益相关者的价值也很重要,评估要回应利益相关者的价值,利益相关者的价值也会影响评估过程和评估结果,甚至政策或项目的效果就是利益相关者基于他们的价值观而形成的个体建构经由对话和反思而形成的共同建构。三是强调利益相关者在评估中的地位。评估不能仅仅反映评估者和委托人的利益,也要重视其他利益相关者的利益。四是主张运用定性方法,如鉴赏评价、自然主义评价、解释性评价、解释学评价、叙事评价、民族志、口述史、符号互动和现象学等方法。[1] 五是评估的目的在于获得政策或项目的多方面的信息(如不仅仅是与政策或项目目标相关的信息),揭示政策或项目的深度事实和复杂细节,提供对政策或项目结果的更好的理解和洞察。

二、建构主义政策评估的哲学基础

建构主义政策评估理论依赖于"建构主义范式"的信念体系。[2] 意大利著名哲学家维科(Giovanni Battista Vico)常被当代建构主义者尊奉为建构主义的先驱,他认为人类对世界的反应不是幼稚无知和野蛮的,而是本能的、独特的、"富有诗意"的。18世纪末,康德(Immanuel Kant)的思想也具有浓厚的建构主义色彩。康德认为,人类利用大脑内部的过程来创造知识,通过自身体验来处理和理解我们所经历的事物。由此,我们创造出一种超越了内在认知,并与外部刺激建立互动的现实。后来,康德的思想影响了狄

---

[1] Donna M. Mertens and Amy T. Wilson, *Program Evaluation Theory and Practice: A Comprehensive Guide* (Guilford: Guilford Publications, 2012), p.136.

[2] [美]埃贡·G.古贝、伊冯娜·S.林肯:《第四代评估》,秦霖等译,中国人民大学出版社,2008,第18页。

尔泰（Wilhelm Dilthey）。狄尔泰撰写了一些文章来论述自然科学和人文科学的区别，并认为学科属性和目标具有较大的差异，不宜使用统一的标准来解决不同的学科问题。相较于康德致力于提供科学的解释而言，狄尔泰重视对社会现象意义的理解。他更强调在特定历史背景下考察生活经验的重要性。施万特（Schwandt）也对此做了进一步的补充，他认为，建构主义者试图从有经验的人的角度达到对意义的理解，然而，人们本身可能没有完全理解该经验。

与建构主义范式相关的另一条重要的哲学思想是胡塞尔（Edmund Husserl）的思想，他受到狄尔泰等的影响，为哲学、心理学和现象学运动的开始做出了重要贡献。胡塞尔的思想与建构主义范式之间的紧密联系体现于他的作品中：

> 20世纪之交，随着科学的日益狭隘，面对现代的剧烈动荡和不幸，科学无法解决人类关于主体性、存在的意义和面对未来自由塑造的最深层问题。胡塞尔意识到越来越多幻灭的迹象和危险。在科学中排除主观性和价值观，也阻碍了人们解决人类最紧迫和最具决定性的问题。科学世界是一个创造性的、人类建构的世界，而不是独立现实的镜子。为了应对科学哲学中的这种危机，追求真理的标准已经从对"现实"的参照转向道德的、社会建立的和实践的价值观。[1]

胡塞尔对研究意识相关概念的阐释，有助于人们更好地理解人类的经验和行为。这导致了持有哲学立场的研究人员将重点转移到从参与者的角度来理解研究问题。研究不是只为了描述"真实"的事物，而是将事物理解为某种方式。由于我们的"知识"本身就是结构，因此随着可用信息和复杂程度的提高，它会不断发生变化，从而不断地进行解构和重构。[2]

如第一章所述，任何一种哲学都是包含了价值论、本体论、认识论和方法论四种哲学假设而构成的形而上学结构，建构主义哲学也不例外。1985年，古巴等所著的《自然主义探究》出版，首次出现了关于"建构现实"的讨论，而关于建构主义范式及其假设的观点也是在这部著作中得到进一步的扩展。在四年后出版的《第四代评估》中，古巴和林肯对后实证主义哲学和建构主义哲学进行了比较（见表4-1），并对"建构主义范式"作为连贯的信

---

[1] F. J. Wertz, "Multiple Methods in Psychology: Epistemological Grounding and the Possibility of Unity", *Journal of Theoretical and Philosophical Psychology* 19, no. 2 (1999): 131-166.

[2] Yvonna S. Lincoln and Egon G. Guba, *The Constructivist Credo* (San Francisco: Left Coast Press, 2013), pp. 27-31.

念体系给予了更充分的讨论。结合以上论述,以下从本体论、认识论、方法论和价值论四个方面具体梳理建构主义政策评估的哲学假设。

表 4-1　后实证主义哲学与建构主义哲学的对比

哲学假设	后实证主义	建构主义
本体论	在观察者兴趣之外只存在唯一的现实,这个现实依据不变的自然法则起作用,多以因果关系的形式出现	存在着复合的、不受任何自然法则或因果关系控制的社会建构现实
	"真理"是一系列与现实同形的陈述	"真理"被定义为最完善、最成熟并被一致认同的建构
认识论	二元客观主义认识论,即观察者可以使被研究的现象外在化,并与其保持一定的距离("主体—客体二元主义")	一元主观主义,即调查者和调查因素的确定方式在于调查结果是探究过程的直接产物
方法论	干涉主义方法论,即认为可以排除某些混淆性因素,从而使调查集中于真理以及解释自然的本质和运行方式的问题上,进而增强预测和控制的能力	解释学方法论,即涉及持续辩证的重述、分析、批评、再重述、再分析等,以显示出关于同一情形的共同建构
价值论	价值中立,即避免研究者价值的影响,应严格以客观、中立的态度进行观察和分析;而且,利益相关者的价值观也是被排除的	研究人员的价值观会影响研究过程和研究结果,也要重视和关注利益相关者的价值观

资料来源:改编自[美]埃贡·G.古巴、伊冯娜·S.林肯:《第四代评估》,秦霖等译,中国人民大学出版社,2008,第 52 页。

(一)本体论

在人文科学中,现实是被人们定义的对象和主要内容,它们的存在依托于那些正在思考如何定义它们的人的心中。这个过程又是个人通过反思他们的经历,在他们的互动中来构建的,所以现实既不"真正"存在,也不是唯一的存在。也就是说,只有在某些人授予这种存在可能性的情况下,现实才具有了本体论的地位。这些人可能是社会科学家,也可能是其他人。[①]相应地,在建构主义政策评估中,评估者否认客观现实的存在,宣称有多少人

[①]　Y. S. Lincoln and E. G. Guba, *The Constructivist Credo* (San Francisco: Left Coast Press, 2013), pp. 37-43.

就会有多少被建构出来的现实,存在多种社会建构的现实。① 许多持定性研究观点的评估人员对这种本体论假设提出了更加学理化的表述,他们把现实解释为存在于多种心理结构中,这些心理结构"是以社会和经验为基础的,是符合逻辑且具体的,其形式和内容依赖于持有这些心理结构的人"②。这一过程由评估参与者之间的互动对话来搭建,又可以称为阐释过程。③总的来说,建构主义评估者只有通过评估参与者之间的互动和反思来揭示现实,才会意识到现实的意义。④

(二)认识论

建构主义评估者的认识论假设已经反映在本体论假设中了。如前文所述,建构主义的本体论假设认为不同的评估相关主体通过互相对话和反思,从而构建了现实。而建构主义评估的认识论假设认为研究者和参与者通过有意义的对话和反思来创造知识。⑤ 持建构主义立场的认识论要求与参与者进行密切的、长期的人际交往,以促进他们对"生活体验"的建构和表达。建构主义者认为现实是社会建构的,因此,评估者和参与者之间的动态互动是捕捉和描述"生活体验"的核心。⑥ 从认识论上说,建构主义否定了主客体二元主义的可能性,因为观察者与被观察者对于问题的认识会发生相互作用,他们之间的关系也是与个人或特定的环境高度相关。建构出来的"现实"取决于他们之间发生的联系或互动,存在于生成"现实"的时间或空间框

---

① E. G. Guba and Y. S. Lincoln(eds.), *Handbook of Qualitative Research* (Thousand Oaks: Sage Publications, 2005).

② E. G. Guba, "The Alternative Paradigm Dialog", in E. G. Guba (ed.), *The Paradigm Dialog* (Newbury Park: Sage Publications, 1990), p. 27.

③ J. G. Ponterotto, "Qualitative Research in Counseling Psychology: A Primer on Research Paradigms and Philosophy of Science", *Journal of Counseling Psychology* 52, no. 2 (2005): 126-136.

④ T. A. Schwandt, "Three Epistemological Stances for Qualitative Inquiry: Interpretivism, Hermeneutics, and Social Constructionism", in N. K. Denzin and Y. S. Lincoln (eds.), *Handbook of Qualitative Research* (2nd ed.) (Thousand Oaks: Sage Publicatons, 2000), pp. 189-213.

⑤ E. G. Guba and Y. S. Lincoln (eds.), *Handbook of Qualitative Research* (Thousand Oaks: Sage Publicatons, 2005).

⑥ J. G. Ponterotto, "Qualitative Research in Counseling Psychology: A Primer on Research Paradigms and Philosophy of Science", *Journal of Counseling Psychology* 52, no. 2 (2005): 126-136.

架中。① 例如,建构主义评估者利用他们先前的经验和知识、政治和社会地位、性别、种族、阶级、性取向、国籍和文化价值观等来解释问题或回应周围的环境,在进行这样有意义的对话和反思后,再进一步创造出知识。

（三）方法论

解释学或辩证主义是建构主义评估的基本方法论前提。为了能够构建现实并揭示隐含意义,建构主义评估者需要对参与者进行长期的互动、对话和交流。因此,与建构主义范式最常联系在一起的方法来自定性研究方法的传统。建构主义评估者的方法包括使用诠释学对话、访谈、观察、文献或民族志等。② 评估者需要长期沉浸在群体的日常活动中,以便有足够的机会与参与者进行反思性对话。但林肯提醒我们,建构主义者并不局限于定性数据收集。她声称,从 20 世纪 80 年代以来和古巴的合作中,她都希望既不反对定量方法,也不反对在适当的时候混合使用定性和定量方法。③ 因此,适用于建构主义的方法论必须是一种深入涉及评估者思想和意义的研究方法。一般需要两个过程:首先,必须揭露各种评估参与者所拥有的知识建构,这最好通过一种方法来实现,在该方法中,通过让评估参与者平等地与评估人员一起工作,共享双方都认为至关重要的问题,才能找到评估工作的意义。其中,采用众所周知的诠释学解释或相关的解释方法似乎是最合适的。其次,在某些情况下,必须比较个人所拥有的各种知识建构,而这一问题的解决也有赖于辩证对话似的论证方法。④

（四）价值论

建构主义评估者认为评估人员不可能消除自身价值观的影响,相反,这些应该被有意识地视为评估过程的一个组成部分。因此,他们强调评估人

---

① Y. S. Lincoln and E. G. Guba, *The Constructivist Credo* (San Francisco: Left Coast Press, 2013), pp. 37-43.

② D. M. Mertens and M. Yamashita, *Mission Statement for the American Evaluation Association's Topical Interest Group: Mixed Methods in Evaluation* (Washington D. C.: Author, 2010).

③ Y. S. Lincoln, "'What a Long, Strange Trip It's Been': Twenty-five Years of Qualitative and New Paradigm Research", *Qualitative Inquiry* 16, no. 1 (2010): 3-9; Y. S. Lincoln, "'What a Long, Strange Trip it's Been': Twenty-five Years of Qualitative and New Paradigm Research", *Qualitative Inquiry* 16, no. 1 (2010):7.

④ Y. S. Lincoln and E. G. Guba, *The Constructivist Credo* (San Francisco: Left Coast Press, 2013), pp. 37-43.

员需要对评估工作的两个方面进行反思：一是评估人员有没有认识到自身价值观的重要作用；二是评估人员的价值观是如何影响评估过程和评估结果的。^① 古巴和林肯在早期的工作中，就从一些常见的问题中讨论他们的价值观是如何对评估工作产生影响的。例如，评估中包括了哪些群体？评估人员如何收集数据？评估者如何处理发现的政策和决策问题？在后来的工作中，古巴和林肯将自己的信仰与批判理论结合起来，转向了一种变革性的道德观。

除了关注评估人员自身的价值观以外，建构主义评估者还关注其他利益相关者的价值观。因为每个政策的利益相关者实际上都是一个具有多重利益关系的嵌合体。评估者和其他利益相关者用自身的知识、观念和行动共同创造一个共享的现实，他们的各种价值体系都变得透明，而且必须被发现。只有所有的利益相关者的价值发挥其作用，才可以为评估工作提供真实有效的信息。^② 可以说，价值观的重要性在建构主义评估中得到了充分的肯定。

基于以上理解，梅尔滕斯等对建构主义政策评估的哲学基础进行了归纳^③，如表 4-2 所示。

表 4-2　建构主义政策评估的哲学基础

描述	价值论假设	本体论假设	认识论假设	方法论假设
主要聚焦于通过定性方法识别多种价值和视角	评估者意识到自己的价值观和其他人的价值观	存在多种社会建构的现实	评估中通过有意义的对话和反思来创造知识	通过定性的，或定量的，或混合研究方法来实现评估

第二节　建构主义政策评估的产生与发展

建构主义评估作为一个理论流派，其产生与发展历程是什么？这是在

① J. G. Ponterotto, "Qualitative Research in Counseling Psychology: A Primer on Research Paradigms and Philosophy of Science", *Journal of Counseling Psychology* 52, no. 2(2005): 126-136.
② Y. S. Lincoln and E. G. Guba, *The Constructivist Credo* (San Francisco: Left Coast Press, 2013), pp. 37-43.
③ Donna M. Mertens and Amy T. Wilson, *Program Evaluation Theory and Practice: A Comprehensive Guide*(2nd ed.)(Guilford: The Guilford Press, 2019), p. 137.

了解了建构主义政策评估理论的哲学基础后,需要进一步梳理的问题。为了清晰把握建构主义政策评估理论的发展脉络,本节从产生背景、理论渊源、理论演变、主要的理论家及其理论贡献四个方面阐述建构主义政策评估理论的产生与发展。

一、建构主义政策评估的产生背景

(一)现实背景

建构主义政策评估的产生也与 20 世纪 60 年代中期在美国开展的"伟大社会"运动密切相关。如第三章所述,1965 年,时任美国总统约翰逊提出了建设"伟大社会"的施政纲领,国会通过了 400 多项包括"向贫困宣战""保障民权"以及教育等方面的立法,先后投入几十亿美元,在保障民权、反贫困、教育、医疗卫生、环境、劳动就业、消费者保护等领域推出了大量的政策和项目。出于对巨大的投资可能存在浪费问题的担心,人们开始关心这些政策和项目的效果,以及注重对它们的监督和问责。

由于评估专业最早是从教育领域中发展起来的,因此,教育领域的一些政策或项目引起了评估学者的特别关注。《1963 年高等教育法案》在约翰逊当总统后的一个月后成为正式法律。它规定联邦政府应向大学提供更好的图书馆,建立 10～20 个研究生中心和数个技术学院,为几万名学生提供教室,并且每年新建 25～30 个社区学院。随后又通过了《1965 年高等教育法案》,规定联邦政府为大学提供更多的资金,为学生提供奖学金和低利息贷款,并且成立了国家教师团以为美国贫困地区提供教师。这项法案也开始了由国家资助学院向资助学生个人的过渡。而"伟大社会"运动中教育领域最重要的是 1965 年的《中小学教育法案》,其要求为中小学提供显著的国家支持,分配了 10 亿美元来帮助学校购买原材料,并在贫困生集中的学校开始了特殊教育项目。其后,1968 年,还通过了《双语教育法案》,规定联邦政府向当地学校提供援助,帮助学校重视英语水平有限的孩子们的需求。约翰逊在其任内通过的教育法案达 40 多项,他喜欢把自己称为"卫生和教育总统"。

政府对社会特别是对教育事业的不断的、大规模的投入,以及公众对这些政策和项目的效果日益增加的关注和评估逐渐获得了广大纳税人的资金支持,使得评估学者特别是教育领域的评估学者意识到,应该不断提升评估的针对性和实用性,根据有效性原则建立一个能够长远发展的评估方法体系。

（二）理论背景

从理论上看，一方面，建构主义评估的产生首先源于对后实证主义评估理论和方法的批判。20 世纪 60 年代初、中期盛行的是后实证主义评估理论和方法，如前所述，这一流派承认现实的客观存在性并依据不变的自然法则（多以因果关系的形式出现）来运作，主张价值中立，要求评估者与评估对象保持距离以实现客观，强调运用定量方法特别是优先使用实验方法来进行评估。尽管这一流派的理论和方法改善了评估实践，取得了一些成绩，然而，人们也逐渐认识到这一流派的理论和方法存在诸多的问题和弊端。比如，有学者认为，定量方法特别是实验设计在实践中会遭遇成本过高和种族差异、代际冲突等伦理方面的挑战，导致操作上的困难。还有学者认为，这些方法会产生不幸的后果，例如古巴认为，实验方法基于"证实"的取向，在评估开始之前就对自变量和因变量进行了仔细地定义和控制，以得出看似"最科学"、最具"真理性"的结果。但对这种实验方法的过度依赖会产生一些不幸的结果，古巴和林肯将其总结为"因素的前后关联""不可抗拒的特定权威""封闭了评估的其他途径""减少了评估者的责任"。[①] 还有学者认为，这种理论和方法忽视了价值因素而无法产生真正准确的结果。他们认为，对于评估者本身而言，在进行评估工作时永远无法将自身的情感和价值观排除在外。而且，人们更有可能对知识创造出来的现实，或者说对意义赋予的现实采取更积极的回应和行动。[②] 显然，科学只不过是离"真相"较近一点的方法策略，在无法摆脱人类主观特性的情况下，科学无法产生真正客观的结果。著名评估学者艾斯纳甚至提出拒绝"技术科学主义"的观点。当然，还有学者也指出运用定量方法进行评估的固有弊端，即它虽然能够提供一个精确的结果，但不能揭示出相关的深度事实和复杂细节，不能提供对政策或项目结果的更深刻的理解和洞察。因此，就连拥有数学和物理学士学位、统计和测量硕士学位以及统计学博士学位并在 20 世纪 60 年代初、中期开展后实证主义评估实践的古巴也开始质疑这一流派的立场。[③]

另一方面，建构主义评估的产生也与之前或当时一些相关哲学、理论和

---

① ［美］埃贡·G.古巴、伊冯娜·S.林肯：《第四代评估》，秦霖等译，中国人民大学出版社，2008，第 30 页。

② Y. S. Lincoln and E. G. Guba, *The Constructivist Credo* (San Francisco: Left Coast Press, 2013), pp. 7-13.

③ Y. S. Lincoln and E. G. Guba, *The Constructivist Credo* (San Francisco: Left Coast Press, 2013), p. 20.

观点的传播有关。首先是建构主义哲学及其相关理论的发展。如前所述，自 18 世纪以来，建构主义思想便不断发展和传播，并广泛渗透于西方哲学、经济学、社会学、政治学等领域。20 世纪 60 年代，在教育领域，瑞士心理学家让·皮亚杰也提出了"建构主义学习理论"，进一步推动了建构主义的发展。其次是长期以来在人类学和社会学中存在的定性研究传统。定性研究强调研究者运用其经验、敏感性以及有关的技术，以有效地洞察研究对象的行为和动机以及他们可能带来的影响等。定性方法可以为评估提供重要的基础，正如豪斯指出的那样："定性方法被认为过于主观，但如果不同的群体想要不同的东西，那么收集项目内部和周围人们的观点似乎是有意义的。有助于获得参与者意见的定性方法开始流行。在一些评估者的领导下，定性方法学得到了拥护，并发展为一种实践，并最终成为研究的基础。"[1]当然，从更广泛的意义上说，建构主义评估还受到了文学理论、批判理论和身份政治等理论潮流的影响。[2]

　　总的来说，自 20 世纪 60 年代末开始，政策评估研究人员为了适应评估实践的更大的需求和评估理论进一步发展的要求，开启了建构主义评估理论的探究旅程。

二、建构主义政策评估理论的初创

　　20 世纪 60 年代末和 20 世纪 70 年代初是建构主义评估理论的初创时期。斯克里文和斯泰克起到了奠基性的作用，他们在概念基础和方法性主张方面都对该领域产生了重大影响。

　　首先，他们都率先并坚定地确立了价值在评估中的重要作用。著名评估学者沙迪什认为，斯克里文是"第一位也是唯一一位对价值拥有明确的和一般的理论的主要评估理论家"[3]。1967 年，斯克里文发表了《评估方法论》一文，宣称缺少价值的评估不能称为评估。他认为，评估人员的工作就是对评估对象（政策或项目）做出价值判断，评估者在评估中的作用类似于为《消费者报告》进行研究，评估者在研究中确定做出判断的适当标准，然后将这些判断呈现给所有人看。进一步地，他认为这种价值判断应基于有关评估

① E. R. House, "Research News and Comment: Trends in Evaluation", *Educational Researcher*, no.19(1990): 25.

② Marvin C. Alkin, *Evaluation Roots: A Wider Perspective of Theorists' Views and Influences* (2nd ed.) (Thousand Oaks: Sage Publications, 2012), p.224.

③ W. R. Shadish, T. D. Cook and L. C. Leviton, *Foundations of Program Evaluation* (Thousand Oaks: Sage Publications, 1991), p.94.

对象的质量和有效性的可观察数据,并要求将多个结果判断综合成一个单一的价值陈述("好"或"坏")。而评估者最大的失败在于仅仅向决策者提供信息,而不是判断出哪些信息是好的、哪些信息是坏的,最终却将判断信息优劣的责任推卸给非专业的人士。斯克里文的思想推动了这个领域将价值作为评估的核心特征,并且可以说做出了最为重要的努力。而斯泰克也强调了价值的重要性。1967 年,斯泰克的论文《教育评估的面貌》暗示了主观主义思维。在文中,他主张采用一种响应性方法,使用案例研究作为手段,以捕捉问题、人际关系和评估对象的复杂性,并判断评估对象的价值。当谈到评估人员应该如何得出结论时,他认为"最终由评估人员决定,这意味着判断取决于评估人员的价值观和个性"①。斯泰克对评估的主观主义概念化和方法对其他人的思维产生了重要影响。

其次,他们提出了需要在评估中关注利益相关者及其价值。如前所述,在后实证主义评估者那里,不仅要求排除评估者的价值,而且也忽视了利益相关者及其价值。斯泰克也许是最早提出要在评估中关注利益相关者及其价值的学者。他认为,由于存在多种现实,因此需要在评估中体现利益相关者的观点,并且利益相关者的观点是评估中不可或缺的元素。评估者除了作出评估结论,其工作还包括"听取评估参与者的请求,进行深思熟虑,有时通过谈判、协商,最终判断和决定评估参与者的利益是什么"。而且,"无论评估参与者在价值观上达成什么样的共识……都应该被发现。评估者不应该建立一个不存在的共识"②。除此之外,他还给出了"利益相关者"更广泛的定义。一些人认为,利益相关者仅仅是项目资助者和管理者。然而,斯泰克认为,"客户、用户、读者或其他外部人士,都需要坚持他们的观点,利用他们掌握的新数据做出自己的价值判断"③。也就是说,斯泰克将评估工作中利益相关者的范围从项目资助者和管理者拓展到了更多的评估参与者。古巴和林肯后来评价说:"斯泰克超越了项目资助者和管理者,提出利益相关者需要更广泛的定义,为这一发展(建构主义评估)提供了一个决定性的

① Marvin C. Alkin, *Evaluation Roots: A Wider Perspective of Theorists' Views and Influences* (2nd ed.) (Thousand Oaks: Sage Publications, 2012), p.41.

② Marvin C. Alkin, *Evaluation Roots: A wider Perspective of Theorists' Views and Influences* (2nd ed.) (Thousand Oaks: Sage Publications, 2012), p.41.

③ R. E. Stake and T. A. Abma, "Responsive Evaluation", in S. Mathison (ed.), *Encyclopedia of Evaluation* (Thousand Oaks: Sage Publicatons, 2005), pp. 376-379.

时刻。"①

最后,他们提出的一些方法性主张也为后续的研究提供了基础。例如,斯泰克在 1967 年提出了一种"表象评估方法",不仅要求对预期结果和观察到的结果进行对比,还要求考察背景、过程、标准和评判,这成为后来"回应性评估"模型提出的基础。斯克里文关于"评估者的合适角色是一个明智的消费者代理"的观点也为后来"消费者导向的评估"提供了思想渊源。另外,斯泰克关于"案例研究是体现利益相关者的信念和价值观以及报告评估结果的有益方法"的主张也为后来"案例研究评估方法"的发展奠定了基础。

三、建构主义政策评估理论的发展和演变

20 世纪 60 年代末和 20 世纪 70 年代初,在斯克里文和斯泰克等学者的奠基性努力下,已经坚定地确立了价值在评估中的重要作用,逐渐认同价值主张的合法性、普遍(合理)主张的性质以及建构主义观点。随后,一批学者继续沿着这些思想不断对相关理论和方法进行推进和发展。在著名评估学者阿尔金等看来,以上思想又对建构主义政策评估产生了一分为二的影响:一种被称为"客观主义影响",另一种被称为"主观主义影响"。相应地,建构主义评估就分成了客观主义和主观主义两个分支流派或两种基本观点。更确切地说,主观主义认为价值判断应该基于"公开可见的"事实。由于人们的行为受主观因素支配,人类行为具有"主观意义"的独特特征,任何"忽视意义和目的"的科学都不是社会科学。② 主观主义的建构主义政策评估理论家反映了价值和评估使用之间的关系,更关心作为个体的利益相关者对评估结果的使用。而客观主义的思维与后实证主义哲学思想是相容的,与后实证主义评估流派最为接近。简要地说,在建构主义评估内部,虽然评估者都将"价值"置于最重要的地位,但相对来说,主观主义者将"使用"放在第二位,而客观主义者将"方法"置于第二位。

（一）客观主义的建构主义评估

在阿尔金看来,斯克里文的工作更偏向于"客观主义"。因为斯克里文认为,评估者的工作就是对被评估对象做出价值判断,而这种价值判断应该

---

① Marvin C. Alkin, *Evaluation Roots: A Wider Perspective of Theorists' Views and Influences* (2nd ed.) (Thousand Oaks: Sage Publications, 2012), p. 224.

② P. Diesing, "Objectivism vs. Subjectivism in the Social Sciences", *Philosophy of Science* 33, no. 1-2 (1966): 124.

基于评估对象本身的质量和有效的可观察数据。换言之,评估者不仅要对被评估对象做出价值判断,而且要做出客观的价值判断。[①] 斯克里文在数学、符号逻辑学和自然哲学方面的训练有助于为他的系统的、客观的评估方法的论证提供信息。除了前述的奠基性工作,斯克里文对建构主义评估的发展也做出了重要的贡献。

斯克里文对建构主义评估发展的贡献首先体现在提出了"消费者导向的评估"。传统上,对政策或项目的评估具有一种只关注实现开发者的目标而不是满足消费者需求的思想。斯克里文认为,这种方法可能是无效的,因为开发者的目标可能是不道德的、不现实的,也可能对消费者的评估需求来说是不具有代表性的,因其主要注重开发者的利益。1969 年,他提出"评估者应是一个明智的消费者代理"的观点。之后,他进一步明确了他的思想:评估者不仅要判断目标是否达成,还要判断所达成的目标是否对消费者(例如教育活动的参与者或受教育者)的利益有所贡献;也就是说,要注意从消费者的角度来确认政策或项目的价值,而不仅仅从目标的角度来确认。或者说,无论目标是什么,评估人员都必须确定产出结果,并从消费者需求的角度评估这些结果的价值。总的来说,对于一个评估人员而言,其需要寻找最好的方法满足消费者的评估需求。为了实现这一理念,他在随后的若干年中陆续提出了若干实用的方法,包括:其一,基于对本质的理解、项目的功能属性、实施背景以及客户和预期受益人的需求,制定用于评估特定项目或在竞争项目之间开展比较的相关标准。为了更好地制定标准,斯克里文还制定了评估清单。其二,评估的四个主要活动是打分、排序、定级和分配。打分是收集相关的项目信息、基于已制定的标准对每个项目赋予分值;排序则是依据每个项目的得分进行排列;定级则是依据分数和排序,将每个项目的得分转换成一定的等级(例如优秀、良好和及格);分配则是依据等级的评定在项目之间分配资源(如资助的资金)。其三,获得正确结论(最终融合)的方法。在获得评估结论之时,总是需要判断,然而,评估人员可能存在偏见而不能获得正确的结论,从而导致消费者对评估的不信任。斯克里文认为,最终融合需要考虑评估客户的需求、数据的限制和可用事实的配置并寻找一个合适的决策规则。

斯克里文对建构主义评估发展的另一个重要贡献则是他提出了"无目标评估"的思想和方法。与之前广为传播的有目标评估相反,20 世纪 70 年

[①]　[美]斯塔弗尔比姆、科林:《评估理论、模型和应用》(第 2 版),杨保平等译,国防工业出版社,2019,第 246 页。

代初,斯克里文提出了一个反对性的建议:评估者应有意地对项目的既定目标保持未知,并寻找所有项目的效果而不考虑开发者的目的。有目标评估的目的是评估政策是否实现预期目标,但是无目标评估人员很有可能揭露意料之外的效果,这些效果也许会由于有目标评估人员对既定目标的过分关注而错过。斯克里文指出,无目标方法用于寻找所有的效果,然后,转换到有目标方法确保评估能够帮助确定是否实现了目标,或者两种评估可以由不同的评估人员同时开展。和有目标评估相比,无目标评估的优势在于,它较少受到干扰,较少地倾向于社会的、感知的和认知的偏见,更具有专业挑战性,在涉及大范围的价值时也更加公平。[①] 当然,无目标评估也有利于其主张的"消费者导向",因为无目标评估提供了重要的补充信息,拓展了评估信息来源,尤其有利于发现非预期效果,因而更能满足消费者的需求。

(二)主观主义的建构主义评估

与斯克里文的客观主义评估不同的是,一批学者支持相对主义或主观主义的哲学;也就是说,人类活动不像物质世界中的活动,现实是一个持续的、动态的过程,真理总是相对于某个特定的参照系,评估并不是单纯地做出价值判断,而必须在理解评估信息的"主观意义"的背景下进行。

1. 斯泰克:从表象评估到回应性评估

早在 1967 年,斯泰克就在《教育评估的面貌》一文中暗示了主观主义思维,他主张在评估中关注复杂性、对话和意义,并以此作为在评估研究中为价值主张提供信息的基础。其后,他在批判目标达成评估模式的基础上,提出了"表象评估"的观点,他建议评估人员从高度集中的、定量的、预定式的评估方法(主要是评估目标实现程度)转向更加定性的方法(主要是持续地、互动地评估全部利益相关者所感兴趣的问题)。"表象评估"要求评估项目的丰富性、复杂性和重要性,即待评项目的全部表象,用以提供回答不同客户的各类信息。"表象评估"的核心是前情、处理和结果三个要素。前情要求了解项目的相关背景信息;处理要求持续地与利益相关者接触和互动;结果要求考察对所有利益相关者的影响,包括预期的和非预期的、短期的与长期的,并且评估人员应避免给出最终的、总结性的结论,而是分析和反映与评估目的利益相关的多数人的评判。

1975 年,在"表象评估"的基础上,他正式提出了"回应性评估"的概念,

---

① 　[美]斯塔弗尔比姆、科林:《评估理论、模型和应用》(第 2 版),杨保平等译,国防工业出版社,2019,第 248 页。

并在以后的研究中不断丰富,最终发展成了一种著名的评估模型——回应性评估。这种评估模型针对对于所有利益相关者来说都非常重要的事项,持续地加以关注和组织数据收集以响应他们临时的兴趣与关注点,使用大量的主观和客观的方法,与利益相关者进行持续地互动以确认他们的关注点并为其提供及时的反馈,运用不同的评判结果来报告评估结论。其基本特点是:其一,立足于对全部利益相关者关注的问题做出回应和反馈。如果评估更直接地定向于政策活动而不仅仅是政策目标,如果评估回应利益相关者对信息的要求或兴趣与关注点,并且如果在报告项目的成功和失败时引用利益相关者不同的价值观,那么,这种评估是"回应的"。① 其二,强调与利益相关者的持续互动。不但在评估的议题的创设上,而且在数据的收集和分析以及对评估结果的解释上,都需要与利益相关者进行互动。其三,强调数据的收集和分析方法是自然的,即观察自然运作的项目和人们自然的行为。在技术上,主张采用案例研究、表现性目标、立意抽样、观察、对抗式听证会、表现性报告和讲故事,为利益相关者提供与项目相关的经验。② 当然,斯泰克也指出,为了更好地回应利益相关者的兴趣、关注点和喜好,所有的评估都应该是适应性的,即除了选择回应性评估方法外,预定式评估、泰勒式评估在某些情况下也是可以选择的。当然,在这些方法中,他对案例研究进行了特别的强调。他认为,案例研究是捕捉评估对象的问题、个人关系和复杂性的手段,是体现利益相关者的信念和价值观以及报告评估结果的有益方法。当然,这也为其在 20 世纪 90 年代对案例研究的深入探索提供了基础。显然,斯泰克关于表象评估与回应性评估的概念和方法推动了主观主义的建构主义评估的发展。

2. 艾斯纳:将艺术教育思想引入评估

另一位被定位为主观主义的建构主义政策评估理论家是艾斯纳。艾斯纳毕业于芝加哥大学设计学院,后来在研究院获得教育博士学位,他融贯了精湛的艺术与教育思想,在学界形成了卓越的艺术教育思想体系,是著名的美育与课程理论学者。③ 艾斯纳认为,价值评估的作用很重要。例如,他认为评估工作不仅需要对数据(或观察结果)做出最终判断,还要对调查问题和评估研究的重点做出判断。艾斯纳认为,目标、观察和结果是无限的,但

---

① Diana Korzenik, "On Robert Stake's 'Responsive Evaluation'", *The Journal of Aesthetic Education* 11, no. 1 (1977): 106-109.

② [美]斯塔弗尔比姆、科林:《评估理论、模型和应用》(第 2 版),杨保平等译,国防工业出版社,2019,第 277 页。

③ 安超:《艾斯纳质性评价理论述评》,《教育测量与评价》2015 年第 8 期。

评估者是专家,他们决定了最后的价值判断。不仅如此,艾斯纳还充分地汲取了自身的专业知识,借鉴了主观主义者的鉴赏力和经验——"开明的眼睛"的概念,将艺术教育思想融入评估,推动了主观主义的建构主义评估的进一步发展。

20世纪70年代初,艾斯纳及其学生尝试在理论上和实践上发展和阐明一种定性评估方法——一种基于艺术的教育评估方法。1976年,艾斯纳首先在《美育期刊》上发表了他所谓的"教育鉴赏力"的观点,随后以几种重要的方式对这些观点进行了扩展。艾斯纳在很大程度上借鉴了他作为课程专家和艺术家的经验,提出"评价鉴赏"(connoisseurship)和"评价批评"(criticism)的概念,并首次提出教育鉴赏与教育批评模式,形成了教育鉴赏和教育批评理论。其评估理论观点的核心是鉴赏和批评的双重概念。此外,艾斯纳的数据收集方法本质上也是主观主义的,他提倡使用集中观察,包括定量和定性两方面的方法,同时强调在评估中使用定性方法。就如何运用"鉴赏评估模式"而言,艾斯纳指出首先必须了解教育鉴赏和教育批评的思想。鉴赏和批评这两个词是植根于艺术领域的,如果说鉴赏是欣赏的艺术,那么批评就是揭露的艺术。鉴赏与意识有关,其目的是使人们意识到构成某个对象或过程的品质并掌握其重要性。在教学的鉴赏中,意识是培养注意力的产物,也是给过程或对象带来参考框架的产物。鉴赏力是任何教育评估中都至关重要的一项能力,该能力试图辨别在某种情况下哪些是微妙但重要的,随着时间的推移展现出的一系列品质意味着什么。从这个意义上说,对课堂生活的任何方面或对教育实践的理解都是一种阅读。艾斯纳指出,感知或体验一系列品质的能力并不是成熟的、自动的结果,而是类似于一种编码,是一种由人的价值观塑造并由个人所运用的理论所启发的结构。鉴赏在教育评估上可以解决很多方面的问题,例如课堂的质量、教学质量、学生的参与程度、教室的整个环境、对学生的激励措施。原则上,任何与素质有关的教育实践都可以成为鉴赏的对象。鉴赏是一种提高个人意识的手段,个人可以欣赏教学实践的质量、学生的论文或将自己的认知渗透到学校的环境。可以说,鉴赏是一项私人成就,不一定会引起批评。然而,为了产生社会影响,鉴赏需要转变为公开且可共享的事物,这就是批评成为现实的地方。批评家要依靠鉴赏力来创造自己的作品。例如,在课堂观察、学校学习或对个人作品的解释中,该作品的深度和渗透性将取决于对其进行鉴赏的水平。批评的目的就是将这种意识转变为公共形式。在教育批评中,批评的目的是对教育工作的观念进行再教育。当鉴赏家和批评家讨论教育问题时,他们被称为教育鉴赏家和教育批评家。通过批评将鉴赏的内容转变至公共领域,就需要将鉴赏对象的品质转变为一种可以使他人进行认识和构想的语言。由此我们可以归纳出"鉴赏评估"的四个特征。一是描述。在最基本的层面上,评估者使用语言描述事实的生动过程,使读者能够进行想象并乐意参与到批评家所要揭示的情境中,从中获得一种感知。二是解释。解释是对所描述的事物进行进一步的阐释,有时通过根植于社会科学的理论概念来解释人们所描述的关系。三是评价。评价不仅是政策信息的量化,还包括对政策价值观的评估。四是总结。总结是从观察到的政策过程中提炼出共同并且重要的线索。显然,艾斯纳的努力拓展了主观主义的建构主义评估的理论和方法。

3. 古巴:主观主义的建构主义评估的成熟

美国评估学者古巴最初本是后实证主义评估的支持者和实践者,然而,到 20 世纪 60 年代中后期,他开始质疑这一立场。1967 年,在论文《研究的扩展概念》中,他便明确地质疑当时占主导地位的系统探究方法在产生对教育变革有用的知识方面的效用;1969 年,他更是明确地指出传统评估的失败以及失败的种种"临床迹象"。在 20 世纪 70 年代中期,在斯里格文、斯泰克、艾斯纳的影响下,古巴开始致力于寻找一种将被证明有助于以实验无法实现的方式开展评估的方法。古巴对新方法的开发可以分为两个阶段:第一个阶段是自然主义方法或自然主义范式的研究。1978 年,他的专著《走向教育评估中的自然主义探究方法论》指出了实验方法论的缺陷,并展示了自然主义调查的特点。他认为自然主义调查与斯泰克、艾斯纳等人的方法具有契合性。1981 年,他与林肯合著的《有效评估》对前述的观点进行了显著的深化和延伸。在该书中,他们明确地提出了"范式"的概念,以实验为主的方法基于"科学范式",而他们所运用的方法的基础是"自然主义范式"。并且,他们还从现实、研究者与研究对象的关系和"真理"的性质等假设对两种范式进行了对比。1985 年,古巴和林肯所著的《自然主义调查》更深入地讨论了两种范式及其假设问题,也对自然主义范式有了更充分的认识。虽然此书首次出现了对"建构现实"概念的讨论,但是"建构主义"一词并没有成为一个重要的术语。[①] 第二个阶段则是明确地提出建构主义范式以及以此范式为基础的评估模型——"第四代评估"。1989 年,他与林肯出版《第四代评估》一书,对后实证主义范式进行了彻底的批判,全面地阐释了建构

---

① Th. A. Schwandt and E. Guba, "Observations on a Journey to Constructivism", in Y. S. Lincoln and E. G. Guba, *The Constructivist Credo* (San Francisco: Left Coast Press, 2013), p. 23.

主义范式的思想,并系统地阐述了"第四代评估"的过程、方法论特点、实施步骤和质量评估标准。

在他们看来,后实证主义评估存在剥夺权利和授权、责任归咎错误、价值中立的不可能等弊端,而建构主义评估采取相对主义本体论、主观主义认识论和解释学方法论可以克服后实证主义评估面临的许多困难。在评估方法上,"第四代评估"认为政策或项目的结果是不同利益相关者进行互动、对话而达成的某种共识或形成的更完善的建构。它采取解释学辩证过程,即揭示出各个利益相关者的对政策或项目的个人建构,然后建立协商议程(利益相关者之间进行对话、交流、评论和回应),最后进行对比,在个体建构间形成一种结合或说综合,形成更为完善的对政策或项目效果的建构。在方法论上,评估是往复的、互动的、辩证的和开放的。

至此,古巴和林肯对后实证主义评估进行了根本性、全面性、彻底性的批判,并明确建立起了一种具有强大竞争力的、具有替代性的建构主义评估理论和方法。这不仅意味着主观主义的建构主义评估的成熟,也意味着整个建构主义评估的成熟。

四、建构主义政策评估的主要理论家与模型

通过梳理建构主义评估的产生与发展历程,可以发现,斯克里文和斯泰克是建构主义评估的奠基者和推动者,他们对评估中价值的重视、对利益相关者的强调奠定了建构主义评估的基本理念。斯克里文对消费者导向评估、无目标评估等方法的提出以及斯泰克对回应性评估的提出和案例研究的强调,也推动了建构主义评估的发展。但是,在一些建构主义评估的早期研究者(比如斯克里文)身上,还可以看到一些后实证主义痕迹。艾斯纳将艺术教育思想引入评估领域,也为建构主义评估提供了更丰富的知识和方法养料。当然,古巴和林肯的努力显然是根本性的、全面性的和颠覆性的,两人可以说是建构主义评估的"集大成者"或"最突出的代表"。

除了上述评估学者以外,英国学者帕莱特(Malcolm Parlett)、汉密尔顿(David Hamilton)和肖(Ian Shaw)以及美国学者殷(Robert Yin)的贡献也不容忽视。他们的贡献在于将案例研究引入建构主义评估中并且进行了深入的探索。其中,帕莱特、汉密尔顿在20世纪70年代就主张将案例研究等形式的定性方法纳入,以体现他们的建构主义范式的信念。他们将评估者比喻为社会人类学家并将他们的方法命名为"启发性评估"(Illuminative Evaluation),因为该方法反映了当评估者沉浸在项目背景时他们所能达到的理解深度。在他们看来,评估者的责任是报告日常的现实,以揭示隐藏的

意义和复杂性,也要求评估者利用诸如观察、与参与者的持续对话、注意语言的使用、案例研究等方法来理解假设和关系。而殷"则是另一位把案例研究方法应用到项目评估中的领军人物"[①],自 20 世纪 90 年代以来,他的诸多著作都推动了案例研究的发展。以下对相关的理论家及他们提出的主要评估模型进行归纳,如表 4-3 所示。

表 4-3　建构主义政策评估的理论家及主要评估模型

理论家	评估模型	产生时间	突出特征
斯克里文	消费者导向评估 (Consumer Oriented Evaluation)	20 世纪 60 年代末	评估不应仅仅实现政策或项目开发者的目标,还要判断政策或项目是否满足消费者的需求。有利于解决目标达成评估的错误和障碍,强调了对消费者利益的满足
斯克里文	无目标评估 (Goal-Free Evaluation)	20 世纪 70 年代初	不告诉政策评估者具体的政策目标,评估者基于访谈和观察等典型数据收集策略从参与者那里收集有关政策结果的数据。有利于避免评估者仅仅评估被政策制定者认为重要的目标的偏误,也有利于识别政策的意外后果
帕莱特;汉密尔顿;斯泰克;肖;殷	案例研究 (Case Study)	20 世纪 70 年代初	强调评估者选择一个或几个样本为对象,系统地收集相关的数据和资料,进行深入研究,以揭示隐藏的意义和复杂性。有利于体现利益相关者的信念和价值观,促进评估者沉浸在政策背景时达到更深的理解程度,其甚至可以产生有因果关系的认知,并有利于报告评估结果,帮助利益相关者理解项目效果并做出自己的判断

① ［美］斯塔弗尔比姆、科林:《评估理论、模型和应用》(第 2 版),杨保平等译,国防工业出版社,2019,第 212 页。

续表

理论家	评估模型	产生时间	突出特征
艾斯纳	鉴识评估（Connoisseurship Evaluation）	20世纪70年代初	政策评估者类似于艺术专家，评估过程类似于艺术批评，鉴赏是对政策活动的特质、细节的感觉和体悟，而批评则是把感觉、体悟到的特质和细节用适当的语言形式揭示出来，最终运用一定的标准来判断政策活动的意义和影响。将艺术教育思想引入评估领域，为建构主义评估提供了更丰富的知识和方法养料
斯泰克	回应性评估（Responsive Evaluation）	20世纪70年代中期	针对所有利益相关者来说非常重要的事项，持续地加以关注和组织数据收集以响应他们临时的兴趣与关注点，使用大量的主观和客观的方法，与利益相关者进行持续地互动以确认他们的关注点并为其提供及时的反馈，是一种多元的、灵活的、互动的、全面的、主观的评估方法
古巴；林肯	"第四代评估"（Fourth Generation Evaluation）	20世纪80年代末	政策或项目的结果是不同利益相关者进行互动、对话而达成的某种共识或形成的更完善的建构。建立在明确的建构主义范式的基础上，是一种最能体现建构主义思想的评估模型

第三节　建构主义政策评估的经典方法

如前所述，建构主义政策评估的理论家开发出了众多的评估模型或方法，如消费者导向评估、无目标评估、回应性评估、鉴识评估、案例研究和"第四代评估"。其中，"第四代评估"、案例研究和无目标评估方法的影响最为巨大，得到了大量的应用。因此，本节对这三种经典方法进行梳理，以更清晰地展现建构主义政策评估方法及其使用。

一、"第四代评估"

"第四代评估"是古巴和林肯在《第四代评估》一书中提出的评估模型。以下对该方法的含义、核心思想、过程、方法论以及步骤进行梳理。

（一）"第四代评估"的含义与基础

1. "第四代评估"的含义

古巴和林肯将他们开发的方法称为"第四代评估"，之所以称为"第四代"，是因为他们认为这种方法超越了已经出现过的过于注重测量、描述与判断的前三代方法，将评估上升到一个新的高度。由于其明确地以建构主义为哲学基础，斯塔弗尔比姆等人甚至直接将其称为"建构主义评估"。①

对于"第四代评估"的含义，古巴和林肯并没有作出明确的界定。但在《第四代评估》一书的"前言"中，他们明确提出了"第四代评估"的六个显著特点。其一，评估的最后产出并不是对政策或项目的某种"真实"状态进行描述，而是提出有意义的解释。评估结果并非终极意义上的"事实"，而是由包括评估者以及利益相关者通过互动而创造的一种结果抑或一个或多个建构。其二，个体的建构受到其价值观的影响，而现代社会具有多元的价值观，哪些价值观应得到考量和如何协调不同的价值观是最重要的问题，因此，"价值中立"是不起作用的。其三，由于利益相关者彼此之间构成了特定的环境的一部分或者共处于特定的环境，那么在此特定环境之下利益相关者交换观念会产生共识或形成共同的建构。其四，评估可以以各种形式（例如仅由评估者和委托者决定评估设计和实施过程、评估者和委托者有选择地公布评估结果等）给予或剥夺利益相关者的权利。因此，评估需要给予利益相关者能力和权力。其五，评估必须与评估结果的使用联系起来，因此，这需要关注利益相关者提出的问题和争论，反映他们的价值观。其六，倡导全面的积极参与，要求利益相关者和其他相关人在评估中处于平等地位，所有人都有权分享彼此的理解，并努力形成一种公认的、符合常理的、信息量更大的、成熟的共同建构。② 通过对这些显著特点的解读，结合建构主义的思想，我们认为，"第四代评估"的基本含义可以归纳为：尊重并揭示出各个利益相关者对政策或项目的个人建构，并建立一定的协商议程，促进利益相

---

① ［美］斯塔弗尔比姆、科林：《评估理论、模型和应用》（第 2 版），杨保平等译，国防工业出版社，2019，第 139 页。

② ［美］埃贡·G. 古巴、伊冯娜·S. 林肯：《第四代评估》，秦霖等译，中国人民大学出版社，2008。

关者之间进行对话、交流、评论和回应,最终形成更为完善的对政策或项目效果的共同建构,以此获得对政策或项目效果有意义的解释和洞察。

2."第四代评估"的基础

同样在《第四代评估》一书的"前言"中,古巴和林肯指出了"第四代评估"的基础或依赖的因素。[①]

(1)回应式聚焦。回应式聚焦要求尊重并尽可能让利益相关者平等地参与到评估中。古巴和林肯认为,利益相关者包括评估活动的代理人(评估活动的要求者、评估工作的实施者和评估结果的使用者)、评估的受益者(他们是由于评估而获益的人)、评估的受害者(他们是由于评估受到消极影响的人)。评估不能仅仅反映评估者和委托人的利益与价值观,所有利益相关者都有权公开讨论自己的主张、焦虑和争议,并且可以要求获得答复。因此,应激励利益相关者积极参与评估过程并赋予权力,甚至视利益相关者为评估的主体,积极参与并贡献自身的情境知识,提出他们的主张、关切和议题。除了提出参与问题,他们还参与评估方案选择、评估的实施和结果的解释。在此过程中,还应注意识别"受害者"或"沉默的声音"。在评估的过程中,应平等地对待不同的价值观,让利益相关者成为平等的合作者。

(2)建构主义方法论。强调运用解释学辩证循环方法对焦点元素进行持续辩证地重述、分析、批评、再重述、再分析等,以获得对同一情境的共同建构。或者说,主张所有参与评估的利益相关者基于对政策或项目的认识,通过不断地协商、对话和交流,达成对政策或项目的共识或形成共同建构。共同建构的途径是协商,即利益相关者不断互动、交流、对话、回应、评论,最后形成公认的、一致看法的过程。评估者应为利益相关者探讨彼此的信念、价值观和看法所需的对话安排机会或建立协商议程,让利益相关者以乐观的心态提出自己的建构,并接纳、反思和修正自己与他人的建构,从而推动共识或更完善的共同建构的形成。

(二)"第四代评估"的一般过程

从一般的意义上看,"第四代评估"遵循"解释辩证过程"。所谓"解释",可以理解为"理解事物的意义或者把意义呈现出来",而"辩证"则类似于辩论,指的是两个或两个以上的人因为持有不同观点,希望通过合理的讨论来获得真正的知识。因此,评估的过程在性质上是解释性的,又体现出"辩证"的特点,即在评估中要求各种个体建构进行协商、对话,并进行比较和对比,

---

① 〔美〕埃贡·G.古巴、伊冯娜·S.林肯:《第四代评估》,秦霖等译,中国人民大学出版社,2008。

将产生于同一背景的建构观点尽可能引向结合,以期获得黑格尔哲学意义上的高度综合或更完善的共同建构。

如何实现这一"解释辩证过程"? 古巴和林肯介绍了实现这一过程的一种途径,如图 4-1 所示。

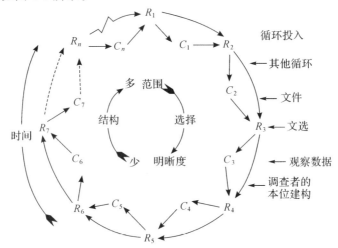

图 4-1 "第四代评估"的解释辩证过程

资料来源:[美]埃贡·G.古巴、伊冯娜·S.林肯:《第四代评估》,秦霖等译,中国人民大学出版社,2008,第 107 页。

首先 R_1 是一个初始回应者,该回应者参与开放式的调查后决定在初始位建构,内容可以是任何考察中或评估中的问题,此即为调查核心。回应者需要提出 R_1 建构的核心,用自己的表达方式描述和评论关于主张、焦虑和争议的观察,以及对评估客体的看法。R_1 提出的一些建构观点在经过调查者的分析以后形成初始的 R_1 建构模式,以 C_1 标记。在调查分析过程中,C_1 形成之前的数据分析是在数据收集以后完成的。

接着,回应者需要提名另一个回应者 R_2,但 C_1 又是在接触 R_2 之前完成的。R_2 在鉴别 R_1 的建构之后,尽可能提出自己不同的观点。R_2 与 R_1 一样,接受调查采访享有同样的言论自由,在 R_2 参与到采访中时,来自 R_1 的调查核心又被引入这一过程,R_2 需要对此做出评论。产生的结果不仅是 R_2 的信息,还产生了关于 R_1 的投入与建构的评论。在调查者接触 R_3 之前,又完成了一项分析因而产生 C_2,这是一个基于 R_1 和 R_2 且更加完善和复杂的建构。这就是回应性评估需求的联合建构的开始。

参与循环的信息不局限于回应者和调查者本身带来的信息,还可以从文件、文选和观察数据中获得。文件是支持建构(包括既存建构相关的或其他建构)的信息。文选指引入相关的文献节选,用于证实或反驳一个或多个建构。而观察数据是与既存建构相关的,比如引入实践中检验建构的数据、引入以供评论的访谈资料等。此外,调查者自身的建构可以被引入加以评论。随着新的回应者不断加入,信息量不断扩大,但这一过程即使是重复进行,也不会无限循环。最终,直到信息不再必要或者可以分为两种以上且在某种程度上依旧冲突的建构时,这一过程即可停止。

(三)"第四代评估"的调查方法论

"第四代评估"法基于建构主义的调查方法论,如图4-2所示。首先需要说明的是,该图中解释学辩证的圆圈不能在平面中精确展现,而是应该将其视为具有三维空间维度的球体。古巴和林肯认为这一调查方法论的核心内容可以用"四个条件""四个要素""一个结果"和"两个特点"来概括。

"四个条件"指开始调查要具备的条件。其一,要求研究在自然环境下进行,这不同于实验室中的控制。其二,不能预设问题,可以没有预先规划进入情景,使用人类学方法逐渐识别突出的事物。其三,由于人类最擅长直接使用感官(如观察和访谈)收集信息,因此主张使用定性方法,但不排斥定量方法。其四,使用意会知识去识别显著事物或需要被考察的事物。而"四个要素"则指在解释辩证过程中涉及的要素,包括:其一,使用"目的抽样"来筛选回应者。其二,数据收集和数据分析是持续相互作用的。其三,当回答者被接二连三地要求评论并评判已展开的建构时,将出现关于共识的连接性建构。其四,重复再重复解释学环节,直到统一或形成更完善的建构。"一个结果"则指解释辩证过程的综合重复的最终结果。这个最终结果是形成个案报告。最后,整个调查过程会体现出两个明显的特点:其一,调查过程和结果是通过评估者和回答者之间协商持续地塑造和验证的,例如对回答者提名的方法、资料的收集等都需要评估者和回答者之间协商;评估结果也需要评估者和回答者共同判断。其二,发现和查证也是不断互动的过程,这不同于后实证主义范式中,发现(研究假设的提出)和检验是分离的,在建构主义调查中,一旦确认任何一条信息,就会开始检查,而一旦开始检查,就开始了重新的建构。总之,建构主义调查方法是往复的、互动的、辩证的,有时很直观,多数情况下是开放的。

(四)实施"第四代评估"的具体步骤

依据解释学辩证过程和建构主义调查方法论,"第四代评估"的实施包括以下12个具体步骤,如表4-4所示。

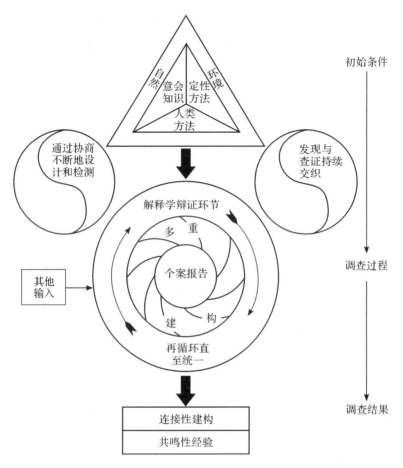

图 4-2　"第四代评估"的调查方法论

资料来源：〔美〕埃贡•G.古巴、伊冯娜•S.林肯：《第四代评估》，秦霖等译，中国人民大学出版社，2008，第 124 页。

表 4-4　"第四代评估"的操作步骤

步骤	主要任务
1.订立协议	与评估资助者或评估结果使用者签订协议
2.组织评估	选择/训练评估者团队；制定许可安排；制定后勤安排；估计本地政治因素
3.识别利益相关者	鉴定利益相关者，鉴定评估的推动者、受益者和受害者；继续搜索策略；估定交易和制裁；使"条件"协议公式化

续表

步骤	主要任务
4.发展组织内部的连接性建构	建立解释学循环;"做出"循环;塑造潜在的连接性建构;检查可信性,以达成每一方的共识,发展利益相关群体的共同建构,具体集中在利益相关者的主张、焦虑和争议上
5.以新信息增进理解,扩大共识	再次做出循环过程——使用记录的信息访问、观察以及文献文集的相互作用;评估者非位的建构
6.查明已解决的主张、焦虑和争议	识别多数利益相关者一致决定的主张、焦虑和争议,将这些主张、焦虑和争议作为个案报告材料
7.把未解决的项目按优先次序排列	决定分享的优先排序过程;按优先顺序提交项目;检查可信性,以确定优先协商的问题
8.收集信息/增加熟练程度	收集与尚未解决的主张、焦虑和争议相关的信息,训练谈判代表可通过这些方法:使用更进一步的解释学循环、收集现存的信息、使用新的或现有的工具、进行特别的研究
9.准备协商方案	定义并阐明那些未解决的项目;阐明竞争建构;说明、支持、反驳这些项目;提供一定熟练程度的项目;检验议程
10.进行谈判	实施协商,选择利益相关方代表,针对不同意见建立诠释圈,通过协商建立共同建构,检验信度,决定应采取的行动
11.报告	把达成的共识以及行动计划统合成报告:个案报告和利益相关者组织报告
12.再循环	再循环整个过程

以上的 12 个步骤尽管看上去是依序排列的,但在实际情景下,这些步骤会出现合并或简化,也会出现循环和跳跃情况,不存在线性的先后关系,因此不要求每一个步骤严格地承接上一步。

当然,进行"第四代评估"的核心步骤通常是以下四个阶段:其一,识别利益相关者,并要求他们提出他们各自的主张、焦虑和争议。主张是利益相关者提出有利于评估对象的方案;焦虑是利益相关者提出的不利于评估对象的方案;争议是理智的人不一定都赞同某种事情的状态。其二,由其他群体对该利益相关者群体的主张、焦虑和争议进行回应,可以评论、批驳,也可以是赞同和支持。在这个阶段,许多原有的主张、焦虑和争议将被解决。其三,在上一阶段尚未解决的主张、焦虑和争议又成了评估者收集信息中的先导组织者,围绕这些主张、焦虑和争议进一步收集信息。其四,利益相关者在评估者的引导下利用收集到的信息进行谈判、协商,力求尽可能地达成共识。而那些再次未解决的问题将会成为下一次评估的核心。[①]

二、案例研究方法

案例研究在 19 世纪末期已经出现,之后被广泛地应用于法律、医学、工商管理等领域中。20 世纪 70 年代,案例研究被斯泰克、帕莱特、汉密尔顿、肖等引入政策或项目评估中。20 世纪 90 年代,斯泰克和殷等又对案例研究评估进行了深入的研究。目前,案例研究已成为一种典型的评估方法,美国评估协会将案例研究排在八种最优秀的评估设计与方法中的第五位[②],斯塔弗尔比姆等也将其归为九种 21 世纪最佳评估方法之一[③]。

(一)案例研究方法的含义及其与建构主义评估的契合性

1. 案例研究方法的含义

案例研究方法指研究者选择一个或几个场景为对象,系统地收集数据和资料,进行深入地研究,用以探讨某一现象在实际生活环境下的状况。殷认为,案例研究是"一种对同时期的现象进行深入的、考虑实际环境的调查的实证研究,尤其是当现象和环境的边界不是那么明显之时"[④]。斯塔弗尔比姆认为,案例研究需要对处于自然环境中的案例进行严密观察和细致记录,并且要尽可能全面地对案例进行分析和描述;研究者要收集并审核相关的文档,采访主要当事人和案例具有深刻见解的人,收集相关图像证据,还要审查案例的背景、目标、计划、资源、独有特征、价值、值得关注的行动和操作、业绩、挫折、需求与问题等;最后,研究者需要准备并提供一份关于案例的深入报告,包含描述性和评判性的信息、不同利益相关者群体和专家坚持的观点以及总结性的结论等。帕莱特等认为,案例研究是研究者以社会人类学家的角色沉浸于政策或项目中,通过观察、持续的对话等定性方法,呈

---

① [美]埃贡·G.古巴、伊冯娜·S.林肯:《第四代评估》,秦霖等译,中国人民大学出版社,2008,第 17-18 页。

② D. L. Stufflebeam and A. J. Shinkfield, *Evaluation Theory*, *Models*, *and Applications*(San Franciso: Jossey Bass, 2007), pp. 242-243.

③ [美]斯塔弗尔比姆、科林:《评估理论、模型和应用》(第 2 版),杨保平等译,国防工业出版社,2019,第 163 页。

④ R. K. Yin, *Case Study Research*: *Design and Methods* (4th ed.) (Thousand Oaks: Sage Publications,2009).

现和报告日常现实,以加深对政策或项目的理解。[1]

2.案例研究方法与建构主义评估的契合性

美国审计署(1990)曾提出案例研究的四种用途:第一种是最常见也是最重要的用途,即解释现实生活中一些非常复杂的、以至于用实验法或调查法都无法解释的因果关系。第二种是描述某一种干预及其所处的现实情境。第三种是描述、呈现一些评估活动中的主题。最后一种用途是探索隐含的、复杂多变的因果关系和联系。然而,这四种用途有一个共同的主题,就是在鉴别评估问题中肯定了评估者是具有决定作用的角色。在政策评估中,案例研究既不只是资料收集,也不仅限于设计研究方案本身,而是一种运用历史资料、档案材料、访谈、观察等方法收集数据并运用可靠技术对政策或项目进行分析和评价的方法。案例研究方法以一种近距离的方式深入政策的真实情境中,与实验法、准实验法等其他的评估方法比较,案例研究方法可以充分了解政策的内在情境,包括一些外部社会环境因素对政策产生的作用;可以捕捉政策的复杂性,发现一些随时发生的有关变化。

古巴和林肯指出,在以下三个方面,案例研究方法符合建构主义范式的信念。

第一,案例研究方法反映了建构主义的哲学内涵。在本体论方面,案例研究尊重多种现实,展示客观现象和客观的观点,避免归纳和因果关系的陈述或暗示。从认识论上说,案例研究清晰地识别价值观,展示主观性、呈现多元价值观。在方法论方面,案例研究是通过解释学、辩证法详述、收集和解释信息的整个过程。

第二,案例研究反映话语模式的转变,使其适合于建构主义范式。体现在:案例研究从讲述"事物的实际情况"到通过一个或多个一致建构的现实进行意义创造;从一般性到局部的理解;从知识的积累到语境意义的生成;从评估者到所有参与评估的人员共同参与重建一个"现实"。

第三,建构主义评估的报告最有效的形式是案例研究(尤其是个案研究)。文本和数字是评估调查报告的典型形式。而案例研究作为通过解释学、辩证法话语形成多重建构的现实呈现,可以包含多种多样的文本和数字形式。案例研究对建构主义评估者而言,可能是保持建构主义者道德责任的唯一形式。也就是说,当评估中遇到共识困境时,案例研究方法使评估者

---

[1]　M. Parlett and D. Hamilton, "Evaluation as Illumination: A New Approach to the Study of Innovatory Programs", in G. Glass (ed.), *Evaluation Review Studies Annual* (Vol. 1). (Beverly Hills: Sage Publicatons, 1972), pp.140-157.

能够充分识别不同的声音,加深对利益相关者的理解。[①]

(二)政策评估中使用案例研究方法的情形与特征

1.政策评估中使用案例研究方法的情形

(1)案例研究方法侧重于政策或项目。由于案例研究具有捕捉复杂性和多变性因素的特征,因而是对政策或项目实施过程进行评估的常规方法。借助项目实施期间的田野工作,案例研究方法可以追溯到项目的实施过程。案例研究方法从揭示项目的复杂性开始,关注包括实施项目的个人、团体或组织在内的分析单位,然后围绕实施过程中"如何"与"为什么"这类问题展开调查和解释,深入了解政策或项目的潜在优势。一个重大政策或项目的实施可能历时较久,但在此期间跟踪政策或项目可以提供有效的形成性反馈,为后续的评估研究做好铺垫。

(2)案例研究方法侧重于结果。案例研究方法重点关注政策或项目假定的结果,例如,在确定某个公共机构服务绩效评估指标和措施时,案例研究方法的任务就是公开所有的结果。[②] 除了揭示结果、收集数据、诠释假设以外,案例研究还对结果进行解释。殷在一项教育评估中发现父母不会充分协助子女在家中完成任务这一结果,一种解释是因工作、家务繁忙导致分配给帮助子女完成任务的时间和精力不足。然而,这种解释还不足以说明真正的问题。而通过案例研究可以发现另一种解释,这种解释正是基于家庭外部的情境——田野调查的结果得出的。可见,在研究结果确定后,案例研究对结果的评估也是非常有用的。[③]

(3)案例研究方法侧重于政策与结果之间的联系。案例研究方法还可用于解释政策与结果之间的联系。[④] 在这方面,案例研究方法的作用与实验设计相反。实验法是对项目的有效性进行因果干预,这种干预本身就带有人为的控制和可操作空间,因而实验法本身不能解释项目产生结果的过

① Y. S. Lincoln and E. G. Guba, *The Constructivist Credo* (San Francisco: Left Coast Press, 2013), pp. 43-82.

② J. Wholey, *Evaluation: Performance and Promise* (Washington D. C.: The Urban Institute, 1979), pp. 131-132.

③ R. K. Yin, *Qualitative Research from Start to Finish* (New York: Guilford Press, 2011), pp. 188-192.

④ R. Shavelson and L. Towne (eds.), *Scientific Research in Education* (Washington D. C.: National Academies Press, 2002), pp. 99-110.

程或机制[1]，而案例研究方法可以弥补这一不足。

2. 案例研究方法作为一种评估方法所具有的特征

一些学者指出了案例研究用于评估时所具有的一些特征，概括如下。

其一，案例研究的一个显著特点是对案例的深入的、不干涉的测试，以及发布一份有说服力的、启发性的报告，其具有"不干涉性"（即任何情况下评估人员都不能操控项目或者项目的组成部分）的本质。

其二，如果要介绍一个政策及其情境的复杂性，案例研究方法需要依靠多种资料来源，例如访谈、文件、田野调查、档案记录、参与式观察和实物。案例研究方法将这些多种来源的资料进行三角化转换，以便确认、证实评估发现。

其三，多样化证据包括量化或质性数据，也可以采用实证主义、解释学、相对主义的视角。例如，在案例研究方法的量化部分，呈现一种实证主义的取向，可以是评估者关于研究案例的问题和解释；与此相反的是在质性部分，呈现一种解释学或相对主义的取向，可以是参与者的多种视角和价值观。

其四，一个关于案例的初步的、试探性的理论有助于案例研究方法。初始理论可以是描述性的或者解释性的。在解释性的理论中，案例研究方法应明确将竞争性解释作为研究设计和资料收集过程中的重要组成部分。

（三）运用案例研究进行评估的一般流程

案例研究在于解释现象中的变量关系"是什么"和"怎么样"，而不是回答"应该是什么"这样的问题。这要求在政策评估中，评估者对某一政策所涉及的事件、变量关系发生的方式进行深入的参与和研究。无论是何种案例研究方法，都基于一般的流程来进行。殷对案例研究方法的设计和应用的研究做出了重要的贡献，他将案例研究方法的一般流程呈现为一个非线性的、反复的过程，如图 4-3 所示。以下对案例研究方法的一般步骤和主要技术进行梳理和介绍。

1. 计划

案例研究方法的第一步需要明确是否要采用这种方法。通过对比其他研究方法，辨别案例研究方法的使用情境。一般而言，这三种情形适合采用案例研究：第一，回答"怎么样""为什么"这一类的研究问题；第二，研究者无

---

[1]　L. Bickman and D. J. Rog (eds.), *The Sage Handbook of Applied Research Methods* (2nd ed.) (Thousand Oaks: Sage Publications, 2009).

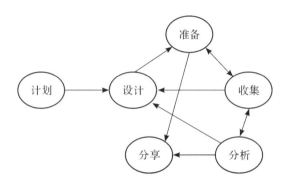

图 4-3　案例研究方法的一般流程

法控制研究对象;第三,以当前的现实或现象为研究重点。

2. 设计

在确定采用案例研究方法进行评估以后,就要对案例研究进行设计。这需要明确研究设计包含的要素。研究设计通常包括五个要素:研究问题、理论假设、分析单位、连接数据与假设的逻辑、解释研究结果的标准,在案例研究的"设计"这一环节也是围绕这五个要素展开的。首先,界定分析单位,确定要研究的案例。分析单位可以是个人、群体、组织、社区、实体或是计划等。而选择的案例可以是自然的、不完全的,倾向于归纳。其次,确立理论、假设和相关问题,指导案例研究、归纳结论。再次,设计案例研究(根据案例研究的类型)。基于不同的分类标准,案例研究方法可以分为三类:按案例个数划分,分为单案例研究和多案例研究;按研究目的划分,分为描述性案例研究、解释性案例研究和探索性案例研究;按分析单位划分,分为整体性案例研究和嵌入性案例研究。其中,常见的单案例研究是对一个被广为接收的理论进行批驳或检验;对某一极端案例或独一无二的案例进行分析;用于研究有代表性的、典型的案例。当研究者有机会去观察和分析先前无法进行的现象时,宜采用单案例研究,也可以说是启示性案例研究。在多案例研究中,遵循"复制"的原则,而非统计学分析中的"抽样"原则。"复制"又分为两种情况:逐项复制(用第一个案例的分析方法来分析以后的案例,通过复制产生相同的结果)和差别复制(用第一个案例的分析方法来分析以后的案例,由于可预知的原因而产生与前一个案例不同的结果)。最后,依据四个标准对设计进行检验,保证案例研究的质量。这四个标准分别是:建构效度(一套正确的、具有可操作性的概念研究指标体系)、内在效度(证明某一特定条件将引起另一特定条件的结果,仅用于解释性案例研究,不能用于描述性、探索性案例研究)、外在效度(把研究结果归纳为一个范畴内)、信度

（案例研究过程和结果的可重复性）。^① 案例研究方法的设计环节如表 4-5
所示。

表 4-5　案例研究方法的设计环节

五要素	内容
研究问题	怎么样、为什么
理论假设	不一定提出研究假设
分析单位	人、实体或事件等
连接数据与假设的逻辑	数据分析
解释研究结果的标准	研究的信度和效度

3. 准备

案例研究可以说是非常难实施的研究方法之一，因其至今尚未形成一
套常规的流程和体系。案例研究方法的准备工作，关键在于发挥案例研究
者的作用以及如何使其发挥作用。就提高研究者个人的技能而言，可以让
案例研究者接受专门的训练。训练内容包括拟定案例研究草案、筛选候选
的案例以及开展试验性研究。在这些过程中，存在诸多不确定的因素，因此
要求案例研究者还应具备应对不确定因素的能力和特质，比如，提高对环境
的适应性、对突发事件的应变能力、识别和避免偏见的能力等。为了进一步
提高案例研究的质量，研究者还应该接受强化训练。

4. 收集

文件、档案记录、访谈、直接观察、参与式观察和实物证据是案例研究的
六种证据来源。这六种证据是基于不同的资料收集过程获取的。收集这六
种证据要把握好四种原则，这对案例研究的资料收集非常重要。一是从多
种渠道获得资料，并融汇到一组结果中；二是不同形式的资料最终形成到案
例研究的资料库中；三是对证据链保持敏感性；四是谨慎使用如媒体这类的
电子数据资源。其中，案例研究特别强调将大量的时间和注意力用于调查
和访谈。访谈是案例研究最常见，也是最重要的信息来源之一，访谈有时也
称为"强化访谈""深度访谈"或"非结构访谈"。^② 通过对受访者的访谈，为

① M. Gibbert, W. Ruigork and B. Wicki, "What Passes as A Rigorous Case Study?", *Strategic Management Journal* 29（2008）:1465-1474.

② R. S. Weiss, *Learning from Strangers : The art and Method of Qualitative Interview Studies* (New York: The Free Press, 1994), pp. 207-208.

案例研究提供一些有价值、有意义的见解,有助于案例研究者了解某一情景,从而获得重要的案例研究信息和资料。案例研究可以获取大量的资料,因此不宜只采用单一渠道收集和使用资料,应该灵活调整、组合不同来源的资料收集方法,并且运用多种策略搜集证据,相互印证,形成"证据三角形"①,最终要指向同一种结论或结果,这种结论或结果的说服力和解释力通过三角互证更加充分和准确。

5. 分析

通过三个环节进行数据分析:第一个环节是通过检查、分类、制表、检验或合并等方式展示资料、整理数据。第二个环节是采用数据分析的策略。基本策略是遵循案例研究的理论假设、进行案例描述、确立与检验竞争性解释。第三个环节是灵活运用以下五种数据分析技术:模式匹配、建构性解释、时序分析、逻辑模型和跨案例聚类分析。在实践中,这五种技术是需要根据案例的实际情景调整适配的,并没有固定的执行步骤,但确实可以提高案例研究的分析质量。

6. 分享

最终,案例研究以书面或口头报告的形式来展现和分享,这意味着研究结论和研究发现可以公开。案例研究报告能够有效体现案例研究的价值,在形成案例研究的书面或口头报告的过程中有一些注意事项:在分享对象上,需要界定读者,采用书面还是口头报告。在撰写进度上,建议根据已有的资料尽早动笔,及时记录,不必等收集完所有证据后才开始撰写工作。在格式方面,建议采用线性分析、比较、时间顺序、"悬念式"及混合结构。另外,要对案例研究报告进行必要的审阅和修改,以期进一步提高案例研究的质量。

从上述案例研究方法的一般流程来看,还有很多规范层面的问题需要评估者秉持谨慎的态度去加以解决。总的来说,在政策评估中,当面对一些未知的、复杂的情景和关系时,如果没有足够的经验和理论积累时,案例研究是一个行之有效的方法。

三、无目标评估方法

自从拉尔夫·泰勒在 20 世纪 40 年代发展基于目标的评估方法以来,

---

① L. Yardley,"Demonstrating Validity in Qualitative Psychology", in J. A. Smith(ed.), *Qualitative Psychology: A Practical Guide to Research Method*(Los Angeles: Sage Publications,2009), pp. 235-251.

基于目标的评估(GBE)一直是评估实践的主要方法。① 在这种方法中,评估者的作用仅仅是测试项目的绩效是否达到明确的目标。一些学者认为这种方法范式隐含地避免了对项目产生全部影响的观察②,而有些影响,即便是负面的,也可能对项目本身有促进的价值。直到斯克里文开创"无目标评估"之前,都没有基于目标评估的替代方案。到了20世纪60年代中期,诸如克朗巴赫(Lee J. Cronbach)、斯克里文和斯泰克之类的一些评估学者开始推动评估活动超越简单的目标达成模式。他们描述了与预先设定的目标和目的相关的一些局限,并认为对目标达成的评估只是评估过程的一部分,因为评估者也有责任探索政策或项目的副作用。③

(一)无目标评估的含义与特点

开创者斯克里文认为,无目标评估指评估者有意远离政策的既定的(或隐含的)目标,通过观察和衡量所有的实际结果,并根据政策的正面和负面影响,或者是对消费者的影响来加以判断政策的真实结果和问题所在。其具有如下两个特点。

(1)无目标评估最终是面向消费者的。在无目标评估中,虽然有管理者的风格存在,但力量平衡从管理者转移到了消费者,因为无目标评估者仅仅检查消费者的需求和结果,并根据消费者的实际可观察到的结果来判断项目。在理想情况下,无目标评估是社会正义的工具,因为它迫使评估人员牢记该项目存在的原因是满足消费者的需求。

(2)无目标评估作为一种通用模型,其应用领域也十分广泛,它可以与任何其他评估模型结合使用,只要该模型不指示目标方向即可。它也可以用作独立的评估方法对基于目标的评估进行补充或与之相结合。但在以下两种情况下,不应使用无目标评估:一是当项目无法适应或者涉及的主体不愿意接受评估模型的无目标性质时;二是具有计划目标的经验被评估者认为是"没有目标"时。

① M. C. Alkin, "Comparing Evaluation Points of View", in M. Alkin (ed.), *Evaluation Roots: Tracing Theorists' Views and Influence* (Thousand Oaks: Sage Publications, 2004), pp. 3-11; J. L. Fitzpatrick, J. R. Sanders and B. R. Worthen, *Program Evaluation: Alternative Approaches and Practical Guidelines*(3rd ed.)(Boston: Pearson Education, 2004).

② M. Mark, G. T. Henry and G. Julnes, *Evaluation* (San Francisco: Jossey-Bass, 2004).

③ L. J. Cronbach, "Course Improvement through Evaluation", *Teachers College Record* 64 (1963): 672-683; R. E. Stake, "The Countenance of Educational Evaluation", *Teacher College Record* 68 (1967):523-540.

（二）无目标评估的原则与主要流程

1. 实施无目标评估的原则

无目标评估是确定价值的过程，评估者保持部分或完全独立于项目设计或实施的目标。在实施无目标评估时，应遵循以下四项原则：一是在不参考目标和目的的情况下，确定要检查的相关影响；二是确定在没有目的和目标提示的情况下发生了什么；三是确定发生的事情是否可以从逻辑上归因于项目或干预措施；四是确定影响的积极程度、消极程度或中性程度。可见，无目标评估的第一原则就是避免目标设定，目标导向不仅可能使评估人员受蒙蔽，而且可能严重影响评估的管理人员和其他利益相关者。在无目标评估中，由于评估模型旨在最大限度地提高这种评估的独立性，因此评估者对陈述目标的无知是必不可少的。斯克里文用类比的方法以便观察政策的所有附带效果。从这些原则推断，无目标评估者可以消除基于目标评估的狭隘行为，最终目的是确定可以归因于政策的所有效果。

2. 实施无目标评估的主要流程

指导无目标评估方法操作的清单（见表4-6）说明了实施无目标评估的主要流程。

表4-6　无目标评估方法操作的指导清单

要做的	1.识别并使用掩护者（即确保不将基于目标的信息传达给无目标评估者的中介）
	2.将所有官方报告提交给掩护者，并让掩护者参与整个评估过程，以防止潜在的混合
	3.对所有涉及政策目标的书面材料进行掩藏，之后才将其他书面材料交给评估员
	4.告知所有项目人员无目标的性质和无目标评估的参数，确保他们理解不要传达目标或与目标相关的信息
	5.如果项目人员开始谈论面向目标的信息，则阻止他们
	6.搜索潜在的影响（部分通过需求评估），并将其作为衡量标准的基础
	7.识别并选择合理的工具（即合理且有充分使用理由的工具）来衡量绩效和实际效果
	8.衡量绩效、实际效果和经验，按原样观察项目
	9.将项目效果和体验的实际信息与预先确定的需求进行比较，以评估项目对消费者需求的影响
	10.归纳积极、消极和中性影响的概况

续表

不做的	1.就目标与项目人员沟通
	2.试图找到明确的目标

资料来源:改编自 Brandon W. Youker, "Goal-Free Evaluation: A Potential Model for the Evaluation of Social Work Programs", *Social Work Research* 37, no. 4(2013): 437.

在实施无目标评估时,对以下事项要予以特别注意。

(1)无目标评估的掩护人员的指定。无目标评估的方法要求应由公正的人充当掩护者(即未分配给无目标评估设计和数据收集的人),例如行政助理、第三方或评估客户。[1] 因此,首要任务之一是让无目标评估人员和评估客户指定一个或多个掩护人员。在评估的早期阶段协助无目标评估者的个人,是评估者和偏见来源之间的关键缓冲,而无目标评估者则试图采用调查的策略来发现不实际的影响。[2] 掩护人员的作用是与评估客户围绕政策进行初次会面,以忽略所有目标导向的公报和文件。但是,掩护人员的存在不能使过程变得万无一失。无目标评估人员可能会在评估的早期就确定该政策更为明显的一般目的,或者评估者可能会通过合作组织来推断该政策的总体任务或目标。根据斯克里文的说法,这两种情况都不会严重威胁评估的无目标特性,因为该政策明确指出的目的和目标并不那么了然于众。此外,即使在有人不经意间告诉评估者政策目标的情况下,评估者也不一定会相信它。在整个评估过程中,评估的无目标性可能会受到威胁,有些威胁要严重得多。值得牢记的是,无目标评估的目的是将注意力从目标上移开,以便评估人员识别出是不是既定的目标。通过多重掩护,培训评估人员和政策的相关者进行评估前的准备,将评估人员与目标隔离。

(2)进行无目标评估有两个必须解决的问题。第一个问题是基于如何向客户和利益相关者解释这种鲜为人知的、有时是有争议的评估方法;第二个问题涉及评估者。首先,所有评估都需要寻求该政策的利益相关者的认同,然而,无目标评估的稀有性、其方法的独特性以及对政策既定目标的无视,意味着需要更多的预评估时间和精力来解释无目标评估的理论和方法学,以及协调诸如掩护之类的方法学要求。其次,无目标评估者经常面临两

---

[1] B. W. Youker, "Ethnographyand Evaluation: Their Relationship and Three Anthropological Models of Evaluation", *Journal of MultiDisciplinary Evaluation* 2, no. 3 (2005): 113-132.

[2] J. W. Evers, "A Field Study of Goal-based and Goal-free Evaluation Techniques" (unpublished doctoral dissertation), Western Michigan University, Kalamazoo, 1980, p. 40.

个明显的问题:应该收集什么数据? 应该重视什么? 斯克里文对这些问题的回答是进行需求评估,以调查该项目顾客的需求,然后将这些相关需求与对该项目当前和过去的绩效进行衡量和观察的比较,以达到这些目标。换句话说,对于斯克里文而言,评估者应该重视顾客需求的满足。在无目标评估和综合阶段,斯克里文都根据项目能满足"需求"的程度来证明自己的观点。需求是指社会和个人假定的成本,通过需求评估来确定。尽管沙迪什等人对他的观点进行了质疑,认为斯克里文提出的需求评估如果不能直接反映利益相关者的意见,就会妨碍评估结果在决策中的潜在使用。[①] 但斯克里文对此毫不在意,坚持认为只要确定"真相"即可。然而在实践中,一些无目标评估者绕过了需求评估。

简要评析

自 20 世纪 60 年代末以来,在斯克里文、斯泰克、艾斯纳、古巴、林肯等学者的推动下,逐渐形成了建构主义政策评估理论流派。这一流派以"建构主义哲学"为基础,重视评估者和利益相关者的价值并承认他们的价值对于评估过程和结果有着重要影响,强调利益相关者在评估中的地位,主张运用定性的方法,获得政策或项目多方面的信息,揭示深度事实和复杂细节,提供对政策或项目结果的更好的理解和洞察。他们先后开发出了消费者导向评估、无目标评估、案例研究、鉴识评估、回应性评估和"第四代评估"等模型或方法。

建构主义政策评估推动了西方政策评估理论与方法的发展。首先,建构主义政策评估开创了一条基于"价值"的路径。他们坚持"没有价值判断就没有评估"的理念,重视评估者和利益相关者的价值并承认他们的价值对于评估过程和结果有着重要影响,可以说是对后实证主义偏执的"价值中立"的一种矫正。其次,它为政策评估提供了一种更加开放、民主的视角。相对于以往评估中评估主体和评估标准单一、沟通欠缺等不足,建构主义政策评估要求扩大评估参与主体,对利益相关者进行赋权,并充分听取各种意见和建议,推动政策与项目评估的民主化进程。最后,主张运用定性的方法获得政策或项目多方面的信息,考量了人的行为、社会和其他文化因素,捕

---

① W. Shadish, T. Cook and L. Leviton, *Foundations of Program Evaluation*: *Theories of Practice* (Newbury Park: Sage Publications, 1991).

捉到政策或项目的内在复杂性,提供了更全面、更具洞察力的理解,因此也提高了评估的实用性。

但是也要看到,建构主义政策评估仍然存在一些局限性。第一,从操作角度来看其还存在一些困难和障碍。例如对利益相关者的授权存在困难,虽然建构主义评估主张尊重并尽可能让利益相关者参与到评估中并赋予其权力和平等地位,但是目前在利益相关者的授权上也缺少具体的操作性指导措施,利益相关者是否能够很好地使用被赋予的评估权力? 是否愿意积极地参与到政策评估中? 如何使被授权的利益相关者在评估中贡献他们的知识和观点? 这些问题在评估实践中存在较大的操作难度。又如评估者角色转变的困难,建构主义评估要求评估者放弃对评估过程的部分控制,扮演协调者、解释者、教育者、促进者、苏格拉底式的指导者等角色,这种转变和新角色的扮演需要足够的能力和技巧。第二,虽然建构主义评估可以提供有关政策效果的更多的深度事实和复杂细节,提供更具洞察力的理解,但是相对于后实证主义评估,其评估的精确性显得颇为不足。第三,其如同后实证主义评估一样,亦没有重视评估结果的使用,即对评估结果是否被用来改进决策缺乏关注。这些局限都需要未来进行进一步的研究和解决。

第五章 实用主义政策评估理论及其方法

20 世纪 60 年代初期出现的后实证主义政策评估理论和 20 世纪 60 年代末期出现的建构主义政策评估理论奠定了政策评估的理论基础和方法基础,为如何"做评估"做出了重要的贡献。但两者都存在一个重要的缺陷,即忽视了评估结果的应用。评估的最终结果并不只是完成评估报告,还要关注评估的结果是否得到应用,是否被用来改进决策。正如韦斯指出的那样:"评估的基本原理是,它为行动提供信息。它的主要理由是它有助于决策的合理化,除非在作出政策决策时评估获得了认真的听证,否则它的主要目的就失败了。"①如果评估结果被"束之高阁",那么评估便是没有价值的。为了改变以前的研究对"评估使用"的忽视,自 20 世纪 70 年代初开始,一些学者陆续开展了对评估使用的研究,积累了大量的成果,逐渐形成了实用主义政策评估流派。本章将对实用主义政策评估的含义、哲学基础、理论发展脉络、重要理论成果及其主要的模型或方法进行梳理。

第一节 实用主义政策评估的含义与哲学基础

一、实用主义政策评估的含义

由于实用主义政策评估关注的核心问题是"评估使用",因此,首先有必

---

① C. H. Weiss, "Utilization of Evaluation: Toward Comparative Study", in C. H. Weiss (ed.), *Evaluating Action Programs: Readings in Social Action and Education* (Boston: Allyn and Bacon, 1972), pp. 318-326.

要厘清"评估使用"的含义。

（一）评估使用的含义

虽然自 20 世纪 70 年代初开始便出现了评估使用（Evaluation Use）这一术语，但长期以来都没有对该术语进行正式定义。为了弥补这一不足，阿尔金等采用了一种改编的古特曼—映射句子的形式对"评估使用"进行了界定①，如图 5-1 所示。这一形式包含了五个矩阵，分别代表评估使用内涵的五个要点。

1. 刺激

第一个矩阵考虑导致潜在使用的刺激。使用的刺激可能来自评估结果或评估过程。评估结果是某种类型的报告（如中期报告、最终报告、口头报告、书面报告等）中提供的总结性评估信息，但刺激也可能由评估过程中所获得的信息或理解所构成。

2. 使用者

第二个矩阵涉及"谁考虑使用"，表明谁对刺激做出反应。各种潜在的利益相关者可以检视结果或过程信息。最重要的是感兴趣的主要用户，他们是与项目最密切相关的利益相关者，他们有可能在信息的基础上做出决定。除了主要用户之外，其他本地项目用户也可能处于影响决策、行动或理解的位置，例如负责项目实施的其他人员，这些个体可被称为"其他本地用户"。除了这些个人或团体之外，还有其他潜在的评估信息或过程的使用者，例如围绕这个项目的更大的组织、那些可能资助或支持该项目的机构的员工以及整个社区或社区中可能了解并对该项目感兴趣的群体以及项目的委托人。所有这些个体都有可能对评估刺激做出反应。还可以依据参与程度对上述利益相关者进行区分，例如可以将他们区分为"高度参与者""中度参与者"和"边缘参与者"。他们可能影响潜在使用的程度和方式决定了他们作为这一定义的一部分所包含的程度。

3. 影响的类型

在第三个矩阵中，提出了评估可能影响项目的三种方式：作为一种主导影响、作为特定时间的多个影响之一和作为随时间变化的多个影响之一。第一种方式，任何类型的结果或过程的评估信息都可能对潜在的行为或理

---

① Marvin C. Alkin and Jean A. King, "Definitions of Evaluation Use and Misuse, Evaluation Influence, and Factors Affecting Use", *American Journal of Evaluation* 38, no. 3 (2017): 434-450.

解产生主导影响,最明显的例子就是明确的工具使用。例如,当最终的报告包括了建议而且潜在用户特别考虑这些建议之时,就可能产生主导的影响。然而,在实践中,在大多数情况下,将评估信息作为对项目决策或其他使用的唯一的输入的理想化观点是不可取的,因为人们并不是生活在一个除了评估之外没有任何刺激的世界里,此时评估信息只是特定时间的多个影响之一,这是第二种方式。因此,决策者可以将评估信息与其他非评估输入(如项目成本或学区资源)一起使用。第三种方式是评估可能是多种的、累积的影响之一。例如,已经存在某个报告,而评估证实了先前报告的结论,因此为利益相关者采取行动提供了更充实的基础。

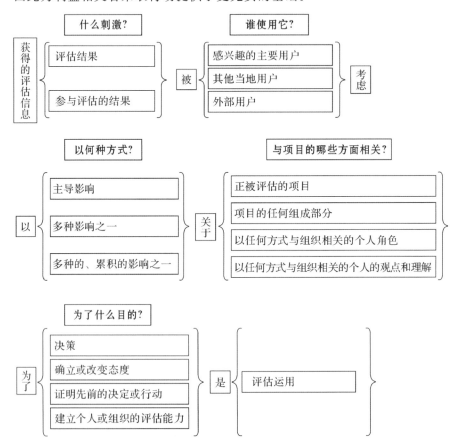

图 5-1 运用改编的古特曼—映射句子形式定义评估使用

资料来源:Marvin C. Alkin and Jean A. King,"Definitions of Evaluation Use and Misuse,Evaluation Influence,and Factors Affecting Use",*American Journal of Evaluation* 38,no.3(2017):438.

4. 对项目产生影响的层面

如第四个矩阵所示,潜在用户考虑的信息可能与作为整体实体的项目、项目的任何组成部分、负责项目的个人的功能、与项目中工作职责相关的个人的功能有关。前两个层面可以在下面的问题中描述:项目是否有效? 是否有一些活动不是按预期运作或者没有取得适当的短期成果? 第三个和第四个层面是指具有一定能力影响项目运作的人员,包括任何与项目直接相关的人员(例如调整项目活动的工作人员)或任何与项目间接相关的人员(例如能够影响项目的有影响力的社区成员)。

5. 目的

最后,第五个矩阵说明了评估使用的目的。评估信息及其潜在用途可能与几个不同的行动有关。因此,人们可以以不同的方式使用评估信息:(1)决策;(2)形成或改变态度;(3)证实以前的决策或行动;(4)建立个人或组织的评估能力。将评估信息用于决策是一个常见的目的,例如将评估信息用于修正、调整、创设政策或项目等。在决策已经作出、不需要再作相关决策时,人们也可以使用评估信息来改变对项目的态度或舆论氛围。再者,人们也在一些情况下将评估信息用来证明以前所作决策的合理性和科学性。第四个目的——既可以适用于个人也可以适用于整个组织——与开展和使用评估过程和结果的能力的发展有关。

归纳来看,评估使用可以定义为各种潜在用户对来自评估结果或其过程的信息加以适当运用,以作出决策、改变态度、证实以前的决策或行动,或者建立个人或组织的评估能力。当然,以上改编的古特曼—映射句子形式的定义还强调了每种使用情况的独特性和特定于背景的性质,例如,这种使用——由于某种评估结果信息会对项目的组成部分产生主要影响,项目管理者根据这一评估结果信息作出调整这一项目组成部分的决策——便具有其独特性和特定的背景。

(二)实用主义政策评估的含义

对于实用主义政策评估,学者们对其也有不同的称谓。阿尔金在其"评估树"中,将其称为"评估使用分支",斯塔弗尔比姆将其称为"决策和问责导向型评估"。由于该流派以"实用主义范式"为基础或具有明显的"实用主义"色彩[1],因此本书将其称为"实用主义政策评估"(Pragmatic

---

[1]　Donna M. Mertens and Amy T. Wilson, *Program Evaluation Theory and Practice*: *A Comprehensive Guide* (2nd ed.) (Guilford: The Guilford Press, 2019).

Evaluation），其基本含义为：以实用主义哲学为基础，以评估结果的使用为目的，提倡使用混合方法，促进各种潜在用户特别是决策者对评估信息的有效运用。

二、实用主义政策评估的哲学基础

实用主义哲学的历史始于 19 世纪下半叶，詹姆斯（William James）、杜威（John Dewey）、米德（George Herbert Mead）和本特利（Arthur F. Bentley）等为其发展做出了重大贡献。他们拒绝了通过使用科学方法可以发现"真相"的说法，其本体论假设类似于建构主义范式的本体论假设。新实用主义出现在 1960 年左右，至今仍在发展。著名新实用主义哲学家包括 A. 卡普兰（Abraham Kaplan）、罗蒂（Richard Rorty）和韦斯特（Cornel West），他们通过强调常识和实践思维，使他们与早期的实用主义者相区别。

无论早期实用主义还是新实用主义，其根本纲领都是把确定信念作为出发点，把采取行动当作主要手段，把获得实际效果当作最高目的。实用主义的英文原名是 Pragmatism，源出希腊文 $\pi\rho\alpha\nu\mu\alpha$，意思是行为、行动。而实用主义者对行为、行动进行解释，关注行动是否能带来某种实际的效果，也就是关注直接的效用、利益，有用即真理，无用即谬误。实用主义的特点在于：把实证主义功利化，强调生活、行动和效果，把经验和实在归结为行动的效果，把知识归结为行动的工具，把真理归结为有用、效用或行动的成功。实用主义的要义体现在以下这一观点中：认识的任务是认识行动的效果，从而为行动提供信念。评估使用理论家采用了实用主义的理念，因为这反映了他们工作背后的假设。在他们看来，评估是一种实用的工艺，评估的使用就是追求评估的效用——在给定时间、给定背景中得到使用的潜力，评估的存在理由就是它能为更好的项目运作做出贡献。以下仍然从本体论、认识论、方法论和价值论四个方面来具体梳理实用主义政策评估的哲学基础。

（一）本体论

实用主义政策评估者避免花费大量时间来争论真理和现实等形而上学的术语。他们通过解释评估的价值、基于结果对正在研究的问题"起作用"的证据来证明他们的立场是合理的，而不是基于他们是否发现了"真相"。因此，实用主义政策评估者不会宣称他们会发现真相；相反，他们专注于相信某件事情起到的作用。

（二）认识论

与假设一个独立的、中立的观察者将收集客观的、无偏见的数据的后实证主义研究者不同，实用主义政策评估者"可以自由地研究预期用户感兴趣的、对预期用户有价值的东西，以预期用户认为合适的不同方式研究它，并以在预期用户的价值体系中产生积极的后果的方式利用结果"[1]。评估者与利益相关者之间的关系的适当性取决于该关系如何实现评估的目的。如果评估的目的是获得被使用的评估的结果，那么这将决定评估者与利益相关者的关系的性质。[2]

（三）方法论

实用主义方法论的根本原则是一切以效果、功用为标准，判别事物的意义和价值是看其在实际应用中可感觉的效果。基于此，实用主义政策评估者的基本方法论假设是方法应该与评估的目的相匹配[3]，评估者对方法的选择应基于对特定利益相关者群体、特定背景的特定研究的适合性。通常选择的方法是混合方法。以往的后实证主义评估和建构主义评估都秉持一种冲突性假设，即认为评估者要么必须选择定量方法，要么必须选择定性方法。实用主义评估者则不同，他们绕过了这种二分法的思维方式，将混合方法视为解决冲突性假设问题的一种方式。[4]

（四）价值论

早期的实用主义者强调将关怀的伦理作为他们的价值论假设。然而，当代实用主义者的伦理假设与功利主义伦理学理论更为一致，后者认为某事物的价值是其后果的函数。摩根将实用主义的伦理立场描述为在追求理

---

[1]　A. Tashakkori and C. Teddlie, "Mixed Methodology: Combining Qualitative and Quantitative Approaches", *Applied Social Research Methods* 46 (1988): 3-50.

[2]　Donna M. Mertens and Amy T. Wilson, *Program Evaluation Theory and Practice: A Comprehensive Guide* (2nd ed.) (Guilford: The Guilford Press, 2019).

[3]　M. Q. Patton, *Utilization-focused Evaluation* (4th ed.) (Los Angeles: Sage Publications, 2008).

[4]　Donna M. Mertens and Amy T. Wilson, *Program Evaluation Theory and Practice: A Comprehensive Guide* (2nd ed.) (Gurlford: The Guilford Press, 2019).

想目的时获得知识。① 他们把行为的实际效用作为善恶标准，把利益看作是道德选择的唯一根据，把道德看作是应付环境的工具的道德理论。善的本质就是简单地满足要求，恶就是被否定的善，价值判断是关于行动、事实、事件能否满足愿望、需要、兴趣的预言或假说。实用主义政策评估不是为了评估而进行评估，而是将评估的价值看作是如何使用评估以及使用的结果。

"效用"价值观已经成为实用主义评估者思考评估的方式的一部分，许多专业文献都不断强调"效用"价值观。《项目评估标准》②、美国评估协会（2018A）关于评估者能力的草案③以及美国评估协会（2018B）对评估者指导原则的修订④都将"效用"价值观置于非常重要的地位。

首先，《项目评估标准》将效用放在最初四个领域中的首位。该标准最初于 1981 年发布，并于 1994 年和 2011 年修订。该标准认为，效用指的是可能使用的程度，描述了"何时以及如何创建评估价值，例如，当评估有助于利益相关者的学习，为决策提供信息、增进理解、导致改进或提供信息以进行责任判断时"⑤。当对第三版进行修订的联合委员会对将准确度作为主导领域之重新排序进行争论时，斯塔弗尔比姆慷慨激昂地表达了他的意见："新的标准类别的排序是不合逻辑的，并与项目评估标准的历史缘由和主流评估思想及文献中的理论立场截然相反……标准类别的重新排序忽略了对标准类别的最初排序的历史事实，如实用性、可行性、适当性和准确性……考虑到可用于评估的资源的稀缺性，仅当这些资源将被使用时，评估才应该进行。"⑥虽然经过相当多的争论，但效用仍然是首要领域。

其次，美国评估协会关于评估者能力的所有五个领域（专业实践、方法、背景、规划和管理以及人际关系）也都突出了评估使用在评估实践中的作

---

① D. L. Morgan, "Paradigms Lost and Pragmatism Regained: Methodological Implications of Combining Qualitative and Quantitative Methods", *Journal of Mixed Methods Research*, no. 1 (2007): 48-76.

② D. Yarbrough, L. Shulha, R. Hopson and F. A. Caruthers, *The Program Evaluation Standards* (3rd ed.) (Thousand Oaks: Sage Publications, 2011).

③ American Evaluation Association. *American Evaluation Association Evaluator Competencies* (Washington D. C.: Author), retrieved from www. eval. org.

④ American Evaluation Association. *American Evaluation Association Draft Revision of Guiding Principles for Evaluators* (Washington D. C.: Author), retrieved from www. eval. org.

⑤ D. Yarbrough, L. Shulha, R. Hopson and F. A. Caruthers, *The Program Evaluation Standards* (3rd ed.) (Thousand Oaks: Sage Publications, 2011).

⑥ D. L. Stufflebeam, *Program Evaluations Summary Metaevaluation Checklist*, 2012, retrieved from http://pdf. usaid. gov/pdf_docs/pnady791. pdf.

用,表明"效用"价值观在良好评估实践中的地位,如表 5-1 所示。

表 5-1　美国评估协会评估者能力草案中的使用能力

领域	编号	能力
专业实践	1.12	促进评估及其结果的使用和影响
方法	2.15	针对使用阐述基于证据的判断和建议
背景	3.10	关注背景中评估的使用和影响
规划与管理	4.5	为评估使用和影响作出规划
人际关系	5.2	为了专业实践和评估使用重视和培养建设性的人际关系

　　最后,美国评估协会新修订的评估者指导原则也明确指出,评估者应努力为共同利益和促进一个公平公正的社会做出贡献,并特别强调了与潜在使用或更有可能避免滥用有关的活动:"E3.识别并努力解决评估可能加剧历史劣势或不公平的风险;E5.减轻评估背景可能导致的偏见和潜在的权力不平衡。"[①]这些修订的指导原则表明,评估者应关注使用或可能导致社会公正方面的负面后果的评价滥用。

　　当然,实用主义政策评估理论除了将"效用"作为其价值论假设之外,它也遵守所有评估人员都遵守的一般道德准则。综上所述,对实用主义政策评估的哲学基础进行如下归纳,如表 5-2 所示。

表 5-2　实用主义政策评估的哲学基础

描述	价值论假设	本体论假设	认识论假设	方法论假设
各种潜在用户对来自评估结果或其过程的信息加以适当运用,以作出决策、改变态度、证实以前的决策或行动,或者培养个人或组织的评估能力	追求评估的实际效用,在追求期望目标的过程中获得知识,其受评估者的价值观和政治的影响,并遵守一般评估道德准则	存在单一的现实,所有人对现实都有自己独特的解释	评估中的关系取决于评估者认为何种关系适合该特定研究	将方法与特定问题和研究目的相匹配;当评估者在各种方法之间来回地使用时,可以使用混合方法

① American Evaluation Association. *American Evaluation Association Draft Revision of Guiding Principles for Evaluators* (Washington D. C.：Author,2018), retrieved from www. eval. org.

第二节　实用主义政策评估的产生与发展

为了对实用主义政策评估理论有更全面的理解,在明晰了其哲学基础之后,需要进一步厘清实用主义政策评估理论的产生、发展历程及其理论成果。不同于后实证主义评估和建构主义评估,实用主义政策评估除了在评估模型和方法方面取得一系列成果外,还在评估使用形式、影响评估使用的因素等方面进行了大量研究。因此,本节在梳理实用主义评估理论的产生背景后,从三个主题(评估使用理论模型或方法、评估使用类型研究和评估使用的影响因素)梳理其发展历程和重要的理论成果。

一、实用主义政策评估产生的背景

(一)现实背景

从现实上来说,实用主义评估的产生与 20 世纪 70 年代评估缺乏使用的状况以及当时的政治、管理推动有关,这两方面的原因促使学者们开始关注评估的使用。

首先,从当时的评估实践状况来看,评估很少得到使用。著名评估学者梅尔滕斯回顾了当时的情况:"当我在 20 世纪 70 年代初进入评估领域时,我的工作主要是为美国联邦政府收集数据和撰写报告……我们那个时代的评估者很少花时间思考谁是评估报告的利益相关者;我们普遍认为,如果我们能够撰写一份评估报告并提交给资助人,我们的工作就算完成了。我想,如果我们的报告从未被阅读过,我们大多数人都会感到有点不满意,但我们还是会继续制作报告。"[①]而古巴也指出:"评估工作者或许在自己同行心目中是'纯粹'的科学家,他们通常都不屑于做后续工作,即评估本身的应用研究。种种有关评估利用率的相关文献都证明了后续工作的确很少进行。这一专业不被使用的事实令人震惊:不断有人责备,委托者不认同所推荐的评估之可信性,或者责备评估者不善于有效地'推销'评估产品。"[②]要言之,尽

---

① Donna M. Mertens and Amy T. Wilson, *Program Evaluation Theory and Practice*: *A Comprehensive Guide* (2nd ed.) (Guilford: The Guilford Press, 2019), p. 85.

② [美]埃贡·G. 古巴、伊冯娜·S. 林肯:《第四代评估》,秦霖等译,中国人民大学出版社,2008,第 3 页。

管当时"许多评估报告虽然满足了评估的要求,但被束之高阁,往往被有权对其结果采取行动的人所忽视或漠视"①。

其次,在政治和管理方面,"伟大社会"运动的推行和实施,不仅产生了对评估的需求,也使得一些政治家逐渐意识到需要基于评估来改进相关的项目。一个典型的例子是1965年《中小学教育法》的制定和实施。该法案强调每个因该法案而接受教育资助的学校都要根据标准化测试数据,对指定的项目进行年度评估,以把握每个项目目标的完成情况。不仅如此,参议员罗伯特·肯尼迪和其他人接受了这样一个观点,即作为该法案的一部分,评估的一个重要目的是家长和当地教育工作者利用评估来改进学校的项目。因此,该法案中有一项要求——授权建立由家长、教师和管理人员组成的地方学校委员会。此外,还要求评估人员向这些委员会提交一份报告。因此,项目评估对与该项目有利害关系的各种人都是相关的和潜在有用的。由此,基于评估来改进相关的项目的观念得到了政治上的推动。而到了20世纪70年代末期,由于公共管理中的"新自由主义"或"新公共管理"的出现,这一观念得到了前所未有的强化。在这一时期,西方发达国家政府陆陆续续开始了政府治理变革,他们批判传统官僚制政府的种种弊病,主张放松管制、私有化、合同外包、强调效率和顾客导向。而评估自然成为购买者—提供者模式、顾客导向和结果导向的管理等重要的治理变革的一部分,人们不仅要对政策和项目的效果进行评估,也要将评估作为实现责任、提高客户满意度和优化决策的手段。

(二)理论背景

在20世纪70年代初实用主义政策评估理论产生之前,也存在一些理论和方法探索,其构成了实用主义政策评估的理论渊源。

首先是以往评估理论家的一些零星的思想。例如在1934—1942年开展的"八年研究"中,就开始了对使用的强调,当时的一些评估承认有必要"在评估结果的解释和使用方面为教学和学校官员提供培训"②。1963年,克朗巴赫的论文《课程改进的评估》增强了对评估使用的兴趣。在这篇颇有影响力的文章中,他对项目评估的充分性提出了批评。他认为,评估的适当作用不仅是对课程的有效性做出最终判断,而且还应该提供有助于对正在

---

① Marvin C. Alkin and Jean A. King, "The Historical Development of Evaluation Use", *American Journal of Evaluation* 37, no. 4(2016):568-579.

② [美]斯塔弗尔比姆:《评估模型》,苏锦丽等译,北京大学出版社,2007。

开发的课程进行修正的信息。克朗巴赫认为课程改进是评估活动的适当结果。本质上讲,克朗巴赫的构想突出了评估使用的观念,即评估不仅仅是简单地查看最终的项目结果。出于克朗巴赫作为一个方法学家的声望,这篇论文的影响和刺激是巨大的。[①]

其次是社会科学中的"知识使用"研究。一般而言,社会科学家希望他们的努力能够影响政策制定过程,并最终有助于改善社会功能和人类福利。正如菲茨帕特里克(Jody L. Fitzpatrick)等人所指出的,社会科学家中的大多数"……在机构的需要和个人兴趣的交叉点上进行应用研究,因此,社会科学家研究社会科学学科和机构感兴趣的问题"[②]。自富兰克林·罗斯福时代开始,一些研究便侧重于利用社会科学研究来产生所谓的"知识使用",即如何让社会科学研究引起政府官员或其他利益相关者的注意并对他们的决策产生影响。许多与知识利用相关的思想都对评估使用研究产生了重大影响。例如,N. 卡普兰(N. Caplan)等研究了社会科学知识影响联邦决策过程的方式。他们很早就区分了"硬知识"和"软知识"。前者被认为是基于研究的、通常是定量的并以科学语言表述的知识;后者是基于非研究的、定性的并以非专业语言表达的知识。他们指出,"我们的数据表明,软知识的使用非常广泛,虽然其对政策的影响往往是间接的,但可能比硬知识的影响要大,甚至大得多"[③]。同时,里奇也在研究联邦决策中数据的使用时发现区分行动知识和理解知识是有帮助的,行动知识可以影响决策或解决问题的具体方式,理解知识可以影响决策者的思维。韦斯也提出了"知识启发"的概念,即社会科学知识不是在决策中起着深思熟虑的、可衡量的作用,而是"启发"政策制定者,政策制定者重视那些促使他们以不同方式看待问题、证明自己的改革理念合理、挑战现状并提出变革必要性的研究。此外,知识可能会以更微妙的方式使用,即所谓的"互动"。在这个模型中,知识与决策者的个人见解、经验和交流的信息一起被加以使用。[④] 尽管政策评估不同于政府通常使用的社会科学研究,但社会科学知识利用的研究对于评估使

①　Marvin C. Alkin and Jean A. King, "The Historical Development of Evaluation Use", *American Journal of Evaluation* 37, no. 4(2016):568-579.

②　E. Harris, et al., *From Snark to Park: Lessons Learnt Moving Pervasive Experiences from Indoors to Outdoors* (Australian Computer Society, Inc, 2004).

③　Marvin C. Alkin and Jean A. King, "The Historical Development of Evaluation Use", *American Journal of Evaluation* 37, no. 4(2016):568-579.

④　Marvin C. Alkin and Jean A. King. "The Historical Development of Evaluation Use", *American Journal of Evaluation* 37, no. 4 (2016):568-579.

用理论的发展具有重要意义。

从 20 世纪 70 年代初开始,这两种源流出现了汇集。韦斯的早期工作特别是她的《评估的利用:走向比较研究》[①]一文,极大地影响了人们更直接地关注研究和改进评估使用。这篇论文是一个改变领域的经典,为之后多年关于评估使用的研究议程定下了基调。其后,一些学者陆续投入到政策评估使用的正式研究中,一方面,他们开发了多种多样的评估模型或方法,探索"如何面向使用进行评估";另一方面,他们还探索了评估使用的形式和影响评估使用的因素等理论问题,这些研究推动了实用主义评估理论的发展,使得实用主义评估理论更为丰富和充实。

二、实用主义评估模型的开发

如本书第一章所述,评估理论可被分为规定性理论和描述性理论两种,其中,规定性理论的重点在于规定什么是好的或适当的评估、应该如何进行评估等。自意识到应该开展评估使用的研究后,一些学者便开始探索"如何面向使用进行评估",并结合实践经验提炼出一些"规定性理论模型"。鉴于本章第三节将对一些经典的实用主义评估模型进行详细梳理,故在此仅对实用主义评估模型开发状况进行简要介绍。

阿尔金曾在"评估树"上按如下顺序排列了"使用分支"中的九位理论家:斯塔弗尔比姆、霍利(Joseph Wholey)、切里姆斯基(Eleanor Chelimsky)、阿尔金、帕顿、费特曼(David Fetterman)、普雷斯基尔(Hallie Preskill)、金(Jean King)和库森(J. Bradley Cousins)。他们都分别提出了某种规定性的评估使用模型或者具有重大影响力的观点,都把评估的使用作为评估设计和实施的中心、密切注意环境的动态并与潜在用户建立密切关系,以期促进对评估结果和过程信息的各种各样的使用。其中,斯塔弗尔比姆是最早构架评估模型以促进使用的理论家,帕顿的"以利用为中心"的模型影响巨大。表 5-3 从模型名称、创立的理论家、产生时间、归为实用主义政策评估的原因及其突出特征等方面归纳了这些模型。

---

① C. H. Weiss, "Utilization of Evaluation: Toward Comparative Study", in C. H. Weiss (ed.), *Evaluating Action Programs: Readings in Social Action and Education* (Boston: Allyn and Bacon, 1972), pp. 318-326.

表 5-3 实用主义评估模型

评估模型	理论家	产生时间	归为实用主义评估的原因	突出特征
CIPP 模型 (CIPP Model)	斯塔弗尔比姆	20 世纪 60 年代末期	关注人们为了决策和问责使用评估	1.该模型围绕适用于所有评估环境的四个概念(背景、输入、过程和结果)进行构架。 2.评估的目的不仅是证明,而且是改进
背景敏感评估 (Context-sensitive Evaluation)	阿尔金	20 世纪 60 年代至 70 年代	根据背景确定评估过程,包括评估人员对使用的承诺、与主要用户/利益相关者建立密切关系并培训他们,以促进过程和结果的使用	1.评估者必须系统地寻找特定环境的信息(个人、组织、社区、文化),并利用它们为评估过程提供信息。 2.必须让用户参与到评估过程中。 3.评估人员识别、培训对结果感兴趣和可能使用结果的用户/利益相关者,并与他们建立密切关系
—	切里姆斯基	20 世纪 60 年代至 70 年代	关注评估的目的和形势动态,为在高度政治性环境下的决策者创造可信的信息	1.评估人员必须积极工作,以在充满政治色彩的环境中保持可信度。 2.评估具有三个目的:(1)责任;(2)知识获取;(3)管理/发展影响评估者在特定情况下的角色。 3.对传统智慧提出怀疑和对权力说真话是很重要的
信息的顺序购买 (Sequential Purchase of Information)	霍利	20 世纪 70 年代	设计评估以自始至终地为决策者提供有用的信息	1.这种方法对政府和非政府组织实施的项目的绩效进行回顾性评估。 2.该方法包括可评估性评估、快速反馈评估、绩效衡量体系和影响评估
以利用为中心的评估 (Utilization-focused Evaluation)	帕顿	20 世纪 70 年代	通过自始至终地与主要目标用户建立密切关系,围绕使用构架每一个评估	1.针对特定的预期用途,为特定的主要预期用户以及和他们一起进行评估。 2.评估应根据其效用和实际用途来判断。 3.该方法以情景敏感性和具有积极性、回应性、互动性和适应性的评估者为中心

续表

评估模型	理论家	产生时间	归为实用主义评估的原因	突出特征
互动评估实践 (Interactive Evaluation Practice)	金	20世纪80年代至90年代	有目的地让人们参与到促进评估过程及其使用的互动中	1.评估者应该通过让人们参与评估过程来促进评估的使用。 2.随着时间的推移,关系对于评估使用和评估能力建设都至关重要。 3.参与评估应该是人们的一种学习体验。 4.组织内持续的评估是评估者最终的、也是极其困难的目标
参与式评估 (Participatory Evaluation)	库森	20世纪80年代至90年代	与利益相关者建立密切关系是重视使用和解决不使用问题的一种方式	1.实践参与性评估(致力于地方变革)和变革参与性评估(关注社会公正问题)存在区别。 2.将评估纳入组织的职能是至关重要的。 3.关注对参与式评估的理解以及如何在组织中有效地实施它
学习型组织评估 (Evaluative Inquiry for Learning in Organizations)	普雷斯基尔	20世纪90年代	认为只有当个人、团体和组织从评估中学习时,才应该进行评估	1.在多个层次的学习是评估的主要目的。 2.要积极地让人们参与评估过程,并培养他们随着时间的推移从事评估思维的能力是重要的。 3.评估应嵌入组织的结构和职能中
授权评估 (Empowerment Evaluation)	费特曼	20世纪90年代	让多个参与者参与到将使用整合到评估过程的活动中	1.参与者学习如何像评估者一样思考,即这一过程教会人们评估技能。 2.三个步骤:(1)确立任务;(2)评估现状;(3)规划未来。 3.它的目标是让人们有能力发展和推进自己的项目

资料来源:Jean A. King and Marvin C. Alkin, "The Centrality of Use: Theories of Evaluation Use and Influence and Thoughts on the First 50 Years of Use Research", *American Journal of Evaluation*, no. 40(2018):1-28.

三、评估使用形式研究

(一)相关研究概况

政策评估的信息到底有哪些应用,或者政策评估的信息影响决策的方式到底有哪些？这涉及评估使用的形式问题。自实用主义政策评估产生以来，学者们都很重视这一问题，陆续对评估使用形式开展了研究。例如，帕顿提出了工具性使用(instrumental use)和观念性使用(conceptual use)的概念，工具性使用强调将评估结果直接运用到决策中，而观念性使用认为评估结果将导致决策者态度的改变并增加观点的说服力。① 除了工具性和观念性使用，克诺尔(K. D. Knorr)还提出了评估的第三种使用方式，即"象征性使用"(symbolic use)，比如政府官员通过公布评估来发出正在针对某个问题采取措施的信号，而本应采取的适当行动则被推迟或完全忽略；或者评估结果用于公开支持来自不同基础或已持有的意见作出的决策。② 随后，布拉斯坎普(Larry A. Braskamp)又进行了扩展，他认为存在四种主要的使用类型：直接使用(工具性使用)、观念启发(观念性使用)、由于评估的威胁对组织政策和实践的影响(象征性使用)以及对组织管理的贡献(组织学习或能力建设)。而且，他还指出，评估使用不仅包括个人使用，也包括组织使用。③ 20 世纪 80 年代以后，一些学者还提出了"过程使用"的概念，即不仅政策评估的结果可能对决策产生影响，评估过程本身也可能产生影响。④ 进入 21 世纪后，阿尔金等学者进一步研究发现，这些使用形式之间并不一定是相互排斥的，还可以形成某种组合从而得出新的使用形式，比如结果使用和过程使用两者都可以被工具性地或观念性地使用，由此存在工具性结果使用、工具性过程使用、观念性结果使用和观念性过程使用等形式。⑤ 本书结合这些研究成果，首先依据一定的分类标准，划分出一些评估使用的基本形式；然后依据这些基本形式之间的联系或排斥情况，考察组合性的评估使用形式。

① M. Q. Patton, "Utilization-Focused Evaluation Checklist", https://wmich. edu/sites / default/files/attachments/ u350/2014/UFE_checklist_2013. pdf.

② K. D. Knorr, "Policymakers' Use of Social Science Knowledge: Symbolic or Instrumental?" in C. Weiss(ed.), *Using Social Research in Public Policy Making* (Lexington: D. C. Health, 1979), pp. 165-182.

③ L. A. Braskamp, "A Definition of Use", *Studies in Educational Evaluation* 8, no. 2(1982): 169-174.

④ J. B. Cousins and L. M. Earl, "The Case for Participatory Evaluation", *Educational Evaluation and Policy Analysis*, no. 14(1992):397-418;[美]迈克尔·帕顿:《以实用为导向的评估》,载[美]斯塔弗尔比姆:《评估模型》,苏锦丽等译,北京大学出版社,2007.

⑤ Marvin C. Alkin and Jean A. King, "The Historical Development of Evaluation Use", *American Journal of Evaluation* 37, no. 4(2016):568-579.

（二）评估使用的基本形式

1. 评估结果使用和评估过程使用

首先依据使用的信息是来自评估结果还是评估过程,可以将评估使用分为评估结果使用和评估过程使用两种基本形式。评估结果使用是依据评估报告或评估结论而进行的使用,这是长期以来学者们的关注点——决策者们是否根据已撰写的评估报告和已得出的评估结论来改进政策或项目。

评估过程使用则是指评估过程或评估活动本身对决策者或利益相关者产生影响而导致政策改进。"过程使用"概念的出现是评估使用史上的一个重要发展。[①] 帕顿描述了这个想法是如何产生并引起他的注意的:"我询问目标用户的实际使用情况。我通常会听到这样的话:'是的,评估结果在这方面和那方面都很有帮助。'要是有人愿意提出建议,我会询问接下来会采取什么行动。但是,除了强调评估结果和建议之外,他们几乎无一例外地增加了一些内容,大意是:最终真的不是那些重要的评估结果,而是经历了这个过程。"[②] 评估过程能够作为使用的依据的机理在于:由于在评估过程中的学习,参与评估的利益相关者个体的思维和行为发生了变化,甚至使得项目或组织的程序和文化也发生变化。正如一些学者指出的那样,评估将要收集某些类型的项目数据,而在收集这些评估数据之前,对将要使用的措施的了解可能会导致对项目缺陷的认识;另外,项目工作人员参与评估所激发的思维过程也可能导致政策或项目的修正。

2. 工具性使用、观念性使用和象征性使用

依据评估信息对决策者或利益相关者产生影响的程度,可以将评估使用分为工具性使用、观念性使用和象征性使用。

工具性使用意味着评估信息对决策者或利益相关者的行动产生了直接的影响。这些行动可以是修改或终结政策、改变政策的资源配置等直接的明显的决定。在这一过程中,决策者或利益相关者可以记录他们将评估信息用于决策或解决问题的具体方式。

观念性使用则指评估信息对决策者或利益相关者的态度、思维和理念等产生了影响。比如,评估信息促使决策者或利益相关者以不同方式看待问题,提醒他们注意新的想法,改变他们认为理所当然的、不可避免的事情,

---

[①] Marvin C. Alkin and Jean A. King,"The Historical Development of Evaluation Use", *American Journal of Evaluation* 37,no. 4(2016):568-579.

[②] M. Q. Patton, *Utilization-focused Evaluation* (Thousand Oaks: Sage Publicatons,2008).

影响他们对项目所做工作的理解,改变他们思考的对象,使得他们更清楚项目及其背景以及项目被资助和实施的约束并更能适应改变。在这一过程中,评估信息并没有被用于具体的、可记录的行动,而是"启发"了决策者或利益相关者,导致他们改变了态度或对项目的舆论氛围,以及改变了对自己、项目或组织的思考和理解。

象征性使用,顾名思义,即符号化使用。评估信息没有对决策者或利益相关者的行动或态度产生实质的影响,仅仅是被用来表明某种姿态或者支持、证明先前的决策。

3. 个人使用和组织使用

依据使用评估信息的主体的类型(个人还是组织),可以将评估使用分为个人使用和组织使用。

个人使用是指评估信息对单个的决策者或利益相关者个体产生的影响。其作用机制是个人学习,其结果是提升了个人的能力或改变了个人的决策。

组织使用是指评估信息对集体或团体(如项目团队、机构、单位、系统)产生的影响。其作用机制是组织学习,其结果是加强了组织能力建设或改变了组织的决策。

4. 评估使用的组合形式

前述依据三个分类标准划分出七种评估使用的基本形式,但是某些基本形式之间并不相互排斥,因此又可以形成一些组合形式,如图 5-2 所示。

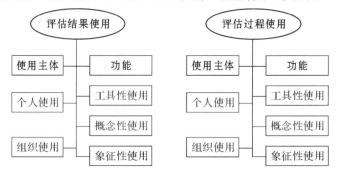

图 5-2　评估使用的组合形式

首先,评估使用的信息来源角度与评估信息的功能(即评估信息对决策者和利益相关者的影响)角度可以进行组合,从评估结果中获得信息和从评估过程中获得的信息,都可以被工具性地使用或者观念性地使用抑或象征性地使用。这就包含了评估结果的工具性使用形式、评估结果的观念性使用形式、评估结果的象征性使用形式以及评估过程的工具性使用形式(评估过程信息导致决策或项目行动的改变)、评估过程的观念性使用形式(评估过程信息对决策者或利益相关者的思考和理解的改变)和评估过程的象征性使用形式。其次,评估使用的信息来源角度与使用主体的角度也可以进行组合,从评估结果中获得信息和从评估过程中获得的信息都可以被个人使用或者组织使用。因此,就包含了评估结果的个人使用形式、评估结果的组织使用形式以及评估过程的个人使用形式、评估过程的组织使用形式。进一步地,将三种角度结合在一起,还可以衍生出评估结果的个人工具性使用(评估结果导致对个人决策或个人行动的改变)、评估结果的组织工具性使用、评估过程的个人工具性使用(通过评估过程使得参与者个体获得评估技能)、评估过程的组织工具性使用(通过在评估过程中的学习使得组织加强了组织评估能力建设)等。由此,评估使用的形式便更具多样性。

四、评估使用影响因素研究

早在 1972 年,韦斯在其《评估的利用:走向比较研究》一文中,就建立了一个研究评估使用影响因素的议程。[①] 自此以后,许多评估学者和团队就对这一问题进行了大量的研究。这些研究可以分为两类:第一类是对影响评估使用的具体因素的研究。第二类是综合考虑各种影响因素,建立评估使用的理论模型。以下分别对两类研究进行梳理。

(一)影响评估使用的因素研究

对影响评估使用的因素的研究经历了一个从"不同视角的研究"到"汇编研究"的过程。早期的不同视角的研究,包括帕顿团队、布朗(Brown, R. D.)团队[②]、阿尔金团队[③]、金团队[④]等开展的研究,他们从不同的角度对影响评估使用的因素进行了分析。随着这些研究的不断积累,一些评估学者试图对已经识别的评估使用影响因素进行汇编。目前已有五个"汇编式"研

---

① C. H. Weiss, "Utilization of Evaluation: Toward Comparative Study", in C. H. Weiss (ed.), *Evaluating Action Programs: Readings in Social Action and Education* (Boston: Allyn and Bacon,1972), pp. 318-326.

② R. D. Brown, L. A. Braskamp and D. L. Newman, "Evaluator Credibility as a Function of Report Style: Do Jargon and Data Make a Difference?", *Evaluation Review* 2(1978):331-341.

③ Marvin C. Alkin, R. Daillak and P. White, *Using Evaluations: Does Evaluation Make a Difference?* (Beverly Hills: Sage Publications,1979).

④ J. A. King and B. A. Thompson, "Nationwide Survey of Administrators' Perceptions of Evaluation", paper presented at the Annual Meeting of the American Educational Research Association, Los Angeles,1981.

究,分别是莱维顿(Leviton)团队[1]、阿尔金[2]、库森团队[3]、舒尔哈(Shulha)团队[4]、约翰逊(Johnson)团队[5]的研究。阿尔金等在回顾以上研究的基础上,对影响评估使用的因素进行了较为明晰的归类。[6] 他们将影响评估使用的因素归为四组,分别为用户因素、评估者因素、评估的因素、组织/社会背景因素。以下按照这一归类来梳理相关成果。

1. 用户因素

"用户"指评估的使用主体,具体来说指评估的利益相关者。常常涉及以下问题:所有相关用户的信息需求有哪些?用户的重要个人特征是什么?评估的使用者在多大程度上参与了评估?谁是主要决策者?他们对评估的总体态度如何?等等。其包括以下具体因素。

其一,用户的个人特征。涉及用户的组织角色、信息处理方式、组织经验、社会特征等。比如,一些研究表明,领导特征与评估的使用呈正相关,拥有更多的技能和主动性的领导者,更倾向于使用评估信息。又如,如果用户具有先前的、评估使用的积极经验,也会促进对评估信息的使用。再如,用户对任何形式的有用信息的开放性也影响评估的使用,用户越能思考、接受或倾听不同的想法,则使用评估信息的可能性越大。

其二,用户的信息需求。包括用户信息需求的强度、用户所需信息的类型以及用户对信息需求的变化。随着决策者意识到对信息的更大需求,他们对评估结果的使用便会增加,他们同意评估建议的倾向也会增加。决策者所需的信息类型也会影响利用率,比如,对与扩大政策选择相适应的信息的需求增加了对立法改革评估的利用率。用户对信息需求的变化越大,则将评估信息用于决策目的的可能性越小。

[1] L. C. Leviton and E. Hughes, "Research on the Utilization of Evaluations: A Review and Synthesis", *Evaluation Review* 5, no. 4(1981): 525-548.

[2] Marvin C. Alkin, "Organizing Evaluations for Use as A Management Tool", *Studies in Educational Journal* 11, no. 2 (1985):131-157.

[3] J. B. Cousins and K. A. Leithwood, "Current Empirical Research on Evaluation Utilization", *Review of Educational Research* 56(1986):331-364.

[4] L. M. Shulha and J. B. Cousins, "Evaluation Use: Theory, Research, and Practice since 1986", *Evaluation Practice* 18 (1997):195-208.

[5] K. Johnson, L. O. Greenseid, S. A. Toal, J. A. King, F. Lawrenz and B. Volkov, "Research on Evaluation Use: A Review of the Empirical Literature from 1986 to 2005", *American Journal of Evaluation* 30 (2009): 377-410.

[6] Marvin C. Alkin and Jean A. King, "Definitions of Evaluation Use and Misuse, Evaluation Influence, and Factors Affecting Use", *American Journal of Evaluation* 38, no. 3 (2017): 434-450.

其三,用户对评估的态度,包括用户特别是决策者对当前评估的总体态度和具体态度,如能够对数据做出反应的信念(内部控制源)以及在必要时做出不受欢迎的改变的意愿等。研究表明,用户对评估的态度似乎与使用有着明确的正相关关系。越是持有赞同的态度越倾向于使用评估信息;相反,对评估的消极态度则会导致利用率下降。

其四,用户的参与。更多的参与有助于在决策方面的高水平利用。用户参与可以提升对政策、决策的了解,并能加强诸如沟通、相关性、信息处理和可信度等,从而增加对评估的使用。

2. 评估者因素

规划和实施评估的人员的某些特征也会评估信息的使用。具体来说,包括以下几个因素。

其一,评估者的奉献精神和承诺。评估者是否具有致力于促进和激励使用的奉献精神和承诺对评估信息的使用有着强烈影响,如果他们认识到开展评估的目的或评估的价值在于改进决策,则可能在评估行动中注重或有意识地施加影响,促进评估信息的使用。

其二,评估者的能力和素质。人们越来越认识到评估者的能力在专业和文化上的重要性,以及这些特征在努力增加评估使用方面的价值。如果评估人员具有更强的政治敏锐性,则评估信息使用的可能性越大。如果评估人员能够扮演促进者和教师的角色,则评估信息使用的可能性也会越大。

其三,评估者让潜在用户参与或与潜在用户建立密切关系的方式。这包括让潜在用户参与到评估活动的各个方面,以及发展与这些用户的融洽和良好的工作关系。良好的方式不仅促进了用户的参与,也增加了评估者自身的可信度,从而对评估信息的使用产生正向影响。

3. 评估因素

评估因素是指与评估实施有关的因素,常常涉及以下问题:所运用的评估方法是否合理和/或可信? 评估是否与决策者的公开的和隐秘的需求相关? 评估结果是否以可理解的方式呈现以及是否符合决策者的期望? 结果是否可以及时获得以支持决策过程? 这包括评估程序、评估信息的相关性和沟通质量三个具体的因素。

其一,评估程序。虽然技术卓越和必要的严格性很重要,但最重要的是所用方法的适当性及其在潜在用户中的可信度。因为这将影响评估的质量和评估的可靠性,从而影响评估的使用。

其二,评估信息的相关性。相关性是指评估针对受众的程度、是否反映了评估使用的背景知识、与决策者偏好的一致程度。如果评估越是针对受众,更好地反映了评估使用的背景知识、与决策者偏好越一致,则越能满足用户的信息需求,因此,更能促进评估信息的使用;相反,评估信息不大符合用户的信息需求,那么,毫不奇怪,他们不太可能使用它。

其三,沟通质量。沟通质量也具有重要影响,必须采用用户可以理解的形式报告结果,比如评估报告的风格、清晰性,评估者对评估结果宣传和传播的及时性以及广度都会影响评估信息的使用或有效使用。

4.组织/社会背景因素

组织/社会背景因素包括正在进行的评估所在的组织的特点以及广泛的环境因素。评估使用不是在真空中进行,组织和社会背景为评估使用设定了最佳用况和上限。这方面涉及如下问题:评估的目标是什么? 具有什么特点? 有哪些可用资源? 是否有与新兴评估信息竞争的信息来源,如政治暗流或以往经验? 决策者如何做出决策,这种结构是否灵活? 具体有下面几个影响因素。

其一,正在进行的评估所在的组织的性质。这包括组织的自治程度、组织中高层管理者的影响力等。比如,对于高层管理者,因其作为组织中的关键个人,其对评估结果的使用有很大的影响。从间接的角度来看,没有他们的支持,评估者很难让组织内的成员积极参与评估过程。从直接的角度看,高层管理者的影响力可以用来培养和颠覆评估使用的过程,如果高层组织者愿意提升组织能力,则会支持评估信息的使用,但若其追求维护其个人利益,则可能压制或忽视不利于他们的评估信息的使用。

其二,政策或项目的特征。政策或项目的年限、项目涉及预算制度等也会影响人们有效地使用评估的程度。如评估报告建议调整预算以对项目进行改进,但如果项目涉及的预算制度僵化,拒绝签署适当的预算修订,则这一评估建议将无法得到使用。

其三,决策特征。包括决策的领域、决策的背景和决策的重要性等。从决策领域来看,在确定项目的优点与缺陷、教师自我提高、设施管理和项目管理等方面的使用率很高。也有研究表明,评估在决策过程的早期阶段最有用。利用率较低的决策领域包括项目执行、补充预算、学生问题和晋升决策。从决策背景来看,研究表明,与小学相比,中学更多地将测试结果用于与家长沟通和教学决策。社会经济地位高的地区的学校比社会经济地位低的地区的学校更经常使用考试来向家长报告学生的学习情况。与公立学校系统相比,私立学校的管理人员更倾向于使用考试来制定决策。从决策的重要性来看,越重要的决策,信息需求越大,因而有更多的评估使用。

其四,政治气候。包括决策者对外部赞助者的独立性、组织间和组织内的竞争、预算斗争、权力斗争等。如果评估结果被员工视为威胁（如他们感到"束缚了手脚"，导致关键员工离开组织，或者导致内部辩论和预算争吵），则会减少对评估信息的使用。又如在有关项目的政策社群中，如果存在来自个人和团体的、反对使用的压力，则会对评估信息使用造成很大的阻力。

其五，竞争性信息。是否存在与评估问题有关、但来自评估以外的信息来源（如来自评估者之外的个人、员工、同行等的信息），这些信息通常是可获得的，很可能被用来作决策，由此形成与评估信息的竞争，从而影响评估信息的使用。

（二）评估使用的理论模型

虽然上述内容对影响评估使用的因素进行了大量研究，但是这些因素之间的关系如何以及它们如何影响评估使用还缺乏更一般的描述和解释。20 世纪 90 年代末期以后，一些学者开始建立更具有一般性的评估使用理论模型以推进评估使用理论的发展。较为典型的理论模型是约翰逊开发的评估使用的统一理论模型、马克等建立的评估影响理论模型和奥托森（Ottoson）等建立的评估使用的生态模型。

1. 评估使用的统一理论模型

1998 年，约翰逊在回顾他所称的显性的和隐性的"评估利用过程模型"的基础上提出了一个统一的评估使用理论模型。隐式过程模型中，变量排序或过程是暗示的，但不是由评估者直接描述的，据此他为以下七位理论家创建了隐式模型：坎贝尔、斯克里文、韦斯、霍利、斯泰克、克朗巴赫和罗西。显式模型则由研究人员建构，一般已在论文和书籍中出现。根据十位理论家（阿尔金和帕顿等）的理论贡献，他提出了九个显式模型。随后，约翰逊运用他创建的 16 个模型，加上组织学习的概念，建立了"适用于任何评估"的、统一的评估使用理论模型（见图 5-3）。

该模型包含多个组成部分：第一个部分是评估的外部环境和内部环境，这些环境向逻辑链提供输入和接收输出。第二个部分是背景变量，包括组织、个人和评估者特征。第三个部分是互动变量，包括评估参与、传播和政治。第四个部分是使用变量，即"结果变量的多维概念化"，分为三类，分别是认知性使用、行为性使用和组织学习。

约翰逊的统一理论模型表明评估使用是通过一个相互关联的背景、互动和使用变量的开放系统而发生，相互关联的背景、互动和使用变量在嵌入外部环境的内部环境中运行。约翰逊强调，这不是一个静态模型；相反，它是一个"行动中的模型"，整个模型基于这样一种假设，即使过程被视为一个

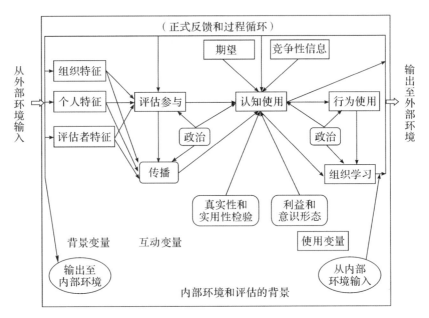

图 5-3　评估使用的统一理论模型

资料来源：J. B. Johnson, "Toward a Theoretical Model of Evaluation Utilization", *Evaluation and Program Planning* 21(1998)：93-110.

动态的、开放的、复杂的系统。

2.评估影响理论模型

在 20 世纪、21 世纪之交,科哈特(Karen E. Kirkhart)提出了一个新的术语——评估影响。她认为,"评估使用"一词的含义较为狭窄,评估的作用不仅仅局限于改进决策者和利益相关者的决策,而应扩大到对整个社会的改善。她认为"评估影响比评估使用范围更广,它创建了一个框架,不仅考察具有单向性、片段性、预期性和工具性的效果('使用'主要考察此类效果),而且还考察具有多向性、持续性、非预期性和非工具性的效果"[①]。基于她的观点,马克等在 2004 年构建了一个"评估影响理论模型"。该模型包括评估输入、评估活动、评估输出、一般机制、在三个领域(认知和情感、动机和行为)的中期和长期结果以及环境中的意外事件等部分,所有这些因素的相互作用或形成的"结果链条",最终导致社会的改善(见图 5-4)。他们认为,通过将变化过程与因果路径相结合,构建了一种更有效的方法来制定关

---

① K. E. Kirkhart, "Reconceptualizing Evaluation Use：An Integrated Theory of Influence：The Expanding Scope of Evaluation Use", *New Directions for Evaluation*, no. 88(2000)：5-23.

于评估影响的运作假设。

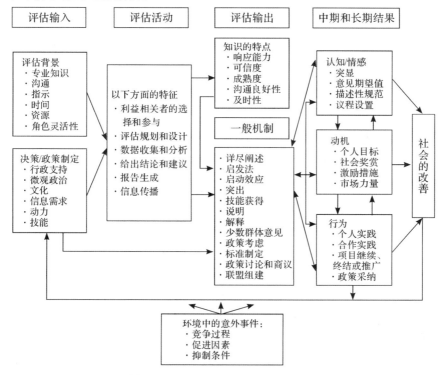

图 5-4　评估影响理论模型

资料来源：M. M. Mark and G. T. Henry，"The Mechanisms and Outcomes of Evaluation Influence"，*Evaluation* 10(2004)：35-57.

3. 评估使用的生态模型

奥托森等认为，约翰逊所建立的模型是一个线性模型，它并不能说清楚评估使用中的互动故事。于是 2010 年他们建立了另一个理论模型——评估使用的生态模型。该模型是基于一个评估使用的单案例研究和有限的数据来源建立的。在对一项由 R. W. 约翰逊基金会资助的项目"为了生命而活跃：提高 50 岁及以上成年人的身体活动水平"的为期四年的评估中，他们共采访了 23 名信息提供者，包括项目工作人员、评估人员、受资助者、项目开发人员、顾问和其他利益相关者。

该模型（见图 5-5）由围绕靶心的四个同心圆组成，靶心被标记为"估量"，即评估的核心工作；四个同心圆按照从内向外的顺序被标记为当前的项目、社区、领域和社会。奥托森等将案例研究结果呈现为"理解评估使用

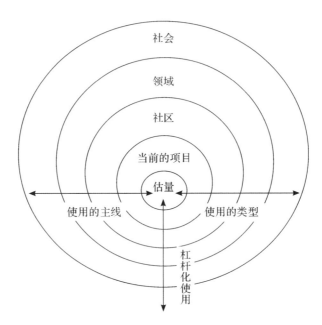

图 5-5 评估使用的生态模型

资料来源：J. Ottoson and D. Martinez, *An Ecological Understanding of Evaluation Use*（Princeton：Robert Wood Johnson Foundation,2010）.

的多种途径"[①],有三个组成部分穿过四个圆圈到达模型的核心（估量）：评估使用的类型、使用的主线和杠杆化使用,使用的主线和杠杆化使用这两个组成部分更全面地讲述了评估使用的故事。总之,该模型提出了多个"生态系统"或评估使用的背景,它们对评估的使用具有多方位、多层次的影响。

尽管以上三个模型采取了不同的建构方法,但这些模型都有一些共同点,例如,它们都指出了使用的多种复杂可能性,以及使用过程的系统性和多变量性质,包括政治和人际关系的作用。每个模型也都清楚地表明,随着时间的推移,评估使用可能以不同的方式发生。

第三节 实用主义政策评估的经典方法

如第二部分所述,在实用主义政策评估的发展过程中,学者们已经开发

---

① J. Ottoson and D. Martinez, *An Ecological Understanding of Evaluation Use*（Princeton：Robert Wood Johnson Foundation, 2010）, retrieved from https://www. rwjf. org/content/dam/web-assets/2010/10/an-ecological -understanding-of-evaluation-use.

出了九种评估模型或方法。其中最具有代表性和最有影响力的模型包括CIPP模型、以利用为中心的评估、实践参与式评估、学习型组织评估和授权评估。因此,本节对这五种方法进行梳理,以见一斑。

一、CIPP 模型

CIPP模型为美国学者斯塔弗尔比姆于1967年提出。在过去的50年中,经过不断的丰富和发展,目前该模型已在美国和其他许多国家得到广泛应用。根据一项非详尽的搜索表明,从20世纪60年代末到现在,在不同国家、不同学科和不同服务领域中,共发现了500多篇与CIPP模型相关的评估研究、期刊文章和博士学位论文,其中至少150篇博士学位论文(这些博士学位论文分布在88所大学和34个学科中)应用了该模型。[1] 可见,该模型在评估使用领域中具有很大的影响力。

（一）CIPP 模型的含义与导向

1. CIPP 模型的含义

CIPP模型指从背景（context）、投入（input）、过程（process）和产出（product）四个层面对政策或项目进行全方位的、持续的评估,并通过一定的反馈机制,促进政策或项目的利益相关者改进政策或项目以及问责的方法。表5-4对CIPP模型的组成部分及其所针对的问题、评估内容以及其可以提供信息的决策类型进行了说明。

表 5-4　CIPP 模型的组成部分、针对问题、评估内容以及决策类型

组成部分	针对问题	评估内容	决策类型
背景评估	需要做什么?	需求、问题、有利条件、机会	确定目标、优先事项以及预期结果
投入评估	该如何做?	备选方法、竞争行动计划、参与者的特征、人员配备计划、预算	确定可行性和潜在的成本效益,在竞争计划中做出选择,撰写资金计划,分配资源,指派员工,安排工作
过程评估	正在做吗?	政策或项目的执行	帮助执行人员对活动进行必要的调整,判断绩效并解释结果

---

[1]　Daniel L. Stufflebeam and Guili Zhang, *The CIPP Evaluation Model: How to Evaluate for Improvement and Accountability* (Guilford: The Guilford Press, 2017).

续表

组成部分	针对问题	评估内容	决策类型
产出评估	成功了吗?	确定和评估短期、长期的预期及非预期结果	帮助执行人员专注于实现预期结果;衡量该项目在满足需求方面的成功程度

资料来源:改编自 Donna M. Mertens and Amy T. Wilson, *Program Evaluation Theory and Practice: A Comprehensive Guide* (2nd ed.)(Guilford: The Guilford Press, 2019),p.93.

　　2. CIPP 模型的导向

　　其一,客观主义者导向。CIPP 模型的认识论取向是客观主义。它要求评估牢固地基于道德原则,努力控制在进行评估和得出结论时的偏差、偏见和利益冲突,依据评估领域的标准开展独立评估,诚实、公平、慎重地将评估发现报告给所有有知情权的评估报告阅读者。基本上,CIPP 模型企图引导一个正确结论的产生,而非因某些评估者或团体的偏好、立场、喜好或观点而作出错误的结论。

　　其二,改进导向。CIPP 模型的最基本的观点是:"评估的最重要的目的不是证明,而是改进。"①因此,评估首先被认为是一种从长远来看旨在激励、帮助和鼓励加强及改进决策的功能性活动。该模型还假设,如果一些项目或其他服务被证明不值得尝试改进,或被发现过于昂贵,因此应予以终止。CIPP 模型可以通过帮助制止不必要的、不可持续的、腐败的或无可救药的缺陷并通过协助各组织节约资源和时间来做出有价值的努力来发挥改进作用。除此之外,它还要求评估人员从失败和成功的努力中找出并报告宝贵的经验教训。

　　(二)CIPP 模型的方法与技术

　　如前所述,CIPP 模型包括四个组成部分,在每一个组成部分的评估中,斯塔弗尔比姆等都开发出了一些有效的方法和技术。

　　1. 背景评估

　　在特定的环境中评估需求、问题、有利条件和机会。需求是为了实现一个可辩护的目的所必需或有用的东西;问题是在满足和继续满足有针对性的需求方面需要克服的障碍;有利条件包括可获得的专业知识和服务,通常

———————

① [美]斯塔弗尔比姆等:《评估模型》,苏锦丽译,北京大学出版社,2007,第 327 页。

这些专业知识和服务在当地可用于帮助实现目标；机会特别包括可能被用来支持满足需求和解决相关问题的资金补助项目。可辩护的目的定义了在遵守道德标准和法律标准的同时，与组织使命相关的目标。背景评估的主要目标是：对预期项目的环境边界并加以描述，确定预期受益人并评估其需求，确定满足评估需求的问题或障碍，确定可用于满足目标需求的相关的、可利用的有利条件和获得资助的机会，为制定以改进为导向的目标提供基础，评估以改进为导向的目标的明确性和适当性及确定判断目标项目或其他改进工作结果的基本标准。背景评估的技术包括收集有关目标群体成员及其周边环境的种种信息，并进行各种分析。一般起点是在评估委托人与其他利益相关者的协助下共同界定该评估的范围。接着，针对所需服务或变革行为，评估者运用各种方法来生产信息并检验假说，包括系统分析、问卷调查、文件审查、记录分析、人口统计分析、二次数据分析、听证会、访谈、焦点小组、诊断测试、案例研究、现场访问、流行病学研究、历史分析、文献综述和德尔菲法等。西密歇根大学评估中心对这些方法进行整合，开发了一个综合的方法——项目轮廓技术。背景评估有许多建设性的用途，可以用于多种利益相关者的决策活动。表 5-5 归纳了背景评估中评估者的活动以及利益相关者的决策活动。

表 5-5　背景评估中评估者与利益相关者的决策活动

评估者的活动	利益相关者的活动
编制和评估背景信息，尤其是预期受益人的需求和有利条件	使用背景评估的结果来选择和/或澄清预期的受益人
访谈项目负责人，审查和讨论他们对受益人需求的看法，并找出项目需要解决的任何问题（政治或其他方面）	使用背景评估的结果酌情审查和修订项目的目标，以确保他们适当地针对评估的需求
与其他利益相关者进行面谈，以进一步了解预期受益人的需求和有利条件以及该项目的潜在问题	使用背景评估的结果确保项目正在利用相关社区的和其他的有利条件
根据受益人的评估需求和潜在有用的条件评估项目的目标	在整个项目运行过程中和项目结束时使用背景评估的结果，以帮助评估项目在满足受益人评估需求方面的有效性和重要性

续表

评估者的活动	利益相关者的活动
让评估员监督和记录有关项目环境的数据，包括相关项目、地区资源、地区需求和问题以及政治动态	
要求项目工作人员定期向评估团队提供他们收集的关于项目受益人和环境的信息	
每年或适当时候向客户和商定的利益相关方准备和提交一份背景评估报告草案，它提供有关项目相关需求、有利条件、问题以及对项目目标和优先事项的评估方面的最新信息	
每年在面向客户和指定受众的反馈研讨会中讨论背景评估结果	
完成背景评估报告和相关的视觉辅助工具，并将其提供给客户和商定的利益相关者	

资料来源：Donna M. Mertens and Amy T. Wilson，*Program Evaluation Theory and Practice：A Comprehensive Guide*（2nd ed.）（Guilford：The Guilford Press，2019），pp.94-95.

2. 投入评估

投入评估主要有助于规定和安排实施一个政策或项目，以满足需求和目标。需要对系统能力、备选的政策策略、备选的外部承包商、所选政策或项目的实施程序、预算、进度、人员配置和利益相关者参与计划等进行评估，并帮助确保投入响应政策或项目的目标和受益人需求。进行投入评估也有许多的评估方法和技术，包括文件分析、访谈、背景调查、文献检索、访问示范项目、倡导者团队研究、试点和内容分析等技术。投入评估的结果也可被用来支持决策，是政策或项目设计、人员配置、预算安排的一个重要依据。表 5-6 归纳了投入评估中评估者的活动以及利益相关者的决策活动。

表 5-6　投入评估中评估者与利益相关者的决策活动

评估者的活动	利益相关者的活动
确定并调查可作为预期项目的模板的现有项目	使用投入评估的结果来设计一个科学上、经济上、社会上、政治和技术上可辩护的项目战略
评估该项目的建议策略,以响应评估的需求和可行性	使用投入评估的结果确保项目的策略对于满足目标受益人的评估需求是可行的
评估项目的预算是否足以为所需工作提供资金	使用投入评估的结果来支持组织的资金请求
根据相关的研究和发展文献评估该项目的战略	使用投入评估的结果来培训员工执行该项目
与类似项目中的替代策略相比,评估该项目战略的优点	在报告所选择项目的战略的基本原理和运营计划的可辩护性时,将投入评估的结果用于问责目的
评估项目的工作计划和时间进度,以确保其充分性、可行性和政治生存能力	
编制投入评估报告草案并将其发送给客户和商定的利益相关方	
在反馈研讨会上讨论投入评估的结果	
最终确定投入评估报告和相关的视觉辅助工具,并将其提供给客户和商定的利益相关者	

资料来源:Donna M. Mertens and Amy T. Wilson, *Program Evaluation Theory and Practice*: *A Comprehensive Guide*(2nd ed.)(Guilford: The Guilford Press, 2019),pp. 99-100.

3. 过程评估

过程评估是针对政策或项目的执行、实施的文件以及包括改变政策或项目某些程序的重大失误或不良操作部分进行持续性的检查。常用的评估技术包括:雇用常驻观察员或访问调查员监督项目的实施,识别潜在的程序障碍和意外障碍,获取实施决策的信息,记录实际过程和成本,拍摄进度,获取员工的日记,定期与员工和其他利益相关者互动并提供反馈。过程评估可以为项目工作人员或管理者提供信息反馈,可以清楚项目工作人员在展开预定活动时是否依照时间进度和计划进行以及效率如何,也可以协助项目工作人员确认执行问题并针对政策或项目中的一些改进事项进行调整。

过程评估中评估者的活动以及利益相关者的决策活动归纳如表 5-7 所示。

表 5-7　过程评估中评估者与利益相关者的决策活动

评估者的活动	利益相关者的活动
让评估小组成员监督、观察、维护照片记录，并定期提供有关项目实施的进度报告	使用过程评估的结果来控制和加强员工的活动
与该项目的工作人员合作，保留项目活动、问题、成本和分配的记录	使用过程评估的结果来加强项目设计
定期与受益人、项目负责人和员工面谈，以获得他们对项目进展的评估	使用过程评估的结果来维护项目进度的记录
了解该项目的最新概况	使用过程评估的结果来帮助维护项目成本的记录
定期起草关于过程评估结果的书面报告，并向客户和商定的利益相关者提供报告草案	使用过程评估的结果向项目的财务赞助商、政策委员会、社区成员、其他开发人员等报告项目的进展情况
在反馈研讨会上介绍和讨论过程评估的结果	
最终确定过程评估报告（可能纳入更大的报告）和相关的视觉辅助工具，并将其提供给客户和商定的利益相关者	

资料来源：Donna M. Mertens and Amy T. Wilson, *Program Evaluation Theory and Practice: A Comprehensive Guide* (2nd ed.) (Guilford: The Guilford Press, 2019), pp. 101-102.

4. 产出评估

产出评估测量、判断并阐释一项政策或项目的成就表现，包括评估政策或项目的预期和非预期的结果、正面和负面的结果、短期和长期的结果等。其主要目标是确定政策或项目满足所有利益相关者需求的程度。运用的评估方法和技术包括客观测量、评分量表、预期结果清单、参与记录、访谈、摄影记录、成本效能分析、无目标评估、实验设计、趋势研究、问卷调查、定性和定量分析等。产出评估的信息对于决策也具有重要作用。表 5-8 归纳了产出评估中评估者的活动以及利益相关者的决策活动。

表 5-8　产出评估中评估者与利益相关者的决策活动

评估者的活动	利益相关者的活动
让项目的工作人员和顾问和/或评估团队成员参与维护所服务的人员和团体的记录,对他们的需求做出记录,并记录他们获得的项目服务	使用影响评估的结果确保该项目能够惠及预期的受益人
评估并判断所服务的个人和团体与项目的预期受益人一致的程度	使用影响评估的结果来评估该项目是否正到达或未到达不适当的受益人
定期访问区域利益相关者,如社区领导、雇主、学校和社会项目人员、神职人员、警察、法官和房主,以了解他们对该项目如何影响社区的看法	使用影响评估的结果来判断该项目正在或已经为正确的受益人服务的程度
在定期更新的项目档案中包括获得的信息和评估者的判断	使用影响评估的结果来判断该项目在多大程度上满足或正在满足重要的社区需求
确定该项目达到适当受益人群体的程度	将影响评估的结果用于有关项目在到达预期受益人方面的成功的问责目的
评估项目不适当地向非目标群体提供服务的程度	
起草影响评估报告(可能纳入更大的报告)并将其提供给客户和商定的利益相关者	
在反馈研讨会上讨论影响评估的结果	
最终确定影响评估报告和相关的视觉辅助工具,并将其提供给客户和商定的利益相关者	

资料来源:Donna M. Mertens and Amy T. Wilson, *Program Evaluation Theory and Practice: A Comprehensive Guide* (2nd ed.) (Guilford: The Guilford Press, 2019), pp. 103-104.

(三)CIPP 模型评估与决策的衔接机制

CIPP 模型从四个层面运用相关技术对政策或项目进行客观评估,提出了相应的决策应用。除此之外,CIPP 模型也开发出了多种将评估与决策联系起来的衔接机制(或评估反馈机制)。

1. 核心机制是促进利益相关者参与

利益相关者指那些打算使用评估结果的、可能受到评估影响的以及那些希望对评估做出贡献的人。评估者应与所有利益相关者群体接触,并至少让他们的代表参与解释和达成共识的过程。通过丰富、持续的参与过程,可以使利益相关者了解并重视评估发现和结论,并据此行动。为使利益相关者有意义地参与,评估可以采用以下技术:利益相关者评审小组、公开会议、访谈利益相关者、焦点小组、反馈研讨会、评估通信、评估网站、专用评估进程表、定期网络研讨会、向媒体发布评估信息等。[①]

2. 支持和协助评估客户有效地履行评估导向型领导的角色

评估导向型领导指在公共领域中乐于和善于关注、促进、确保和使用系统评估的领导者。由于领导者的权力和影响力,他们对于评估的使用是至关重要的。评估人员应定期鼓励和帮助领导者主动获取所需的评估服务,获得良好的评估理念和确保有用、有效评估的承诺,提升履行客户职责的技能,并在帮助利益相关者重视、理解良好的评估结果方面发挥领导作用[②],由此促进将评估信息运用于决策。

二、以利用为中心的评估

以利用为中心的评估(Utilization-Fucused Evaluation)为美国学者帕顿于 20 世纪 70 年代中后期提出。帕顿的《以利用为中心的评估》一书目前已经出版了四版,2012 年帕顿还出版了《以利用为中心的评估的要领》一书。到目前为止,该方法已被世界范围内成千上万的评估所检验和应用。2004 年,美国学者纽科默(Kathryn E. Newcomer)等指出:"评估职业的口号已经是以利用为中心的评估了。"[③]

(一)以利用为中心的评估的含义与导向

1. 以利用为中心的评估的含义

帕顿明确指出,以利用为中心的评估是为一群特定的主要预期使用者的特定、预期用途所做的评估。可以从以下几个方面理解。

其一,以利用为中心的评估以评估的效用和实际使用为前提。评估者设计评估和实施评估时,应仔细考虑从开始到结束所做的一切将如何影响

---

① Daniel L. Stufflebeam and Guili Zhang, *The CIPP Evaluation Model : How to Evaluate for Improvement and Accountability* (Guilfrod: The Guilford Press,2007).

② Daniel L. Stufflebeam and Guili Zhang, *The CIPP Evaluation Model : How to Evaluate for Improvement and Accountability* (Guilford: The Guilford Press,2017).

③ M. Q. Patton, *Utilization-focused Evaluation* (4th ed.) (Los Angeles: Sage Publications, 2008).

使用。使用关系到真实世界中的人们如何应用评估结果并体验评估过程。因此，以使用为中心的评估的重点是主要预期使用者的预期用途。

其二，"评估的主要预期使用者"可被称为"利益相关者"，是指评估结果会影响其利害关系（或既得利益）的那些人，包括项目赞助者、项目工作人员、管理人员及委托人或项目参与者。其他和项目效能有关的直接或间接的利益者，也可被视为利益相关者，包括记者、一般大众或纳税人，甚至还包括对项目做决定的人或任何想得到项目信息的人。由于一个评估不能回答全部的潜在问题，对实际的以利用为中心的评估而言，就需缩减潜在利益相关者名单，直到只剩下一群特定的主要预期使用者。

其三，"预期的用途"是指评估的主要预期使用者的信息需求。评估结果和评估过程的信息都具有相应的用途。评估结果信息的主要用途有三个：判断优点或价值（总结性评估）、项目改进（工具性用途）及产生知识（观念性用途）。而评估过程信息的主要用途有四个：增进了解、增强共识、支持参与者的参与以及发展项目和组织。

2. 以利用为中心的评估的导向

其一，以使用为导向。正如其名称和定义所揭示的那样，以利用为中心的评估以评估的效用和实际使用为基本导向。

其二，评估的专业导向。评估者必须注意评估的精确性、合理性和规范性。评估者有责任在符合该领域的规范之下，进行有系统的数据收集，保证整个评估过程的诚实与诚信，尊重参与评估和受评估影响的人以及对各种不同的利益和价值观保持敏感。

（二）以利用为中心的评估的基本原理

1. 是人，而不是组织在使用评估的信息

个人因素在以利用为中心的评估中起着重要作用。个人是指关心评估及其产生的结果的个人或群体，组织是一个含有层级职位的非个人组合。使用并不是简单地由抽象的组织动力学的某种结构决定的，它在很大程度上是由真实的、生活中的、有爱心的个人决定的。个人积极寻找信息，以做出判断及减少决策的不确定性。他们想提高预测既定活动结果的能力，并借此增强他们身为决策者、立法者、消费者、活动参与者、赞助者或他们想扮演的角色的判断能力。只要有个人因素存在的地方，只要有人负责将评估结果送交给适当的人，评估就有用武之地；否则，评估就无用武之地。

2. 情景评估

每一个评估的情景都是独特的，一个成功的评估是融合一个特定情景的所有特点——人、政策、历史、背景、资源、限制、价值、需求、利益及机会的组合。以利用为中心的评估认为,把事情做好的正确方法是指对评估者和使用者有意义和有用的方法,而且必须经过相互讨论、协调及情景分析的方法。以利用为中心的评估是一个以问题解决为导向的途径,它要求对于已改变和正在变革中的环境,主动产生有创意的调适,强调对情景有用和有意义的事物,而不是企图去塑造或界定一个符合预先设定好的情景。

3. 使用的心理学

如果使用者理解并觉得拥有评估过程和结果信息(就像评估过程与结果归他们所有一样),那么他们更可能会使用评估;如果他们积极参与评估,就更可能理解和拥有。因此,以利用为中心的评估需要促使可能的使用者为评估建立方向、提出承诺,并且自始至终地参与每一个过程。

4. 评估者的角色

通常评估者的角色是协助者或协商者,即协助使用者进行判断和作出决策,评估者与使用者之间应建立一种工作关系,以帮助后者决定他们所需要的评估方式。这需要一个互动、协商、沟通过程,包括和主要预期使用者协商其所要扮演的具体角色(如合作者、训练者、团队促进者、技术人员、方法学家、信息经纪人、传播者、问题解决者及有创意的顾问等)。除了协商角色之外,评估者还需要提供清单,清单的内容是在已建立的评估标准和原则框架下可能出现的、可供挑选的所有评估选择。

5. 评估者与使用者之间互动的性质:"主动—反应—交互—调适"

以利用为中心的评估慎重地和有计划地界定预期使用者,并聚焦于有用的问题上;在倾听预期使用者和对预期使用者在评估展开的情景中所学到的东西进行回应方面是反应灵敏的;依据对情景和变化的条件日益增加的理解,他们在改变评估问题和评估设计方面是具有适应能力的。[1] 这可以说明在所有评估阶段中,评估者和使用者之间的互动情形的特质。

6. 方法论

以利用为中心的评估并不拥护任何一个特定的评估内容、模式、方法、理论或用途,相反,它是一个协助使用者为他们自己的需要选择一个最适当的内容、模式、方法、理论或用途的过程。在丰富而多样的评估菜单上,以利用为中心的评估可以选择任何一种评估目的(形成性的、总结性的、发展的)、任何一种资料(定量的、定性的、混合的)、任何一种设计(如自然情景、

---

[1]　M. Q. Patton, *Utilization-focused Evaluation* (4th ed.) (Los Angeles: Sage Publications, 2008).

实验情景)以及任何一种焦点(过程、结果、影响、成本以及成本效益),这是一群特定的主要预期使用者共同讨论他们如何使用评估的决策过程。

由此可以发现,以利用为中心的评估的基本原理是:评估者立足于个人使用者,依据因人因时因地的原则,通常扮演协助者和协商者的角色,促进主要预期使用者积极参与评估全过程,在建立的评估标准和原则的框架下,在评估所有阶段与主要预期使用者进行"主动—反应—交互—调适"式互动,协助使用者为他们自己的需要选择最适当的评估具体角色、评估内容、模式、方法、理论或用途来开展对政策或项目的评估,实现主要预期使用者的预期用途。

(三)以利用为中心的评估的步骤

帕顿不断完善以利用为中心的评估的步骤,依据其 2013 年制定的《以利用为中心的评估检查清单》,本书将其评估过程分为 17 个步骤。表 5-9 介绍了各个步骤及其主要任务。

表 5-9　以利用为中心的评估的步骤

步骤	主要任务
1. 评估并建立计划和组织准备,以便进行以利用为中心的评估	评估委托和资助评估的人们对开展有用的评估的承诺;评价评估背景;准备开展时,组织一个启动研讨会,让主要利益相关者参与评估和建立评估准备;介绍评估标准,作为进行评估的框架;根据与主要利益相关者合作的初步经验,评估下一步需要做些什么,以进一步提升准备、建设能力并推进评估
2. 评估和提高评估员进行以利用为中心的评估的准备和能力	评价评估者的基本能力;评估评估者的承诺和可能面临的挑战之间的匹配度;随着过程的展开调整评估;评估是否需要一个评估员或一个团队,以及在团队形式中需要的能力组合;确保评估人员准备通过主要预期使用者对评估的使用来判断其有效性
3. 确定、组织和接触主要的预期使用者	找到并接触有特定的主要预期使用者;在整个评估过程中解释主要预期使用者的角色;将主要预期使用者组织到一个工作团队中进行决策和参与;让预期使用者参与到评估过程的所有步骤中;监控主要预期使用者的工作效率、兴趣和参与度,以保持流程充满活力,并预测主要预期使用者的人员变更;引导评估过程中增加到评估工作团队的任何新的预期使用者

续表

步骤	主要任务
4.与主要预期使用者进行情景分析	检查项目以前的评估经验和其他对了解情况和背景很重要的因素;确定可能支持和促进使用的因素、可能障碍或阻力;确定可用于评估的资源;确定任何即将发生的决定、评估应满足的截止日期或时间线;评估领导层对评估的支持和开放性;了解评估的政治背景,并预测政治因素如何影响使用;评价评估者与项目的关系可能如何影响使用;确定适当的评估团队组成,以确保所需的专业知识、可信度和文化能力;兼顾必须完成的任务和支持完成任务的关系动态;分析相关的风险;继续评估主要预期使用者的评估知识、承诺和经验;检查步骤1至4的中期结果和审查复杂系统的关联
5.通过确定优先目的,确定主要预期用途并确定其优先级	与主要预期使用者一起审查可供选择的目的;确定评估目的的优先级
6.在适当的情况下考虑并构建过程应用	与主要预期使用者一起审查备选的过程使用;审查评估过程中优先进行过程使用的关注点、警告、争议、成本以及潜在的正面和负面影响;检查潜在的过程使用和结果使用之间的关系和关联;优先考虑评估的任何预期的过程使用,并计划将其纳入评估的设计和实施
7.重点关注优先的评估问题	应用良好的以利用为中心的评估问题的标准;仔细倾听主要预期使用者的优先关注点,帮助他们确定重要问题;将优先问题与评估的预期目的和用途联系起来,以确保它们匹配;提供重点选项的菜单
8.检查评估调查的基本领域是否得到充分处理	考虑项目实施评估、项目结果评估的选项;确定归因问题(在多大程度上归因于项目干预)的重要性和相对优先性
9.确定正在评估的干预模型或变化理论	确定逻辑建模或变化理论是否将为评估提供重要的和有用的框架;考虑概念化项目或干预,或概念化项目的不同组成部分或替代的新方案;适当地将评估设计和测量方法与项目或干预的概念化方式相匹配,理解干预的线性逻辑模型、系统图和复杂的非线性概念化既具有理论上的意义,也具有方法上的意义

步骤	主要任务
10. 协商适当的方法，以产生支持预期用户的预期用途的可信的结果	选择方法来回答使用者的优先级问题，以便获得的结果对主要的预期使用者可信；确保建议的方法和测量符合标准；确保从所选方法获得的结果能够按预期使用；在设计、方法理想和特定的资源、时间不可避免的约束下实际能实施什么之间进行权衡；识别并处理对数据的质量、可信度和实用性的威胁；随着评估的展开，根据不断变化的条件调整方法，处理实际实地工作的紧急动态
11. 确保预期使用者理解关于方法及其含义的潜在争议	选择适合所评估的问题的方法；与预期使用者讨论相关方法争议，这些争议影响特定评估中方法的选择
12. 结果的模拟使用	根据计划的设计、实施措施和结果编造评估结果；指导主要预期使用者解释潜在的（编造的）评估结果；解释模拟经验，以确定数据收集中的任何设计更改、修订或添加是否可能提高实用性；作为数据收集之前的最后一步，让主要的预期使用者在给定可能的成本和预期用途的情况下，明确决定继续进行评估
13. 收集数据，并不断注意使用	有效管理数据的收集，确保数据的质量和评估可信度；有效执行任何商定的参与性数据收集方法，这些参与性数据收集方法将建立能力和支持过程使用；让主要预期使用者了解数据收集的进展情况；向提供数据的人提供适当的反馈；向主要预期使用者报告紧急和中期发现，以保持他们的兴趣和参与度；关注和处理主要预期使用者的人员变更
14. 组织和呈现数据，供主要预期使用者解释和使用	组织数据，使其易于理解并与主要预期使用者相关；积极让使用者参与解释结果并做出评估性判断；在适当和预期的情况下，积极让使用者参与生成建议；从不同的角度审视评估结果及其影响
15. 准备一份评估报告，以便于使用和传播评估结果，扩大影响	确定何种报告格式、样式和报告的地点是适当的；及时提交报告以影响重要决策；决定评估结果是否值得广泛传播
16. 跟进主要使用者，以促进和加强使用	计划后续行动。与主要预期使用者一起制订后续计划；制订后续行动的预算；主动追求利用；寻找机会补充评估

续表

步骤	主要任务
17.使用的元评估:问责、学习和改进	确定元评估者和元评估的主要预期使用者;确定元评估的主要目的和用途;确定应用在元评估中的主要标准和准则;元评估的预算时间和资源;在实施以利用为中心的元评估时,遵循实施以利用为中心的评估的步骤;与主要预期使用者一起,对评估本身、评估过程和使用进行系统的反思性实践;参与个人反思实践以支持持续的职业发展

资料来源:改编自 Michael Quinn Patton, *Utilization-Focused Evaluation* (U-FE) *Checklist*,2013,www.wmich.edu/evalctr/checklists.

三、实践参与评估

实践参与评估(Practical Participatory Evaluation)是由加拿大学者库森等开发出来的[①],2012 年库森等对包括 121 项实证研究的文献进行了系统的回顾和整合[②],进一步充实了实践参与评估的基础。

(一)实践参与评估的含义与概念框架

实践参与评估指评估者和利益相关者之间合作进行的评估性调查。评估人员将其在评估逻辑、方法和实践标准方面的知识和专长带入合作伙伴关系;利益相关者贡献其对项目逻辑和环境的知识。实践参与评估的基本假设是:有能力做出有关项目决策的利益相关者需要以有意义的方式参与评估过程。需要注意的是,它与另外一种参与评估方法——变革性参与评估(Transformative Participatory Evaluation)是不同的。实践参与评估的主要目标是支持项目或组织决策以及问题的解决;而变革性参与评估的基本原则在于谋求解放和社会正义,寻求为处于弱势地位的、受压迫的群体赋予权力。[③]

在 2012 年的系统回顾和整合研究中,库森等提出了一个实践参与评估的概念框架,它描述了参与性评估的性质、背景条件和后果,如图 5-6 所示。该框架表明,参与性实践(决策控制、参与的利益相关者的多样性和参与深

---

① J. B. Cousins and L. M. Earl, "The Case for Participatory Evaluation", *Educational Evaluation and Policy Analysis* 14 (1992):397-418.

② J. B. Cousins and J. A. Chouinard, *Participatory Evaluation up Close: An Integration of Research-based Knowledge* (Charlotte: Information Age Publishing, Inc., 2012).

③ J. B. Cousins and L. M. Earl, "The Case for Participatory Evaluation", *Educational Evaluation and Policy Analysis* 14(1992):397-418.

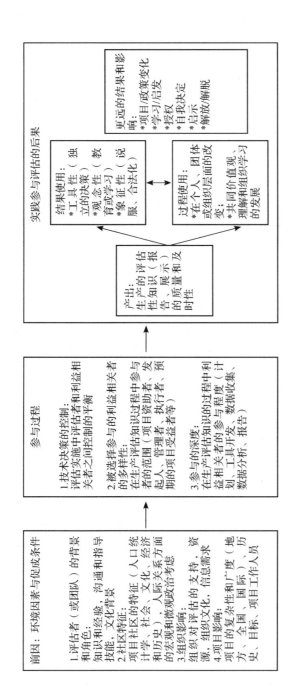

图 5-6　实践参与评估的概念框架

资料来源：J.B. Cousins and J.A. Chouinard, *Participatory Evaluation up Close: An Integration of Research based Knowledge* (Charlotte: Information Age Publishing, Inc., 2012).

度)是由一系列先决环境因素与促成条件(评价者的角色、社区背景、组织影响和项目应考虑的因素)所塑造和影响的,而参与性实践会影响评估知识的生产和评估的使用。需要注意的是,在此框架中,"使用"被定义为包括结果的使用和过程的使用,除此之外,评估还可能产生更远的结果和影响。该框架的一个重要特点是它是循环的,这表明尽管一般来说前因、参与过程和后果之间存在时间顺序关系,但有时也是非线性的。

(二)实践参与评估的步骤与技术

斯密茨(Pernelle A. Smits)等提出了实践参与评估的步骤。[①] 第一,评估环境,识别项目改进的需求。第二,进行互动式数据生产。这是一个与评估者和实践者合作收集数据的过程,同时考虑到每个参与者的价值观,包括给定背景下的科学严谨性、相关性和可行性。第三,知识共建,这是一种以反思和对话的方式将数据转化为知识的过程。在前述合作收集数据的基础上,也以合作的方式对数据进行分析和解释,实践者和评估者各自为疑问的解答做出贡献,并生成共同构建的知识。第四,对行动的当地背景进行分析,这涉及影响评估使用的环境条件。第五,评估使用,这是一个利用潜在知识来作出行动决策的过程。这种知识被称为可操作的知识,行动决策的目标是满足项目改进的需求。

金提供了许多关于进行实践参与式评估的技术和策略。她建议利益相关者以多种方式积极参与,以帮助他们培养自己进行评估的能力。因为以会议、培训课程、与数据收集相关的任务以及与评估者的持续互动等形式进行评估会产生额外的时间要求,所以评估者需要考虑文化和氛围是否支持参与式评估。对利益相关者进行评估培训后,一个必要的后续措施是进行持续监控,以了解这些利益相关者的评估能力是否得到提升。实践参与式评估是一个响应性过程,因为如果临时数据表明需要进行变革,可能就需要做出变革。由于此类决策的方法是一个合作过程,因此,评估者和利益相关者在各个层面进行不断的、有效的沟通就至关重要。应考虑口头和书面报告,并就报告的格式和内容进行联合协作。还应建立咨询小组、开发内部评估基础设施、提高利益相关者使用评估结果的能力以及开展研究活动。[②]

[①] Pernelle A. Smits and Francois Champagne, "An Assessment of the Theoretical Underpinnings of Practical Participatory Evaluation", *American Journal of Evaluation* 29, no.4(2008).

[②] J. A. King, "A Proposal to Build Evaluation Capacity at the Bunche-Da Vinci Learning Partnership Academy", *New Directions for Evaluation* 106 (2005): 85-97.

四、学习型组织评估

学习型组织评估（Learning Organization Evaluation）或为组织学习的评估研究（Evaluative Inquiry for Learning in Organizations）是普雷斯基尔和托雷斯（Rosalie T. Torres）在 20 世纪 90 年代提出的。他们将解释性评估和组织学习相结合，形成了一种新的评估使用模型。

（一）学习型组织评估的含义和逻辑

学习型组织评估的基本含义是：让评估成为组织学习和变革过程的一部分或让评估在组织内发挥更广泛和更有成效的作用。它是一个持续的过程，用于调查和了解关键的组织问题，也是一种与组织的工作实践完全结合的学习方法，强调利用数据为学习和行动提供信息。它引发组织成员利用评估逻辑探索关键问题的兴趣和能力，促进组织成员参与评估过程以及促进组织内个人的专业成长。其不仅是实现组织目标的持续增长和改进的催化剂，也有助于组织成员减少不确定性、明确方向、建立社群并确保学习是每个人工作的一部分。

其基本逻辑可以用图 5-7 来加以阐释。

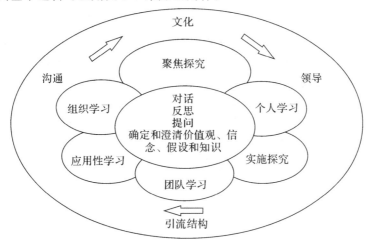

图 5-7 组织学习的评估研究

资料来源：H. Preskill and R. T. Torres, *Evaluative Inquiry for Learning in Organizations* (Thousand Oaks: Sage Publications, 1999).

首先，组织中的学习可以分为三个层面：个人学习、团队学习和组织学习。三者彼此不同但又互相联系，当个人通过对话分享他们的经验、价值观、信念、假设和知识,并参与协作学习时,来自评估的团队学习就发生了。当个人和团队在整个组织中传播他们来自评估中的学习、并因学习而行动时,就发生了组织的学习。而评估可以通过激发和支持提出问题、收集和分析数据、利用从评估中学到的知识来处理重要的组织问题的持续过程,促进所有层面的学习。

其次,学习型组织评估可以分为三个阶段:聚焦评估性探究、实施探究和应用性学习。在聚焦评估性探究阶段,团队成员确定评估工作将解决的问题和关注点、确定利益相关者是哪些以及确定将引导评估调查的问题。在实施探究阶段,组织成员将通过收集、分析和解释解决评估性问题的数据来设计和实现探究;除此之外,他们也提出建议,交流和报告调查的过程和结果。在应用性学习阶段,组织成员将确定和选择行动方案,制订和实施行动计划,监督所采取行动的进展。

再次,存在促进以上评估性探究三个阶段的四个学习过程:对话、反思、提问以及确定和澄清价值观、信念、假设和知识。随着每个探究阶段的实施,组织成员聚集在一起,参与这四个学习过程。对话是激励这些学习过程的燃料,通过对话,个体寻求探究、分享意义、理解复杂问题和揭示假设,个体之间还建立起联系、交流个人和社会的理解,这些都可以指导随后的行为。反思是一个使个人和团体能够回顾他们的想法、理解和经验的过程,反思使团队成员能够探索彼此的价值观、信念、假设和与感兴趣的问题相关的知识。提出问题是变革的核心行为,也是学习型组织的基本特征。提出问题时,意味着获得了有关信息、洞察力、清晰度和方向的机会,而这些信息、洞察力和方向可以更有效地解决问题。简言之,提出问题体现了更深层次的学习。价值观、信念、假设和知识是指导人们日常生活的东西,为了让组织学习,个人和团队必须不断地以公开的方式质疑、测试和验证这些价值观、信念、假设和知识。探索个体的心理模型、知识结构、认知地图、图式、框架和范式有助于我们理解记忆在学习中的作用以及如何预测未来的行动,如果不研究人们思维的基础,人们很容易继续以旧的方式行动,从而限制学习和改变的潜力。通过这四个过程,评估性探究为学习和行动提供了手段,从而导致个人、团队和组织的不断成长和发展。①

最后,评估性调查受到一些基础设施的影响。这些基础设施包括组织的文化,组织的系统和结构,组织的沟通系统,领导层对学习、探究和变革的

---

① H. Preskill and R. T. Torres, *Evaluative Inquiry for Learning in Organizations* (Thousand Oaks: Sage Publications, 1999).

愿景、使命和支持。评估性探究能否成功往往是由这些因素所决定的。

（二）学习型组织评估的步骤和技术

如前所述，学习型组织评估分为三个步骤：聚焦评估性探究、实施探究和应用性学习，每一个步骤都有其主要任务。而其开展的最大特色或做法是结合或通过前述的四个学习过程来实施各阶段和完成各阶段的主要任务，四个学习过程与整个过程紧密地交织在一起。为了实施各阶段和完成各阶段的主要任务，普雷斯基尔等也开发了相应的技术。依据普雷斯基尔等的相关论述，表 5-10 整理了学习型组织评估的步骤及其主要任务、与学习过程的结合以及相应的技术。

表 5-10　学习型组织评估的步骤和技术

步骤		主要任务	学习过程	技术
聚焦评估性探究		定义评估性议题	整个过程中，利益相关者参与对话，反思，提问，确定和澄清价值观、信念、假设和知识四个学习过程，并通过四个学习过程，来考虑和实施各阶段及其主要任务	聚会式对话、小组图片模式建构、开放空间技术、重大事件法
		确定利益相关者		使用问题探索价值观、信念、假设和知识
		确定评估性问题		与利益相关者协商
实施评估性探究	设计探究	数据收集设计		基于文献的讨论
		数据分析、解释设计		
		沟通和报告调查过程和结果设计		
	实施探究	数据收集		解释调查结果的工作会议
		数据分析和解释		
		发展建议		
		沟通和报告调查过程和结果		将评估结果作为吸取的经验教训
应用性学习		选择行动方案		捕获担忧、问题和行动备选方案；运用群件（groupware）技术促进头脑风暴
		制订行动计划		行动计划会议
		执行行动计划和监测进展		解决执行问题

五、授权评估

授权评估(Empowerment Evaluation)是美国学者费特曼等于 1994 年开发的一种评估使用模型。[①] 其后不断发展并被广泛运用,截至 2012 年,已有 14 个以上的国家开展授权评估。[②]

(一)授权评估的含义与理论基础

授权评估使用评估概念、技术和结果来促进改进和自我决策。其扩展定义为:授权评估是一种通过提高项目利益相关者规划、实施和评估他们自己的项目的能力,从而增加项目取得成果的可能性的评估方法。[③] 改进、群体所有权、包容、民主参与、社会公正、群体知识、基于证据的策略、能力建设、组织学习、问责制是授权评估的十项原则,批判性朋友、证据文化、反思和行动循环、学习者团队和反思实践者是其关键概念。

授权评估以授权理论、自我决定理论、过程使用理论以及使用和行为理论作为理论基础。其一,授权理论。授权理论是关于获得控制权、获得所需资源和批判性地理解自己的社会环境的理论。如果一个过程能够帮助人们发展技能,使他们成为独立的问题解决者和决策者,那么这个过程就是授权的。授权方法重新定义了评估人员与目标人群的角色关系。评估人员的角色是合作者和促进者,而不是专家和顾问。授权把评估交给社区和工作人员,在授权评估师的指导下进行自己的评估。其二,自我决定理论。自我决定被定义为在生活中规划自己的道路的能力,它包括许多相互关联的能力,例如确定和表达需求的能力,确定目标或期望的能力以及为实现这些目标确定行动计划、确定资源、从各种备选行动方案中做出理性选择、采取适当步骤追求目标、评估短期和长期成果、坚持追求目标等方面的能力。其三,过程使用理论。该理论认为在评估过程中所发生的学习将导致评估参与者的思维和行为的变化。参与评估的经历使他们学会了评估性思维,进而使得他们更有可能根据自己的评估数据做出决定并采取行动。其四,行动理论和使用理论。行动理论通常是关于一个项目或组织如何运作的支持性的

① D. M. Fetterman, "Empowerment Evaluation", *Evaluation Practice* 15, no. 1 (1994):1-15.
② M. C. Alkin, *Evaluation Roots: A Wider Perspective of Theorists' Views and Influences* (Thousand Oaks: Sage Publications, 2012).
③ D. M. Fetterman, S. J. Kaftarian and A. Wandersman. *Empowerment Evaluation: Knowledge and Tools for Self-Assessment*, *Evaluation Capacity Building*, *and Accountability* (2nd ed.) (Thousand Oaks: Sage Publications, 2015).

操作理论,而使用理论是实际的项目现实,是利益相关者的可观察行为。这两种理论被用来确定理想与现实之间的差异。参与授权评估的人在一个阶段创建行动理论,并在稍后阶段根据现有的使用理论对其进行测试。由于授权评估是一个持续不断、反复的过程,利益相关者在不同的微循环中,根据使用的理论来测试他们的行动理论,以确定他们的策略是不是按照建议或设计来实施的。授权理论对授权评估者或促进者的角色有着不同于传统评估者的含义;自我决定理论有助于详细说明实现授权的具体机制或行为;过程使用通过将方法交给社区和工作人员来培养所有权,代表了在实践中授权评估的基本原理或逻辑;而使用和行动理论的结合解释了授权评估如何帮助人们产生期望的结果。

(二)授权评估的步骤和技术

授权评估是一个学习者团队驱动的过程,分为三个步骤,包括帮助一个团体确立其使命、评估其状况和规划未来。

1. 确立使命

首先团队成员就其使命或价值达成共识。这给了他们一个关于什么对他们重要、他们想去哪里的共同的愿景。授权评估员通过要求参与者生成反映其使命的陈述来促进这一过程。团队成员和授权评估员通过一些短语来起草使命陈述,然后,把形成的使命陈述草案分发给团队成员,要求他们批准和/或根据需要提出具体的措辞修改建议。形成的使命陈述的共识以共同的价值观使团体紧密联系,有助于该团体清楚地考虑其自我评估和未来计划。

2. 评估状况

在对使命达成共识后,团队成员开始评估他们的努力(在一套共同价值观的背景之内)。首先,需要形成待评估的活动的优先顺序。授权评估员帮助他们列出完成组织目标或项目目标所需的重要活动,并形成一个清单;然后授权评估员要求每位参与者按照重要性对这些活动进行排序;最后形成待评估的活动的优先顺序。

其次,授权评估员要求团队中的参与者使用量表,对他们所选的每项活动进行评分。评分完成后,将所有参与者对所有活动的评分整理在一个表中,从"行"和"列"分别计算出平均值。从"行"(横向)来看,团队可以看到谁是典型的乐观主义者或悲观主义者,这有助于团队衡量或评估每个成员的评分和意见,它有助于群体建立规范。从"列"(纵向)来看,平均值为团队提供了一个关于事情进展得多好或多差的综合视图。

　　最后,授权评估员促进关于打分的讨论和对话,询问参与者为什么给某项活动打那样一个分数。关于评分的对话是这个过程中最重要的部分之一。除了澄清问题外,还获得了支持观点的证据,"碰不得的东西"在对话中浮出水面并接受审查。此外,具体说明评分的理由或证据的过程为团体在规划该过程的未来步骤(例如确定下一步需要做什么)中提供了一种更有效和更集中的方式。团队不必列出一份可能与当前问题有关、也可能与当前问题无关的战略和解决办法的冗长清单,而是把精力集中在对话或交流中提出的针对评分偏低的具体关切和原因上。

　　3. 规划未来

　　许多评估在"评估状况"阶段结束。然而,"评估状况"只是评估下一阶段的一个基准和出发点。在打分和讨论之后,需要针对这些发现明确需要做些什么,即进入计划未来阶段。这一步包括制定目标、策略和可信的证据。目标与评估步骤中选择的活动直接相关。例如,如果"沟通活动"被选择、打分和讨论,那么沟通(或"改进沟通")应该是目标之一。就策略来说,如前所述,这些策略也是在评估讨论中产生的。例如,如果"沟通活动"的得分很低,并且原因之一是团队从来没有会议议程,那么在"规划未来"的工作中,拟定议程可能成为一项被建议的策略。可信的证据则指明确对这些策略的实施和后果进行监测的办法,以确定策略是否正在实施以及是否有效。由此,通过提高项目团队成员规划、实施和评估他们自己的项目的能力,从而提升项目取得成果的可能性。

简要评析

　　自 20 世纪 70 年代以来,强调评估结果使用的实用主义政策评估流派得以兴起。该流派以实用主义哲学为基础,认为应对促进各种潜在用户对来自评估结果或其过程的信息加以适当运用,以作出决策、改变态度、证实以前的决策或行动,或者培养个人或组织的评估能力。他们提出了多种具有影响力的评估方法,研究了评估使用的形式,探索了影响评估使用的因素并构建了评估使用的理论模型。

　　这一理论流派的成果在西方政策评估历史上具有重要的意义。作为现代社会的一项发明,评估应该体现其价值。评估不仅要求获得评估结果,还应帮助改变决策,与经济和社会的进步、努力向上和做得更好的愿景联系在一起。实用主义理论流派显然弥补了实证主义政策评估理论流派和建构主义政策评估理论流派忽视评估结果的应用的不足,为实现评估的价值和使命提供了理论和方法。难能可贵的是,由于一直以来评估领域更多的是探讨"如何进行评估",建立的多是"规定性理论",而实用主义理论流派除了对评估方法进行研究之外,还探索了影响评估使用的因素和构建了一些评估使用的描述性理论模型,一定程度上为评估领域的"描述性理论"的开发做出了贡献。而对于评估的未来发展来说,它还为 21 世纪初出现的"循证政策评估"奠定了一定的基础。

但是,评估使用的研究也还存在诸多的不足之处。正如评估先驱阿尔金所说:"即使到现在,评估使用理论仍然处于起步阶段。"[1]一方面,实用主义评估理论家提出的评估方法还有待于改进。斯塔弗尔比姆等曾从有效性、可行性、适用性、准确性和评估问责等方面对一些方法进行评价。就实用主义评估中两个影响最大的评估模型来说,CIPP 模型在有效性、可行性、适用性、准确性方面都有良好表现,但在评估问责方面还显得不足;以利用为中心的评估在有效性、可行性方面表现良好,但在适用性、准确性和评估问责等方面表现一般。因此,相关方法都还存在进一步优化的空间。另一方面,实用主义政策评估流派虽然探索了一定的"描述性理论",但距离经过验证的、可提供解释和预测的"描述性理论"还有很长的路要走。例如布兰登等在回顾相关研究后指出:"关于目前评估使用研究的质量有问题,这些研究在确定数据收集工具的有效性方面普遍薄弱……就整体而言,没有充分的科学可信性。如果评估人员希望改进他们研究的使用,应更加注意方法的严谨性。"[2]因此,未来还需要更多的研究,来丰富和完善这一理论流派。

---

[1] Jean A. King and Marvin C. Alkin, "The Centrality of Use: Theories of Evaluation Use and Influence and Thoughts on the First 50 Years of Use Research", *American Journal of Evaluation* 40, no.3 (2018): 1-28.

[2] P. R. Brandon and J. M. Singh, "The Strengths of the Methodological Warrants for the Findings on Research on Program Evaluation Use", *American Journal of Evaluation* 30 (2009): 123-157.

第六章 批判复合主义政策评估理论及其方法

20 世纪 70 年代和 80 年代,后实证主义评估和建构主义评估都得到了不同程度的发展,然而,由于缺乏共同的哲学基础和对各自方法的坚持,导致出现了旷日持久的"范式战争",后实证主义与建构主义、事实与价值、定量方法与定性方法的争论持续分裂着评估之家。因此,如何调和、协调和整合后实证主义评估和建构主义评估便成为重要的研究主题。20 世纪 80 年代特别是在 20 世纪 90 年代,一些学者以批判性复合主义为哲学基础,探索调和、协调和整合后实证主义评估和建构主义评估,出现了批判复合主义政策评估理论流派。这一流派的理论与方法也对西方政策评估理论与方法的发展产生了重要的影响。本章将对批判复合主义政策评估的含义、背景、哲学基础、重要理论成果及其主要的方法进行系统梳理。

第一节 批判复合主义政策评估的含义与哲学基础

一、批判复合主义政策评估的含义

事实上,在西方政策评估文献中,并没有学者明确指出"批判复合主义政策评估"(Critical Multiplism Policy Evaluation)这一流派,或者明确将自己归为"批判复合主义政策评估"阵营。但在 20 世纪 80 年代和 90 年代,受"范式战争"的影响,在"一个创造性和思维分歧的时代和一个被认为尚未确立标准实践的可能性的时代"[①],一大批学者自发地投入到反思单一范式或

---

① Donna M. Mertens, *Mixed Methods Design in Evaluation*(London:Sage Publications,2018).

单一方法的局限、加强交流和对话并谋求协调和整合的努力中。总的来看，这些学者的观点具有如下两个基本特点：其一，以"批判复合主义"（Critical Multiplism）为理论基础。认同多元操作主义、多重方法研究、多重分析综合、多变量分析、利益相关者的多重分析、多角度分析以及多媒介交流的指导方针和规则。其二，其目的是调和后实证主义评估与建构主义评估的分歧，试图整合两种范式及其相应方法，以避免持续的争论和提升政策评估的效用。这也是西方政策评估发展历史上第一次谋求理论整合和方法整合的努力。

　　基于此，本书将批判复合主义政策评估界定为：以批判复合主义为理论基础，主张多元操作主义、多重方法研究、多重分析综合、多变量分析、利益相关者的多重分析、多角度分析以及多媒介交流，谋求整合不同评估范式和评估方法，以提升评估的可信性和洞察力。

二、批判复合主义政策评估的哲学基础

　　如前所述，批判复合主义政策评估以批判复合主义为哲学基础。"批判复合主义"一词最早是由美国评估学者库克提出的。1985 年，库克在《后实证批判复合主义》一文中明确提出"批判复合主义"的概念和基本观点。[①]其后，在库克与霍茨（A. Houts）和沙迪什等人的不断努力下，进一步发展和丰富了该理论。

　　从更深层次看，批判复合主义的出现是源于对已有理论的批判和对批判现实主义（Critical Realism）的吸收。以往在社会科学中称霸的实证主义元理论被其追随者证明在逻辑上是站不住脚的，甚至不能严格地公式化。从各种观点来看，它在认识论上是不可靠的，它不是物理学等高级科学结构的准确描述，而且它在重建科学的经验历史方面严重不足。除此以外，在评估中，还存在某种隐性实证主义者，他们相信评估方法可以对项目中的真实情况给出明确的答案，他们对科学抱有天真的假设：科学几乎是无误的，总是在进步，每分配一美元就会产生不断增加的回报，并成功地自我监控和自我纠正。这显然是高度理想化的。而建构主义、自然主义探究、解释学、实用主义、后现代主义等"每个都在自己的地盘上立了桩，或多或少大胆地宣称自己是王位的第一顺位继承人，但没有一个获得了广泛的学术认可……

---

① T. D. Cook，"Postpositivist Critical Multiplisrn"，in L. Shotland and M. M. Mark（eds.），*Social Science and Social Policy*（Newbury Park：Sage Publications，1985）.

它们都有重大的问题"①。总的来看,由于人类知识和行动有限的必然特征,所有的科学方法都是不完美的;而包含了相应方法的以上理论或范式的狭隘性,更是加剧了"失败"的严重性。而批判现实主义为库克等人提供了思想资源,"我是一个批判现实主义者……这意味着我相信外面有一个真实的世界,但是没有完美的方式进入这个真实的世界,所以我们所有的知识主张都是天生不完美的,并且有些比其他的更不完美。当你从这个角度出发时,你需要做的是对这个世界进行三角测量(triangulate),而不是声称你已经对它进行了评估。你需要对你使用的方法、收集信息的人、收集信息的时间等进行多样化"②。

从批判复合主义相关理论家的论述中,可以发现其蕴含着以下本体论、认识论、价值论和方法论假设。

（一）本体论假设

由于批判复合主义者以批判现实主义为基础,因此对世界和对现实的认识与批判现实主义保持一致。他们都认为存在一个真实的世界,世界是客观存在的。

（二）认识论假设

批判复合主义者认为,虽然存在一个真实的世界,但是人类不可能以其不完美的感官和智力能力真正感知现实世界。因此,关于现实的主张必须受到尽可能广泛的批判性检验(例如学者的批判)以促进尽可能接近地理解现实。对于真理而言,他们认为真理最终是不可知的,因为它不能宣称有任何绝对权威的基础来建立科学知识,因此,知识主张是适度的,并被视为有根据的主张,因为它们代表了人类现象的既定规律或概率,而不是支配行为的普遍规律。如果科学知识主张得到客观证据的支持,并且其论点可信、连贯和一致,那么科学知识主张获得了正当性。正当性为现象的存在和性质提供了很好的证据。如果一项知识主张被认为既符合已知的现实(在近似意义上),又是行动的良好基础,那么它就获得了正当性。而且,批判复合主义者还将科学知识等同于理论,理论被解释为一个模型或一张巨大的渔网,

---

① W. Shadish，"Critical Multiplism: A Research Strategy and Its Attendant Tactics"，*New Directions for Program Evaluation*，no. 60(1993): 13-57.

② Melvin M. Mark, et al. , "The Oral History of Evaluation: The Professional Development of Thomas D. Cook"，*American Journal of Evaluation* 39，no. 2(2018):290-304.

其中包含了结构或变量之间复杂的、相互作用的关系。关系被认为是复杂的、多元的和互动的。

（三）价值论假设

批判复合主义者认为，被视为"存在"的现实或多或少可以被客观化以供研究，客观性的概念仍然是所有研究的基础，但他们也认识到科学中价值观和主观性的重要性。

批判复合主义者认识到，所有研究都是社会性的，必然带有价值。价值依赖受到批判复合主义者的欢迎，他们认识到个人激情和智力承诺既能推动探究，又能保护知识主张不被过早放弃。尽管客观性的概念仍然是支撑所有探究的规范性理想，但人们认识到，任何给定的概念或多或少都是客观的，也或多或少都是主观的。这一认识使研究人员能够从各种不同的角度进入：相互进行富有成效的讨论、批评和评估，这是批评复合主义的标志。[①]事实上，客观性可能被视为科学家相互批评的社会结果。

主观性的重要性在批判复合主义中得到了承认。他们不是把人等同于无生命的物体，而是在人所处的背景中研究他们。此外，他们还认识到许多主观观点（批评就是一个例子）结合起来形成了更客观的观点。在某种意义上，偏见的来源部分被中和，因为主观观点结合起来形成了更客观的观点。在定性访谈中，主观经验被重视，并有助于在更抽象的层面上识别现象。然而，通过研究和识别，这些现象在一定程度上变得客观化了。要言之，在批判复合主义者看来，科学研究中既有事实成分，也有价值成分，"价值中立"的观点是不正确的。

（四）方法论假设

首先，可以从"批判"和"复合"的概念来理解批判复合主义者的方法论假设。在他们看来，"批判"是指理性的、经验性的、因而具有内在社会性的努力，以确定为研究一种现象而选择的方法和理论选项中存在的假设和偏见。批判的概念隐含着认识到没有一种正确或完美的科学方法，因为所有方法都有局限性。同样，从这些方法得出的理论也有其固有的局限性。因此，批判复合主义者主张将不完美的方法和理论组合在一起，尽量减少持续

---

① D. Phillips，"Subjectivity and Objectivity：An Objective Inquiry"，in E. Eisner and A. Peshkin （eds），*Qualitative Inquiry in Education：The Continuing Debate*（New York：Teachers College Press，1990），pp. 19-37.

的偏见。"偏见"是指一种"遗漏或疏忽的错误,它使我们的知识在某些看似合理的方面是错误的或误导性的,或者没有某些看似需要的知识"①。而"复合"则指研究问题通常可以从多个角度来处理,而且经常没有一种方法是公认的最佳方法。因此,应使用多个视角来定义研究目标、选择研究问题和研究方法、分析数据并解释结果。方法(即定性和定量方法)是基于所述研究问题和知识主张,通过建立不同角度的对应关系和制定研究问题的方式来选择的。"复合"的一个假设是研究人员了解不同研究方法的优缺点。选择合理的选项,以补充迄今为止进行的研究中观察到的局限性,从而确保从广泛的角度对研究问题进行彻底检查。② 研究问题、研究设计、数据分析和实质性解释都应该从各种各样的理论角度(包括公开的对立的观点)进行公开审查。③

其次,还可以从"批判"和"复合"的措施上来理解他们的方法论假设。这些措施包括:其一,多元操作主义。运用多维方法对政策组成部分及其变量进行分析或者从多维角度运用两种或两种以上的方法对同一对象进行分析,从而加强和提高知识观点的合理性。它避免了由于单一地操作而带来的片面性。其二,多重方法研究。运用多种方法来考察政策过程及其结果(例如,同时使用组织机构的文件、寄发式调查问卷和民族志式的面谈)或从两种或两种以上的机构获取数据对同一个对象进行多维分析,从而使知识观点更加合理。多重方法研究远远超出了实证主义,它反对使用不切实际的单一量化分析,而是把量化分析与定性观察有机地整合在一起。其三,多重分析综合。对政策和项目的分析材料进行综合和批判性评估或通过对政策在不同情况下对不同人群所形成的影响结果进行考察,从而增进知识观点的合理性。多重分析综合被认为是研究的综合、整体研究的回顾及中介分析,这对那些只强调政策相关知识共性的单一的、权威的分析提出了挑战。其四,多变量分析。对政策模型中所包含的多个变量进行分析或通过系统的检验、剔除或综合那些可能对政策结果构成影响的政策之外的变量,从而提高知识观点的合理性。其五,利益相关者的多重分析。对多种政策利益相关者,即那些在政策或项目中起影响作用以及受其影响的群体和个

① W. Shadish,"Critical Multiplism: A Research Strategy and its Attendant Tactics", *New Directions for Program Evaluation*,no. 60(1993):13-57.
② T. D. Cook,"Postpositivist Critical Multiplisrn", in L. Shotland and M. M. Mark (eds.), *Social Science and Social Policy* (Newbury Park: Sage Publications,1985).
③ A. Houts, T. Cook and W. Shadish,"The Person-situation Debate: A Critical Multiplist Perspective",*Journal of Personality* 54, no. 1(1986): 52-105.

人的解释性建构和观点进行调查。通过对现实(自然主义的)政策环境下存在的问题及其解决方法在因果和伦理方面的表现形式进行多维观察,能够大大增加知识观点的合理性。其六,多角度分析。通过从多种角度(伦理、政治、组织、经济、社会、文化、心理、技术等)对政策或项目进行分析并加以综合。通过对问题及其解决方法的表现形式进行多维观察,从而提高知识观点的合理性。其七,多媒介交流。评估人员所使用的多种交流媒介在证实知识与评估结果的使用方面起着非常重要的作用。灵活运用学术文章、著作、专题性文章、政策备忘录、执行情况总结、新闻稿、报纸上公开发表的文章、会议、电话交谈、座谈会、情况汇报和听证等媒介以及灵活使用专业语言和普通语言,才能加强知识的政策相关性和促进政策制定者及利益相关者对结果的使用。[①] 除此以外,还应注重多种理论和多种框架解释,即使用多种理论和价值框架来解释研究问题和结论;设计基于多个相互关联研究的研究方案;运用多个分析员检查重要数据集的可取性等。

第二节　批判复合主义政策评估的产生与发展

在了解了批判复合主义政策评估理论的哲学基础后,为了对批判复合主义政策评估理论有更全面的了解,还需要把握其产生与发展的历程。本节从批判复合主义政策评估产生的背景、理论演变、主要的理论家及其开发的理论模型或框架等方面阐述建构主义政策评估理论的产生与发展。

一、批判复合主义政策评估产生的背景

(一)现实背景

从现实上看,20 世纪 70 年代和 80 年代西方国家政策和项目评估日益产业化和学术化。各国政府和立法机构对政策和项目评估起到了很大的推动作用。以美国为例,美国政府和国会出台了多种关于政策和项目评估的命令和立法。这些要求促使各级政府提高评估人员素质、增加评估人员数量。各州以及当地政府的评估人员大大增加,以适应与联邦政府部门协作的援助项目大大增长的需要。通常大量的评估活动要求政府各个机构寻求私人公司的帮助,反过来又促成私人部门大量参与有利可图的评估活动,并

---

① ［美］威廉·N.邓恩:《公共政策分析导论》,谢明等译,中国人民大学出版社,2002,第 5-8 页。

最终导致评估产业的形成。最终国会本身甚至成为政策和项目评估的一个主要机构,作为国会的独立审计和评估机构的总审计局被公认为是联邦政府那些最复杂、最可信的评估研究的来源,国会为此还成立了国会预算局和技术评估局。而且,20 世纪 70 年代,政策评估也成为西方社会科学界的一个重要学术领域,在 20 世纪 80 年代,政策评估已经成为美国社会科学中最有活力的前沿阵地。在此期间,主要的大学纷纷建立了政策研究机构,提供数据,并为不断扩大的评估市场培养人才。各个不同专业特别是政治学科和经济学科的大学毕业生,蜂拥进入政策研究领域。在此过程中,"分析和评估"字眼成为集合那些与政府项目和行为有关的专业管理者与专家的图腾。①

另一个重要的现实背景是产生于 20 世纪 70 年代末期的"新公共管理"运动进一步在公共管理领域推进。"顾客导向"和"结果导向"的理念进一步深入人心,评估作为提高绩效、实现责任、提高客户满意度和优化政策的手段,得到了越来越多的运用。除此之外,为了缓解财政危机,"新公共管理"还推动各个政府压缩政府规模,减少某些公共服务,削减某些政策或项目。之前的自由派政府运用评估来创立新的政府项目,而持"新公共管理"理念的保守派政府也发现评估这一经验分析工具可以用来取消某些公共项目,甚至可以中止政策分析家们帮助创立的一些项目。保守派本身也成为评估的主要用户。② 总的来说,从现实来看,政策和项目评估在 20 世纪 70 年代和 80 年代赢得了新的、更重要的地位。

(二)理论背景

然而从理论的角度来看,政策评估却表现出另外一种形象。虽然 20 世纪 70 年代和 80 年代后实证主义评估和建构主义评估都得到了不同程度的发展,然而,由于缺乏共同的哲学基础和对各自方法的坚持,导致出现了旷日持久的"范式战争"。不少评估学者都对这场"战争"及其激烈程度进行了描述。马克描述道:"在过去 20 年中,评估领域的大部分精力和智力资本都花在了小规模冲突以及定性和定量范式倡导者之间的和平谈判上。范式之战已经成为众多全体会议、总统演讲、论文、章节、卷和走廊对话的主题。有时,这场战争中的战斗人员争辩说,双方之间不可能和解。例如,林肯认为'范式之间的协调是不可能的。行动、过程、话语、被认为是知识和真理的东

① [美]弗兰克·费舍尔:《公共政策评估》,吴爱明、李平译,中国人民大学出版社,2003,第 5 页。
② [美]弗兰克·费舍尔:《公共政策评估》,吴爱明、李平译,中国人民大学出版社,2003,第 5 页。

西的规则是如此的不同,以至于,尽管在程序上我们似乎在进行同样的探索,但事实上我们被引导到了极为不同、完全不同、与众不同和完全对立的目的'。'千差万别、迥然不同、与众不同、完全对立'这一短语中的重复性反映了人们争论的强烈程度。……评估的理论和实践已经变得相当分裂……有人认为不同方法的数量足够多,可能超过巴尔干地区实际存在的国家数量。"[①]在这场战争中,有的是针对定量方法和定性方法的争议,"辩论者们用排他性的术语定义了这个问题,要么将定量方法贬为恐龙的地位,要么哀叹定性方法为数学文盲"[②]。有的则是较为深层次的主张之间的冲突,例如事实与价值、逻辑与直观、主观与客观等之间的辩论。而更深层次的则是范式之间的争论,"令人惊讶的是看到两个范式,如同相扑选手,试图将对方推出搏击场"[③]。尽管可以对这种争论做出积极的解释:这可能是一个领域处于令人兴奋的智力发展时期的标志,但其无疑具有强大的消极影响——它不仅使潜在客户甚至评估者面临方法选择的迷茫,也使评估领域面临不和谐的局面,影响了理论的一致性。更关键的是,由于特定范式或方法的不可避免的局限性,偏执于某种范式或方法将影响评估的效用。

简言之,虽然 20 世纪 70 年代和 80 年代政策评估赢得了新的、更重要的地位,但是由于"范式战争"、缺少协调导致其实际作用越来越受到质疑。因此,加强理论、方法的对话,进行协调和整合便是时代的呼声了。

二、批判复合主义政策评估产生与发展的历程

从已有的文献来看,批判复合主义政策评估产生与发展采取了两条路径,或者说,在两个领域几乎同时展开:一是政策评估领域,二是政策分析领域。以下从这两条路径分别梳理批判复合主义政策评估产生与发展的历程。

(一)政策评估领域

1.最初的尝试(20 世纪 80 年代中期前)

在政策评估领域中,在 20 世纪 70 年代初期谋求整合定量方法和定性

---

① M. M. Mark, et al., "Toward an Integrative Framework for Evaluation Practice", *American Journal of Evaluation* 20, no. 2(1999): 177-198.

② T. E. Hedrick, "The Quantitative-qualitative Debate: Possibilities for Integration", *New Directions for Evaluation*, no. 61(1994): 45-52.

③ L. E. Datta, "Paradigm Wars: A Basis for Peaceful Coexistence and Beyond", *New Directions for Evaluation*, no. 61(1994): 53-70.

方法的努力便已经开始了。1973 年,西伯(S. Sieber)就讨论了实地研究和测量方法的整合;1974 年,坎贝尔将定性认知作为行动研究的一部分进行了讨论。1979 年,库克等编辑了一本被广泛阅读的关于定性和定量方法的书——《评估研究中的定性方法与定量方法》。他们认为,定性方法和定量方法两者存在协调的基础。从个人角度看,每一个评估者都既在做定性判断,也在做定量判断。在实践中,定量的评估者总是使用定性的判断,而定性的评估者也会得出类似于"这个比那个多""这个比那个大"的定量判断。从认识论上看,基于批判现实主义的观点,定量方法和定性方法的大多数观点都认为存在真实的世界。因此,两者在非常基本的认识论层面上有很多共同点。甚至可以说,定量方法和定性方法之间的共同点远大于差异。定性方法和定量方法都应属于一个大帐篷,否则就不会有富有成效的评估。①到 1981 年,路易斯(K. S. Louis)提出整合定量和定性方法的新的途径,并在实际评估中进行了试用。早期的评估者通常将定性方法和定量方法作为回答不同问题的不同方法,希望在同一评估中使用两者。

2. 批判复合主义的提出(20 世纪 80 年代中期)

早期的评估者虽然提出了一些整合定量方法和定性方法的可能性和做法,然而这些都只是一些尝试性的或者技术性的,并没有提供整合的理论基础、方法论或者战略(strategy)。因为正如库克所指出的那样,科学家们从包括了关于适当的问题类型和被偏好的方法类型的建议的范式中学习,而每种范式都有自己特定的信仰、哲学基础和特定的方法而排斥其他的信仰、哲学基础和其他的方法,于是各种范式都具有一定的局限性和狭隘性,因而必然会产生因遗漏和过失等错误进而产生有偏见的研究。因此,评估领域更迫切的需求之一就是制定战略,以发现所有科学方法中不可避免的存在的遗漏和过失偏见,并确保它们在研究或研究文献中不会朝着同一方向运行而得出有偏见的结论。

基于批判现实主义和测量中的多重操作主义观念,库克和沙迪什等人在 20 世纪 80 年代中期提出了一种的新的战略——批判复合主义。批判现实主义的观点在本章第一节已有所描述,在此不再赘述。测量中的多重操作主义为坎贝尔等在 20 世纪 50 年代末期提出,它认为在测量中,任何单一的测量都会包含不同种类的偏见,因此,没有一个单一的测量是一个建构的完美代表。而使用多种测量方法有助于调查人员记录关于如何测量某物的

---

① T. D. Cook and C. S. Reichardt(eds.), *Qualitative and Quantitative Methods in Evaluation Research* (Newbury Park: Sage Publications, 1979).

一致意见和分歧,记录调查结果中的差异,并补偿任何特定操作特有的错误和差异。而测量中的多重操作主义的原理同样适用于科学中所有任务的执行。

简言之,作为一种新的战略,批判复合主义主张科学家以最小化恒定偏见(constant biases)的方式将不完美的方法和理论组合在一起。[①] 复合主义指的是这样一个事实,即科学中的任何任务通常都可以通过几种方式中的任何一种进行,但在许多情况下,没有一种方式是公认的最佳方式。在这种情况下,复合主义者主张对研究中存在不确定性的方面进行多样化研究,以便以几种不同的方式执行任务,每种方式都受到不同的偏差的影响。批判论则是指理性、实证和社会努力,以确定所选方案中存在的假设和偏差。把这两个概念放在一起,可以说批判复合主义的核心原则就是:当不清楚某项科学任务的几个可解释选项中哪一个的偏差最小时,我们应该选择多个选项,以便我们的选项能反映不同的偏差、避免恒定的偏差,并且能不忽视任何可能的偏差。如果多个选项在不同偏差的操作中产生相似的结果,就会增加研究者对结果的信心;如果研究者以不同的方式完成任务时出现不同的结果,那么如果要解释为什么会发生这种情况,研究者就需要解决一个经验和理论问题,但避免了得出某一特定知识是可信的草率的结论。

由此,批判复合主义的提出和发展就为定量评估者和定性评估者提供了一个都可以接受的共同理论基础和统一的方法论或战略。这为"让我们解决当前许多关于范式的毫无结果的辩论提供了一种方式"[②]。

3. 定性与定量结合的探索(20世纪80年代中期至80年代末期)

尽管批判复合主义的提出和发展为定量评估者和定性评估者提供了一个共同的理论基础和方法论,然而在评估到底如何结合定量方法和定性方法方面还需要进一步探索。在20世纪80年代中期至80年代末期,一些学者提出了在评估中结合定量方法和定性方法的情景和途径。

M. 史密斯(M. Smith)描述了定量方法与定性方法可被有效结合的情况,当评估对象(政策或项目)必须被描述、定性研究的结果可以扩展、开展有针对性的案例研究、三角测量将提高评估的有效性、多项研究的设计可以相互提供信息以及需要关注不同受众的信息需求等时刻,结合定量方法和

[①]　T. D. Cook,"Postpositivist Critical Multiplisrn", in L. Shotland and M. M. Mark (eds.), *Social Science and Social Policy* (Newbury Park: Sage Publications, 1985).

[②]　W. Shadish, "Critical Multiplism: A Research Strategy and Its Attendant Tactics", *New Directions for Program Evaluation*, no. 66(1993):13-57.

定性方法将特别适合。

马克等结合已有研究,提出了评估者可以采取的、走向多种方法的几种备选途径。一是三角测量途径(Triangulation Model)。该途径强调通过一组尽可能不同和独立的方法来度量给定的属性,通过三角测量,与建构相关的方差最大化,而方法的不必要贡献往往相互抵消,从而以最好的方式得到感兴趣的建构。二是括号途径(Bracketing Model)。该途径认为三角测量途径强调多种方法的结果会收敛于某个答案的做法可能会产生误导,建议将不同方法的结果都视为正确答案的备选估计。也就是说,多种方法的价值不在于收敛于单个答案,而在于提供可能包括正确答案的一系列估计。括号模型的最佳使用要求所用方法的偏差呈现相反方向,最好每个方向的误差都很小。三是互补目的途径(Complementary Purposes Model)。该途径认为,在使用多种方法之时,让每种方法执行不同但互补的功能。它包括几种(概念上重叠的)变体。第一种变体侧重于对备选任务使用不同的方法,例如定量和定性方法可以处理相应的备选任务。第二种变体可以被描述为增强解释性,例如定性研究的叙述可以用来使定量研究的统计结果更容易理解和更好地交流,或者定性叙述作为主要的评估方法,而定量证据用来澄清和支持叙述。第三种变体再次选择一种给定方法作为主要评估方法,但使用第二种方法来评估威胁对主要方法有效性的合理性。例如可以采用时间序列准实验作为主要方法,但补充定性访谈,以评估准实验中测量工具作为有效性威胁的合理性。第四种变体是使用多种方法来调查备选的分析层次。例如,一位对抑郁症感兴趣的研究人员可能会在社交互动层面上使用同行报告作为衡量标准,而在生理层面上使用血液样本的生化测试作为衡量标准。[①]

而格林(J. C. Greene)等则开发了一个面向混合方法评估设计的概念框架。在该概念框架中,他们认为混合方法评估具有五个目的:三角测量、互补、发展、触发和扩展。三角测量寻求不同方法结果的收敛性、佐证性和一致性;互补寻求一种方法的结果对另一种方法的结果的细化、增强、说明和澄清;而发展则寻求使用一种方法的结果来帮助发展另一种方法或为另一种方法提供信息;触发寻求发现悖论和矛盾及发现新的视角,用另一种方法的问题或结果来重铸一种方法的问题或结果;扩展旨在通过使用不同的

[①] M. M. Mark and R. L. Shotland, "Alternative Models for the Use of Multiple Methods", in M. M. Mark and R. L. Shotland (eds.), *New Directions for Program Evaluation no. 35* (San Francisco: Jossey-Bass, 1987).

方法和不同的探究元素来扩展探究的广度和范围。他们还提出了混合方法设计的七个要素:方法要素,即为给定研究选择的定性和定量方法在形式、假设、强度、限制或偏差方面彼此相似或不同的程度;现象要素,即定性和定量方法旨在评估完全不同的现象或完全相同的现象的程度;范式要素,即在相同或不同范式中实现不同方法类型的程度;地位要素,即定性和定量方法相对于研究总体目标具有同等重要或中心作用的程度;实施的独立要素,即定性和定量方法在评估实施中的独立的程度;实施的时间要素,即定性和定量方法在评估实施中的顺序,如并行还是先后顺序;研究要素,即在一项研究中混合还是分别运用单一方法进行多项研究后混合。最后他们还针对五个目的中的每一个,根据七个相关设计要素提出了推荐设计。[①]由于之前运用混合方法进行的评估很少,他们的概念框架推动了混合方法评估的发展。

4.20 世纪 90 年代的努力

虽然前一阶段一些学者提出在评估中结合定量方法和定性方法的情景和途径,然而对于如何对范式进行整合以及开发出具有整合性的评估框架等问题还探索不足。进入 20 世纪 90 年代以后,一些学者针对以上问题进行了进一步的研究。在此期间,影响较大的成果包括古巴主编的《范式对话》一书、沙迪什发表的《批判复合主义:一种研究战略及其相应策略》、赖查特(Charles S. Reichardt)等在《评估新方向》杂志上编辑的一期论文以及马克等撰写的《走向评估实践的整合框架》一文。

如前所述,"范式战争"不仅仅是定量方法和定性方法之争,更深层次的是指导行动的基本信念集——范式之争。为了应对各范式之间的争议、促进各范式之间的对话和协调,1989 年 3 月在旧金山举行了一次学术会议。会后,古巴将有关参会学者的论文和观点编辑成册,命名为《范式对话》。书中主要对三种"王冠"竞争者——后实证主义、批判理论和建构主义进行了讨论,特别是探讨了与它们之间关系相关的特定主题:它们之间的协调可能性、道德、善良标准、实施、知识积累、方法论、培训和价值观。在结论中,古巴表达了希望,他认为三种范式之间的分歧可以被一种"更有见识"和"更复杂"的元范式所超越。[②]然而,令人遗憾的是,即便在他随后几年的研究中,

---

①　J. C. Greene, V. J. Caracelli and W. F. Graham, "Toward a Conceptual Framework for Mixed-method Evaluation Designs", *Educational Evaluation and Policy Analysis* 11, no. 3 (1989): 255-274.

②　E. Guba, *The Paradigm Dialog* (Beverly Hills: Sage Publications, 1990).

也未能明确指出这种元范式到底是什么。

沙迪什进一步研究了批判复合主义及其在评估中的应用问题。尽管批判复合主义作为一种理论基础已被人们所认识,然而人们对这一理论如何在评估中加以应用还知之甚少。沙迪什提出了将批判复合主义运用于评估的指导原则,并且阐述了如何将批判复合主义运用于评估的七项具体任务(问题形成、理论或模型选择、评估设计、数据分析、结果解释、评估综合和评估利用)中。由此,批判复合主义不仅在"战略"层面得到阐述,在"战术"层面也得到了阐发。

引人注目的是,1994 年赖查特等在《评估新方向》杂志上以《定性定量辩论:新的视角》为主题编辑了一期论文,探索了一些整合定量方法和定性方法的视角。其中,豪斯认为,可以通过关注评估内容和评估论点的性质实现更好的整合。[1] 赫德里克(Terry E. Hedrick)区分了评估的三个层次(评估范式、评估设计和评估方法)的差异,并指出,在每一个层次上,定性和定量研究之间的不同程度的整合都是可能的。[2] 达塔(Lois Ellin Datta)则认为,后实证主义范式和建构主义范式之间的差异在实践中远不如在理论上那么尖锐,但它们也各具缺陷,她认为,更坚实的理论和实践可以在混合方法评估的基础上发展,并呼吁"第三种更具适应性的范式"的出现。[3] 殷则提出了所有优秀研究都具备的四个特征,并认为这些共性特征提供了一个超越定性和定量研究差异的共同逻辑。[4]

20 世纪 90 年代末期,马克明确提出了一个整合评估实践的框架。首先,他提出了四种探究模式:描述、分类、因果分析和价值观探究。其中,描述是指可以评估某些可观察属性状态的一组方法;分类旨在挖掘更深层次的结构,通常用于评估基础结构和类别以及用于确定个人所属类别的方法;因果分析是指用于调查政策或项目产生的因果关系的各种方法;价值观探究则指可用于系统评估围绕社会政策或项目的存在、活动和结果的价值观立场的各种方法。他还认为,评估具有四个目的:评估优点和价值、监督和

---

[1] R. Ernest, "Integrating the Quantitative and Qualitative", *New Directions for Evaluation*, no. 61(1994): 13-22.

[2] Terry E. Hedrick, "The Quantitative-qualitative Debate: Possibilities for Integration", *New Directions for Evaluation*, no. 61(1994):45-52.

[3] L. E. Datta, "Paradigm Wars: A Basis for Peaceful Coexistence and Beyond", *New Directions for Evaluation*, no. 61(1994): 53-70.

[4] Robert K. Yin, "Evaluation: A Singular Craft", *New Directions for Evaluation*, no. 61 (1994): 71-84.

合规、项目和组织改进以及知识开发。他们认为,评估目的和探究模式框架不仅仅提供了一种有用的语言,还可以在评估中更好地跨不同阵营进行交流。通过考虑探究模式和目的,更容易看到不同评估学派之间的趋同点和分歧点。例如坎贝尔和斯克里文都优先考虑对优点和价值的评估,但他们侧重不同的探究模式,坎贝尔专注于因果分析,而斯克里文主要采用描述和分类相结合的方法。如此可以确定各种评估流派的位置,从而有助于改善沟通。而因为在每种探究模式中都有定性和定量以及混合方法,则有助于评估领域超越过去的方法区分,为评估者提供了一个通用的词语。最终,这一框架"有助于实现评估领域持久的和平"。[1]

(二)政策分析领域

政策分析领域中整合政策评估的努力突出地体现在费舍尔的工作中。1993年,他出版的《公共政策评估》一书中提出了试图整合事实与价值的"政策辩论逻辑框架"。

"政策辩论逻辑框架"的提出是源于其对主流政策分析的批判。20世纪70年代末出现的主流政策分析呈现出如下特点:(1)"专家政治"和技术治理。技术专家是代表人类进步的工具,随着科学研究的扩展,专家日益参与到政策制定中;同时,相信用技术官僚的计划和管理能代替腐败的政党政治和"非理性的公众"。由此政府实权已从当选的代表手中转到技术专家或政策分析师手中。(2)实证主义知识观。政策分析应以严格的社会科学经验主义方法来进行,遵循一种简单的经验演绎逻辑以寻求客观确定性,他们寻求各种模型作为分析的基础,将对因果关系进行的研究作为有效政策分析的本质,政策绩效数据和成本与收益分析被视为决策合理性的依据。(3)价值中立。认为政策分析是中立的、完全不依赖于利益和价值主张的假设,基于这种知识的观点可以减少甚至消除政治分歧。(4)工具理性。将政策分析视为一种理性(或至少是"半理性")解决问题的形式,应该寻求解决政策问题的最佳方法,即使这一过程并非完全是"理性的",政策分析师也应努力使其更加合理。然而,在费舍尔看来,这些观点都是存在问题的。例如,政策分析绝不是专家的专属领域,它基本上更属于公民的领域,"专家政治"既提出了不切实际的承诺,又对实际知识和民主治理构成威胁。坚持事实和价值观的尖锐分离以及价值中立掩盖了规范和价值观的作用以及它们需

---

[1] M. M. Mark, et al., "Toward an Integrative Framework for Evaluation Practice", *American Journal of Evaluation* 20, no.2(1999): 177-198.

要采取的方式。坚持进行严格的经验主义调查,却未能真正解决批评者特别是关注规范、价值观和实践问题的社会和政治理论家提出的关切,解决问题的希望不是通过制定基于因果关系的政治行为解释的政策,而是更深入地与主体间的理解联系在一起。工具理性的观念一味追求提供经过科学验证的政策知识的努力,而忽略了某些"普通知识"。由此,"人们担心多数或大多数政策分析研究和建议对政策决策者毫无用处或价值可疑。从 20 世纪 70 年代后期到 80 年代,人们已经很清楚地发现,政策分析与现实世界的公共决策之间存在着巨大的鸿沟"①。

　　认识到主流政策分析的弊端,20 世纪 80 年代以来,费舍尔认为需要进行"辩论转向"或"批判政策分析",以追求一种替代的、推进政策适用性的政策分析方法论。在理论基础上,他借鉴了批判复合主义、拉斯韦尔的民主政策科学理论、哈贝马斯的批判理论以及福柯的话语分析理论等思想。"政策科学之父"拉斯韦尔的"情境性、问题导向、多元方法"政策科学框架明确致力于民主。哈贝马斯的批判理论主张用"交往理性"取代工具理性,建立起以"交往合理性"为核心的"批判的社会学"。他批判"技术官僚辩论",认为尽管专家的客观知识可能决定合理管理和军事安全的技术,从而使政治实践手段受制于科学规则,但具体情况下的实际决定不能通过科学知识实现充分合法化;现代社会"工具理性"的扩张也一定程度上使得专业和管理权力以及专业知识通过官僚化给公民参与制造障碍。他强调通过批判为不同利益群体提供"政治辩护",通过"发言权"赋予公民权利;社会理性应当被理解为理性的各个维度(科学、道德、美学)之间的平衡与和谐。而福柯著名的"权力/知识"概念也颠覆了技术官僚"知识中立"的假设。② 基于此,费舍尔的"政策辩论"(Policy Argument)方法论认为:(1)应批判独裁和反民主的专家使用,重视沟通与协调,尤其是在政策分析和决策过程中对沟通实践的利用、动员和评估,强调共识的制造。(2)拒绝分析是中立的、完全不依赖于利益和价值主张的假设,应试图根据社会正义、民主和授权等规范性标准来识别和考察现有的承诺,将政策论据作为分析的出发点,关注经验和规范陈述的有效性,试图理解在政策论证过程中形成的实证和规范之间的关系。(3)政策辩论不是像后实证主义分析师那样转向抽象的模型,而是寻求"理

①　F. Fischer,"In Pursuit of Usable Knowledge:Critical Policy Analysis and the Argumentative Turn",in Frank Fischer, et al. , *Handbook of Critical Policy Studies* (Cheltenham:Edward Elgar Publishing,2016).

②　Frank Fischer, et al. *Handbook of Critical Policy Studies* (Cheltenham:Edward Elgar Publishing,2016).

解和重建政策分析师在做这件事时所做的事情,理解他们的研究结果和建议是如何被传达的,以及这些建议是如何被接受建议的人理解和使用的"。这种调查强调社会行动的多方面因素,不能将其简化为可量化的变量,同时将人类行为理解为是"在象征性丰富的社会和文化环境中的嵌入"[1],是受文化影响、以交流为导向、以情感为基础和有社会或政治动机的行为。(4)研究人员必须将其置于一个结合了实证和规范性调查的多方法视角的解释性框架中。应将实证主义与审议和审议民主、话语和话语制度主义、建构主义、解释和符号学、后实证主义政策分析、参与性和协作性政策分析等新方法结合。

在政策评估上,费舍尔认为,传统的政策评估面临与主流政策分析一样的局限和窘境,因此需要一种不同以往的方法,将政策评估的传统经验主义和规范的探究结合起来以及将事实和价值结合起来。他将他开发的这种方法称为"政策辩论逻辑框架"。该框架划分为两个层次,围绕四个互不相同但相互关联的辩论议题建构。这四个议题是关于政策结果的辩论、政策目标的适用环境、整个社会系统更大政策目标的影响以及规范规则的评估和社会秩序潜在的价值。基于此,形成了两个层次和四个阶段的评估。第一层次的评估包括关注政策发起者特定的行动背景,探究特定项目的结果以及这些结果出现的情景,包括第一阶段的项目验证和第二阶段的情境确认。项目验证考察的是政策项目是否达到特定的标准;情境确认关注的是某个评估判断中的政策目标的适当性,即确认公共政策目标与特定问题情景的符合度。第二层次则将评估转换到了更大的社会系统之中,着重于更大的政策目标对社会系统的影响,强调这种社会顺序背后的规范原则和价值评估,包括第三阶段的社会论证和第四阶段的社会选择。社会论证评估主要是看政策目标是否与现存社会格局相符。因为目标和假设往往用来检验对公共物品、公共利益的贡献,或对社会福利和整个社会秩序的简单规范标准的贡献,因而要考察政策目标在社会系统中的规范意义及其产生的后果,特别是政策目标是否有助于制度运作和社会系统的价值体系。社会选择是政策评估的最后一个阶段,主要处理道德和伦理世界观的问题。人们必须明确公共政策辩论中的潜在争议往往是关于不同理想或世界观的冲突,因而要解决诸如世界观的内在逻辑、它们的一致性或道德价值等问题。[2]

[1]　Frank Fischer and Gottweis Herbert, *The Argumentative Turn Revisited: Public Policy as Communicative Practice* (Durham: Duke University Press, 2012), pp.605-607.

[2]　[美]弗兰克·费舍尔:《公共政策评估》,吴爱平、李平译,中国人民大学出版社,2003。

　　该逻辑框架一并考虑四个辩论议题,力图将所有能纳入评估的经验的和规范的因素、事实与价值结合起来,以此来提供一个统一的对话框架。

三、批判复合主义政策评估的主要理论家与模型

　　通过以上批判复合主义政策评估产生和发展历程的梳理,可以发现其中对批判复合主义政策评估做出了重要贡献的理论框架或模型。表 6-1 归纳了这些框架及产生时间、开发这些框架的理论家及其基本观点。

表 6-1　批判复合主义政策评估的主要理论家和模型

理论家	理论框架或模型	产生年份	基本观点
格林	面向混合方法评估设计的概念框架	1989	混合方法评估具有五个目的:三角测量、互补、发展、触发和扩展;混合方法设计具有七个要素:方法、现象、范式、地位、实施的独立性、实施的时间和研究的数量。应根据评估目的和考虑相关的设计要素进行评估设计
沙迪什	批判复合主义评估的指导原则与策略	1993	提出了将批判复合主义运用于评估的指导原则,并且阐述了如何将批判复合主义运用于评估的七项具体任务(问题形成、理论或模型选择、评估设计、数据分析、结果解释、评估综合和评估利用)中
费舍尔	政策辩论逻辑框架	1993	该框架划分为两个层次、四个阶段。第一层次的评估包括关注政策发起者特定的行动背景,探究特定项目的结果以及这些结果出现的情景,包括第一阶段的项目验证和第二阶段的情境确认。第二层次则将评估转换到了更大的社会系统之中,着重于更大的政策目标对社会系统的影响,强调这种社会顺序背后的规范原则和价值评估,包括第三阶段的社会论证和第四阶段的社会选择。一并考虑四个辩论议题,力图将所有能纳入评估的经验的和规范的因素、事实与价值结合起来

续表

理论家	理论框架或模型	产生年份	基本观点
马克	整合评估实践的框架	1999	该框架包含四种探究模式（描述、分类、因果分析和价值观探究）和四个评估目的（评估优点和价值、监督和合规、项目和组织改进以及知识开发）。可以根据不同的评估目的选择相应的探究模式，而且探究模式之间也存在联系。通过考虑探究模式和目的，更容易看到不同评估学派之间的趋同点和分歧点，从而有助于改善沟通；每种探究模式中都有定性和定量以及混合方法，有助于评估领域超越过去的方法区分，为评估者提供一个通用的词语

第三节　批判复合主义政策评估的经典方法

如前所述，面向混合方法评估设计的概念框架、批判复合主义评估的指导原则与策略、政策辩论逻辑框架、整合评估实践的框架是批判复合主义政策评估的代表性框架和模型。本节对上述框架进行详细梳理。鉴于混合方法评估是第九章"辩证多元评估"流派的核心方法，故在本节不作梳理，而政策辩论逻辑框架在上述框架或模型中最为成熟，因此对其进行重点梳理。

一、批判复合主义评估的指导原则与策略

沙迪什认为，虽然人们已经提出了批判复合主义这一理论基础、方法论或战略，然而，如何将其运用于评估的操作中，还需要明确其指导原则和策略。

（一）将批判复合主义运用于评估的指导原则

首先，沙迪什从批判复合主义的角度指出了政策或项目评估的指导原则。他认为包含两种原则：一种是技术指导原则，另一种是社会指导

原则。①

　　1.技术指导原则

　　技术指导原则指从评估技术上而言需要注意的指导方针。沙迪什认为具有七项技术指导原则:(1)确定要完成的评估任务;(2)确定完成每项评估任务的不同选项;(3)确定与每个选项相关的优势、偏差和假设;(4)当不清楚完成某项任务的几个合理选项中哪一个偏差最小时,选择多个选项以反映不同的偏差,避免恒定的偏差,并仅仅忽略最不合理的偏差;(5)注意具有不同偏差的选项的结果的收敛性;(6)解释具有不同偏差的选项产生的结果的差异;(7)公开为任何使评估任务保持同一性的决定辩护。

　　但是需要注意的是,评估往往面临资源的限制。资源限制通常会阻止评估者纳入分析表明合理的所有异质选项。那么,在资源有限的情况下如何对一项特定的评估进行复核呢?沙迪什指出以下几个推论指导原则可以帮助评估者做出选择:(1)仅包括可以辩护为可能产生不同结果的选项。(2)优先选择在过去研究中已经具有一致性的选项。(3)根据具体情况确定需要或期望减少多少不确定性,然后选择能够提供该水平的选项。(4)选择在研究背景下财务上可行的选项。使用以下粗略指导原则帮助概念化使不同选项异质的成本:最便宜的选项包括对同一对象的多个测量、精通不同模型和持有不同假设的同一评估者对多个数据进行分析以及向多个批评者提交研究计划和报告。价格适中的选项涉及多种对象、多个评估者和多种场合,不同评估者对同一数据集进行多重分析以及雇用多名顾问进行现场考察。最昂贵的选择是由多个独立评估人员在不同地点实施评估。(5)公开为任何使评估任务保持同一性的决定辩护。

　　2.社会指导原则

　　批判复合主义要求评估者了解需要完成的所有任务、完成每个任务的选项以及与每个选项相关的偏差和假设。但单个评估者了解所有这些问题的能力有限,他们很难认识到自己的偏差,也无法获得各学科的知识。而且因为人类的大脑会自发地对这些事情过于自信,又使得问题变得更加复杂。人们过于频繁地提出了看起来"清晰而独特"地达到绝对真理水平的观点,有时没有注意到所讨论的概念事实上具有可疑的有效性或仅在某些有限的背景下相关等情况。出于这些原因,必须预计单个评估者将无法以明确识别所有选项和偏差的方式完成批判复合主义的技术任务。因此,必须制定

①　W. Shadish,"Critical Multiplism: A Research Strategy and Its Attendant Tactics", *New Directions for Program Evaluation*, no. 60(1993):13-57.

第二套指导原则,旨在纠正单个评估者在以令人满意的方式完成技术任务时的社会和心理局限性。这些原则包括:(1)确定几个来源(人员、过去的研究、相互竞争的理论),这些来源的偏差可能与完成技术任务的评估者的偏差不同。(2)在完成和批评技术任务的结果时,寻求这些来源的帮助。

(二)将批判复合主义运用于评估的策略

任何评估都有如下七项具体任务:评估问题的形成、理论或模型选择、评估设计、数据分析、结果解释、评估综合和评估利用。如何将批判复合主义运用于这些具体任务中? 沙迪什提出了针对每一项任务的策略。[①]

1.评估问题的形成

评估的价值可能更多地取决于被评估问题的价值,评估错误的问题可能损害整个评估的价值。因此应该谨慎地提出一系列评估问题,评估者应该从两个层面仔细审视和批评相关的问题。第一个层次涉及正在问和没有问的一般类型的问题,因为问题形成在很大程度上是一个社会、政治和经济过程(例如政治气候或某些利益团体阻碍评估某种问题),因此必须进行批判性分析。第二个层次是某些特定类型的问题,这些问题因为人们不够重视或问题较小而被评估者遗漏,可以通过团队经常性沟通来明确对问题的定义。

2.理论或模型选择

评估者使用某些理论和模型来概念化问题并指导他们的评估,然而,任何理论或模型都包含遗漏和偏差,或多或少都存在不完整的问题或存在部分的错误,因此也必须对这些理论或模型进行批判性分析。

3.评估设计

当许多不同的方法被用于评估一个问题,并且它们都收敛于同一个结果时,评估者会对结果充满信心。但是,如果所有这些方法仍然有共同的偏见,那么这种信心是错误的。此时,应通过批判性分析确定每种方法中不确定性的重要来源,并估计每种方法的可能偏差方向,这样才能更好地理解结果的准确性。

4.数据分析

对于一个数据集,运用一种分析方法可能导致偏差;采用多个分析方法也可能导致偏差,甚至这些偏差都以恒定的方向运行。因此,对于数据分

① W. Shadish, "Critical Multiplism: A Research Strategy and Its Attendant Tactics", *New Directions for Program Evaluation*, no. 60(1993): 13-57.

析,首先应该借鉴敏感性分析的思维,联合使用多个分析方法,这样可以看到改变分析方法是否会导致结果的变化。对于多个分析方法导致的偏差,要注意校正和重新分析。

5. 结果解释

从某个单一的角度或让某一类人群对结果进行解释都可能产生偏差。因此,对评估结果应该从不同的角度或由不同的利益相关者来进行解释,以产生一系列可能的解释。然后根据现有证据评估这一系列解释的合理性。

6. 评估综合

基于前面讨论的所有原因,永远不能完全相信一项评估的结果。对于某项评估要持怀疑态度,要开展和综合多项评估。相对于单个评估,几乎总能从多个评估中学到更多的东西。但即便对多项评估进行综合,获得了某个一致性的结果,仍应该寻找可能合理解释这一结果的恒定偏差。

7. 评估利用

任何单一的方法都不足以确保评估结果对决策者有用或被决策者使用。比如,要注意定义"评估使用的潜在用户"的偏差,评估使用的潜在用户不仅包括决策者,还包括所有利益相关者;又如,要注意传播技术的偏差,向决策者和各种利益相关者传递评估结果,要善于综合运用各种传播技术。

二、政策辩论逻辑框架

(一)逻辑框架

如前所述,费舍尔"政策辩论逻辑框架"分为两个层次、四个阶段。第一层次的评估包括关注政策发起者特定的行动背景,探究特定项目的结果以及这些结果出现的情景,包括第一阶段的项目验证和第二阶段的情境确认。第二层次则将评估转换到了更大的社会系统之中,着重于更大的政策目标对社会系统的影响,强调这种社会顺序背后的规范原则和价值评估,包括第三阶段的社会论证和第四阶段的社会选择,如图6-1所示。

以下对四个阶段的主要任务、评估问题及其逻辑关系进行详细梳理。

1. 第一阶段:项目验证

项目验证将验证政策项目是否达到特定的目的,它是政策辩论逻辑的开端。需要注意的是,费舍尔认为,项目验证阶段实证辩论的焦点是项目的目的而不是政策目标。政策目标通常具有比较宽泛的社会导向意义,以更高层次的理想为基础,而项目目的是由政策目标派生的可以量化的目的,据此可以确定量化的项目标准。可以定量测量的实证描述是科学评估的根本

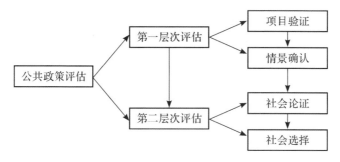

图 6-1 政策辩论逻辑框架

特性,而依据总的政策目标确定的项目目的则更清楚、更具体、更易量化。项目验证需要回答三个核心问题:一是从实证角度看项目是否完成了既定的目标;二是实证分析是否揭示了对项目目标进行补充的、次要的或者未曾预料的效果;三是项目是否比其他可行的办法更有效地达到了目的。可以发现,项目验证围绕实证辩论逻辑展开。

2. 第二阶段:情景确认

情景确认阶段关注的是政策目标的适当性,或者说,政策目标与特定问题情景的符合度。依据哈贝马斯的话语理论,这种转换在于对结果产生情景的"理解"。它着重强调经验解释和特殊规范之间的逻辑关系,它不再将重心放在项目本身的因果关系上。经验主义方法把人概念化为检验因果关系假设的抽象行为客体,但社会学解释方法则把人视为有目标和主观动因的行为主体。在解释的语境下,人必须在这种社会规则下进行政治或社会决定。因而,做出一个社会或政治的决定需要社会系统成员能够感知这种社会规则,并且懂得其规则逻辑,从而进行社会互动。这一阶段的任务是对政策的目标和宗旨进行说明,证明政策目标是否正确。这一过程收集问题情景的经验事实,并通过规范与情景的差异比较,厘清问题情景的性质。接下来是要比较不同的目标,这一过程涉及收集特殊项目目标的支持和反对意见。最后通过整理那些支持或反对的基于推测的情景分析的客观依据,判断政策目标是否符合"客观上的情景"。因而,这一阶段评估的重点由经验主义定量分析转向了规范分析。

但是,在这一评估阶段中似乎很难解决争论,因而如果各方要求更进一步的讨论,那么就需要争论者走出他们的规范情境,从经验主义角度阐述社会系统最高层次政策目标及其作用的价值,即需要从第一层次的评估转移到第二层次的评估,政策评估的背景也由具体情境转移到了社会系统整体中。

3. 第三阶段:社会论证

社会论证评估主要是看政策目标是否与现存社会格局相符。在政治和政策评估学科中,目标和假设往往用来检验对公共物品、公共利益的贡献,或对社会福利和整个社会秩序的简单规范标准的贡献,因而要考察政策目标在社会系统中的规范意义及其产生的后果,特别是政策目标是否有助于制度运作和社会系统的价值体系。在费舍尔看来,社会系统被广义地理解为政治、经济、文化相互依存的集合,或者说特定自然和人文因素作用下的社会格局。判断政策目标对社会系统的影响主要是看是否对系统本身有恰当的理解、实践,尤为重要的是对政治和经济机制及基本核心目标和价值的判断,这些政治经济机制是一系列政治信仰和相应的"政策框架"。这些政策框架包含以下考虑范畴:适当范围的市场与政府行为,权力和权威在各级政府中的适当配置,对其福利被认为最终的社会和政治群体的辨认,在重大冲突性政策上的立场,激励、提倡、强制等政策手段上的基本选择,社会系统不同部分的参与意愿以及对社会重大问题的认识等。

4. 第四阶段:社会选择

社会选择主要处理道德和伦理世界观的问题,是政策评估的最后一个阶段。人们必须明确公共政策的辩论中的潜在争议往往是关于不同理想或世界观的冲突,因而需要解决诸如世界观的内在逻辑、它们的一致性或道德价值等问题。费舍尔认为广义上的社会选择就是我们想要在哪种社会中生活,它反映了政治哲学的经典问题,它要为帮助美好生活维持和发展的"意识形态"原则建立一个合理的基础。社会选择的基本目标就是用理智来替代在生活方式和意识形态选择上出现的随意偏好或者私利。该阶段主要涉及以下问题:一是分析构成可以接受的社会秩序的根本思想或意识形态是否为公平合理地解决相互冲突的观点提供了基础? 二是如果这一社会秩序不能解决根本的价值冲突,是否有其他的社会秩序能为相互冲突的利益和需求提供公正的解决之道? 三是常规的想法和经验证据是否支持采用其他社会秩序所提供的备选意识形态和社会秩序? 社会选择阶段的主要目的,就是要揭示上述理论问题是如何转化为政策评估任务的。①

(二)相关方法

除了提出以上政策辩论逻辑框架外,费舍尔还提出了实现各个阶段的评估任务的方法。在项目验证阶段,由于遵循的是实证主义逻辑,因此主要

---

① [美]弗兰克·费舍尔:《公共政策评估》,吴爱明、李平译,中国人民大学出版社,2003。

采取实验、准实验、自然实验和成本效益分析等方法评估政策达到特定目标的情况。在情景确认阶段,遵循的是规范分析逻辑,因此主要运用观察、二手资料、案例研究、现场记录以及访谈法等方法评估政策目标是否符合特定的问题情景。在社会论证阶段,由于要从宏观角度考察政策目标对公共利益或对普遍的社会福利和整个社会秩序的贡献,因此强调运用民意调查、大范围横截面分析、系统理论与方法、宏观成本收益分析、访谈、案例分析、社会实验以及推理统计技术评估政策目标对现存的社会格局的影响。最后,在社会选择阶段,要遵循意识形态批评的逻辑,采取政治哲学分析、"理性意识形态构建"、"框架分析"等方法考察现存的意识形态是否能为解决政策中的价值冲突提供基础。① 表 6-2 总结了各阶段的相关方法。

表 6-2　政策辩论框架各阶段的相关方法

评估阶段	评估任务	评估逻辑	评估方法
项目验证	结果—政策目标(结果是否达到了既定目标?)	实证主义逻辑	实验、准实验、自然实验、成本收益分析等
情景确认	政策目标—问题情景(政策目标是否与问题情景相关?)	规范讨论与定性分析	观察、二手资料、案例研究、现场记录、访谈等
社会论证	政策目标—社会整体(政策目标是否和现存的社会格局相容和相匹配? 对现存的社会格局是否有帮助?)	承认政策的影响超出想要惠及的群体和对应的政策问题,从宏观角度考察政策目标对公共利益或对普遍的社会福利和整个社会秩序的贡献	民意调查、大范围横截面分析、系统理论与方法、宏观成本收益分析、访谈、案例分析、社会实验、推理统计技术等。非常符合的两种方法:系统论和宏观成本收益分析
社会选择	现存意识形态—政策中的价值冲突(现存意识形态是否能为解决政策中的价值冲突提供基础?)	意识形态批评	政治哲学分析、"理性意识形态构建"、"框架分析"等

---

① ［美］弗兰克·费舍尔:《公共政策评估》,吴爱明、李平译,中国人民大学出版社,2003。

（三）主要方法

鉴于项目验证和情景确认两个阶段的一些重要方法已经在前述各章加以介绍，因此本部分仅在社会论证和社会选择两个阶段中选择一些重要的方法加以梳理。按照费舍尔的观点，系统理论、宏观成本收益分析、"政治哲学"、"理性意识形态构建"、"框架分析"这五种方法对于社会论证和社会选择两个阶段的任务的实现颇为重要，因此以下对这五种方法进行梳理。

1. 系统理论与方法

社会论证要考察政策目标对于社会系统的影响，试图衡量在社会系统内接受并坚持一项政策的后果，因此，"系统逻辑构成了评估逻辑的有用组成部分，社会论证的任务只不过是将系统视角限制在复杂评估的大框架的合适场合之中"①。

所谓系统，即由许多相互联系、相互作用的要素构成的具有一定的结构和功能的有机整体。社会评估阶段的研究对象——社会本身也是一个系统。它是一个巨大的复杂系统，在它内部还有许许多多的子系统，每一个子系统内部又包含着子系统，形成一个庞大的、错综复杂的社会系统体系。一方面，社会系统是一个自组织系统，它的自组织作用是通过社会系统内部诸要素之间的相互作用实现的；另一方面，社会系统是从自然系统演化而来的，是自然系统的衍生物，是它的子系统，因此社会系统又时时受到自然系统的影响和制约。社会又是个开放系统，它时刻和自然系统进行着物质、能量和信息的交换，没有这样一个交换过程，社会系统的存在是不可能的。

系统理论之一为功能的系统理论，它"非常符合社会论证的理论模型"②。它针对构成并致力于复杂社会系统的程序以及功能结果，提供了建立分析模型和实证测量的方法。它关注相互依存的子系统之间的复杂关系，并分别考察这些关系形成和发展的过程。为了揭示系统行为假设与功能效应之间的实证关系，系统学家建立了一个相互关系模型。这一相互关系模型就是有组织的和反复发生的一套制度典范以及它们与更大的社会目标和利益之间联系的相互关系。社会子系统（如经济、政治、教育、家庭）能够以制度标准、假设可用价值网络图的形式勾画出来。规范输入与实际输

---

① ［美］弗兰克·费舍尔：《公共政策评估》，吴爱明、李平译，中国人民大学出版社，2003，第125页。

② ［美］弗兰克·费舍尔：《公共政策评估》，吴爱明、李平译，中国人民大学出版社，2003，第123页。

出之间的实证关系构成因果关系理论的潜在发展的数据。因果关系理论是行动导向行为与系统反应之间关系的理论。尽管在系统理论、规范取向和政策形成之间，严格的因果关系的联系超出了目前实证研究能力的范围，但对评估来说理顺相互之间的逻辑关系还是很重要的。此外，功能的系统理论还明确了系统功能有"隐性"和"显性"之分，政策所宣传的功能或目标对系统整体来说可能不是真正的、也不是最重要的功能或目标。

　　系统理论的另一个版本是对较大社会结构中经济优化与政策影响的效率进行分析和衡量。经济学家和政策科学家已经建立了基于优化经济关系分析的模型。二战后，随着运筹学与福利经济混合体的出现，经济学家的系统方法的影响日益扩大。系统效果分析模型用来实证地考察系统各部分——或者说子系统——与系统整体之间的关系。作为以高深的科学和数学术语表述的经验分析模型，系统方法的目标是对相互依存的规范结构和复杂组织系统的过程的关系进行分析，并对实证与规范的考察过程——通过这个过程中的各种复杂关系得以合理地形成和展开——进行考察。在资源的优化配置方面，系统方法常常定义子系统为受有效信息、物质、资金、资源流支配的"投资中心"。一定的资源流依赖经济与组织环境在系统之间进行转换，每股资源流都与目标实现有关。系统方法的一个重要贡献是说明在复杂的系统中，某一特定的政策目标结果通常不像出现时那样直观。因此，政策评估不能简单地去判断政策的目标是否达到，仅仅是政策的成功对整个系统运行来说也许只会导致意想不到的后果，因为后果有可能不立即显示出来。总之，系统理论与方法为社会论证提供了重要的理论基础和工具。

　　2. 宏观成本收益分析

　　系统方法还提供了一种宏观成本收益分析方法，它主要是在社会系统内广泛收集机会成本和机会效益的实证数据，根据子系统的贡献而对最优产出的实质性贡献进行分析。

　　宏观成本收益分析是基于社会福利的，"是经济学家已构建的福利经济理论所做的工作"①。在经济学家看来，宏观成本收益分析的任务就是包括范围广泛的特别是被微观项目分析所忽略的"外部性"的分析。外部性被定义为：超出了特定的项目范围并没有被投资者或生产者直接计算在活动内的但被社会成员承担了的成本。宏观成本收益分析的决策准则经历了一个

---

① ［美］弗兰克·费舍尔：《公共政策评估》，吴爱明、李平译，中国人民大学出版社，2003，第127页。

从"帕累托最优"到"卡尔多—希克斯标准"的过程。"帕累托最优"理论认为,最好的政策或者措施是惠及某些个人或群体,但不会殃及任何人。这一决策原则建立在"社会福利"功能的基础上,是整个社会中所有个体的净效用的汇总方案,社会福利或效用的功能是用于实现优化组合的社会优益权的一种工具性安排。然而,在复杂社会中,并没有一种在实际中可行的优化效用功能。事实上,许多政策不是那种没有人受损的"帕累托改进",总会使个别人受到损害。20世纪30年代末期,卡尔多和希克斯提出了新的决策原则,被人们称为"卡尔多—希克斯标准"。他们认为,最好的政策是那些潜在的从政策中获得好处的人补偿潜在受害者后还能维持净收益的政策。政策分析人员在筛选可行方案的时候只需要计算计划的成本和系统范围内收益的总和,如果收益与成本之比大大超出"卡尔多—希克斯标准"所允许的执行范围,采取行动实施计划就比维持社会现状更有必要。显然,这是一个可行的同时最大限度接近"帕累托最优"的准则。

在费舍尔看来,宏观成本收益分析的以上特点使得其与传统的微观成本收益分析明显地区分开来。传统的微观成本收益分析不从社会整体、全社会的福利的角度考量。他列举了一个燃煤政策的例子。燃煤的结果——空气污染——就是外部性,人们呼吸的空气不属于个人而是社会整体。然而传统的微观成本收益分析方法仅仅关注一定数量的煤炭所释放的能量,而不会在成本收益分析等式内包括清洁空气以及由于生活在污染空气中所花费的医疗费用。宏观成本收益分析拓宽了分析的范围,由社会整体负担的隐藏的社会成本评估也考虑在内。①

费舍尔还认为,宏观成本收益分析存在一个严重的理论问题:在哪里划分评估的边界,或者说,有多少外部性应当被包括在内?从系统经济的角度来说,成本收益分析人员的典型做法是从以往的政策或项目中,特别是从税收和经济转换政策中得出分析系统的边界和成本收益的分配。费舍尔认为,在社会论证阶段,因为系统是既定的,因此这一过程是可以接受的。当然,他也指出,可以参考乌尔里奇(Werner Ulrich)的"关键系统探索理论",该理论被设计用来在分析中建立边界本身的判断。

3.政治哲学分析

如前所述,社会选择阶段主要涉及以下问题:一是分析构成可以接受的

---

① 由于费舍尔的著作《公共政策评估》是在1993年出版的,那个时代的成本收益分析方法还不成熟,具有宏观、微观之分。事实上,当今政策评估中的成本收益分析均已从社会福利的角度来考量了,本书第三章梳理的成本收益分析即从社会福利的角度来分析的。

社会秩序的根本思想或意识形态是否为公平合理地解决相互冲突的观点提供了基础？二是如果这一社会秩序不能解决根本的价值冲突，是否有其他的社会秩序能为相互冲突的利益和需求提供公正的解决之道？三是常规的想法和经验证据是否支持采用其他社会秩序所提供的备选意识形态和社会秩序？从最广义上讲，社会选择就是选择要在哪种社会中生活。它反映了政治哲学的经典问题，政治可以被理解成追求美好生活与其获取方式之间的冲突，政治活动就是关于人们如何一起生活。政治科学不仅从经验角度考察政治结构和支配日常生活的权力的运行，还对寻求"美好社会"的进展过程进行常规评估。政治哲学要为选择的原则建立合理的基础。因此，政治哲学分析可为以上三个问题的回答提供一定的基础和方法。

对于第一个问题——构成可以接受的社会秩序的根本思想或意识形态是否为公平合理地解决相互冲突的观点提供了基础？政治哲学分析可为探索此问题提供一定的基础和方法。首先，由于意识形态是社会信仰和政治利益的混合体，因此，现实的意识形态都有自私的一面，亦因此，就需要对现实中的意识形态进行理性检验，需要依据经验证据和严格的规范化检查对意识形态进行考察。由于政治哲学关注规范性问题，即哪些是应该做的事情，同时也会创造性地解释既有事实，具有超越政治系统日常现实的能力，因此能够对意识形态进行严格的推理并具有特殊的"诊断"特征。其次，政治哲学家运用直觉、洞察力和想象力构建社会的理想模式提供了对经验事实进行判断的评估标准和原则，因此是日常信仰体系中的典型假设和价值的基本分析及诊断工具。柏拉图的《理想国》、霍布斯的《利维坦》以及各自的道德原则都是理想化的规划，若它们都通过了普遍化的检验，其正当性就得以建立，普遍化的道德原则就不会在逻辑上不一致或者自相矛盾。沃格林（Eric Voegelin）曾经倡导建构理想社会的概念或者典范的代表，将其作为评估现存政权的一个框架。肖伯格则建议政策评估应当包括基于合理化辩证推理方法的"计数系统分析"形式。计数系统是对现存模式的否定和逻辑替代，它为政策评估者提供了跨越社会中优势群体和弱势群体之间固有紧张关系的手段。

对于第二个问题——如果这一社会秩序不能解决根本的价值冲突，是否有其他的社会秩序能为相互冲突的利益和需求提供公正的解决之道？政治哲学分析可为探索此问题提供一定的启示。费舍尔列举了一个政治哲学中超越"功利主义"和"权利主义"价值冲突的例子。以本瑟姆（Jerenmy Bentham）为代表的功利主义者追求效用，效用原则被定义为"为最大多数人谋求最大效用"，福利经济学派基于该原则建立了人际效用偏好比较的基础。德国哲学家康德推崇的法权主义是对功利主义的挑战。法权主义认为，道德正义不仅仅是由对个体或大众的幸福的考虑来决定的，而是通过判断行为是否违反了被称为"绝对命令"的形式上的标准来确定的。道德不仅仅是理性的，它的原则也必须是广泛的、普适的。在政治学和公共政策中，普适化原则通常也被当作"公共利益"来实施。罗尔斯（John Rawls）更是基于"原初状态"建立了两个社会公正原则：每一个人都拥有最广泛的平等的基本自由权利，这种自由权利体系与所有人拥有的类似自由权利体系相一致（第一个公正原则）；社会上任何的不平等应当满足最不利的人的最大期望利益，并且从属于平等机会的条件（第二个公正原则）。显然，"功利主义"和"权利主义"是冲突的，也都是存在局限的。而"辩论伦理"则存在超越这种冲突的可能性。辩论伦理可以被理解为寻找道德原则来控制辩论制度和辩论过程的设计，政治共识的取得代替了追求道德原则的传统伦理，伦理被重新勾勒为一种辩论实践，而非伦理知识本身。[①] 当然，费舍尔也指出，尽管人们在某些价值方面存在冲突，但是人们对于一般的基本理想有着最为广泛的一致，例如经济增长、人类灾难的减少、对人类生命的保护、政治自由以及社会互惠等。

对于第三个问题——常规的想法和经验证据是否支持采用其他社会秩序所提供的备选意识形态和社会秩序？政治哲学分析可为探索此问题提供一定的理论和方法。通过对政策研究和政策辩论规范基础的考察，政治哲学家能够给政策评估提供以备选政治和社会制度为基础的决策标准、假设以及模型。费舍尔指出了政治哲学分析中可为探索第三个问题提供启示的三项成果。一是格劳汉（Rolf-Richard Grauhan）等提出的理性政策选择的评估计划。其源于对基本的人类需求的经验分析，被设定在一个用来阐明任何给定时间的社会制度的潜能的历史框架之内。这样的知识将开启人类自我实现的选择和备选梦想。政策科学家通过设想"政策评论者"扮演更重要的角色，以此超越自己与政策制定者的工具性关系。二是帕里斯（David C. Paris）和雷诺兹（James F. Reynolds）提出的"理性意识形态的构建"。三是博布罗（Davis B. Bobrow）、德赖泽克（John S. Dryzek）以及雷恩（Matin Rein）与舍恩（Donald Schön）等人提出的"框架分析"。后两种方法可以被用来对意识形态进行检测。

----

① ［美］弗兰克·费舍尔：《公共政策评估》，吴爱明、李平译，中国人民大学出版社，2003，第221页。

4.理性意识形态构建

20 世纪 80 年代,帕里斯和雷诺兹提出了"理性意识形态构建"的观点。他们认为,政策分析的改革必须以意识形态的辩论为基础,政策分析必须在根本上植根于意识形态的选择,经验政策调查的功能是对意识形态进行检测,政策研究的最终目的是增进特定意识形态的合理性。

"理性意识形态"被理解为包含形而上学、经验主义及规范因素的世界观,它具有"一致性、相合性以及说服力"的特征。首先,"一致性"指价值判断和意识形态行动的相关原则要保持内在层面的协调一致。价值判断和相关原则在纵向上、横向上存在逻辑关联。其次,"相合性"指代意识形态的经验因素与其经验证据相一致的程度。理性意识形态以经验资料为基础。因此它是否具有正当性,部分地取决于能否得到经验资料的支持。这类似于科学,但又不同于科学,它不止根据事实,因为它并不认为可能追求到客观真理;即使可能,但也认为其客观性并不是绝对的,理性意识形态更关心实际应用价值。最后,"说服力"指为提出政策方案和行动提供良好理由(或保证)的能力。这主要体现于三种情形:某种行为和政策根据有关原理能够得到说明;原理之间的冲突根据更高层次的原理或形而上学观点可以得到消除;原理适合于经验资料。[①] 由此,理性意识形态就是那些具有事实资料根据、与规范原理具有逻辑上的联系以及具有说服力的意识形态。显然,理性意识形态是优于一般性质的意识形态的。

由此,理性意识形态构建就是对意识形态进行检测,看其是否具有逻辑关联性、是否得到了经验资料的支持以及是否具有说服力;如果某种意识形态的"理性"不足,则探索如何增进特定意识形态的合理性。为了检测意识形态能否得到经验资料的支持,帕里斯和雷诺兹提倡建立一个"基本资料的共同体",通过这一"共同体"对意识形态进行检测。

理性意识形态构建显然为社会选择的第三个问题(常规的想法和经验证据是否支持采用其他社会秩序所提供的备选意识形态和社会秩序?)提供了良好的思路。理性意识形态构建法尚未清晰提出对"意识形态"进行检测和比较的标准。例如,帕里斯和雷诺兹忽视了意识形态通常会导致对事实本身的不同理解这一事实;此外,也难以清楚地知道将经验证据引入竞争性的意识形态之中意味着什么。基于对该方法局限性的考量,有些人追寻对"框架分析"概念和方法的开发,以进一步提炼在此评估层面上出现的检测。

[①] David C. Paris and James F. Reynolds, *The Logic of Policy Inquiry* (New York: Longman, 1983).

5.框架分析

"框架分析"法的出现建立在理性意识形态构建层面的局限性的基础上。博布罗、德赖泽克以及之后的雷恩与舍恩等人,都为该方法的形成与发展做出了主要贡献。

博布罗和德赖泽克认为"框架"是由理论定位、证据和推理的方法论规则以及值得关注的识别概念、事件以及趋势的一系列指南组成,他们给出了解释、说明预测以及评估的原则。① 雷恩和舍恩对"框架分析"概念的解释与博布罗和德赖泽克极为相似,他们将"框架"描述为"一种选择、组织、解释和搞清楚复杂现实以便为了解、分析、说服以及采取行动提供指导的方式"②。"框架"被他们看作一种视角或眼界,依此"可以搞清楚乱七八糟的、定义不明的问题状态的含义,并能据此采取行动"③。

框架分析的主要内容是:揭示出给定的政策争论中的多元化的、相互冲突的框架;从参加者的历史、作用、制度背景以及兴趣方面来考察各种框架发生冲突的缘由;考察相互冲突的框架之间的模糊性和不连续性,以及运用它们所产生的结果。自由民主的可行性取决于在面对不同的和相互竞争的利益以及作为这些利益基础的不同世界观之时,个人和机构在某种程度上就政策领域的决策和行动达成协议的能力。框架分析旨在直接处理多元主义的问题。它通过将争议中出现的多个框架和框架竞争作为分析对象来实现,它试图做到这一点而不屈服于软弱的相对主义(在相对主义中一个故事被认为和其他任何故事一样好)。此外,框架分析既处理政策分析中出现的学术争议,也处理政策实践中出现的情境争议。

框架分析主要分为两个阶段。第一个阶段被称为"命名和框架问题",包括命名问题领域、确定话语的竞争框架以及明确话语发生的论坛。第二个阶段要求形成一个研究问题,以回答特定于所选问题领域的问题。其中最重要的问题是框架重塑是如何发生的。在探索这个问题时,分析者可能想知道一个框架的生涯是如何随着时间的推移而改变的,也许是从挑战者的生涯转变为话语中的主导地位。更一般地说,一个框架是如何获得主导地位或随着时间的推移而被否定的? 一种形式的话语如何影响另一种形式

① Davis B. Bobrow and John S. Dryzek, *Policy Analysis by Design* (Pittsburg: University of Pittsburgh Press, 1987).

② Martin Rein and Donald Schön, "Frame-Critical Policy Analysis and Frame-Reflective Policy Practice", *Knowledge & Policy* 9, no. 1(1996).

③ Martin Rein and Donald Schön, "Frame-Critical Policy Analysis and Frame-Reflective Policy Practice", *Knowledge & Policy* 9, no. 1(1996).

的话语？媒体在论坛对话中扮演什么角色？走向框架批判性分析的第二阶段的任务取决于争议的性质、背景的变化、框架重塑的机会之窗等。

雷恩和舍恩认为，框架具有两种类型：第一种框架为"修辞框架"，即政策辩论领域的支持者或批评者提出的备受推崇的理论；第二种框架为"行动框架"，它是那些在行动领域设计和实施政策的人员所采取的行动模式。两种框架的关键区别在于其构建的证据的差异，而非其是否涉及了"行动"。修辞框架是由在政策话语中扮演重要角色的政策相关文本构成的，其中的语境是辩论、说服或辩护。考虑这样的文本——可能由政治家、倡导者、批评家、记者或政策知识分子制作的演讲稿、备忘录或新闻文章——框架分析者必须问是什么使文本具有连贯性、说服力和明显性。或者说，作者是如何从"是"到"应该"实现规范性飞跃的？在回答这些问题时，应在文本中使用的实际语言中寻找证据。与修辞框架不同，行动框架是根据观察政策实践者在实践中固有的行动模式所提供的证据构建的。考虑到与政策相关的行动模式，人们可以问：是什么让这些模式具有连贯性？行动者必须如何对形势做出诊断/说明才能按照我们发现的方式行事？行动框架构建的证据是观察到的行动数据。所讨论的行动包括政策设计调查（包括政策目标的设计和实践者制定此类政策的行为）。

框架分析的关键是如何命名和架构政策问题。首先，要确定政策话语问题领域中的竞争框架及其支持者。框架不是自由浮动的，它们具有组织上的倡导者，这些倡导者包括官员、建立并认可的利益集团和挑战者。同样，话语也不是在社会中自由流动，而是在特定的论坛中出现。要考虑的论坛取决于如何确定问题领域，例如有的问题的主要论坛包括公民、媒体、政党、立法和学术学科的公民讨论。其次，框架的构造要立足于证据。例如，波文斯（T. S. Bovens）等将他们的问题领域确定为政策惨败，反贫困战争的失败、越南的悲剧和水门事件都是政策惨败的例子；并将主要框架确定为乐观主义者、现实主义者和悲观主义者。但人们可以合理地询问，至少在反贫困战争方面，提出惨败论断的证据是什么。再次，在框架的构造中，还要注意解释和认可的问题。在文本的情况下，构造一种方式是读者独立于分析员对文本的解释来解释文本，以查看命名和框架是否符合读者的观点。但后现代批评告诫读者阅读文本的局限性，以及读者是否应该受到文本内容或作者意图的约束，而且人们和政策分析者持有的框架也会影响证据的解释。因此解释的问题至关重要，政策分析师也需要高度的自我反思。最后，框架的描述需要得到框架倡导者的认可和接受，以免分析员的规范立场干扰和偏袒描述。

由此,框架分析方法能够精心阐释和提炼竞争性意识形态的检测标准,从而有助于社会选择的进行。

三、整合评估实践的框架

1999 年,鉴于范式之争、定量定性之争以及评估实践的分裂,马克提出了一个"走向评估实践的整合框架"。如前所述,该框架由相互联系的四种探究模式和四个评估目的构成。

（一）四种探究模式

四种探究模式包括描述、分类、因果分析和价值观探究。

描述是指可以评估某些可观察属性状态的一组方法。在评估中,这包括对项目、项目背景以及客户对项目的看法的描述,也包括对项目利益相关者的数量、特征,所提供的服务的数量、类型和方式,项目资源和项目成果的某些方面的描述。描述可以采用多种方法,包括定性方法,也包括定量方法,例如直接观察、结构化和非结构化访谈、焦点小组、使用概率样本的调查、管理信息系统、其他管理数据、趋势评估和跨项目站点的比较。

分类旨在挖掘更深层次的结构,通常用于评估基础结构和类别以及用于确定个人所属类别的方法。在评估中,许多重要任务涉及分类,例如确定利益相关者、服务、项目、时间、背景或效果所属的类别,将特定服务、项目、个人、背景或结果的具体情况分配给一般类别。这些类别本身无法直接观察或衡量,它们必须从可观察特征的模式中推断出来。定性、定量和混合方法均可用于分类,比如案例研究、探索性和验证性因素分析、聚类分析、专家小组等。

因果分析是指用于调查政策或项目产生的因果关系的各种方法。一般来说,因果分析主要涉及评估项目对特定结果的影响,当前也将识别任何影响背后的机制作为一个重要方面。随机对照试验、准实验、计量经济方法、多案例研究等都可用于因果分析。

价值观探究则指可用于系统评估围绕政策或项目活动和结果的价值观立场的各种方法。通常情况下,价值观调查涉及对各种利益相关者和公众对项目或政策的各种可能结果或属性的重视程度的测量。除此之外,它还有助于使用其他探究模式的评估活动的设计和解释,例如,价值探究的结果可用于确定评估将解决的影响的优先顺序,或指导各种评估结果的报告等。小组访谈和焦点小组访谈等方法适合价值观探究。表 6-3 概括了这四种模式的评估重点和典型方法。

表 6-3　评估中的四种探究模式

方法	描述	分类	因果分析	价值观探究
重点	对利益相关者、过程和结果进行（持续）测量	将具体情况（如计划）归为一定的类别（如项目次类型）	估计项目效果和探索机制	识别利益相关者和公众的价值立场
典型的定量方法	管理信息系统	聚类/因素分析	实验	调查
典型的定性方法	观察	比较案例研究	迭代模式匹配	利益相关者焦点小组访谈

资料来源：M. M. Mark，et al.，"Toward an Integrative Framework for Evaluation Practice"，*American Journal of Evaluation* 20，no.2(1999)：177-198.

马克等认为,在公共政策和项目的背景下,相关判断是通过民主程序和机构进行的,包括民选代表、任命官员、公开辩论和选举。而四种探究模式与参与项目和政策审议的各方可能遇到的问题非常匹配,包括:(1)向谁提供什么服务?(描述)(2)需要提供不同类型的服务时怎么办?(分类)(3)服务的影响为何、原因为何?(因果分析)(4)谁最关心与服务有关的问题(价值观调查)? 因此,探究模式具有重要的作用。而且,这四种模式还存在相互关联性,并不是相互排斥的,比如,分类是任何旨在描述、因果分析或价值观探究的系统调查的基础;四种模式可以在单个评估中组合,也可以在一系列评估中组合。

（二）四个评估目的

马克等认为,在评估中选择和组合这四种探究模式,需要考虑许多的因素,其中一个重要的因素是评估目的。他们认为评估具有四个目的:评估优点和价值、监督和合规、项目和组织改进以及知识开发。评估优点和价值指对一项项目或政策的重要特征和价值做出有根据的判断;监督和合规指对项目遵守法规、条例或其他授权指令的程度进行评估;项目和组织改进指的是提供及时反馈的努力以修正或加强项目的运作;知识开发是指在政策和项目的背景下,努力开发和测试关于社会过程和机制的一般理论和主张(例如社会项目实施的一般理论主张)。

（三）作为面向沟通的更广泛框架的目的和探究模式

马克等认为探究模式以及将探究模式和评估目的结合起来,对于评估的整合可以产生多方面的价值。

(1)探究模式的框架有助于实现持久和平。因为在每种探究模式中都有定性和定量(以及混合)方法,而且还可以通过澄清不同阵营之间的差异以及提供辩论和讨论的共同语言来促进交流。除此之外,也可用于识别备选评估理论和方法之间的重要差异。例如,霍利的评估方法强调以监测的形式进行描述,相比之下,坎贝尔更专注于因果分析。

(2)如果将探究模式和评估目的结合起来思考,还可以增加上述的贡献。通过考察探究模式和目的,更容易看到不同评估学派之间的趋同点和分歧点。例如,坎贝尔和斯克里文都优先考虑对优点和价值的评估,但他们强调不同的探究模式。坎贝尔专注于因果分析,而斯克里文似乎主要采用描述和分类相结合的方法。相比之下,霍利则强调项目改进,主要通过描述探究模式进行,强调将来自监测的结果反馈给负责改进项目运作的管理者。同样,根据各自所强调的评估目的和探究模式确定各种评估方法的位置也可能有助于改善沟通。

(3)由于四种评估目的和四种探究模式具有多种可能的组合,这便丰富了评估规划和设计的选择。

(4)将探究模式和评估目的与现实主义哲学相结合,将可以提供更合理的共同点,避免"范式战争"中一些立场的过度极端化。现实主义(Realism)是四种探究模式的理论基础,它是一种试图调和和超越后实证主义和建构主义的哲学,为来自定性和定量的传统提供了潜在的共同点。[①] 现实主义认为,世界是客观存在的,但是世界(现实)是分层的,可以区分为三个不同的层次:经验层(The Empirical)、实际层(The Actual)和实在层(The Real)。经验层次最浅,是凭感官可观察到的事实;实际层次是事件出现的层次,但我们不一定能够感觉到事件的发生;最后是实在层次,由难以观察的潜在的结构和机制构成。而潜在的结构和机制产生了我们所感知和体验的东西。而探究模式是符合现实主义哲学的逻辑的。描述模式大致可以对感知和体验的现实进行描绘,分类模式有助于发现和证明世界上有意义的物体分组,因果分析模式直接对应于潜在机制的现实主义概念。而有关结构、机制和事件的认识需要通过人类价值观的透镜过滤,因此,价值观探究模式也是与现实主义哲学相符的。因此,该框架"为评估者提供了一个通用

---

① 本书将在第八章中对现实主义哲学进行更详细的介绍。

的词语，可能有助于该领域超越过去的分裂"①。

简要评析

20 世纪 70 年代和 80 年代，虽然政策评估赢得了新的、更重要的地位，但由于后实证主义与建构主义之间的、长期的"范式战争"、缺少协调导致其实际作用越来越受到怀疑。80 年代和 90 年代，一些学者以批判性复合主义为哲学基础，探索调和、协调和整合后实证主义评估和建构主义评估，出现了批判复合主义政策评估理论流派。该流派从以下几个方面提出了整合的尝试：一是在范式方面，谋求范式的对话；二是在事实与价值方面，谋求整合事实与价值；三是在方法方面，提出了一些整合定量方法和定性方法的可能性、情景、做法和途径；四是提出了一些整合的原则和框架。

批判复合主义政策评估的理论和方法对于西方政策评估的发展具有重要的意义。一是它缓解了长期的争吵和分歧的局面，相关的对话有利于后实证主义评估与建构主义评估认识到各自的优点和局限性，增强了交流，改善了沟通；相关整合的可能性、情景、做法、途径、原则和框架一定程度上增强了评估理论的一致性。二是相关的一些整合努力有利于更全面地看待和实施评估。从思维和视角上，让人们认识到评估不能囿于一隅、执于一端，使得评估思维由封闭走向开放、由狭窄走向开阔；在评估的实施上，相关整合的可能性、情景、做法、途径、原则和框架也为对政策或项目进行全面的评估提供了可能的方案，从而一定程度上增加了评估的实际效用。三是为以后的进一步整合打下了基础。

然而，批判复合主义政策评估还存在许多的局限性。一是批判复合主义政策评估的影响力有限。从许多西方评估理论家的著作来看，他们都较少提及批判复合主义政策评估的成果，似乎他们对之前的"范式战争"记忆犹新，而对这些整合的努力却印象不深。正如前文所述，也极少有理论家将这些整合的努力视为一个"流派"。二是批判复合主义政策评估的相关整合努力自身还存在一些问题。比如，对于其哲学基础——批判复合主义——而言，虽然其借鉴了批判现实主义哲学的观点，但是其自身还缺乏足够的哲学意味。又如，虽然相关整合的做法、途径、原则和框架提出了不少的可能

① M. M. Mark, et al. , "Toward An Integrative Framework for Evaluation Practice", *American Journal of Evaluation* 20, no.2(1999)：177-198.

性,但是对于整合的内在逻辑还缺乏深入的挖掘。再如,这些整合的努力可能在实际操作上不易实现,未经专业训练的人难以掌握某些整合框架的核心,由于时间、资源和技能的限制也使得评估人员难以同时采取多种选择。因此,批判复合主义政策评估仍然需要在理论和方法方面不断完善和优化,才能够发挥出评估的最大效用。

第七章　变革性政策评估理论及其方法

　　尽管以往的评估流派都为政策评估的理论、方法以及评估实践做出了重大贡献,然而,这些评估理论都有一定的局限性,即它们较少聚焦于权力不平等的问题,在评估中忽视了那些因种族/民族、残疾、移民身份、政治冲突、性取向、贫困、性别、年龄或许多其他特征而遭受歧视和压迫的群体。20世纪 90 年代以来,以梅尔滕斯为代表的学者开始着眼于这些受压迫和歧视的群体,提出并发展出一种变革性政策评估理论。[①] 变革性政策评估侧重于权力不平等问题,关注那些因某些特征而受到压迫的边缘化群体,通过混合评估方法对原有的特权结构质疑,发现这些边缘化群体的需求,改善其受歧视和压迫的现状,促进个人和社会的转型。本章将从含义和哲学基础、理论发展历程、经典方法等方面,系统梳理变革性政策评估理论及其方法。

第一节　变革性政策评估的含义与哲学基础

一、变革性政策评估的含义

　　在变革性政策评估(Transformative Policy Evaluation)的提出者梅尔滕斯看来,变革性政策评估以"变革性范式"(Transformative Paradigm)为基础,主要侧重于边缘化群体的观点,并通过混合方法质疑系统的权力结

[①]　D. M. Mertens,"Diverse Voices in Evaluation Practice: Feminists, Minorities, and Persons with Disabilities", *Evaluation Practice* 15, no. 2(1994).

构,以促进社会正义和人权。① 结合梅尔滕斯以及其他学者的观点,本书认为变革性政策评估是一种聚焦于因受歧视和压迫而处于边缘化的群体,通过混合化的方法对原有的特权结构质疑和发现这些边缘化群体的需求,从而改善其受歧视和压迫的现状、促进个人和社会的转型的评估理论和方法。

对变革性政策评估的含义可以从以下几个方面进行理解:其一,变革性政策评估的一个重要方面是有意识地将一般被排除在主流社会之外的广泛人群包括在内,它主要针对遭受歧视和压迫的人,包括(但不限于)因种族/民族、残疾、移民身份、政治冲突、取向、贫困、性别、年龄或众多其他特征而处于边缘化的群体。因此,其评估对象主要针对那些涉及类似群体的政策或项目。其二,变革性政策评估以变革性范式为基础。变革性范式通过有意识地将对多样性的相关方面的识别及它们与歧视和压迫的伴生关系包含在评估工作中,扩展了民主和响应性探究策略的思想。其三,变革性政策评估强调其不是单一的定性或定量的评估,而是运用定性和定量相结合的混合方法,以更加全面地了解边缘化群体的现状,也能更加准确地对数据进行处理和分析。其四,变革性政策评估的目的在于通过评估做出相应的行动策略以帮助边缘化群体发生变革,改善他们受压迫和受歧视的现状,促进社会正义。

二、变革性政策评估的哲学基础

在梅尔滕斯等看来,变革性政策评估的哲学基础在于变革性范式。而变革性范式可以说是一把"形而上学之伞"②,汇集了许多哲学思想和理论,当然也有其自身独特的价值论、本体论、认识论和方法论假设。

(一)变革性范式的思想来源

变革性范式汇集的哲学思想和理论包括批判理论、女权主义理论、批判种族理论、后殖民主义理论、土著理论、酷儿理论、参与性理论、包容性理论、基于人权的理论、民主理论和文化响应理论等。这些思想的共同点在于都关注权力问题及以促进人权和社会正义的名义解决不公平问题。

首先是批判理论的相关哲学思想。康德认为哲学的目的是将现实置于

① Donna M. Mertens and Amy T. Wilson, *Program Evaluation Theory and Practice：A Comprehensive Guide*(2nd ed.) (Guilford：The Guilford Press, 2019),pp.158-168.

② D. M. Mertens, *Transformative Research and Evaluation* (New York：The Guilford Press, 2009),p.13.

批判性审视之下,以阐明征服的动力;而黑格尔对主奴关系的阐释和对辩证法和历史的重要性的强调,引领了其中一次哲学思潮的发展。马克思主义开始于 19 世纪中叶,其重点是工人的异化和与经济和社会阶级相关的不公平,其目标是改变工人阶级的条件。法兰克福大学的哲学家(被称为法兰克福学派)拒绝了对马克思主义的狭隘解释(这种解释主要集中在挑战资本主义)。韦伯和西梅尔(Georg Simmel)等新马克思主义者对马克思主义哲学进行了扩展,并将其作为批判理论发展的基础。批判理论在解决基于种族和阶级的不公平问题时考察了社会批判和社会变革的意义。马克思、哈贝马斯和霍克海默等哲学家扩展了关于探究价值观和接受使用社会正义作为评估的起始原则的思考。值得注意的是,哈贝马斯认为社会话语可以作为促进解放的手段,他称之为“交往理性”的过程。哈贝马斯的批判理论为促进公民有效参与的体制框架提供了理论基础,从更广泛的政治角度去思考,他主张国家应当关注“普遍”利益而不是在实际政治环境中占主导地位的特殊利益,将目光投向那些曾经被忽视的群体。随后的一些理论框架与哈贝马斯等人的哲学观点一致。概括而言,批判理论特别关注权力和社会正义的问题,经济,种族、阶级和性别问题,以及意识形态、话语、宗教和其他社会制度与文化动力相互作用构建社会系统的方式。[①] 批判理论意识到并理解社会不平等有关的多样性维度,是对变革性范式影响最大的哲学理论。

变革性范式还吸纳了其他的哲学思想。女权主义、批判种族理论、后殖民主义理论、土著理论、酷儿理论等都有助于变革性范式的框架构建。女权主义理论认为,性别的社会建构及其伴随的权力结构、制度和人际关系将差异转化为等级制度和权力不对称,并使男性优先于女性;应关注女性融入和进入历史上拒绝她们进入的机构,以及应在多个层面(例如妇女、家庭、种族、性、经济不平等和环境)改变与歧视行为相关的排斥结构,寻求抵抗压迫行为的道义上合理的方式和促进解放的道义上可取的选择,以改变女性的从属地位,并使社会更加公平。批判种族理论(Critical Race Theory)源于非裔美国人、拉丁裔美国人和美洲土著人对社会思想的批评,他们反对以白人的经验和视角作为评判有色人种的依据,主张强调种族歧视的普遍性和顽固性,强调种族和各种法律概念的社会建构性,对所谓中立、客观、色盲(color-blind)等原则进行质疑,认为应从历史视角探究造成当前种族权利和机会不平等的原因,强调少数族裔经验和知识的重要性,重视少数族裔群

---

① Donna M. Mertens and Amy T. Wilson, *Program Evaluation Theory and Practice：A Comprehensive Guide*(2nd ed.)(Guilford：The Guilford Press, 2019),p.159.

体的声音,寻求旨在实现消除种族歧视的终极目标具有可行性的具体策略。后殖民主义理论(Postcolonial Theory)认为所有的话语实践都应该基于殖民主义的历史事实以及这一现象所造成的种种后果,必须赋予第三世界文化独立于昔日殖民者的存在。它否认一切主导叙述,认为一切主导叙述都是欧洲中心主义的,因此批判欧洲中心主义是后殖民主义的基本任务。它拒绝资本主义这一"基础的范畴",也否定当代资本主义的世界结构。在后殖民时代,重要的是超越西方第一世界作为知识者的知识建构。土著理论(Indigenous Theory)认为土著人民在许多方面受到殖民者的压迫,应结合殖民文化的影响,立足于土著的教育、语言、地理边界、宗教、政府结构和文化价值观,研究主导社会结构的压迫,寻求多种方式治愈被殖民的土著人民,恢复土著人民的个人尊严和集体尊严并实现土著的复兴。酷儿理论(Queer Theory)研究女同性恋、男同性恋、双性恋、变性人和性别反常的人的问题,挑战了在识别性别时的男性—女性二元概念,抛弃了某些形式的性取向是不正常的观点。该理论认为性别认同和性倾向不是"天然"的,而是通过社会和文化过程形成的,而基于主流文化的性行为社会规范一直在迫害或者说压制那些对性有不同理解的人群。他们主张批评这些压迫成分,欢迎和赞赏更宽广的性与社会多样性的图景。

除此以外,参与性理论、包容性理论、基于人权的理论、民主理论和文化响应理论等也为变革性范式提供了很多知识基础。

(二)变革性范式的哲学假设

作为一种范式,变革性范式也有其自身的价值论、本体论、认识论和方法论假设。

1. 价值论假设

梅尔滕斯指出,变革性范式的价值论假设基于以下六个基本原则:促进人权、促进社会正义、解决不平等问题、文化方面尊重的重要性、承认群体的力量和韧性以及互惠。[①]

变革性范式牢牢植根于人权议程。[②]《联合国世界人权宣言》指出:承认人类所有成员的固有尊严以及平等和不可剥夺的权利,这些权利包括生

---

① Donna M. Mertens and Amy T. Wilson, *Program Evaluation Theory and Practice*: *A Comprehensive Guide*(2nd ed.)(Guiford: The Guilford Press, 2019), p.160.

② D. M. Mertens, *Transformative Research and Evaluation* (New York: The Guilford Press, 2009), p.12.

命权、自由、人身安全、法律平等保护、行动自由、与未来配偶在自由和完全同意的情况下结婚、财产所有权、思想和宗教自由、见解和言论自由、和平集会、参与治理、在公正和良好的工作条件下工作以及获得教育。而且，人人有权享有这些权利，不分种族、肤色、性别、语言、宗教、政治或其他见解、国籍或社会出身、财产、出生或其他身份。但现实中，歧视和压迫是普遍存在的，并非所有人都享有《宣言》中所载的权利。因此，评估者有道德责任去理解他们评估的群体，以挑战允许现状继续的社会进程，或者说，评估者应关注不平等的权力分配和由此产生的被压迫群体受到的压迫，评估的预设目标也是将评估的过程和结果与社会正义议程的促进明确地联系起来，使参与者能够改变现状并从持续的压迫中解放出来。因此，变革性范式最基本的价值论假设就是通过评估维护人权、促进社会正义和解决不平等问题。

　　为指导涉及参与者的研究，科学领域强调"尊重"的道德准则。比如美国国家生物医学和行为研究人类受试者保护委员会发布的《贝尔蒙特报告》指出，应"尊重和礼貌地对待人，包括那些不自主的人（例如，小孩和心理发育迟滞或衰老的人）"。这一道德准则同样适用于变革性范式，但与其他范式不同的是，变革性范式更多地强调"从不同群体和不同文化群体的互动文化规范来批判性地审视尊重"。基于变革性范式开展的研究和评估往往面临着一种特殊的复杂性——针对的是文化复杂的群体。这些群体往往是低发生率的，仅占人口较小的比重，他们的文化往往不易理解；而且，低发生率群体自身也是异质的，比如，失聪的人在许多其他方面（性别、种族/民族、语言、沟通偏好）可能都是不同的。因此，他们往往是文化复杂或多样的群体。亦因此，只有采取文化上适当的策略才能尊重他们的安全、尊严、自我价值以及促进理解。为了确保识别、准确解释和尊重多样性，人们应更加意识到需要将文化能力原则作为道德准则的一个突出维度。文化能力要求评估者了解自己的基于文化的假设、他们对评估中具有文化差异的参与者和利益相关者的世界观的理解，以及在与不同文化群体合作时使用适当的评估策略和技能。特别地，这种道德假设要求评估者积极主动地确定被评估的群体中存在的文化信仰和规范，并与群体成员互动，征求他们对这些规范和信仰如何影响他们生活的理解，并了解这些规范对支持追求人权或反对压迫制度的影响。① 在实践中，评估者要思考进入群体的机制，让群体的不同成员担任评估者，组成代表主导文化群体和非主导文化群体的评估者小组，或

---

① American Evaluation Association（AEA），*Guiding Principles for Evaluators*，2004，retrieved from www. eval. org/Publications/GuidingPrinciples. asp.

组成代表多样性适当层面的咨询机构。

变革性范式的另一个道德原则是承认群体的力量和韧性。以往的研究采取的是一种缺陷视角（deficit perspectives），即只关注群体中的问题而忽略其力量，仅将一个群体定义为一个具有障碍的"问题"。比如，针对少数民族妇女的研究，研究人员往往只关注她们的沟通缺陷和文化缺陷，而忽视了社会背景和这些群体的力量和韧性。变革性范式认为，缺陷视角会导致研究作为推动社会转型的工具的失败。变革性范式应关注群体的有用的方面、积极的方面、学习力、恢复力和抵抗行为，相信在面临看似顽固的问题的挑战的群体中经常被忽视的力量。比如，对青年的研究不能将他们视为需要解决的问题，而应尊重他们，看到他们的独特精力和专业知识并开发、利用他们独特的精力和专业的知识，如此方可产生有意义的结果和促进青年的转型。

最后，变革性范式强调"互惠"的重要性。研究人员需要证明所使用的研究方法能使他们和参与者之间建立起信任感和互助关系。①

2. 本体论假设

首先，变革性范式明确承认现实是多面的并且是社会建构的。现实是多样的、多重的，个体由于具有不同的价值观和生活经历对现实有着不同的建构和看法。其次，虽然与建构主义范式都持"建构"的观点，但变革性范式与建构主义范式不同的是，它特别强调权力（比如定义权、解释权和贴标签的权力等）的影响，承认权力在决定什么是真实的以及接受不同的现实感知的后果方面有着重要的影响。"与建构主义范式关于现实反映文化相对性的本体论假设不同，变革性范式基于权力不平等和不同的现实观点的后果来质疑现实观点。"②在变革性范式看来，人与人、群体与群体之间存在权力的差异，它"包含一种刻意的意识，即某些个人占据更大权力的位置，而具有其他特征的个人可能更容易被排除在关于存在的公认定义的决策之外"③。为什么会产生权力差异呢？变革性范式认为，残疾、性别、性观念、宗教、种族/族裔、民族出身、政党、收入水平、年龄、语言、移民或难民身份等特征导致了权力的差异。权力差异会产生怎样的后果呢？权力的差异影响了个体

---

① D. M. Mertens, *Transformative Research and Evaluation* (New York: The Guilford Press, 2009), p. 40.

② Donna M. Mertens and Amy T. Wilson, *Program Evaluation Theory and Practice: A Comprehensive Guide* (2nd ed.) (New York: The Guilford Press, 2019), p. 164.

③ D. M. Mertens, *Transformative Research and Evaluation* (New York: The Guilford Press, 2009), p. 53.

的价值观和生活经历,而且,与或多或少的权力相关的特定特征决定了哪个观点的现实被接受为"真实"。例如,具有正常听力的人和聋人存在权力的差异,从具有正常听力的人的价值观出发,耳聋就是一种缺陷,需要以任何可能的方式"修复";当聋人能够为自己定义现实时,可能耳聋并不是缺陷,基于他们的语言和文化,存在一个不同的"真相"。然而,现实中,具有正常听力的人往往具有为聋人定义现实的权力,于是具有正常听力的人的观点被接受为"真实",这可能导致从具有正常听力者的角度产生的意义并不能抓住聋人生活的任何"真相"。总之,变革性范式倾向于将真理置于压迫、不公正和边缘化的特定历史、经济、种族和社会基础结构中,认为依据权力关系和在社会、文化及历史背景下形成的现实观才能更好地理解现实。

3. 认识论假设

变革性范式的认识论描述了知识的性质以及为了获得准确的知识而产生的评估者与利益相关者之间的关系。首先,对于知识的本质,变革性认识论假设认为,知识既不是绝对的,也不是相对的。知识在社会和历史上都处于复杂的文化背景中,它是在一般权力和特权的背景下构建的,其结果与赋予特权的知识观点有关。

其次,为了在这种背景下理解知识、获得准确和有效的知识,评估者与群体成员之间需要建立互动联系,二者之间需要密切的合作。群体的成员包括群体的领导者,也包括一般成员。评估者要建立与他们的互动合作关系,对文化的理解和建立信任被认为是最重要的。当评估人员试图进入与其自身背景存在差异的文化群体时,他们需要通过阅读有关资料和咨询相关群体成员,然后使用适当的进入策略。除此之外,还需要注意有效沟通和语言的使用问题,如果评估者和群体之间存在语言差异,则应以群体的语言为准。如有必要,评估人员可使用口译员,并且与使用口译员相关的问题也需要严格审查。评估的重点、目的、设计、实施和利用应通过评估者和群体成员之间的合作过程来制定。

古巴和林肯曾将这种认识论立场描述为"具有价值中介发现的交易/主观主义"①。认识具有"交易性",是指评估者和参与者之间相互作用,以便对已知事物达成共识;认识是"主观主义的",是因为评估者认识到他们和参与者的价值观不尽相同,他们期望他们对社会正义和人权的承诺将影响评估过程和结果。

---

① E. G. Guba and Y. S. Lincoln(eds.), *Handbook of Qualitative Research* (Thousand Oaks: Sage Publications, 2005), p. 193.

4. 方法论假设

方法论假设涉及进行变革性评估的适当方法问题。总的来说,方法决策要基于上述三个假设,确定能够实现以下目的的方法:最有助于利用过程和结果加强社会正义、确定支持现状的系统性力量和允许变革发生的系统性力量、承认评估者和利益相关者之间需要一种批判性和反思性的关系。基于这种考量,没有单一的方法与变革性范式相关联,它涉及多种方法和技术。

首先,定性方法的纳入被视为至关重要,不仅因为对话式方法是评估人员与社区成员之间建立对话的一个要点,还可以通过观察、访谈和焦点小组的方法从群体成员处获取信息,从他们的"声音"中获得特殊群体对相关问题的观点。然而,要开展与前面的假设相符的研究和实现上述目的,也可采用定量方法和混合方法。实验、准实验、因果比较、相关分析、问卷调查等定量方法可以描述某些现象和揭示某些关系;混合方法设计可以用来处理群体的信息需求,因此变革性评估更倾向于经常地使用混合方法。

其次,尽管可以选择多种方法,但是由于基于变革性范式开展的评估往往面临着特殊的多样性和复杂性,因此,还需要根据这些多样性和复杂性灵活地选择和调整方法。如前所述,变革性评估的对象主要涉及种族主义、性别歧视、性取向差异以及聋哑人和其他残疾人等多个特殊群体,他们与社会上大多数人存在巨大的差异;不仅如此,各个群体内部也是异质的;而且,影响这些群体的背景因素和历史因素特别是与歧视和压迫有关的因素也很复杂。因此,除了运用多种方法来揭示和回应多样性的相关方面之外,也需要灵活地选择和调整方法来确定相关的维度。

最后,要注意群体的参与。如前所述,变革性范式的认识论假设认为,评估者与群体成员之间需要建立密切的互动合作联系。这种互动合作除了要注重进入、沟通和语言问题外,还需要注重群体的参与。参与的形式包括:评估者可以指导群体需求的确定,使群体成员考虑并适应他们自己的信息需求;或者评估者可以通过倾听群体成员关于他们对方法论的看法而获取信息;或者群体本身可以与评估者一起担任领导角色,群体成员掌握权力,决定评估调查如何进行。注重群体的参与才能建立起密切的互动合作关系。

基于上述理解,梅尔滕斯等对变革性范式的哲学假设进行了如下归纳[①],如表 7-1 所示。

表 7-1　变革性政策评估的哲学基础

描述	价值论假设	本体论假设	认识论假设	方法论假设
主要侧重于边缘化群体的观点,并通过混合方法质疑系统的权力结构,以促进社会正义和人权	尊重文化规范;根据人权的促进和社会正义的增加来界定善行;互惠是必要的	拒绝文化相对主义;认识到各种对现实的观点都是基于社会定位;有意识地承认现实的特权观点的后果	评估者与参与者(利益相关者)之间的互动联系;知识是通过社会和历史来确定的;需要处理权力、信任问题和建立有意义的关系	可以使用定性(对话)方法,但也可以使用定量和混合方法;对于历史因素特别是当其与压迫相关时,必须根据背景反复地考察

第二节　变革性政策评估的产生与发展

以上梳理了变革性政策评估的含义和哲学基础,然而,作为一个理论流派,其是在怎样的现实背景和理论背景下产生的? 经历了怎样的发展历程? 有哪些代表性的理论家以及他们提出了哪些评估模型或方法? 这些都是把握变革性政策评估理论和方法的重要方面。本节将对以上内容进行梳理。

一、变革性政策评估产生的现实背景和理论背景

（一）现实背景

尽管人类社会在不断发展,但总有一些人因种族/民族、残疾、移民身份、政治冲突、性取向、贫困、性别、年龄或许多其他特征而被边缘化和受到社会排斥。各种大小媒体几乎不断地在报道他们的不调和的生活和经历:少数族裔的贫困生活,就业中的性别歧视,残疾人缺乏帮助,艾滋病人的艰难度日,帮派暴力事件的频发,男女同性恋、双性恋和变性人受到言语和身体的虐待,土著语言被摧毁等等。即使到了 20 世纪八九十年代,相关问题

---

① Donna M. Mertens and Amy T. Wilson, *Program Evaluation Theory and Practice*：*A Comprehensive Guide*（2nd ed.）（New York：The Guilford Press, 2019）,p.168.

仍然持续存在。适合移民的孩子的教育模式应该是什么？与其他以英语为母语的孩子相比,他们接受的教育是否忽略了他们的特殊需求？干旱、可能的供应商暴利、艾滋病造成的生产力下降以及持续不断的冲突,使索马里、埃塞俄比亚、津巴布韦和马拉维的人民时刻面临饥饿的风险。

尽管自 20 世纪 40 年代以来,联合国先后发布了《人权宣言》《消除一切形式种族歧视国际公约》《残疾人权利宣言》《消除对妇女一切形式歧视公约》《儿童权利公约》等一系列宣言和公约,呼吁人们关注并采取行动解决不公平问题;尽管一些国际组织提醒人们关注边缘化群体,呼吁努力让公共政策确保所有人享有公民的权利、努力消除差异和增强公平,但是,社会问题的不公平和不协调仍然没有得到解决,一些人仍然难以获得资源,一些人的生活质量仍然较低,一些人仍然"生活在一个基于固有特征将特权分配给某些人而拒绝给其他人的世界中"①。在某种意义上,这些不平等可能比以往更大。那些被推向社会边缘的人以及他们获得的服务存在不公平的例子产生了对变革性评估的强烈需求。

(二)理论背景

从理论上看,尽管后实证主义政策评估、建构主义政策评估和实用主义政策评估为政策评估的理论、方法以及评估实践做出了重大贡献,然而,这些评估理论都有一定的局限性,即它们没有或极少聚焦于权力不平等的问题。

在后实证主义的中立和客观的评估思维中,弱势群体在政策评估的过程中没有发声的渠道,政策评估者往往不能关注到这些边缘化群体的真实诉求。随机对照试验以及其他定量方法在评估面向文化复杂群体(以及不太复杂的群体)的干预措施的有效性方面往往面临挑战。虽然建构主义评估强调平等、多元、互动,然而,在基于利益相关者的和自然主义的评估方法中所反映的原则,并没有谈到评估如何促进社会正义或公平的实质性问题,也不能确保在评估过程以及评估结果和建议的形成过程中被社会边缘化的那些群体的沉默的声音将同样被"听到"。实用主义政策评估虽然主张将评估结果运用于政策的修正、调整和完善中,但它并不聚焦于社会不平等的问题,评估结果也更多地传递给官方行动者,而不注重传递给弱势群体用户并激发和促进他们的转型。除此之外,以往的评估都存在一个共同的缺陷,即

---

① D. M. Mertens, *Transformative Research and Evaluation* (New York: The Guilford Press, 2009), p. 15.

即便针对有关弱势群体的政策或项目的评估,采取的也是一种缺陷视角。他们只关注群体中的问题而忽略其力量,仅将一个群体定义为一个具有障碍的"问题",这就导致评估作为推动个人和社会转型的工具的失败。

总之,以往的评估理论和方法都采取一种"色盲"的视角,没有或极少聚焦权力不平等的问题,身处于歧视和压迫环境下的人依然无法得到足够关注,弱势群体依然处于边缘化的位置。

由此,无论从现实上还是理论上来看,都迫切需要一种关注那些在现实中被推到社会边缘的群体,并将他们的声音带入评估世界,进而实现他们的个人转型和社会转型的评估理论。

二、变革性政策评估的产生与发展历程

(一)变革性政策评估理论的开创

20 世纪 80 年代末期,已有评估者开始思考"公正"的评估。比如在古巴的"第四代评估"中,就强调通过"利益相关者的参与"来了解利益相关者的利益,并且将评估发现和建议以某种方式响应这些利益。但是,参与评估本身并不能确保评估结果对所有群体都是公平的或公正的。从对范式的研究来看,1990 年古巴在《范式对话》一书中,提出了影响评估的四种范式:实证主义、后实证主义、建构主义和批判理论。批判理论强调通过提高参与者的意识来促进转变,但是古巴并没有探索基于批判理论的评估理论。莱瑟(P. Lather)认识到以往评估的缺陷,提出了一种被称为"解放"的调查方法,这种方法谋求将评估与消除不公平以及对社会正义的实质性追求相结合。[①] 这种努力使评估往"公平"方面迈出了有益的一步。

几乎在同时代的实证性评估研究中,一些学者也开始将目光投向弱势群体。非裔美国学者希利亚德(Asa Hilliard)提出了"非洲中心主义"观点,并基于这个观点研究了黑人学生在学校中受到的歧视。梅尔滕斯在 1996 年进行了一项针对聋哑青年性虐待的研究。1997 年,索罗赞洛(Daniel Solórzano)描述了批判种族理论的作用,认为批判种族理论提供了一个框架,用于调查和揭示使种族主义的犯罪和压迫现状得以继续的系统性方面。1998 年,库森等提出了面向变革的参与式评估方法,明确承认在授予或拒绝获得资源和机会方面的权力问题,邀请因与压迫和歧视有关的多样性而

---

① P. Lather, "Critical Frames in Educational Research: Feminist and Post-structural Perspectives", *Theory and Practice* 31, no. 2(2009):87-99.

被拒绝进入的群体成员参加,并建立适当的支持机制,以实现社会变革。

基于以上学者对范式的研究和对弱势群体的实证研究,梅尔滕斯认为,需要提出一种新的范式以涵盖相关针对弱势群体、谋求社会公正的研究思维和观点。1998年,她提出了一种新的范式——"解放主义"。作为一种总括性术语,"解放主义"涵盖了少数种族权利、残疾人权利和女权主义者的观点。[①] 她将"解放主义"与后实证主义、建构主义和实用主义并列并呼吁开展基于"解放主义"的评估研究。这意味着变革性政策评估理论的开创。

(二)变革性政策评估理论的拓展

自梅尔滕斯提出"解放主义"范式后,在接下来的几年中,一批学者陆续提出了一些评估模型并进行了评估实践。

首先,在评估模型方面。1999年,豪斯等提出了一种与民主相关的评估模型——"协商民主方法"。该方法要求在评估中遵循包容、对话和审议的基本原则。"包容"是指考虑利益相关者的所有相关利益;"对话"是指评估者和利益相关者之间进行对话的过程,以确定他们的利益、观点和想法;"审议"是指评估者和利益相关者反思所面临的问题,以确定偏好和价值观。这些原则在一开始就被纳入评估环境,并在整个过程中为评估者的思维提供信息。通过民主的评估,评估者能够看到隐藏的背景。其后,里安(Katherine Ryan)还提出了第四条原则——相互问责,认为社会变革的到来是因为包括决策者在内的所有利益相关者都要承担责任。如果政策的初衷和结果之间出现差异,那么方向的改变是有必要的。问责旨在通过基于收集和审查多个数据来源的公共讨论过程,重新分配或平衡权力关系。波文(Sielbeck-Bowen)等提出了基于女权主义的评估理论。[②] 女权主义理论有许多变体,包括自由主义、文化主义、激进主义、马克思主义和/或社会主义、后现代主义(或后结构主义)和多种族女权主义。自由派女权主义者争取男女平等待遇。文化女权主义者认为,男女平等待遇不会纠正不平等现象,因为性别歧视社会的遗留问题导致了男女资源和机会的巨大差异。文化女权主义者认识到人际关系和交流叙事方法的重要性,致力于纠正对女

---

① D. M. Mertens, *Research and Evaluation in Education and Psychology: Integrating Diversity with Quantitative and Qualitative Approaches* (Thousand Oaks: Sage Publicatons, 1998).

② K. A. Sielbeck-Bowen, S. Brisolara, D. Seigart, C. Tischler and E. Whitmore, "Exploring Feminist Evaluation: The Ground from Which We Rise", *New Directions for Evaluation* 96 (2002): 3-8.

性经验和对女性社会贡献的贬低。激进的女权主义者关注的是基于性别歧视的压迫,这种压迫表现为男性对女性的统治。马克思主义和社会主义女权主义者除了关注性别问题外,还关注阶级和经济问题。因此,他们倾向于关注诸如家庭无酬工作、妇女减贫和性工作者剥削等话题。后现代或后结构主义女权主义者质疑男女二元范畴,主张解构性别角色以纠正男性对女性的征服。这些传统类别被重新定义,以确认可能的性别角色的全部范围。多种族的女权主义者从种族和性别的角度来识别这种交叉导致的不平等,也将自己与土著和后殖民理论家联系起来。[①] 基于女权主义的评估是一种基于性别不平等的性质和后果的深刻的兴趣,提供一种考察和理解社会问题和阐明性别不平等以及妇女的利益、关切和观点的方法,并关注政治和积极的议程,以至改善妇女的社会正义。

其次,在评估实践方面。摩西(R. P. Moses)等评估了为低收入和非裔美国学生开设代数课的努力;邱(L. F. Chiu)评估了为少数民族妇女提供乳腺癌筛查的服务;托马斯(V. G. Thomas)研究了非洲裔美国学生教育的人才发展模式;布莱索(K. Bledsoe)评估了为非裔美国人和拉丁美洲学生提供的城市扫盲服务。总之,这段时间学者们提出了一些评估模型,并将"解放主义"融入了更多的评估实践,拓展了变革性评估的理论和方法。

(三)变革性政策评估理论的深化

进入 2005 年以后,变革性政策评估理论进一步深化,其主要表现一是正式提出了"变革范式",二是陆续开发出了一些新的评估模型。

2005 年,由于希望强调参与评估的人员的主观能动作用,梅尔滕斯将"解放范式"的名称改为"变革范式"。这一名称的改变意味着评估者与边缘化群体之间的关系不再是解放与被解放的关系,而是为了个人和社会的转型而共同努力。[②]

新的评估模型也陆续被提出。塞贡(Marco Segone)提出了基于人权的评估方法。他认为,在人权办法范围内,评估应侧重于最弱势群体,以确定公共政策是否旨在确保所有人都享有其公民权利,是否消除了差距并加强

---

① C. Q. Hopkins and M. P. Koss, "Incorporating Feminist Theory and Insights into A Restorative Justice Response to Sex Offenses", *Violence against Women*, no. 11(2005): 693-723.

② D. M. Mertens, *Research and Evaluation in Education and Psychology: Integrating Diversity with Quantitative, Qualitative and Mixed Methods* (2nd ed.) (Thousand Oaks: Sage Publicatons, 2005).

了公平,以及是否采取了民主方法以让每个人都参与影响其利益的决策过程。① 从国际发展的角度来看,对于一些国际发展项目可以采用"伙伴国家领导的评估"。因为由捐助机构或其顾问进行的评估缺乏受捐国家对项目的主人翁意识,因此应由合作伙伴国家领导评估,决定评估内容、评估方式以及如何解释和使用结果,从而增强他们对项目和评估结果的拥有感。胡德(Stafford Hood)等注意到了将斯泰克的响应性评估理念扩展到社会正义中的影响,后来发展成为一种"文化响应性评估"模型。该模型认为在有色人种和/或贫困社区内进行的评估需要充分考虑文化背景,才能使评估具有价值。其基本前提是:评估人员应使用响应性的、尊重的、道德的和对边缘化群体有益的方法和途径。评估人员应意识到文化滤镜对其进行合格的评估的能力的影响,也要注意到与群体分享显著特征(如肤色)的价值,同时承认这些特征本身并不使得评估人员具有进行文化回应性评估的资格。② 一些谋求满足毛利人、非洲博茨瓦纳人、美洲土著/美洲印第安人、澳大拉西亚人和一般土著群体的需求的学者开发了面向土著的评估理论。他们认为,土著人民在许多方面受到过殖民者的压迫,例如毛利人(和许多其他土著民族一样)的土地被白人定居者掠夺,由此造成土著人民和白人定居者之间缺乏信任,进而对评估人员与土著群体成员之间的现有关系产生了负面影响。这些条件导致许多土著群体通过创建他们自己的、在他们的群体中开展评估研究的"授权调查事项",开发让他们参与的非殖民化评估方法。例如,毛利人就已提出了他们的授权调查事项,规定系统的评估将"为毛利人、由毛利人和与毛利人一起"进行。③ 梅尔滕斯和沙利文(M. Sullivan)等提出了面向残疾人的评估理论。跟随其他民权团体的脚步,残疾人要求更多地控制自己的生活以及更多地控制对他们进行的研究和评估。面向残疾人的评估理论的一个主要方面是将身体缺陷(基于生物学条件)与残疾(对残疾的压迫性社会反应)分开。这一点将"问题"定位于对人的身体缺陷的社会反应而非个人反应,如果社会做出适当的反应,那么就不会有残疾。另外,开展针对残疾人的评估要注意残疾群体的多样性,因为不同形式的身体

---

① M. Segone, *New Trends in Development Evaluation* (Geneva: UNICEF Regional Office, 2006).

② S. Hood, R. K. Hopson and K. E. Kirkhart, "Culturally Responsive Evaluation: Theory, Practice, and Future Implications", in K. Newcomer and H. Hatry (eds.), *Handbook on Practical Program Evaluation* (4th ed.) (San Francisco: Jossey-Bass, 2015), pp. 281-317.

③ F. Cram, "Maintaining Indigenous Voices", in D. M. Mertens and P. E. Ginsberg(eds.), *Handbook of Social Research Ethics* (Thousand Oaks: Sage Publicatons, 2009), pp. 308-322.

缺陷不仅需要不同的方法和手段,而且还产生了不同的亚文化。这种多样性的一个明显例子来自许多聋人群体成员的观点,他们并不认为自己是残疾人;相反,他们将自己视为语言和文化上的少数群体,需要与"听力优越者"的压迫作斗争。而且,还要注意沟通的方式,比如对聋人的服务的评估要具备手语的技能。一些学者也开发出了面向酷儿/LGBTQ 的评估方法。[①] 该方法在评估中特别关注性别和性认同问题,质疑社会上普遍存在的异性恋偏见,即对性取向少数群体的权力和歧视。在评估时,也存在许多需要注意的问题:虽然以性取向为基础的歧视和压迫形式存在共同点,但在每个群体内部和群体之间也存在独特性和多样性;由于"身份公开"本身所带来的耻辱感,评估者可能难以识别他们。因此,在评估时,评估人员需要了解保护他们的个人身份并确保揭露歧视性的做法,以建立一个更加公正的社会。在对西北太平洋地区 LGBTQ 人群性侵犯支持服务及其群体具体需求的评估中,托达尔(J. L. Todahl)等认真对待利益相关者所需的隐私和保密性,以使他们感到足够自信和舒适,能够在需要时表达他们的观点。有了这一表达他们的关切和需求的机会,LGBTQ 群体后来分享了他们在以下方面的信念:社会改变对 LGBTQ 人的态度的重要性、增加获得对LGBTQ 友好的服务的机会,以及在制定和实施关键的社会和卫生服务系统时提供 LGBTQ 敏感性培训的方案。[②]

三、变革性政策评估的主要理论家与模型

如上所述,自 20 世纪 90 年代末以来,变革性政策评估理论逐渐发展起来,一些理论家从各自的角度或者各自所关注的弱势群体角度提出了多种评估模型。结合相关学者的观点[③],基于模型的成熟度、适用性及其在变革性政策评估中的地位,本书认为以下八种模型较为重要:索罗赞洛等提出的基于种族批判理论的评估(CRT)、库森等提出的变革性参与式评估(TPE)、豪斯等提出的协商民主评估模型(DDE)、波文等提出的基于女权主义的评估(FE)、梅尔滕斯等开发的基于残疾人和聋人权利的评估

[①] LGBTQ 指"性少数者",是女同性恋者(Lesbian)、男同性恋者(Gay)、双性向者(Bisexual)、跨性别者(Transgender)与酷儿(Queer)的英文简写。

[②] J. L. Todahl, D. Linville, A. Bustin, J. Wheeler and J. Gau, "Sexual Assault Support Services and Community Systems: Understanding Critical Issues and Needs in the LGBTQ Community", *Violence against Women* 15(2009): 952-976.

[③] Donna M. Mertens and Amy T. Wilson, *Program Evaluation Theory and Practice: A Comprehensive Guide*(2nd ed.)(New York: The Guilford Press, 2019), p.175.

(DDRBE)、克拉姆等提出的面向土著的评估(IE)、塞贡等提出的伙伴国家领导的评估(CLE)、胡德等提出的文化响应评估(CRE)。尽管这些评估模型都各有侧重,但它们都有一个共同的特点:都涉及对弱势群体或边缘性群体的评估,在评估过程中充分考虑利益相关者的诉求,尊重和理解不同群体内的亚文化,希望通过评估实现社会的公平正义。表 7-2 从模型名称、相关的理论家、产生时间和基本观点等方面归纳了这八个评估模型。

表 7-2   变革性政策评估的主要模型

评估模型	主要理论家	产生时间	基本观点
基于种族批判理论的评估(Critical Race Theory)	希利亚德;索罗赞洛;托马斯	20 世纪 90 年代末	通过基于种族或民族歧视的镜头来审视种族主义对为有色群体提供服务的影响。需要注意种族主义的性质和表现,很多时候种族主义是一种隐性结构,以不太明显的形式出现;要认识到种族是一种社会建构;不能采取色盲和缺陷的观点,注意自己身份(种族)的敏感性,要保持与群体的互动,将讲故事和叙述作为考察服务中种族和种族主义的有效途径
变革性参与式评估(Transformative Participatory Evaluation)	库恩;E. 惠特莫尔	20 世纪 90 年代末	变革性参与式评估与实际参与式评估(见第五章)存在相似之处,但变革性参与式评估试图将边缘化的人包括在内,以解决他们面临的权力不平等问题,旨在促进与增进社会正义直接相关的行动。培养实施变革性参与式评估所需的关系需要额外的时间和资源。评估人员需要能够保持灵活性和响应性,以便项目中所需的改变来自参与者。需要在使用变革性参与方法方面进行能力建设,以便利益相关者能够理解这一过程并参与其中。还可以用这种方法来影响可能需要的政策变化,以实现预期的结果

评估模型	主要理论家	产生时间	基本观点
协商民主评估（Deliberative Democratic Evaluation）	豪斯；豪（K. Howe）；里安	20 世纪 90 年代末	希望评估成为一种民主实践；考虑所有的观点、价值观和利益，希望结论更加合理；希望参与者将更多地接受和使用评估结果。遵循四项原则：包括所有相关的利益相关者的观点、价值观和利益；评估人员和利益相关者之间进行广泛的对话，以便他们彼此充分了解；与各方共同商议以达成结论；通过基于收集和审查多个数据来源的公共讨论过程，重新分配或平衡权力关系
基于女权主义的评估（Feminist Evaluation）	波文；B. 惠特莫尔（B. Whitmore）；霍普金斯（Q. Hopkins）	21 世纪初	基于女权主义的评估的中心焦点是导致社会不公正的性别不平等，每项评估都应着眼于扭转性别不平等。评估者要认识到，基于性别的歧视或不平等是系统性和结构性的，评估过程可能对参与评估的人员产生显著的负面或正面影响。评估者必须认识和探讨待评估问题的独特条件和特征；批判性的自我反省是必要的。多种评估方法都可以运用到评估中，要根据具体情况选择恰当的方法。重视从经验基础上产生的变革性知识
基于残疾人和聋人权利的评估（Disability-and Deaf-Rights-Based Evaluation）	梅尔滕斯；沙利文	21 世纪初	针对残疾人或聋哑人群体的评估，首先要将身体缺陷（基于生物学条件）与残疾（对残疾的压迫性社会反应）分开，应考虑残疾群体的世界观，学会通过残疾群体的眼睛来解释特定的文化场景。其次要注意残疾群体的多样性，不仅需要了解与不同类型的残疾相关的维度，还需要了解他们的语言、性别和其他与背景相关的特征。最后，为确保残疾群体的参与得到支持，需要提供适当的便利，比如对聋人服务的评估要具备手语的技能

续表

评估模型	主要理论家	产生时间	基本观点
面向土著的评估 （Indigenous Evaluation）	克拉姆（F. Cram）； 巴蒂斯特； 奇利萨（B. Chilisa）	21 世纪初	面向土著群体的评估要认识到土著往往具有更强大的外来者的殖民和压迫经历，他们的文化和传统常常遭到诋毁。要认识到土著的多样性，他们不仅在其部落/族裔群体归属方面，而且在许多其他方面（如性别、经济地位和残疾方面）都有很大的差异。评估中的关系至关重要，需要长期的关系、信任以及互惠感。要充分吸纳土著的参与；尊重、承认和重视土著文化的内在价值，响应土著群体成员提出的需求，围绕土著群体的资产和资源设计和实施评估
伙伴国家领导的评估 （Country-Led Evaluation）	塞贡； 科哈特	21 世纪初	在国际发展评估中，由于由援助机构或其顾问进行的评估没有对受援助国家灌输项目的主人翁意识，因此需要合作伙伴国家领导评估，由他们决定评估内容、评估方式以及如何解释和使用结果，从而增强他们对项目和评估结果的拥有感
文化响应评估 （Culturally Responsive Evaluation）	胡德； 霍普森（R. Hopson）； 弗里森（H. Frierson）	21 世纪初	认为在有色人种和/或贫困群体内进行的评估需要充分考虑文化背景，应使用响应性的、尊重的、道德的和对边缘化群体有益的方法和途径。具有以下特点：要充分认识待评估的群体的多样性的各个方面（如种族/民族、收入、语言等），依据这些方面确定评估的重点。评估人员的选择也要考察他们的背景和专业知识是否与多样性的相关维度相匹配。运用项目管理层、执行者和参与者提供的信息来定义政策或项目，并明确政策或项目的基本假设。对于评估方法以及可能的解释如何响应群体的需求要进行积极的讨论。数据收集时，所用的方法要适合相关的群体并根据具体情况进行调整。数据分析时要对文化背景保持敏感、使用适当的分类、与利益相关方进行讨论并再次明确假设。结果报告需要描述背景和文化因素、方法调整情况、替代的解释以及支持性证据，还要描述结果如何用于持续的项目改进

第三节　变革性政策评估的经典方法

如前所述,变革性政策评估理论家提出了八种评估模型。其中,基于批判种族理论的评估、协商民主评估以及基于残疾人和聋人权利的评估具有较强的代表性。因此,本节将选择基于批判种族理论的评估、协商民主评估、基于残疾人和聋人权利的评估三种模型进行重点梳理。

一、基于批判种族理论的评估

批判种族理论源于 20 世纪五六十年代美国民权运动的兴起。当时有色人种族群自我认同意识加速觉醒,以黑人为代表的有色人种,不但争取法律文本形式上的平等权利,更渴望在社会生活中真正平等。在此过程中,要求尊重少数族群文化的“多元文化主义”适时兴起。如此,传统以白人为中心的族裔问题研究模式显得不合时宜,以推翻白人中心主义根基、重建美国族裔研究范式的“种族批判理论”随之兴起。种族批判理论自 20 世纪 70 年代末在美国法学界出现,在 80 年代后期获得迅速发展,并在 80 年代末期开始运用于政策评估中,之后逐渐成为一种具有代表性的变革性政策评估方法。

（一）基于批判种族理论的评估的含义

1. 批判种族理论的含义与基本观点

批判种族理论借鉴并扩展了通常被称为批判理论的广泛的文献基础。批判理论是一种试图理解社会的压迫性方面以产生社会和个人转型的理论。由此,批判种族理论是通过发展理论、观念、方法和策略,以解释种族和种族主义在社会中的作用并致力于消除种族主义,并作为消除性别、阶级和性取向等其他从属形式的更大目标的一部分。[1]

与批判种族理论相联系的一个理论是 LatCrit 理论。该理论对政策评估也有着重要的影响。瓦尔德斯(F. Valdes)将 LatCrit 理论定义为:“对拉丁美洲/拉丁美洲人特别是美国境内拉丁美洲/拉丁美洲人的社会和法律处

---

[1]　Daniel G. Solórzano and T. J. Yosso,“Critical Race and LatCrit Theory and Method:Counter-storytelling”,*International Journal of Qualitative Studies in Education* 14,no. 4(2001):471-495.

境进行批判性审查以帮助纠正现有社会和法律条件的缺陷的理论。"①其与批判种族理论的不同之处在于其关注的仅是拉丁美洲或拉丁美洲人在教育、社会和法律等方面的不平等(特别是在美国)。

索罗赞洛等认为,批判种族理论具有如下五个基本观点。

其一,种族和种族主义的中心地位及其与其他从属形式的交叉性。种族主义是一种基于种族、文化、行为习惯和肤色,用来压迫非洲裔美国人、拉丁美洲人、亚洲人、太平洋裔美国人、美洲印第安人和其他人的无知的、剥削的和强权的体系。批判种族理论基于这样一个前提:种族和种族主义是难以摆脱的、永久性的,是制定和解释法律的个人经验的中心因素。虽然种族和种族主义是批判种族分析的中心,但也将其视为与其他形式的从属关系(如性别和阶级歧视)的交叉点。种族批判学者拒绝忽略作为压迫的基础的阶级和种族之间的差异,他们认为,仅仅阶级压迫是不能解释种族压迫的。也可以进一步认为,阶级和种族压迫不能解释性别压迫。只有通过种族、性别和阶级的交叉点,才能找到相关压迫问题的理论、观念、方法和策略上的答案。

其二,对主流意识形态的挑战。批判种族理论挑战了社会系统及其机构对客观性、精英管理、色盲、种族中立和机会平等的传统主张。批判性种族理论家认为,这些传统主张是美国社会中占主导地位群体的私利、权力和特权的伪装。除了挑战研究种族和种族主义的方式外,批判种族理论还试图拼凑出一个知识分子身份和一种政治实践,这种政治实践既采取左派干预种族话语的形式,也采取种族干预左派话语的形式。

其三,对社会正义的承诺。批判种族理论致力于社会正义,并对种族、性别和阶级压迫做出解放的或变革的反应。

其四,经验知识的中心性。批判种族理论认识到有色人种的经验知识对于理解、分析社会领域中的种族从属关系是合法的、适当的和关键的。事实上,批判种族研究将这一知识视为一种优势,并通过包括讲故事、家族史、传记、情景、寓言、线索、编年史和叙事等方法,明确地使用有色人种的生活经验。

其五,跨学科视角。批判种族理论挑战了大多数研究的非历史主义和单一学科视野,坚持在历史和当代背景下分析社会中的种族和种族主义。为了更好地理解社会中的种族主义、性别歧视和阶级歧视,它利用跨学科

---

① F. Valdes, "Under Construction: LatCrit Consciousness, Community, and Theory", *La Raza Law Journal*, no. 10(1998): 3-56.

（包括种族研究、妇女研究、社会学、历史、法律和其他领域）的知识基础。①

2. 基于批判种族理论的评估的含义

相关学者并没有明确地指出基于批判种族理论的评估的含义。但托马斯认为，批判种族理论对评估人员产生了重要的影响，这种影响是要求评估人员在评估中"解决不平等的权力关系，倡导社会正义，挑战占主导地位的霸权范式，并为非殖民化的知识生产开辟新的空间"②。也有学者指出，基于批判种族理论的评估是通过基于种族或民族歧视的镜头来审视种族主义对为有色群体提供服务的影响。借鉴这些学者的观点，本书认为，基于批判种族理论的评估是指运用批判种族理论的理论、原则、观点、方法对涉及处于弱势地位的少数族裔的政策、项目和服务进行分析，描述这些政策、项目和服务的效果，揭示使种族主义得以继续的社会系统性方面，并提出消除种族主义的策略，从而谋求社会的公平。

这一含义界定了基于批判种族理论的评估应该做什么、为什么做以及如何做。评估者应该做什么——评估者的工作重点是解决多种形式的种族主义及其与性别歧视、阶级歧视和其他从属形式的交叉；评估者为什么要这样做——评估者评估的目的是挑战现状，推动实现社会公正的目标；评估者如何做——评估者通过倾听和阅读有色群体的经历来评估，并以跨学科的方式来处理评估。

（二）基于批判种族理论的评估的方法

批判种族理论强调经验知识的中心性、种族主义与其他从属形式的交叉性导致了它主张将讲故事、反故事讲述、家族史、传记、情景、寓言、线索、编年史、叙事、案例研究以及多维交错等方法运用到政策或项目评估中。

1. 反故事讲述（Counter-storytelling）

批判种族理论将讲故事、发出声音或命名自己所处的现实作为研究的关键因素和实现种族解放的重要工具。其中，特别主张运用反故事讲述方法。反故事讲述是一种讲述那些不常被讲述的经历（即社会边缘的经历）的方法以及一种分析和质疑当权者和其故事（多数派故事）的工具。例如，虽

---

① Daniel G. Solórzano and T. J. Yosso, "Critical race and LatCrit Theory and Method: Counter-storytelling", *International Journal of Qualitative Studies in Education* 14, no. 4(2001):471-495.

② V. G. Thomas, "Critical Race Theory: Ethics and Dimensions of Diversity in Research", in D. M. Mertens and P. E. Ginsberg (eds.), *Handbook of Social Research Ethics* (Thousand Oaks: Sage Publications, 2009), pp. 54-68.

然叙事可以支持多数派的故事,但反叙事或反故事讲述就其本质而言,则挑战多数派的故事或占主导地位的种族中的人在讨论种族时所带来的预先假设和文化理解。反故事在非裔美国人、美洲土著人等中有着丰富而持续的传统,受压迫群体也本能地知道故事是他们自身生存和解放的重要工具。这些反故事可以起到多种理论和方法方面的作用:(1)允许边缘化的参与者发言或公开自己的故事。(2)允许边缘化的参与者反思自己的生活经历。(3)通过让理论和实践具有人性化和熟悉的面孔,在社会边缘的人中营造共同体。(4)可以通过提供一个理解和改变既定信仰体系的环境来挑战那些处于社会中心的人的感知智慧,可以颠覆白人社会建构的主导故事或现实。通过提供主叙事的另一种选择,它对叙事的真实性和客观性提出了质疑。(5)可以向社会边缘的人打开新的窗口,展示他们生活之外的可能性,并证明他们并不是唯一处于这种地位的人。(6)可以告诉其他人,通过结合故事和现实的元素,构建另一个比故事或现实更丰富的世界。或者说,反故事也可以带来变革和授权,与他人分享自己的故事可以提高个人对共同经历的意识,并提高社会行动的可能性。要言之,通过反故事讲述,评估者可以观察有色群体的(经常被误解的)社会文化实践,更深入地了解他们是如何受到压迫的,同时也利用他们的个人能动性来抵制他们的社会条件。如何发展反故事?索罗赞洛等认为,可以通过以下四个来源:从研究过程本身获得的数据、相关主题的现有文献、评估者自己的专业经验和评估者自己的个人经历。[1]

2. 案例研究方法

案例研究是用于探索一个有界限的封闭系统的多方面策略,可以收集定量数据,也可以收集定性数据。案例研究方法适合作为捕捉批判种族理论叙事和故事的手段。"浓厚的描述"和访谈可以用来说明制度性的和隐蔽的种族主义。评估者可以通过访谈来构建叙事,这些叙事可以被用于法律案例中以记录官员中的种族偏见或歧视性政策和做法。帕克(L. Parker)等提供了一个将案例研究方法与批判种族理论相结合的例子。他们引用了一个民权案件,在该案中,犹他州的纳瓦霍人起诉学区的歧视性教育政策做法。这些歧视性教育政策做法包括追踪、基于种族的虚拟双校制运营以及不提供双语服务。案例研究方法允许使用专家证人证词和个人叙述来确定

---

[1]   Daniel G. Solórzano and T. J. Yosso, "Critical Race and LatCrit Theory and Method:Counter-storytelling", *International Journal of Qualitative Studies in Education* 14, no. 4(2001):471-495.

学区的歧视意图。① 一般来说,运用案例研究方法对涉及种族或种族主义的政策进行评估时,首先需要确定案例的边界,包括选择地点、人员、潜在干预以及案例研究的时间段。关于地点、人员、评估者和群体成员的参与程度以及其他方面的决定都是作为团队过程的一部分来决定的。评估问题和目的可作为该过程的一部分与群体成员共同制定。接下来,需要制定数据收集方法和工具的决策。通常情况下,案例研究包括访谈/调查、观察、文件审查、搜集法案案件资料等方法。如果是在教育环境中,则可以包括学习评估。

3. 多维交错方法

批判种族理论认为,很多群体属性并非单一,而是具有多重身份,如同性恋黑人女性。他们在生活经历中遭遇多重歧视与压迫。面对这种情形,传统的分类与分析方法难以进行有效的阐释。多数情形下,少数群体在遭遇歧视后诉诸法律时,无法说明自己遭受歧视的真正原因。这是多重身份所遇到的困境之一。而且,很多群体内部也存在多元诉求,甚至在同质性非常强的群体内,由于经济、政治、宗教、性取向的不同,其成员的态度也有差异。例如,对黑人犯罪的反应,有黑人认为应从宽处理;另一部分黑人则认为黑人社区才是黑人犯罪的最大受害者,希望通过更加严厉的法律来阻止黑人犯罪。有些拉美裔美国人对非法移民也持类似的矛盾态度。不同的群体及亚群体分类,并不仅仅取决于理论或现实,更是权力与话语的分配问题。此外,对同化的态度在不同群体之间以及同一群体内部也呈现出不同,甚至截然相反的态度。具有民族主义倾向的有色人种认为有色群体应拥抱母国文化,排斥同化。很多黑人也觉得生活在黑人聚居区更感舒适。而中上层黑人更倾向于逃离聚居区,努力融入白人社会,这部分黑人宣称他们试图打破黑白人之间的壁垒,为包括黑人在内的有色人种争取平等利益。有色人种内部关于同化与否的争论,与民族主义有着剪不断的牵连。很多拉美民族主义者认为拉美裔在美国正在遭受内部殖民,拉美人应该团结起来,坚决予以反抗。民族主义者倾向于将族群描述为一个国家内的民族,并竭力争取率先满足本民族的需求,而后才是整体国家利益。与之相反,无论是在黑人还是拉美人中,皆存在一种忘却过往历史的极端态度,试图根除自己的文化根基而向白人靠拢。因此,只有通过不同视角,才能摆脱理解交错性

---

① L. Parker and M. Lynn, "What's Race Got to do with It?: Critical Race Theory's Conflicts with and Connections to Qualitative Research Methodology and Epistemology", *Qualitative Inquiry* 8, no.1(2002): 7-22.

个体的困境,帮助形成一种公正看待种族或种族主义的框架,从而避免将人类的体验简单化和片面化。因此,在对涉及种族或种族主义的政策或项目进行评估时,要运用多维交错的方法——以种族、社会性别、阶级、国家来源、性取向等的互动后果来进行分析。[①]

二、协商民主评估

协商民主评估最早可以追溯到英国学者麦克唐纳(B. MacDonald)的工作,他在 20 世纪 70 年代东安格利亚大学的工作中发展了他的评估理论。他提出了民主评估的理念,其中包括评估的准入、参与和共同拥有权的概念。借鉴麦克唐纳的观点以及受到有关社会正义、卡尔森-斯堪的纳维亚平均主义、杜威和奎因的实用主义以及政治学家和哲学家关于协商民主理论的影响,自 20 世纪末期以来,豪斯和里安等进一步将民主协商纳入政策评估,形成了协商民主评估方法(DDE)。[②] 以下对该方法进行梳理。

(一)协商民主评估的含义与原则

1. 协商民主评估的含义

协商民主评估通过扩大利益相关者的参与范围,包容利益相关者的观点和利益,并与利益相关者进行对话和共同商议结果,以得出(相对)公正的评估结论,从而使评估成为一种民主实践。这一含义包括以下几个方面的含义。

其一,协商民主评估以协商民主理论为基础。协商民主理论强调发展政治实践和制度,以缓解公民之间的权力失衡,从而允许他们自由平等地参与。满足这一理想的实践和制度的一个必要特征是,程序旨在让参与者参与真正的审议以及为促进具有共同利益的目标而努力。

其二,包容、对话和协商是协商民主评估的关键、方法要求或原则。"纳入"是指考虑利益相关者的所有相关利益;"对话"是指评估者和利益相关者之间进行对话的过程,以确定他们的利益、观点和想法;"审议"是指评估者和利益相关者反思所面临的问题,以确定偏好和价值观。

其三,通过包容、对话和协商,考虑到一系列观点、价值观和利益,评估者能够看到如果不用这种方法可能仍然隐藏的信息。而且,结论可能由评

---

① 伍斌:《种族批判理论的起源、内涵与局限》,《民族研究》2015 年第 3 期,第 107-119、126 页。

② E. House and K. Howe, *Values in Evaluation and Social Research* (Thousand Oaks: Sage Publicatons, 1999).

估者和利益相关者共同构建,而不是完全由评估者做出,因此评估结果可以是"客观的",即相对公正或相对没有偏见。

其四,由于得出了更好的结论,可能让利益相关者更多地接受和使用评估结果,让评估成为一种面临政治性的、充满价值观的民主实践。

2. 协商民主评估的原则

包容、对话和协商是协商民主评估的三个基本原则。2005 年,里安又补充了第四条原则,即相互问责。

包容是协商民主评估的最基本原则。评估者只向最有权势的人提供评估,或将评估卖给出价最高的人使用,从而使评估偏向于特定的有权势的利益是不对的。真正的民主协商需要以所有利益相关者群体的利益为中心,并代表所有相关方的利益,如果不考虑有关的利益,某些声音被排除在外,那么这只是一种虚假的协商。而且,民主还要求在这些利益之间存在某种权力平衡,否则可能导致有权势的人主导讨论,而没有权势的人可能没有得到充分的代表,如此就不能进行适当的协商。

对话是协商民主评估的第二个原则。虽然进行了包容和纳入,但是确定和权衡利益是极其复杂和不确定的,并且经常引起争议。其中的一个原因在于:当任由个人和团体自行决定时,他们并不总是能够确定自己的真正的利益。而发现真正的利益则是对话的主要任务。评估人员不能自动假定各方的利益是什么,最好通过对话让各个利益相关者参与进来。通过对话,利益相关者可能会改变他们对自己真正利益的看法,或他们可能会发现自己的利益与开始时不同,由此确定自己的真正的利益。因此,对话可以澄清利益相关者的观点和自我理解。当然,批判性的对话除了澄清利益相关者的观点和自我理解,也要对这些观点和自我理解进行理性审视。

协商是协商民主评估的第三个原则。澄清和审视了利益相关者的观点和自我理解并不能产生评估结论,因此还需要进行协商。协商是一种由证据驱动的认知活动,利益相关者和评估者共同参与其中,并从中得出最合理的结论。利益相关者和评估者对问题、价值和发现进行认真、合理的讨论,努力获得真实的评估结果。

包容、对话和协商的原则以复杂的方式重叠和交叉。例如,协商的质量与对话的质量是分不开的,而对话的质量反过来又影响到是否实现了包容。总的来说,包容、对话和协商这三个原则无法明确区分和独立应用——它们相互影响、相互强化。尽管如此,将它们彼此区分开来,对于衡量评估如何满足要求提供了一些指导。如果符合包容和对话原则,但不符合协商原则,则虽然所有相关的利益可能(暂时)得到代表,但这些利益得不到充分考虑,从而导致错误的结论。如果满足了包容和协商原则,但缺少对话原则,则可能会歪曲利益和立场,导致基于虚假利益的不真实评估,并由最有权力的人主导。最后,如果对话和协商原则得到满足,但并非所有利益相关者都被包括在内,那么评估可能会被指控偏向特定利益,这是一种固有的不民主的结果。[①]

相互问责是第四条原则。该原则认为民主问责制旨在通过基于收集和审查多个数据来源的公共讨论过程,重新分配或平衡权力关系。它强调包括决策者在内的所有利益相关者都要承担责任。如果政策的初衷和结果之间出现差异,那么某些改变或调整是有必要的。[②]

(二)协商民主评估的实施步骤

豪斯等并没有明确提出协商民主评估的实施步骤,但他们提出了实施协商民主评估的 10 个问题,并开发了一个协商民主评估的清单。依据这些问题和清单,本书提炼出协商民主评估的实施步骤。这一步骤仍然是围绕协商民主评估的三个原则来展开的,可以分为包容、对话和协商三个具体步骤。

第一步:包容。在评估开始时,要纳入所有相关方的利益。这通常意味着应将所有与所评估的政策或项目有重大利害关系的人的观点和利益包括进去。但是,并非每个利益相关者都能参与其中,因此,评估人员必须选择不同利益相关者群体的代表。在此过程中,评估人员需要注意的是,由于有时重要群体(例如那些没有权力或发言权的群体,即穷人、无权者和少数群体)会被排除在外,评估人员应考虑是否有利益相关者被排除在外并尽可能地选择出这些利益群体的代表。

第二步:对话。对话开始时,首先要考虑在利益相关者之间是否存在严重的权力失衡? 如果特定利益过于强大,就会威胁到评估结果的公正性。如果存在权力失衡,评估者要具有控制失衡的程序和能力。正如教师必须负责为课堂上的有效讨论创造条件一样,评估者也必须为成功的数据收集、对话和讨论创造条件。需要注意的是,控制权力失衡必须在评估者的权限范围之内。同时,评估人员要把控利益相关者参与对话的情况。例如:如何设计方便、时间耗费少、能保证利益相关者团体代表认真参与的参与方式? 如何保证利益相关者团体代表的真实性? 不真诚的、装饰性的对话会导致

---

① E. R. House and K. R. Howe, "Deliberative Democratic Evaluation", *New Directions for Evaluation*, no. 85(2000).

② K. E. Ryan, "Making Educational Accountability More Democratic", *American Journal of Evaluation*, no. 26(2005): 532-543.

不真实的结果。另外,还要注意把控利益相关者团体代表的参与程度。表面的对话可能没有价值,但针对参与的高度技术性的数据分析也未必恰当,因此还要注意参与的内容和环节。

第三步:协商。利益相关者和评估者对问题、价值和发现进行认真、合理的讨论。需要注意的是,评估人员不能因为时间紧迫就组织简单、匆忙的协商;还要注意协商的广泛性,对多方面的结果进行充分考虑并注意结论与数据的匹配性。

协商民主评估清单(见表7-3)更直观地展示了相关步骤。

表7-3 协商民主评估清单

阶段	需解决的问题	具体问题
包容阶段	评估代表谁的利益?	明确项目和评估中涉及的利益
		从项目的历史中识别相关利益
		考虑从文化背景中产生的重要利益
	所有主要利益相关者都被代表了吗?	确定那些没有被代表的利益
		寻找代表缺失观点的方法
		寻找隐藏的承诺
	是否应该排除某些利益相关者?	评论排除某些利益相关者的原因
		考虑代表是否准确地代表了他们的群体
		明确评估人员在构建评估中的角色
对话阶段	权力不平衡会扭曲或阻碍对话吗?	从参与者的角度检查相关情况
		考虑参与者是否会在这种情况下乐于提供信息
		考虑一些人是否会施加太大的影响
	是否有控制权力失衡的程序?	不要偏袒派系
		如果有必要的话拆分激烈的派系
		平衡过度的自利
	利益相关者以何种方式参与?	预先确保对规则和程序的承诺
		围绕特定问题仔细组织交流
		构建适合参与者特征的讨论会

续表

阶段	需解决的问题	具体问题
对话阶段	参与的真实性如何?	不要仅仅组织象征性的互动
		解决提出的问题
		确保所有利益相关者的意见都得到表达
	互动有多密切?	平衡参与中的深度与广度
		鼓励接受其他人的观点
		坚持公民话语权
协商阶段	有反思性的协商吗?	组织协商的资源
		明确参与者的角色
		让专业知识在相关方面发挥关键作用
	协商的范围有多广?	审查主要标准
		说明所有信息
		介绍利益相关者忽略的重要问题
	协商的充分性如何?	将所有数据连贯地组合在一起
		考虑各种可能性并择优
		在此背景下得出最佳结论

资料来源:E. R. House and K. R. Howe,"Deliberative Democratic Evaluation Checklist",2000. https://wmich. edu/evaluation/checklists.

因为协商民主评估总是存在于特定的社会制度中,具体操作受时间和空间的限制,评估者的做法与特定的社会和体制结构密切相关。因此,在实践中需要根据所需评估的政策特性和所处的社会环境灵活地进行调整。

(三)实施协商民主评估的注意事项

为了更有效地实施协商民主评估,豪斯还提出了有关协商民主评估的值得关注的 10 个要点或注意事项。[①]

1. 文化可接受性

协商民主评估只能应用于民主的环境中。美国的政治制度是民主的;

---

① 转引自 Donna M. Mertens and Amy T. Wilson, *Program Evaluation Theory and Practice*: *A Comprehensive Guide* (2nd ed.)(Guilford: The Guilford Press, 2019), pp. 178-179.

然而,它在很大程度上受到富裕和强大精英的控制。因此,作为民主进程的一部分,为了挑战强者的影响力,协商是重要的。

2. 文化多样性

文化在群体内部并不统一。评估人员需要意识到群体内的多样性。拉丁美洲人/拉美裔人可能会共享一种语言,但他们在许多其他方面(例如,经济地位、教育价值观、对子女的期望、教育水平和公民身份)可能有所不同。

3. 忠实的代表

不可能让所有利益相关者都参与协商过程。因此,评估人员需要从利益相关者群体中选择代表,以使所有利益相关者都相信他们的代表具有合法性。

4. 真实的流程

民主进程必须是真实的,因为不允许预先的结论占上风。

5. 精心安排的互动

评估者需要进行周密的安排来控制利益相关者之间的互动的性质,以防止一个群体对另一个群体的支配。

6. 聚焦于问题

构建互动的一种方法是让参与者专注于需要注意的特定问题,以及专注于需要用来说明这些问题的证据的讨论。

7. 规则和原则

美国评估协会 2004 年为评估人员制定的一套指导原则,其不仅足够具体,可为评估决策提供信息,而且也足够灵活,能够对环境差异做出反应。这些原则适用于协商民主评估。

8. 合作

评估人员在协商评估中的作用是合作,而不是屈服。如果利益相关者提出了不合理的要求,那么评估者就不应该为了平息事情而屈服。相反,评估者需要参考原则、指南、法院或其他合法机构来证实其立场,以保持平衡的观点并关注突出的问题。

9. 权力平衡

权力差异是大多数评估环境中固有的。评估人员需要了解权力差异的来源并做出相应安排,以便那些权力较弱的人不会受到恐吓或沉默。

10. 对自我利益的限制

民主社会不能免于腐败,人们常常寻求满足自己的私利。评估者并没有神奇的解决方案来应对这一挑战,但他们可以强调需要将更大的利益置于个人的利益之上。

三、基于残疾人和聋人权利的评估

由于长期关注社会工作问题以及在面向残疾人和聋人的大学工作,梅尔滕斯注意到残疾人和聋人群体的特殊需求,于 1996 年开始了基于残疾人和聋人权利的评估,经过 10 余年的实践和改进以及其他学者的努力,开发出了基于残疾人和聋人权利的评估方法。

（一）含义与特殊性

1. 基于残疾人和聋人权利的评估的含义

目前学者们尚没有明确地界定基于残疾人和聋人权利的评估的含义。但综合相关学者的观点,本书认为,基于残疾人和聋人权利的评估是运用相关评估方法来审视对残疾人和聋人群体提供的服务的影响。具体来说,这种评估通过坚持变革范式下的假设和残疾人权利理论,基于残疾人和聋人群体的特殊性,运用特定方法全面地了解残疾人的真实生活体验,分析向残疾人和聋人群体提供的服务的有效性,坚持不懈地努力改善这些体验和服务,从而以社会正义的名义支持社会变革。

2. 基于残疾人和聋人权利的评估的特殊性

（1）残疾人群的特点。根据世界卫生组织估计,世界人口的 15%（约 10 亿人）患有残疾,其中 80% 居住在发展中国家生活条件欠佳的地区。《世界残疾报告》指出,与身体健全的人相比,残疾人更可能是穷人,他们每天生活费不足 1 美元,缺乏衣服、清洁水、食物和住所等基本必需品。[①] 残疾人通常被视为一种负担,他们经常被隐藏或安置在某些机构中,被排除在社区生活、教育和就业之外。发展中国家的残疾儿童上学的可能性很小,只有 2% 的儿童能够获得基本服务或康复。由于歧视、身体障碍或相对隐形,他们更容易被社会服务和发展组织忽视。残疾人往往受到歧视和压迫,使他们的受教育水平低、失业率高,在经济、社会和政治上往往无能为力。尽管一些国家给予残疾人以平等公民身份并给予相应的社会保障和政府服务,但是由于某些原因仍然使他们成为弱势群体。例如由于缺乏对手语的认识、缺乏双语教育、手语口译服务有限以及对聋人状况普遍缺乏认识,导致大多数

---

① 转引自 A. T. Wilson and R. E. Winiarczyk,"Mixed Methods Research Strategies with Deaf People", *Journal of Mixed Methods Research* 8,no. 3(2014):266-277.

聋人无法接触社会的大部分人群。[1]

（2）残疾人往往与主流文化存在文化差异。残疾人往往具有自己独特的语言和文化以及一套价值观、习俗、态度和与正常人不同的经历。例如，许多残疾人认为，即使他们有残疾，他们的生活质量也很高，他们最严重的困难不是因为他们的医疗状况不好，而是因为他们仍然受到社会压迫，被排除在主流社会之外。即使是具有非常严重损伤的个体（如严重脊髓损伤）也持有此种看法。[2] 另一个明显例子来自许多聋人群体成员的观点，他们并不认为自己是残疾人。相反，他们将自己视为语言和文化上的少数群体，需要与"听力优越者"（那些因为有正常听力而自认为比聋人优越的人）的压迫作斗争。[3]

（3）文化多样性。残疾人存在很大的异质性。首先，残疾人存在不同形式的身体或心理缺陷，例如，肢体、语言、听力、精神、智力或多重缺损。其次，残疾人具有不同的背景特征，例如性别、种族、经济状况等。一些群体除了这些一般的背景特征，还在许多方面存在不同。例如，聋哑人不仅具有性别、种族、经济状况等的全部多样性，而且增加了与听力损失的水平和类型、父母的听力状况、获得听觉增强技术的机会和能力、基于手势或语音的语言使用等相关的复杂层次。最后，不同形式的身体缺陷及其相关背景还会产生不同的亚文化，在不同的亚文化中残疾具有不同的含义。

（4）互动沟通障碍。残疾人或多或少地具有某种身体或心理缺陷，这导致在评估中往往产生一些互动沟通障碍。例如，与聋人的交流往往很困难，他们需要依赖懂手语的人。评估者自学手语显然不容易，由于一些国家缺乏对口译员的正式培训（证书、文凭和/或学位课程），聘请合格和/或认证的手语口译员的机会非常有限。例如，在越南，有 5～6 名合格的手语口译员，在智利也只有大约 20 名。[4] 评估者如果选择与经验不足的口译员或未接受正式口译培训的口译员合作，会影响评估活动的质量。又如，评估者由于不知晓残疾人的礼仪规则（例如引起注意）、习俗和规范，也会导致互动和沟

[1]　转引自 A. T. Wilson and R. E. Winiarczyk, "Mixed Methods Research Strategies with Deaf People", *Journal of Mixed Methods Research* 8, no. 3(2014):266-277.

[2]　K. M. Munger and D. M. Mertens, "Conducting Research with the Disability Community: A Rights-based Approach", *New Directions for Adult and Continuing Education* 132(2011): 23-33.

[3]　R. Harris, H. Holmes and D. M. Mertens, "Research Ethics in Sign Language Communities", *Sign Language Studies* 9, no. 2(2009): 104-131.

[4]　A. T. Wilson and R. E. Winiarczyk, "Mixed Methods Research Strategies with Deaf People", *Journal of Mixed Methods Research* 8, no. 3(2014):266-277.

通的不恰当和不顺畅。有研究表明,因为身体的某一部分缺陷而被纳入特殊的研究会给某些残疾人带来心理创伤;聋人在交流批评、反馈或想法时比听力正常的同龄人更直接;与聋人的眼神交流在文化上是非常适当和必要的。如果不能化解这些障碍,评估人员可能会错过、误解或曲解研究结果,或者在与参与者交流评估目标或问题时遇到挑战。

(二)对涉及残疾人和聋人的政策或项目进行评估的传统方法及其弊端

20 世纪 90 年代末之前,已有一些模式和方法开展对涉及残疾人和聋人的政策或项目进行评估,但是它们都存在一定的弊端。[①]

1. 慈善模式(病理学导向的模式)

这种模式将残疾人视为具有精神、感官或身体残疾的无能为力的、需要慈善组织予以怜悯、施舍和援助的人。一些组织还通过统计测量,计算了残疾人对社会其他部分造成的经济"负担"和"损失",例如使用定量的伤残调整生命年(Disability-Adjusted Life Year)来确定残疾患者的生命价值。

2. 医学模式(治疗导向的模式)

该模式侧重于治疗身体和精神上不正常的人,以满足专业人士视为"正常"的标准。评估基于科学的后实证主义范式。对于聋人来说,评估由听力学家、教育工作者、保健提供者、救援人员和其他专业人员从医学角度来进行,耳朵是专业人士关注的焦点,产前听力筛查和听力学测试被用来测量听力损失的程度。聋人的听力被视为"受损"而需要修复,人工耳蜗植入被认为是"治愈"损伤的有希望的尝试。对耳部损伤的关注否定了聋人作为一个能够完全满意地用手语交流并生活在自己的聋人文化中的人的存在。在医学模式中,评估往往是定量的,没有考察作为残疾人世界的一部分的正义、权力和歧视问题。

3. 康复模式(功能导向模式)

技术进步(例如新的假肢、新的医疗程序)改善了残疾人的康复。评估关注理疗和职业培训等方法对残疾人身体功能的改善。在这个模型中,研究再次趋向于定量,并遵循医学科学模型,而不考虑残疾人的文化动态。一些聋人领袖认为,这种模式试图压制和消灭手语和聋人文化。

尽管上述模式和方法通常旨在通过减少或改善疾病或损伤来改善残疾

---

① A. T. Wilson and R. E. Winiarczyk, "Mixed Methods Research Strategies with Deaf People", *Journal of Mixed Methods Research* 8, no. 3(2014): 266-277.

人的生活，但是他们的做法显示普遍缺乏对残疾人的尊重，评估的议程通常由非残疾专业人员设计，他们经常假设知道残疾人想要什么和需要什么，并且倾向于将他们感兴趣的人群（多发性硬化症患者、脑瘫患者）视为单一类型的人。最终，传统的对涉及残疾人和聋人的政策或项目的评估"经常通过强化残疾作为个人异常行为而不是社会政治问题的概念，使压迫循环永久化"①。

（三）基于残疾人和聋人权利的评估的原则、策略与方法

总的来看，基于残疾人和聋人权利的评估遵循变革范式的相关假设，也以残疾人权利理论为基础。沙利文等学者发展了残疾人权利理论。跟随其他民权团体的脚步，残疾人要求更多地控制自己的生活以及更多地控制对他们进行的研究和评估。他们创造了一个短语"别人不要做关于我们的决定"（"Nothing about us without us"）。残疾人权利理论的一个主要方面是将身体缺陷（基于生物学条件）与对残疾的压迫性社会反应分开，将"问题"定位于对残疾人的身体缺陷的社会反应而非定位于残疾。在残疾人权利理论看来，如果社会做出适当的反应，那么就不会有残疾。② 依据变革性范式的假设和残疾人权利理论，基于残疾人和聋人权利的评估具有以下原则、策略与方法。

1. 基本原则

（1）避免特权和偏见。基于残疾人和聋人权利的评估中，首先要明确意义和知识建构的权威在于残疾人成员而非评估人员。如果评估设计、评估实施和评估结果的解释都由评估人员来做出，显然是赋予了评估人员以特权。评估人员从正常人的视角做出的判断并不能理解残疾问题和反映残疾人的声音。在未经审查的情况下，从正常人的视角或"听力优越者"的视角做出的判断可能会被认为特别危险。

（2）采取优势视角而非缺陷视角。作为评估人员，很容易只关注残疾群体中的问题。然而，这种关注忽略了残疾群体的优势和恢复力。评估人员不应该描绘一个受压迫、受迫害的群体，而应该意识到群体的优势，并确保

---

① K. M. Munger and D. M. Mertens, "Conducting Research with the Disability Community: A Rights-based Approach", *New Directions for Adult and Continuing Education* 132(2011): 23-33.

② M. Sullivan, "Philosophy, Ethics, and the Disability Community", in D. M. Mertens and P. E. Ginsberg(eds.), *Handbook of Social Research Ethics* (Thousand Oaks: Sage Publications, 2009).

这些优势与群体成员所经历的挑战一起被揭示出来。

（3）识别相关群体的文化规范和信仰，并揭示他们的不同观点。由于残疾人具有自己独特的语言、文化以及价值观、习俗、态度和与正常人不同的经历，因此，评估人员需要确定评估所在的残疾群体中存在的文化规范和信仰，征求他们对这些规范和信仰如何影响他们对生活的理解，并理解、支持追求人权的规范或维持压迫制度的规范的含义。为了包含各种信仰和规范，评估人员还需要了解与评估中的这些群体相关的其他群体的文化规范。另外，尊重和承认多样性也是基于残疾人和聋人权利的评估的关键。不同的亚群体有着不同的对"现实"的观点。因此，评估人员需要揭示现实的不同观点，并揭示维持压迫性制度和有可能促进人权的制度的现实观点。

（4）参与、互动与信任关系。基于残疾人和聋人权利的评估认为，用最有权势者的话来描述最没有权势者的观点会导致研究无法解决最没有权势者的最重要的问题。与变革性范式相适应，基于残疾人和聋人权利的评估强调不同残疾人群的参与，要认识到在整个评估中参与者声音的重要性，并提供适当的支持，以便所有利益相关群体都能参与评估决策和实施。此外，要认识到与残疾人群相关的复杂性，就需要与残疾人群进行协商并在他们的文化中以可信赖的方式进行互动，因此，基于残疾人和聋人权利的评估还强调与残疾人群的互动和信任关系。

（5）克服交流互动障碍。肢体残疾者和盲人在行动上有很大障碍，哑人存在语言的障碍，脑瘫患者存在运动和姿势障碍，同时可能伴有不同程度的听觉、言语行为障碍及智力障碍。所有残疾人都可能具有自卑、无助、焦虑、缺乏归属感等人格障碍。另外，残疾人可能还具有特有的某些习俗、规范、礼仪规则或禁忌。因此，在与残疾人的交流互动中，不仅在氛围上、态度上、支持条件（例如提供方便残疾人乘坐的轮椅）上、语言上而且在沟通对话的技巧上都需要做好充分的准备和建立相应的条件，以克服这些障碍。

（6）考虑评估结果如何能用来促进群体的变化。评估结果要被用来改善残疾人的生活体验，制定、批评和完善相关政策，并倡导支持政策或项目变化的行动。要注意与相关残疾人共享评估结果，采取合适的方式传递评估结果，并让他们有权参与设计自己的未来并在有意义的地方采取行动。

2.具体策略和方法

（1）进入策略。当评估人员试图进入与自身背景不同的文化群体时，他们需要了解和准备进入该群体的适当策略。例如可以通过查阅相关资料和咨询相关群体的成员获得适当的策略。例如，当梅尔滕斯以加劳德大学（Gallaudet University）听力教授的身份进入聋人群体时，她必须学习美国手语和聋人文化。在这种环境中生活了 30 年后,她已经习惯了与使用美国手语的聋人群体成员进行交流和互动。然而,她仍然把自己描述为一个学习者,因为美国手语不是她的母语,聋人文化也不是她的家庭文化。她还知道,美国手语聋人群体只代表聋人人口的一部分。为了充满尊重地与其他聋人互动,她需要咨询其他聋人小组的成员。例如,如果聋人唇读并使用辅助听音设备,那么面对他们并以独特的方式说话以提供交流所需的适当信息是非常重要的。[①] 不以母语或家庭文化工作的评估人员可能没有足够的时间来学习手语或其他沟通技能,因此,他们可能需要使用其他策略,例如建立反映群体文化的研究团队,并与重要的群体看门人(Group Gatekeeper)建立良好关系。例如,梅尔滕斯等组建了一个团队对联邦政府资助的教师预备项目进行了评估。该项目旨在招募和支持聋哑或听力弱的教师,以增加与聋哑学生相同特征的教师数量。项目也接收具有正常听力的申请者。该项目的重点是为有额外残疾的聋哑学生的教学准备教师。梅尔滕斯等与一名具有正常听力的研究人员、两名懂美国手语、使用母语的失聪研究人员和一名使用人工耳蜗、懂美国手语但不是母语使用者的失聪研究人员组成了团队。因此,他们能够代表参与该项目的各种文化群体。这使他们在收集数据期间能够匹配参与者的沟通偏好。两位使用美国聋哑手语的研究人员合作采访了使用美国聋哑手语的参与者。具有正常听力的研究人员和使用人工耳蜗的研究人员共同采访了具有正常听力的参与者。[②] 另外,群体看门人也可以站在评估人员身边为评估人员的可信度提供担保。

(2)建立互动信任关系。采取的抽样方法尽可能地包含各个亚群体的代表。在评估工作的任何阶段(如制订评估计划、确定评估类型或问题、评估实施以及对结果的解释等)都尽可能与残疾人成员进行互动。要创造温暖友好的环境,并通过遵守协议、分享信息、诚实、承认错误、保密、提供和分享反馈、避免流言蜚语、公开和建设性地谈论想法以及尊重人们的知识、技能、能力和判断等方式获得残疾人参与者的信任,让他们讲出自己的故事。

(3)研究方法选择。研究方法应该对不同的残疾人参与者和问题做出反应并捕捉背景的复杂性。基于残疾人和聋人权利的评估并不要求使用任何特定方法。评估人员在开始计划时需要定性方法和对话,以确定他们工

---

① K. M. Munger and D. M. Mertens, "Conducting Research with the Disability Community: A Rights-based Approach", *New Directions for Adult and Continuing Education* 132(2011): 23-33.

② D. M. Mertens, H. Holmes, H. Harris and S. Brandt, *Project SUCCESS: Summative Evaluation Report*(Washington D. C.: Gallaudet, 2007).

作的文化背景,定量数据也有助于对不同的残疾人和问题做出反应。然而,它确实提供了选择使用混合方法的理由,因为文化响应非常重要。混合方法有利于捕捉背景的复杂性,并为在评估中适当地与不同的残疾人的接触提供多元化的途径,允许在研究过程中包含不同的声音。

　　(4)数据收集与分析方法。基于残疾人和聋人权利的评估的数据收集与分析方法往往具有多样性。在数据收集方面,根据不同的问题、不同的残疾人等使用不同的数据收集策略。已有文献、相关文件、统计数据、问卷调查、观察、深度访谈、焦点小组访谈、日记研究、关键线人等都是可用的方法,特别是随着互联网技术的发展,在线问卷调查、在线访谈、在线焦点小组访谈也得到了越来越多的使用。一些统计数据提供了针对残疾人的各种服务的质量和数量数据,人口调查、医院、国家数据登记处和国际数据集可以提供有关残疾人的数量、类型、身心受损程度、治疗、康复的数据。从残疾人中关键线人那里可以引出关于他们如何从个人关系和与他人的日常互动中获得意义的个人叙述。焦点小组访谈往往受到基于残疾人和聋人权利的评估人员的青睐。焦点小组的互动性促进了对话,使残疾人能够讨论复杂的问题,从而使他们更清楚地了解自己的生活,也有助于评估人员记录对相关问题的观点、想法和回应。除此之外,它还可以让残疾人参与者在访谈之外继续讨论这个话题,并鼓励残疾人参与者观察和向其他参与者学习,从而能够为变革性评估过程做出贡献。而某些有沟通困难的残疾人参与者通常能够通过书面日记提供比个人访谈更丰富的数据,因此请他们提供书面日记也是一种资料收集策略。需要注意的是,由于残疾人的隐私问题,在数据收集时,要注意获得知情同意,并注意数据的保密性或匿名性。在数据分析方法方面,根据收集的数据类型采取相应的定量、定性和混合分析方法。需要注意的是,由于正常人的立场可能不恰当地解释残疾人参与者的经验,因此数据分析时要注意努力消除任何偏见。

简要评析

　　因种族/民族、残疾、移民身份、政治冲突、性取向、贫困、性别、年龄或许多其他特征而被边缘化和受到社会排斥的人群,以及他们获得文化上适当的服务存在不公平的现实,催生着一种能够关注他们并对与他们相关的政策进行有效评估的方法,而以往的评估理论和方法都没有或极少聚焦于权力不平等的问题。自20世纪90年代末以来,以梅尔滕斯为代表的学者基于这些现实和理论的需要，提出了变革性评估理论和方法。变革性评估理论以"变革性范式"为基础，主要侧重于边缘化群体的观点，采用基于种族批判理论的评估、变革性参与式评估、协商民主评估、文化响应评估、基于残疾人和聋人权利的评估、面向土著的评估、基于女权主义的评估、伙伴国家领导的评估等评估模型，并通过混合方法质疑系统的权力结构，以促进社会正义和人权。

　　变革性政策评估理论有着其独特的进步性和优点。首先，变革性政策评估承认歧视和压迫是普遍存在的，倾向于在特定的不公正和边缘化的社会基础设施中找到真相和知识，着眼于边缘化群体的真实需求，弥补了以往评估中大多忽略边缘化群体的"声音"这一缺陷。其次，变革性政策评估以"变革性范式"为基础，开发出多种评估模型，并提供了多种方法选择，契合了弱势群体的特点以及对与弱势群体相关的政策进行评估的复杂性，可以说寻找到了一条有针对性的评估路径。最后，变革性政策评估强调评估者和参与者之间的相互作用，在此基础上，强调在评估中帮助和引导受压迫的边缘化群体改变现状，在评估中实现自我变革，对于促进社会的公平正义有着深远的影响。

　　但是，变革性政策评估也隐含着一些尚未解决的问题。其一，虽然变革性政策评估寻找到了一条有针对性的评估路径，但是他们开发的一些评估模型的精致性有待加强。比如，有的模型虽然提出了某种理论观点，但缺乏明确的操作步骤；有的模型虽然提出了一种设想，但是实施中可能还存在一些障碍，影响评估结论的准确性，因此，还有待于进一步完善。其二，变革性政策评估对评估人员的能力要求很高。开展变革性政策评估需要考虑到群体的声音以及权力、特权、歧视和压迫等背景因素，因此在评估中，评估人员需要进行大量的背景调查，具备足够的文化能力，然而很多评估者都缺乏这些文化能力。其三，尽管变革性政策评估具有多种进步性和优点，也为政策评估带来了独特的声音，但目前变革性政策评估的理论家和方法论者的贡献在评估界中较少得到认可，相对于后实证主义政策评估流派、建构主义政策评估流派以及实用主义政策评估流派，其影响力还比较有限。因此，变革性政策评估仍然需要不断地发展和完善。

第八章　循证政策评估理论及其方法

20 世纪末期，一种新的政策评估理论流派——循证政策评估在西方国家得以出现，并迅速在西方很多国家进行扩散，掀起了一股"循证政策评估浪潮"[1]。它强调将严格的评估研究证据纳入公共政策制定的过程中，一方面在评估中寻求严格和可靠的评估结果，另一方面追求在政策制定过程中增加对评估证据的利用，以提高政策决策的科学性和提高公共政策的质量。本章主要梳理其产生以来 20 年左右的研究成果，包括循证政策评估的含义、哲学基础、背景、理论要点、理论家及其开发的方法。

第一节　循证政策评估的含义与哲学基础

一、循证政策评估的含义

循证政策评估在英文中以"Evidence-Based Evaluation"出现，目前并无明确定义。但其基本含义可以概括为：在基于评估证据的基础上进行政策决策，即将严格的评估研究证据纳入公共政策制定的过程中，通过寻求严格和可靠的评估结果，并在政策制定过程中增加对评估证据的利用，从而提高政策决策的科学性和提高公共政策的质量。

循证政策评估的目标是在评估研究和公共政策制定之间建立更紧密的联系，一方面产生可信和严格的评估证据，同时增加在公共政策的制定和实

---

[1]　韦唐认为，循证政策评估运动（他称之为"第四次评估浪潮"）1995 年前后开始席卷北大西洋世界，从 2000 年起，北欧国家也开始了。见 Evert Vedung，"Four Waves of Evaluation"，*Evaluation* 16，no.3(2010)：263-277.

施中对评估结果的运用。正如韦斯所指出的那样:"它呼吁政策制定者或实施者在陷入政策过程的泥沼之前,先了解评估研究说了些什么。"[1]

二、循证政策评估的哲学基础

循证政策评估的哲学基础比较复杂,可以说是众多哲学观点的汇集。由于循证政策评估最主要的方面仍是强调评估结果的使用,因此,其最主要的哲学基础是实用主义哲学。除此之外,循证政策评估对评估结果的产生特别强调随机对照试验、准实验、成本收益分析等方法,因此它又是"后实证主义评估的回归"。当然,现实主义哲学也对这一时期的评估产生了重要的影响,现实主义评估方法的出现和盛行就是一个例子。因此,循证政策评估受到了实用主义哲学、后实证主义哲学和现实主义哲学的综合影响。

（一）实用主义政策评估的升华

仔细分析可以发现,循证政策评估和实用主义政策评估存在一脉相承的关系。如本书第四章所述,实用主义政策评估的基本目的是促进评估结果在决策中的使用,评估使用就是指各种潜在用户对来自评估结果或其过程的信息加以适当运用,以作出决策、改变态度、证实以前的决策或行动。循证政策评估的目标亦是增加在公共政策的制定和实施中对评估结果的运用,因此,二者存在一致性。循证政策评估也许是在政策制定对评估证据具有更强烈的需求以及"评估实践的严谨性和复杂性都有所提高,现有的评估证据比过去要好"[2]的新的时代背景下,赋予评估更大的影响力、谋求评估研究更大的效用或促进决策者更多、更有效地使用的一个有价值的途径。所以,从这个角度而言,循证政策评估是实用主义政策评估的升华。由于循证政策评估最主要的方面仍是强调评估结果的使用,因此,其最主要的哲学基础是实用主义哲学。

（二）后实证主义评估的复兴

循证政策评估谋求可信和严格的评估结果,评估设计根据它们对干预

---

[1]　C. H. Weiss, E. Murphy-Graham, A. Petrosino and A. G. Gandhi, "The Fairy Godmother—and Her Warts: Making the Dream of Evidence-based Policy Come True", *American Journal of Evaluation* 29, no. 1(2008): 29-47.

[2]　C. H. Weiss, E. Murphy-Graham, A. Petrosino and A. G. Gandhi, "The Fairy Godmother—and Her Warts: Making the Dream of Evidence-based Policy Come True", *American Journal of Evaluation* 29, no. 1(2008): 29-47.

效果产生安全知识的能力进行分级。排在前列的设计往往是随机对照试验、准实验、系统评价、荟萃分析、成本收益分析。其中，评估干预措施效果的随机对照试验方法往往位于方法等级的最顶端，已成为评估证据的"金标准"。而系统评价和荟萃分析也是公认的产生高质量评估证据的方法。正如韦唐所说："这种证据浪潮的特点是力图使政府决策更加科学，让政策制定建立在真实的经验证据的基础上。它关心的是'什么有效'。这可以解释为科学和随机试验的回归。"[①]"从英文单词'evidence-based'可以明显看出，证据运动希望淡化定性判断，转而支持科学实验。证据浪潮倾向于从社会科学方法论的角度来构建这个领域，而不是从政治、行政或客户导向的角度。至少，它是基于手段—目的理性的，而评估的任务是增强证据和传播手段的知识。"[②]所以，证据运动涉及后实证主义评估的复兴，或者说，循证政策评估仍以后实证主义哲学为重要的信念。

(三)现实主义哲学的重要影响

现实主义哲学(Realist Philosophy)是一种关心实际、将世界客观实在性与人的主观建构性相结合、注重对机制进行分析以对当下社会进行准确描述的哲学理论。它最早由巴斯卡尔(Roy Bhaskar)于 1975 年提出，代表人物包括巴斯卡尔、哈利(Rom Harré)、普特南(Hillary Putnam)和科利尔(Andrew Collier)等。作为一种新的哲学观，其源于对实证主义哲学和建构主义哲学的偏执性的批判。实证主义哲学传统的强势话语权在面临社会这个开放、复杂的系统时，显得有些力不从心，不可能成为像自然科学一样的"硬"科学。建构主义思潮作为对实证主义霸权地位强有力的回应，确实起到了矫枉的作用，但矫枉毋需过正，它完全抛弃实证观反其道而行之，持有超级唯心论。现实主义哲学试图超越二者的偏执性，走出一条中庸的社会科学哲学的第三条路径。

首先，在本体论上，现实主义认为，世界是客观存在的，但是世界(现实)是分层的，可以区分为三个不同的层次：经验层(The Empirical)、实际层(The Actual)和实在层(The Real)。[③] 此三个层次由浅至深：经验层次最浅，是凭感官可观察到的事实；实际层次是事件出现的层次，但我们不一定

---

① Evert Vedung, "Four Waves of Evaluation", *Evaluation* 116，no. 3(2010)：263-277.

② Evert Vedung, "Four Waves of Evaluation", *Evaluation* 116，no. 3(2010)：263-277.

③ R. Bhaskar, "Critical Realism：Essential Readings", *Historical Materialism* 8，no. 1(2001)：507-517.

能够感觉到事件的发生；最后是实在层次，现实主义者称之为机制。经验到或未经验到的事件是如何发生的呢？现实主义认为应归结于事物本身所具有的底层结构中的机制。因此，科学研究的任务是揭示这些结构和机制。其次，在认识论上，现实主义哲学主张批判自然主义或有限度的自然主义。在他们看来，尽管世界（包括自然领域和社会领域）是可以认识的，但是自然领域和社会领域是存在差别的。再次，在方法论上，他们认为，有意识的人类社会是有许多限制的，故不能和自然科学一样使用同样的研究方法，但社会生活中存在社会法则，社会客体仍可能被"科学地"研究。他们认为科学的起点是经验观察，而实在是超出经验之外，处于因果机制之中。科学不仅是实证性的，它本身具有的求真精神来源于文化。对于经验层和实际层，可以通过经验观察的方法得到，但是对于研究的根本任务——揭示实在层的机制及深层的结构性因素，无法通过观察而直接得出结论，因而实在层（机制）往往是通过抽象思维推理或者逆推进行认识的。① 最后，从价值论来看，现实主义对事物的关注点不在于结果的对与错，而在于理解其产生结果的内在机制和原因。除此之外，现实主义评估虽然承认现实的客观性，但它否认用价值中立的观点来对现实世界进行研究，它承认事物产生结果中的价值因素。

　　总体而言，在本体论上，现实主义超越了实证主义的本体论（认为只是经验层与实际层构成了世界）和建构主义本体论（唯心地认为世界是人们建构的结果），改进了实证主义的认识论（自然与社会均用统一的科学方法加以认识）和建构主义认识论（仅能主观认识社会现象），融合了实证主义与建构主义的方法论——对深层机制的推理，也形成了批判性的价值观（承认现实的客观性但否认价值中立）。② 尽管这一哲学观尚存在一些不足或消极的方面，但它创立了一种社会科学研究的崭新思路，为实证主义与建构主义的极端和对立状况提供了一些合理而有效的回应，特别是其对"社会科学研究的目标是寻求最终对被观察事件的一般模式负责的深层机制"的强调，为政策评估理论和方法（特别是现实主义评估方法）的发展提供了重要的哲学基础。

---

① R. Bhaskar, *Possibility of Naturalism* (Hemel Hempstead: Harvester Wheatsheaf Publications, 1989).

② B. Patrick, "Realist Philosophy of the Social Sciences and Economics: A Critique", *Cambridge Journal of Economics* 5 (1996): 513-522.

第二节　循证政策评估的产生与发展

以上梳理了循证政策评估的含义和哲学基础,然而,作为一个理论流派,其是在怎样的现实背景和理论背景下产生的? 经历了怎样的发展历程? 有哪些重要的理论成果? 开发了哪些评估模型或方法? 这些都是把握循证政策评估理论和方法的重要方面。本节将对以上内容进行梳理。

一、循证政策评估产生的背景

（一）现实背景

20 世纪末,受到经济危机的影响,西方各国政府预算紧张,要缓解经济困境必须提高政策制定的效率和科学性,减少预算浪费。同时,政策环境越来越复杂,政策议题的专业化程度越来越高,例如一些政策问题越来越"结构不良",一些危机事件要求快速反应,政策过程高度复杂而且多数呈非线性,简单地提供相关信息进而期望决策者据此行动基本上行不通。在此背景下,依靠传统的决策模式和政府管理方式越来越不适应现实的需要。一些国家开始进行政府现代化或决策科学化的改革。英国布莱尔政府率先启动了这一改革。1997 年,布莱尔政府以"有效的才是重要的"的口号当选,宣称要"质疑传统的做事情的方式",并要结束政府原有的决策方式和某些管理方式,推动了一场政府现代化改革。1999 年,布莱尔政府的《政府现代化白皮书》以及随后的《21 世纪的专业政策制定》都明确提出了以下主张:改革要使政府更加科学,政策制定要建立在真实的经验证据或科学证据的基础之上。随后,这一主张受到了美国、澳大利亚、新西兰、加拿大等国的欢迎并得到了广泛的实践,由此掀起了一股在决策中强化证据使用的"循证政策制定"(Evidence-Based Policymaking)浪潮。

除此之外,20 世纪末期对政府的监督和问责制的日益重视以及政府绩效管理的日益开展也为循证政策评估的出现提供了原动力。决策的失误加剧了公众对政府的不信任,公众与诸多的监督和监管机构开始了对政府部门的严苛问责。随着 IT 技术的发展,公众更是可以通过网络媒体对政府政策或项目进行监督,审计委员会、国家审计署、议会特别委员会等机构也加强了对政府的问责。而且,政府绩效管理作为一种新型的政府治理工具被正式确立,并被规范化和广泛推广。1993 年美国国会通过《政府绩效结果法案》,1997 年英国推行"最佳价值引导计划",并在 1999 年通过《地方政府法》,这些都要求对政府组织、部门、个人、政策、项目、财政支出等进行科学评估,并根据绩效结果优化决策和管理以及促进战略目标的实现。这也提出了对政策或项目进行更科学的评估和对评估结果更有效的使用的要求。

（二）理论背景

从理论上看,循证政策评估的产生是与循证政策制定研究紧密关联的。具体地说,它是循证政策制定研究的核心。20 世纪 90 年代中期以来,借鉴"循证医学"的理论和方法,公共政策学者对政府决策中的证据使用问题进行了系统研究,他们描述了"研究—决策缺口"(Research-policy gap)的现状,解释了存在"研究—决策缺口"的原因以及提出了弥合"研究—决策缺口"的许多建议。而在循证政策制定所依据的证据中,政策评估居于"核心"地位。在循证政策制定看来,证据包括"专家的知识、公开发表的研究成果、现有的统计资料、相关人员的咨询意见、以前的政策评估结果、网络信息资源、咨询结果、政策选项的成本收益分析以及由经济和统计模型推算的结果"[1]。而"评估是一种应该特别好用的证据,因为它涉及政策和项目的绩效认定。评估给出了哪些干预措施取得了良好效果、哪些干预措施不太成功的方向"[2]。而且,"评估可在循证政策制定中发挥战略作用"[3]。因此,"严格的评估是这场运动的核心"[4]。

从评估理论发展的传承来看,循证政策评估的产生也是实用主义评估流派对"评估使用"进一步研究的结果。虽然自 20 世纪 70 年代以来,实用主义评估流派提出了多种具有影响力的评估方法,研究了评估使用的形式,也探索了影响评估使用的因素并构建了评估使用的理论模型,但对许多问题的研究还不够充分和深入,另外对一些时代提出的新问题也有待于探索。

---

[1]　Strategic Policy Making Team, Cabinet Office, *Professional Policy Making for the Twenty-First Century*, 1999, https://dera.ioe.ac.uk/6320/1/profpolicymaking.pdf.

[2]　C. H. Weiss, E. Murphy-Graham, A. Petrosino and A. G. Gandhi, "The Fairy Godmother—and Her Warts: Making the Dream of Evidence-based Policy Come True", *American Journal of Evaluation* 29, no.1(2008): 29-47.

[3]　UNICEF. *Bridging the Gap: The Role of Monitoring and Evaluation in Evidence-based Policy Making*, 2008, http://mymande.org/sites/default/files/Bridging_the_Gap_evidence_based_policy_making.pdf.

[4]　L. L. Orr, "The Role of Evaluation in Building Evidence-Based Policy", *The ANNALS of the American Academy of Political and Social Science* 678, no.1(2018): 51-59.

例如：如何得到更可信的评估结果？如何让评估结果得到更多、更有效、更恰当的使用从而更好地优化决策？在新的时代背景下，有无新的促进评估使用的方法和途径？这些问题都需要实用主义评估者通过不断探索来加以回答。

二、循证政策评估的兴起与发展概述

首先考察决策界的倡导历程。1999年，英国内阁办公室在《21世纪专业化政策制定》中明确指出："有效的政策制定必须是一个学习过程，包括从经验中找出哪些有效、哪些无效，并确保其他人也能从中学习。这意味着新政策必须从一开始就对其有效性进行评估。"[1]随后出台了多种鼓励或推行"循证评估"的举措，例如2003年英国财政部发布了《绿皮书：中央政府的评价和评估》，为政策的成本和收益的经济评估提供了指导。同年，政府首席研究者办公室发布《紫红色皮书：政策评估指引文件》，对政策评估和分析提供了指导说明，旨在帮助"聪明的客户"和"聪明的供应商"确定哪些是该领域高质量工作的组成部分。内阁办公室还开发了规制影响评估（RIA）工具，旨在改善评估证据和建议之间的因果关系链。目前，作为一种基于证据的政策制定工具，影响评估在英国已经制度化，当政策倡议增加或减少成本、新的信息义务、行政负担、再分配、监管变更或涉及欧盟指令时，影响评估已是决策过程中必不可少的一部分。自21世纪初开始，美国也采取了许多创新策略来推行"循证评估"。2002年，布什政府颁布了《不让一个孩子掉队法案》（NCLB），法案中明确规定：要求学区在其关于课程、教学计划和专业发展的决策中使用"基于科学的研究"。同年，布什政府发布项目评级工具（PART），提供一种连续的方法对联邦项目进行评估，并将评估环节纳入预算过程。由此，一些政府机构将评估证据的使用强加于当地的决策者和实践者。这种"强制使用"要求申请联邦项目基金的人证明，他们希望运行的项目经过了科学的评估，并是成功的。资金取决于评估证据。在预防暴力、预防少女怀孕、减少艾滋病毒危险行为、预防药物滥用等领域，都采用了这类条例。奥巴马在作为美国第44任总统的就职演说中告诉美国人民，他的政府将建立在"政府政策的效果"的基础上。2010年《政府绩效评估现代化法案》（GPRAMA）旨在确保各机构在决策过程中使用绩效信息，并使各机构对取得的成果和改善政府绩效负责。管理和预算办公室（OMB）也鼓励各机构在作出预算、管理和政策决策时进行严格的项目评估和增加证

① Cabinet Office, *Professional Policy Making for the Twenty-First Century*, London, 1999.

据的使用,以提高政府效率。2016 年美国国会通过了《关于建立循证决策委员会及其他目的的法案》,2017 年美国众议院提出了《基于证据的政策制定法案》,进一步提出了诸多推进"循证评估"的举措。联合国有关机构也认为新形势要求对评估采取系统的方法,以便不仅通过个别的评估报告,而且通过持续分析所产生的知识流,向政策决策提供信息。他们为此主张建立综合的监测和评估系统,以发挥监测和评估在循证决策中的战略作用。

其次从评估界的研究历程来看。1999 年,韦斯在《评估和公共政策的连接》一文中号召:"评估者需要加倍努力以使信息被听见……即使我们意识到评估者不是政策戏剧中的明星,但我们也有责任将最好的信息和分析传递给主角。"[①]亦有学者呼吁:"如果评估现在已经成年,那么有理由考虑应该让谁作为它的'生活伴侣'或'伙伴'。"[②]此后,诸多学术著作和论文问世。一些学术团体不断聚焦这一主题。美国评估协会自 20 世纪 90 年代以来,就多次举办了与循证政策评估相关的年度会议,例如 1990 年年度会议主题为"评估与政策制定",1992 年年度会议主题为"合成评估:视角、实践和证据",2000 年年度会议主题为"评估能力建设",2002 年年度会议主题为"评估:改革体制的系统过程",2006 年年度会议主题为"评估的后果",2017 年年度会议主题为"从学习到行动",2018 年年度会议主题为"向权力说真相"。联合国大会宣布 2015 年为国际评估年,其目的是在国际、区域、国家和地方各级倡导和促进评估及循证决策。国际公共政策协会(International Public Policy Association)在 2015 年、2017 年和 2019 年举办的国际学术会议中都设置了相关的专题讨论。

总体来看,在评估界的研究成果方面,他们的研究主要围绕"评估—政策缺口"(Evaluation-policy gap)展开。具体聚焦于三个方面:一是描述和测量"评估—政策缺口",或者说描述和测量评估在政策制定中的使用程度;二是解释存在"评估—政策缺口"的原因;三是提出干预"评估—政策缺口"的行动框架或措施。因此,本节后面部分将从上述三个方面具体梳理循证政策评估的产生与发展并从中提炼出具有代表性的理论家及其理论和方法贡献。

---

① C. Weiss, "The Interface between Evaluation and Public Policy", *Evaluation* 5, no. 4 (1999): 468-486.

② Ove Karlsson Vestman, "The Relationship between Evaluation and Politics", in I. Shaw, J. C. Greene and M. M. Mark, *The Sage Handbook of Evaluation* (London: Sage Publications, 2006).

三、描述和测量"评估—政策缺口"

政策评估是否能对政策制定产生作用? 产生了多大作用或政策制定中使用评估证据的程度如何? 这是循证评估理论家首先关注的问题。

从理论上讲,政策评估能对政策制定产生重大作用。它通过查明政府干预的结果,可以帮助政府决定是否继续还是终止特定的政策;扩展或制度化成功的项目以及削减不成功的项目;查明哪些项目或者项目的哪些部分需要修正。如此,评估能为政策制定带来秩序和理性,并进而为政策的改进和人类生活的改善提供方向。从使用的方式上看,评估证据可以在政策周期的不同阶段、不同的政策和政治环境下被工具性、概念性和象征性地使用,以及以工具性、概念性和象征性彼此互补的方式加以使用。[①]

然而,一些学者或组织的实证研究却得出了几乎截然相反的结论。在美国,1995 年,美国政府责任办公室(GAO)对三个主要的联邦项目(儿童发展综合项目、社区卫生中心项目、旨在向低收入学生提供补偿性教育服务的 Title 1 中小学教育法案)进行的后续案例研究表明:"缺乏信息似乎不是主要问题。相反,问题似乎是现有的信息没有得到有效的组织和交流。现有的许多信息没有送达(参议院)委员会,或是以一种过于集中而没有用处或难以消化的形式送达。"[②]10 多年后的 2013 年,美国政府责任办公室对联邦管理人员进行了一次大规模调查,结果表明:大多数联邦管理人员对他们的项目没有最近的评估。只有超过三分之一(37%)的人报告说,在过去五年里,他们参与的项目的评估都已经完成。虽然评估在中等或更大程度上有助于改进项目管理,但很少有管理人员报告说,评价有助于资源分配、精简项目和向公众通报情况。[③]

在欧盟成员国波兰,虽然建立了评估系统,但是系统的重点是评估信息的产生,仅在较小程度上是评估的利用。奥列尼扎克(K. Olejniczak)2010 年用一种量表(最低为 2,最高为 5)对波兰 14 名参与规划和执行政策的高级公务员就"决策中评估结果的效用"进行了调查。结果表明,业务使用得

---

①　P. Davies, "The State of Evidence-Based Policy Evaluation and Its Role in Policy Formation", *National Institute Economic Review* 219, no.1(2012):41-52.

②　General Accounting Office, *Programme Evaluation: Improving the Flow of Information to the Congress*, GAO/PEMD-95-1(Washington D. C.:GAO, 1995).

③　Government Accountability Office, *Program evaluation: Strategies to Facilitate Agencies Use of Evaluation in Program Management and Policy Making*, Report to Congressional Committees GAO-13-570 (Washington D. C.: GAO, 2013).

分为 3.5,战略使用得分为 3.8。而且,即使在政策制定中使用了评估结果,但更多的是对技术建议的机械地、部分地使用,或简单地说,如何快速、顺利地吸收资源的问题占据了主导地位,而忽视了学习和能力建设。因此,他认为:"一般来说,受访者对评估的利用程度持批评态度。"①

关于对发展项目的评估,世界银行独立评估小组(IEG)的结论是,"对所有发展机构来说,监测和评估仍然是风险管理链中最薄弱的环节"②。瑞典国际开发署(SIDA)在对其评估实践进行的评估中失望地发现,大多数利益攸关方甚至都没有看到这些结果,也很少有人发现任何新的或有用的东西。③ 世界银行业务评估司(OED)一名前总干事说:"大多数国家政府和发展机构使用的评估系统中缺少可信性的先决条件。"④

另外,一些学者还指出了对评估的"误用"或"滥用"问题。阿尔金等指出:在评估过程的各个阶段都可能发生误用,包括委托评估、评估过程本身和处理评估结果等阶段。评估被用于政治作秀或被用来拖延行动、证明已经做出的决定是合理的和不允许可能的更改、用户颠覆了评估过程、用户有目的地修改数据和报告内容或有目的地选择内容、用户主动歪曲评估信息、用户有意忽略评估结果、主动使用已知的不准确或无效的评估信息都属于评估的"滥用"。⑤

总之,尽管从理论上讲,评估能对政策制定产生重要影响,甚至一些实证研究也表明评估能对政策制定产生一定的作用,甚至相对于以往其作用正在增加,但是目前这种作用仍然是有限的,"评估的利用率往往令人失望"⑥。

---

① K. Olejniczak, "Mechanisms Shaping Evaluation System—A Case Study of Poland 1999—2010", *Europe-Asia Studies* 65, no.8(2013):1642-1666.

② Swedish International Development Agency (SIDA), *Are Evaluations Useful? Cases from Swedish Development Cooperation*. Department for Evaluation and Internal Audit,1999.

③ Swedish International Development Agency (SIDA), *Are Evaluations Useful? Cases from Swedish Development Cooperation*. Department for Evaluation and Internal Audit,1999.

④ R. Picciotto, "International Trends and Development Evaluation: The Need for Ideas", *American Journal of Evaluation* 24, no.2(2002):227-234.

⑤ Marvin C. Alkin and Jean A. King, "Definitions of Evaluation Use and Misuse, Evaluation Influence, and Factors Affecting Use", *American Journal of Evaluation* 38, no.3(2017):434-450.

⑥ M. Q. Patton, *Utilization-focused Evaluation* (3rd ed.) (Thousand Oaks: Sage Publications, 2007).

四、解释"评估—政策缺口"

为什么存在"评估—政策缺口"? 理论家们进行了大量的研究,试图对其进行解释。这些成果可以分为两种:一种是理论模型;另一种是探索政策制定中评估使用的影响因素。

（一）解释"评估—政策缺口"的理论模型

存在三大类用来解释的理论模型:一是从"两社群理论""三社群理论"到"社群不和谐理论",二是从"生产者推动模型"到"双向互动模型",三是从"工程理论"到"组织社会理论"。以下分别加以梳理。

1. 从"两社群理论""三社群理论"到"社群不和谐理论"

这一类理论建立在不同的"社群"的概念上,"社群"往往反映了生产知识和使用知识的人的世界是完全不同的,因为这些世界的成员对事物的看法不同,因此行动也不同。

这一类理论最早可以追溯到 N. 卡普兰提出的两个社群理论(The Two-Communities Theory)。该理论认为科学利用不足的原因是社会科学家和政策制定者之间的理解和交流有限。每一方都被分成自己的"社群"。每一个群体都有不同的目标、信息需求、价值观、奖励制度和语言。社会科学家通常为了发现而进行研究,而政策制定者为了发展解决问题的实用方法而利用研究。但是如果两个社群之间缺乏沟通,那么就会出现研究利用的不足。[①]

肖科夫研究发现,"两个社群"不足以概括"评估—政策"领域中的行动主体。他在 N. 卡普兰的理论基础上,将知识消费者细分为两个群体:政策制定者(制定政策的人)和政策执行者(实施政策和项目的人)。但他更多地关注不同群体的文化,由此形成"三种文化"理论(The Three Cultures Theory)。[②]

尽管理论得到发展,但博根施奈德(Karen Bogenschneider)和科贝特(Thomas J. Corbett)认为上述理论仍然存在缺陷。一是"两个社群"或"三个社群"都不足以概括"研究—政策"领域中的行动主体。现实世界要复杂

---

① N. Caplan, "The Two-communities Theory and Knowledge Utilization", *American Behavioural Scientist* 22, no. 3(1979): 459-470.

② J. P. Shonkoff, "Science, Policy, and Practice: Three Cultures in Search of A Shared Mission", *Child Development* 71, no. 1(2000): 181-187.

得多,生产知识的群体、使用知识的群体都可能还包括重要子群。二是前述理论都只强调"组织文化"的影响。诚然,组织文化会影响人们的态度、行为、感知和自我意识,但是一个人在哪里工作并不能说明整个故事。于是他们扩展了前述两个理论模型,提出了一个被称为"社群不和谐理论"(Community Dissonance Theory)的理论建构。他们认为,文化有两个来源,一个来源于专业,这些是通过上课、与导师合作、与同龄人交往而反复灌输给我们的规则和价值观,这可被称为"专业文化"。另一个来源于组织,这些是信号、奖励结构、工作环境和认知方式,这被称为"组织文化"。这两种文化塑造了不同的群体。从生产知识、连接知识生产者—用户世界、再到塑造公共政策整体进程这些环节中,包含着五类不同的社群:基础研究人员、应用研究人员、中介机构、政策执行者和决策者。每个社群都位于自己独特的组织环境中,拥有特定的核心技术。每个社群都能通过一组透镜来塑造他们所看到的世界以及他们的行为。① 我们用表 8-1 归纳了这五个群体的差异。

表 8-1　五个群体的差异

社群	聚焦的利益	感兴趣的目标群体	认知框架	互动偏好	传递信息的方式	背景偏好
基础研究者	开发新知识、框架转移	同行	统计意义	数据和对数据的谨慎使用	使用行话、强调技术技巧、复杂性	研究长期性、领域的狭隘性、以数字为导向
应用研究者	现实应用中的问题、解决方案转移	关注的群体扩大	统计意义与实质意义		使用行话、强调技术技巧、简洁	研究相对较长、领域的相对狭窄
中介机构	将研究和分析带给决策者、显著性转移或分配转移	关注的群体更加扩大	实质意义	平衡多种因素	正确、全面、简洁、自信	时间较短、领域较广;既重视数字又重视人

①　Karen Bogenschneider, Thomas J. Corbett, *Evidence-based Policymaking: Insights from Policy-minded Researchers and Research-minded Policymakers*(New York:Routledge,2011).

续表

社群	聚焦的利益	感兴趣的目标群体	认知框架	互动偏好	传递信息的方式	背景偏好
政策执行者	设计、管理或应用政策、策略转移和分配转移	上级、公众	实质意义、可行性	除了数字,专业知识、证明证据和其他投入来源(如价值观和偏好)也很重要。追求证据的可靠性、可理解性、及时性	简化、有效	超高速运转、以人为本、重视确定性和简单性、和许多人一起工作
政策制定者	政策方向、通过过滤党派价值观或政治演算来看待研究的效用	资助者、政治朋友或敌人、公众、新闻界	实质意义、政治意义		简化、有效、大声、迅速	

在这种情况下,尽管这五个群体可能存在某些共同的需求和利益,但它更多的是缺乏一致性,导致不同的社群不能很好地融合在一起,进而导致研究和政策制定在某种程度上脱节。

2.从"生产者推动模型"到"双向互动模型"

"生产者推动模型"的基本逻辑是研究人员应该进行高质量的研究,使其清晰易懂,然后促进政策制定者将其应用到他们的工作中,出现"评估—政策缺口"的原因在于评估人员的评估质量和传播技能存在问题。[①] 这一理论更多关注的是证据的供应方面或者从评估到决策的方面。首先,它强调提高评估质量,试图提高科学严谨性,以测试关于政策和项目的有效性以及综合证据的"有效"问题。其次,它强调改进评估研究的沟通、传播和营销,旨在以更易获取的形式为最终消费者提供证据。总的来说,这个理论看起来像一条"单行道",仅强调如何从评估走向决策。[②]

然而,把评估与决策联系起来的更应该是一条"双向道"。如果不同时关注决策如何为研究提供信息,我们就有可能使评估人员的观点具有特权,

---

① S. Nutley, I. Walter and H. T. O. Davies, *Using Evidence: How Research can Inform Public Services* (Bristol: Policy Press, 2007).

② Vivian Tseng, "The Uses of Research in Policy and Practice", *Social Policy Report* 26, no. 2 (2012).

并将政策制定者降级为研究和传播工作的接收端。而且,"生产者推动模型"仅取得了有限的成功。因此,需要更加关注需求方,加强评估与决策的联系。于是,一些学者提出"双向互动模型"。该模型主张,不仅要关注评估者是如何提供证据的,还要关注具体的政策制定者是谁,政策制定者是如何定义证据、获取证据、解释证据以及使用证据的①,而且评估的有效使用应是评估者和政策制定者充分互动甚至协同生产的结果②。由此,"评估—政策缺口"的出现是因评估者和政策制定者都存在不足以及缺少交流的渠道所致。

3. 从"工程理论"到"组织社会理论"

"工程理论"(Engineering Explanations)认为对研究的利用是由研究成果带来的进步而导致的,某些社会科学研究产品的特性制约了政策制定者的知识使用范围。首先研究的内容属性会影响决策者对证据的使用。这些内容属性包括效率、兼容性、复杂性、可观察性、可测试性、有效性、可靠性、可分割性、适用性、彻底性等,例如评估的效率越高(即评估完成的时间越短),则使用的可能性越高;评估的结果越可靠(即准确、客观),则使用的可能性也更高。其次是研究的类型也会影响决策者对研究的使用。这些类型包括理论研究/应用研究、一般/摘要、定量研究/定性研究、特殊研究/具体研究以及研究领域和学科等。比如,理论研究和定量研究是政府机构领域知识进步的标志,因此,人们可以预测,理论和定量研究比定性研究更有可能得到决策者的使用。③ 然而,对研究产品的特性的狭隘关注,描绘的只是一幅研究如何被获取、解释和使用的去语境化画面,现实是研究使用是在关系、组织环境、政治和政策背景的社会生态中展开的,因此,研究使用的科学解释需要包括社会、政治和经济力量影响个人和群体进程的方式。于是有人提出了解释研究使用的"组织社会理论"(Organizational and Social

---

① Vivian Tseng, "The Uses of Research in Policy and Practice", *Social Policy Report* 26, no. 2 (2012).

② Kathryn Oliver, Simon Innvar, Theo Lorenc, Jenny Woodman and J. Thoma, "A Systematic Review of Barriers to and Facilitators of the Use of Evidence by Policymakers", *BMC Health Services Research* 14, no. 2(2014).

③ Réjean Landry, Moktar Lamari and Nabil Amara. "The Extent and Determinants of the Utilization of University Research in Government Agencies", *Public Administration Review* 63, no. 2(2003):192-205.

Explanations)。① 首先,该理论认为,决策发生在关系网络和与同行、中介者的互动中,因此,关系是决策者获取、解释和使用研究的重要途径。② 其次,组织能力、组织文化和组织结构也影响着研究的使用。获取、解释和使用研究的能力需要足够的员工能力、时间和专业知识,以及有益的组织文化和惯例。组织结构也很重要,例如官僚机构的"筒仓效应"(机构的相互隔绝)可能会阻碍研究的使用,特别是当出于责任目的的数据分析部门与做出决策的部门之间的互动有限时;相反,在特别工作组、委员会和小组会议上共同工作并有机会非正式沟通的机构更可能就高质量证据的构成和使用达成共识。③ 最后,政治和政策的背景也会影响评估证据的使用。"无论如何准确地交流和理解科学,决策都不能与价值观、政治背景相分离。"④因此,政治和政策的过程会影响研究的获取、解释和使用;此外,倡导者、政治家和机构领导人的价值观、职位类型也可能会对证据的使用产生影响。

(二)影响政策制定中评估使用的因素

除了提出解释"评估—政策缺口"的理论外,诸多学者也提出了影响政策制定中评估使用的因素。这些因素可以概括为供给方面的因素、需求方面的因素、传播因素和互动因素四大类。

1. 供给方面的因素

这一类因素主要涉及作为研究的供给者—评估者相关的因素。一是评估者个体因素,这包括评估者的偏好、生产研究的技能。首先,一个评估研究者是否具有评估结果应用方面的偏好或具有政策企业家精神将影响评估的使用。比如,一些评估者注重研究的学术性,注重研究对于知识增长的作用,而忽略研究对于改进决策的作用,那么,评估将不会得到较多的使用。

---

① Réjean Landry, Moktar Lamari and Nabil Amara. "The Extent and Determinants of the Utilization of University Research in Government Agencies", *Public Administration Review* 63, no. 2(2003): 192-205.

② Vivian Tseng, "The Uses of Research in Policy and Practice", *Social Policy Report* 26, no. 2 (2012).

③ C. E. Coburn, M. I. Honig and M. K. Stein, "What is the Evidence on Districts' Use of Evidence?" in J. D. Bransford, D. J. Stipek, N. J. Vye, L. M. Gomez and E. Lam (eds.), *The Role of Research in Educational Improvement* (Cambridge: Harvard Educational Press, 2009).

④ M. C. Nisbet and D. A. Scheufele, "What's Next for Science Communication? Promising Directions and Lingering Distractions", *American Journal of Botany* 96, no. 10(2009): 1767-1778.

其次,评估研究者生产研究的技能会对评估的使用产生重要影响。比如,评估者是否掌握了科学的评估方法、是否遵循评估的伦理等,将影响评估的质量,因此会制约评估的使用。此外,评估者对决策需求的反应能力、是否了解决策过程和决策的优先事项也会制约对评估的使用。二是评估研究的因素,包括研究的数量、清晰性、相关性、可靠性、权威性、重要性、速度、可获得性、综合性等。研究的及时性常常被强调,越能符合决策者的时间框架,则研究被利用的可能性越高。研究的综合性也得到了越来越多的重视,通过系统评价方法综合所有针对某项目的评估研究,相对于单项评估研究更令人信服。一些学者还强调了评估报告中包含足够的项目背景信息也很重要,因为这种报告不仅提供了"什么有效",而且还提供了项目何时、何地、何种条件下有效的信息,便于决策者判断政策在多大程度上符合他或她的当地环境,因而更可为决策者提供帮助。[1] 三是评估者的环境。从更广泛的角度看,评估者所处的环境会对评估者的评估行为形成制约或激励,并因此影响评估的使用。这包括环境是否能为评估者提供足够的研究资助和时间,也包括是否存在将研究使用纳入学术奖励的学术激励制度。将评估结果获得决策者的采纳和使用作为衡量研究者业绩或奖励的指标,显然会促进评估的使用。

2.需求方面的因素

这一类因素涉及与评估研究的需求方——政策制定者相关的因素。政策制定者作为"消费者"或者"用户",其自身的特点和所处的环境会影响评估的使用。一是决策者的特点,这包括政策制定者的动机、需求、偏好、价值观、获取和使用研究的技能和努力、职位类型等。如果决策者对研究的相关性、研究质量、研究建议的可行性的判断力越强,其运用研究的可能性越大,有更多时间阅读和分析研究成果的决策者使用研究的可能性也越大。决策者在一个职位上任职时间越长、任职的连续性越强,使用研究的可能越大,因为他可以持续地关注某个领域的研究成果。也有研究表明,左翼的、年轻的或女性决策者更倾向于使用研究证据。[2] 二是政策制定者的环境。这涉及政策制定者所处组织的需求、体制、职能、结构、规模、政策领域类型、资金

---

① C. H. Weiss, E. Murphy-Graham, A. Petrosino and A. G. Gandhi, "The Fairy Godmother——and Her Warts: Making the Dream of Evidence-based Policy Come True", *American Journal of Evaluation* 29, no. 1(2008):29-47.

② R. C. Brownson, E. A. Dodson, K. A. Stamatakis, C. M. Casey, M. B. Elliott, D. A. Luke, et al., "Communicating Evidence-based Information on Cancer Prevention to State-level Policymakers", JNCI: *Journal of the National Cancer Institute* 103(2011): 306-316.

投入等。有人认为,相互竞争的压力会影响政策进程,进而阻碍循证评估的发展,既得利益者和游说团体也会阻碍评估研究的使用。[①] 还有一些学者认为,研究如何以及何时使用似乎主要取决于当时政府的政治议程和意识形态,而不是"证据的性质"。[②]

3. 传播因素

这涉及在供给方和需求方之间所进行的、有目的的研究传递活动。从主体的角度看,这一活动涉及评估研究者、专门中介组织和媒体。就研究者而言,在循证评估中,研究者需要掌握为政策制定者调整、定制和传递研究产品的策略。调整和定制指通过对研究报告的格式、语言等的调整和量身打造,努力使报告更可读和更容易理解,努力使结论和建议更具体或更具可操作性,努力将重点放在易受用户干预的变量上,努力使报告具有吸引力。[③]

而传播则涉及把握传播的时间、机会,灵活运用传播工具,掌握一定的传播渠道等。就专门中介组织而言,是否存在专门的证据平台以及它们的证据收集、综合能力和向决策者传递证据的技巧对于评估研究的使用都非常重要。就媒体而言,尽管它缺乏中介组织的专业性,但是其通过特定研究的宣传、典型报道、热点引导会促进决策者的注意力变迁,引发对相关研究的关注。

4. 互动因素

互动因素关注的是供给方(评估者)与需求方(政策制定者)之间的互动关系。正如前述理论所指出的,评估研究者和决策者是两个不同的群体,存在许多的差异,因此,是否具有多样化的、有效的交流机制就成为评估能否得到使用的重要因素。这类因素包括接触、协作和关系。一是是否具有正式的或非正式的接触途径或链接机制。构建委员会或公共论坛这类正式机制具有重要作用,但也有研究表明,非正式的、计划外的接触在研究使用方面也具有一定的意义。二是协作也是主要的促进因素。建立研究伙伴关

① Kathryn Oliver, Simon Innvar, Theo Lorenc, Jenny Woodman and James Thomas. "A Systematic Review of Barriers to and Facilitators of the Use of Evidence by Policymakers", *BMC Health Services Research* 14, no. 2(2014).

② S. Bowen and A. B. Zwi, "Pathways to 'Evidence-informed' *Policy and Practice*: A Framework for Action", *Public Library of Science* 2, no. 7(2005): 600-605.

③ Jenny Povey, Paul Boreham and Michele Ferguson. "The Utilisation of Social Science Research: The Perspectives of Academic Researchers in Australia", *Journal of Sociology* 51, no. 2(2015): 252-270.

系、提升政策制定者的证据生产参与度有利于增加研究的使用。最后,研究
者与决策者的关系对研究的使用也具有重要意义,两者之间的信任和尊重
可以提升研究的使用程度。总之,研究者与决策者的互动越频繁,联系越紧
密,研究的使用越有可能发生。

五、从评估证据到决策的行动框架

以上学者对"评估—政策缺口"的原因进行了解释,但循证政策评估的
最终落脚点在于如何采取行动弥补这一缺口。基于此,诸多学者提出了大
量的"从评估证据到决策的行动框架"。比如:莱斯特(J. P. Lester)在 20
世纪 90 年代提出了"政策分析知识利用行动框架"[①];沃德(Vicky Ward)等
在系统检视已有的 28 个框架的基础上,提出了自己的"知识转化模型"[②]。
虽然这些框架依据的理论基础不同(如创新扩散理论、制度理论、组织变革
管理理论、知识管理理论、个人学习理论、组织学习理论等)或者开发框架的
方法不同(如通过文献评论或通过实证调查)[③],但是这些框架基本都包含
如下基本行动过程。

第一阶段:知识生产阶段。首先,"行动"的起始点是评估者识别与特定
政策或项目相关的信息差距和决策者的信息需求。其次,进入知识探究阶
段。该阶段将出现的是大量初级研究或质量可变的信息。在评估中,意味
着评估者开展的单一、分散的评估研究,这可以被认为是第一代知识生产。
循证政策评估学者认为,随机对照试验、准实验、自然实验、成本收益分析等
方法是生产评估证据的良好方法。再次,进入知识综合阶段,或称第二代知
识生产,是现存评估的综合。这一过程包括应用明确和可重复的方法来鉴
定、综合与特定政策相关的评估信息。这样做是为了理解所有相关知识。
循证政策评估学者从循证医学领域引入了系统评价和荟萃分析方法,1997
年英国学者波森也开发了现实主义综合方法,运用这些方法可以进行评估
综合。最后,进入知识产品阶段,以清晰、简明和用户友好的格式呈现评估
结果并提供明确的建议。实践指南、决策辅助工具和规则以及政策建议等

---

① Shelley Bowen, Anthony B. Zwi, "Pathways to 'Evidence-Informed' Policy and Practice: A Framework for Action", *PLoS Medicine* 2, no. 7(2005).

② Vicky Ward, Simon Smith, Samantha Carruthers, Susan Hamer, Allan House, "Knowledge Brokering: Exploring the Process of Transferring Knowledge into Action", *BMC Health Services Research* 9 (2009):12.

③ S. Nutley, I. Walter and H. T. O. Davies, "From Knowing to Doing: A Framework for Understanding the Evidence-into-practice Agenda", *Evaluation* 9, no. 2(2003):125-148.

的概要就是此类产品的例子。这可以称为第三代知识生产。在知识生产的每一个阶段,评估者都可以根据潜在用户的需求调整自己的活动,为不同的预期用户量身调整或定制消息。这样做的目的在于满足利益相关者的知识或信息需求,从而促进评估信息的吸收和应用。

第二阶段:知识传播阶段。这一阶段指为了让评估得到有效和广泛应用而采取的传播过程和步骤。传播的主体可以是多种多样的,既包括知识生产者、媒体,也包括专门性的证据交流平台。知识生产者(评估者)不仅具有生产知识的职责,同时也需要利用一定途径或方法进行有目的的知识传递。"媒体"的本义就是指"传播信息的媒介",尽管其基本的职责不在于传递专业性知识,但是它对一些研究的"娱乐式""背景性"的报道,也有利于引起决策者的注意,并促进知识的普及。新兴证据交流平台(例如科克伦协作网、坎贝尔协作网、华盛顿公共政策研究中心)则是专业性的知识传播组织,它们的主要职责就是在收集、综合、转化证据,并花大量时间和精力以最优方式将证据传递给决策者。知识生产者、媒体、专门性的证据交流平台可以通过解决五个问题来促进研究的传播,包括:应该传播什么? 应该传播给谁? 该由谁传播? 应该如何传播? 应该以什么样的效果传播?

第三阶段:知识采纳与实施阶段。这一阶段被认为是一个导致知识被采纳或予以实施的循环。这又包括如下几个具体的环节:(1)确定需要解决的问题;(2)识别、审查和选择与问题相关的知识或研究(如实践指南或研究结果);(3)使确定的知识或研究适应当地环境,并对使用知识的障碍进行评估;(4)选择、调整和实施干预措施,以促进知识的使用(即实施变革);(5)监测知识的使用;(6)评估使用知识的结果;(7)持续不断地使用知识。

当然,绝大多数学者都认为,这些阶段以及具体环节的划分是一种"理想性"的,实际上,这一行动过程是复杂的、动态的,三个阶段之间的边界是流动的、可渗透的,甚至在知识采纳与实施阶段之中,各个环节也可以同时发生,而不一定是按顺序进行。[①]

六、循证政策评估的主要理论家及其理论、方法贡献

循证政策评估的研究者众多,其中具有代表性的、做出了重大理论贡献的学者或组织及其理论、方法如表 8-2 所示。

---

① I. D. Graham, et al. "Lost in Knowledge Translation: Time for A Map?", *Journal of Continuing Education in the Health Professions* 26, no. 1(2006):13-24.

表 8-2　循证政策评估的主要理论家及其贡献

理论家或组织	理论或方法贡献
美国政府责任办公室、奥列尼扎克	政策评估使用的程度
肖科夫（J. P. Shonkoff）	"三种文化"理论
博根施奈德和科贝特	"社群不协调"理论
韦斯、奥利弗（Kathryn Oliver）	政策制定中评估使用的影响因素
人力示范研究公司（MDRC）、贾米尔贫困行动实验室	随机对照试验评估的理论与方法
安格瑞斯特	自然实验理论与方法
韦默、华盛顿公共政策研究中心（WSIPP）	成本收益分析理论与方法
科克伦协作网、坎贝尔协作网	系统评价、荟萃分析的理论与方法
波森（Ray Pawson）和蒂利（Nick Tilley）	现实主义评估理论与方法
纳特利等；K. 威尔逊（Katherine Wilson）等	从评估证据到政策制定的行动框架
沃德等；奥列尼扎克等	"知识经纪人"理论与方法
塞贡，库塞克（Jody Zall Kusek），瑞斯特（Ray Rist）	基于结果的监测和评估系统
贝内特（Gavin Bennett）和杰萨尼（Nasreen Jessani）	评估者传播评估证据工具包
萨特克利夫（Sophie Sutcliffe）和科特（Julius Court）	促进决策者使用评估证据的工具包

　　在描述和测量评估在政策制定中的使用程度以及解释存在"评估—政策缺口"的原因方面，美国政府责任办公室、奥列尼扎克、肖科夫、博根施奈德、科贝特、奥利弗等做出了重要贡献。美国政府责任办公室和奥列尼扎克对评估在政策制定中的使用进行了实证研究，指出了评估利用率较低的现状。肖科夫于 2000 年提出"三种文化"理论，试图解释"评估—政策缺口"的原因，而博根施奈德和科贝特在 2011 年出版的《基于证据的政策制定：来自有政策意识的研究者和有研究意识的决策者的洞见》一书中提出了更细致的"社群不协调"理论，谋求更深入地解释评估使用程度较低的原因。对政策制定中评估使用的影响因素的研究很多，韦斯多次指出影响评估使用促进或障碍因素，奥利弗也多次对这些研究进行了系统评价。

　　在循证评估方法方面，人力示范研究公司和贾米尔贫困行动实验室是广泛使用"随机对照试验评估"的代表。贾米尔贫困行动实验室已经在全球范围内开展了 1073 项随机对照评估,其创始人或核心成员巴纳吉、迪弗洛和克雷默(Michael Kremer)因"在减轻全球贫困方面的实验性做法"而获得2019 年诺贝尔经济学奖。麻省理工经济学家安格瑞斯特将自然实验方法(如双重差分、得分倾向匹配、断点回归和合成控制等)运用于政策评估,成为世界前 100 位引用率最高的经济学家之一,他对美国特许学校的研究改变了马萨诸塞州州长和波士顿市长对特许学校的态度。2021 年,他和卡德、伊本斯(Guido W. Imbens)共同被授予诺贝尔经济学奖。美国威斯康辛大学麦迪逊分校的韦默等撰写的《成本收益分析:理论与实践》已经出版了五版。华盛顿公共政策研究中心广泛使用成本收益分析方法,得出关于哪些政策或项目有效、哪些无效的结论,为华盛顿州的政策制定者和预算编撰者提供经过充分研究的公共政策清单。系统评价由英国著名流行病学家科克伦(Archie Cochrane)于 1979 年首先提出,之后科克伦协作组织开发出了《科克伦干预措施系统评价手册》。在科克伦协作组织和美国坎贝尔协作中心的使用和倡导下,系统评价和荟萃分析已成为公认的产生高质量评估证据的方法之一。然而,政策体系是高度复杂的,评估不仅要处理项目有效性如何,还需要在询问关于"在什么情况下、在什么方面有效?对谁有效?为什么以及如何产生效果?"的问题。虽然系统评价和荟萃分析有利于评估证据的综合,然而,它们"永远也无法与政策体系的复杂性相匹配"[1]。基于此,1997 年以来,波森和蒂利对系统评价和荟萃分析提出毁灭性的批评,并提出了他们称之为"现实主义评估"(Realist Evaluation)的方法。尽管如此,产生高质量的评估证据仍不能仅仅局限于几种特定方法,"我们需要在评估中维持更广泛的多元化和扩大社会科学技术的使用"[2],斯托克(Gerry Stoker)和埃文斯(Mark Evans)也展示了一系列可以提供基于证据的政策见解的其他评估方法。此外,循证评估的要求是获得可信和可操作的证据,那么,如何在评估中产生或使用可信和可操作的证据呢?唐纳森、克里斯蒂(Christina A. Christie)和马克在 2015 年出版的《可信和可操作的证据:严格和有影响力的评估的基础》一书中探讨了这些问题。

除了运用适当的评估方法生产高质量评估证据外,还需要评估者善于

---

[1] Ray Pawson, *Evidence-Based Policy:A Realist Perspective* (New York: Sage Publications, 2006).

[2] G. Stoker and M. Evans, *Evidence-based Policy Making*, *Methods that Matters* (Bristol: Policy Press, 2016).

传播评估证据、需要证据交流平台等"知识经纪人"的运作以及建立激励政策制定者使用评估证据、各行动者有效互动的机制才能缩小或弥合"评估—政策缺口"。纳特利等和 K. 威尔逊等探索了从评估证据到政策制定的行动框架;沃德等、奥列尼扎克等探索了"知识经纪人"在评估证据转化中的作用和发挥作用的方法。为发挥监测和评估在循证决策中的战略作用,联合国儿童基金会(UNICEF)评估专家塞贡和世界银行全球艾滋病防治监测和评估专家库塞克(Jody Zall Kusek)等探索了如何在循证政策制定中建立综合的监测和评估系统。整合从研究中和从实践中促进评估证据使用的技术或措施也是缩小或弥合"评估—政策缺口"的重要方面。贝内特和杰萨尼开发了"评估者传播评估证据的工具包",而萨特克利夫和科特则在总结英国实践经验的基础上提出了"促进决策者使用评估证据的工具包"。

第三节　循证政策评估的经典方法

如第二节所述,循证政策评估是一个包含知识生产、知识传播、知识采纳与实施的系统。因此,循证政策评估的方法涉及所有这三个阶段的方法、技术或工具。以下将从评估者生产证据、评估者传播证据、决策者使用评估证据三个方面来梳理相关的方法。依照前面几章的做法,本章亦只梳理相关的一些经典方法和工具。

一、评估者生产证据的方法

循证政策评估首先强调生产高强度的证据。那么,什么是高强度的证据,生产高强度证据的方法有哪些? 一些学者试图对证据进行分级。雷伊等认为循证政策评估中,证据按照强度由强到弱可以分为六级:一是大样本随机控制实验或者荟萃分析结论;二是高质量的文献综述或系统综述结论;三是案例研究或者大样本的定量研究结论;四是小样本、单案例的定性或定量研究结论;五是描述性研究或自我报告;最弱的证据是权威意见机构或专家的观点和非基于数据的证据。[①] 从这一证据分级中,可以发现循证政策评估偏好的证据生产方法首先是实验方法,其次是系统评价。而影响评估也已成为一种重要循证政策评估工具,甚至在许多国家已经制度化。另外,

---

① Trish Reay, Whitney Berta and Melanie Kazman Kohn, "What's the Evidence on Evidence-Based Management?", *Academy of Management Perspectives* 23, no.4(2009): 5-18.

作为一种对系统评价方法的改进和替代方法——现实主义评估方法越来越得到循证政策评估者的认可和使用。因此,在"循证"的旗帜下,政策评估者将随机对照试验、自然实验、成本收益分析、系统评价、现实主义评估越来越置于优先位置。

(一)随机对照试验、自然实验、成本收益分析方法的复兴与扩展

本书第三章已对随机对照试验、自然实验、成本收益分析方法进行了梳理,也指出这些方法在循证政策评估中得到了复兴。此处将介绍循证评估学者对它们的看法以及这些方法在此时期的运用状况,以揭示它们在"循证"的旗帜下的具体扩展。

首先,在循证评估中,实验特别是随机对照试验再次得到推崇。各种各样的"证据分级"无一例外地将随机对照试验放在层级结构的顶端,许多学者称其为评估的"金标准"以及"评估的旗舰"。在"循证"的旗帜下,这种将实验研究设计的逻辑和方法应用于评估的热情扩展到许多政策领域。2002年9月,布什总统签署了《教育科学改革法案》,共资助了65项随机对照试验用以评估教育政策或教育变革对学生发展的影响。自2003年起,英国对一项重大政策——就业保持和提升(ERA)示范项目进行了大规模随机对照评估,在英国6个地区的一个非常大的人口样本上使用了随机分配设计。由福特基金会资助的美国人力示范研究公司已在200多个地方进行了30项随机分配研究,涉及近30万人。[①] 最引人注目的是,2003年,迪弗洛、巴纳吉等麻省理工学院经济学家设立了"贫困行动实验室",并在全球范围内广泛使用随机对照试验评估反贫困政策或项目。总之,随机对照试验在循证评估中已经得到了更加广泛的使用。但是值得注意的是,并非所有的评估者都认为它是提供"确凿证据"的最佳方法。一些学者认为,实验方法过于专注于定量测量、倾向于忽略背景因素、不适合处理过程问题,并且有可能产生不希望的副作用。

其次,自然实验方法也在不断地发扬光大。现实中,开展理想的随机对照试验往往较为困难。然而,自然实验将现实中自然发生的政策现象视为"实验",构造出一种反事实状态,并运用计量经济学方法评估政策实施带来的净影响。因此,自然实验比较易行。加上它又能获得近似于随机试验的效果,因此也成为一种重要的"循证"方法。在2000年之后自然实验成为评

---

① Gueron and Judith, "The Politics of Random Assignment: Implementing Studies and Impacting Policy", *Journal of Children's Services* 3, no. 1(2008): 14-26.

估界的流行词。美国经济学家安格瑞斯特等学者对教育年限与收入之间的关系、服军役对收入的影响、课堂规模与学生成就之间的关联、特许学校的有效性以及财政援助对学校绩效的影响的研究就对一些政府的决策产生了重要影响。

最后,成本收益分析方法日益扩展。在"循证"的旗帜下,成本收益分析已经从最初对基础设施项目的评估走向了更广泛的政府规制评估、环境政策评估和社会政策评估领域。21世纪初,随着所有经合组织(OECD)国家、绝大部分欧盟成员国以及一些中低收入国家的规制影响评估(RIA)制度的建立,成本收益分析已成为这些国家评估政府规制影响的主要方法。例如在美国,年度经济影响在1亿美元以上的规制,行政机关必须进行成本收益分析。近年来,美国、欧盟、英国、加拿大、德国等开展了环境政策的成本收益分析工作,已基本上形成了相对完整的环境政策成本收益分析方法或框架。即便是在运用成本收益分析最为困难的政策领域——社会政策中,"良好的成本收益分析在一些领域也已经相当普遍,比如心理健康、药物滥用治疗、从福利到工作以及幼儿发展等"①。华盛顿公共政策研究所(WSPPI)于2012—2019年间,在少年司法、成人刑事司法、儿童福利、学前至12岁教育、儿童心理健康、成人心理健康、医疗保健、高等教育、公共卫生和预防以及劳动力发展等领域,已经开展了400多项成本收益分析。② 美国《成本收益分析杂志》已将成本收益分析称为"主要的循证分析方法"③。

(二)系统评价与荟萃分析

1. 系统评价与荟萃分析:含义与关系

科克伦协作网认为,系统评价全面收集符合纳入与排除标准的经验性证据来回答某个研究问题,用清楚、明确的方法减少偏倚,提供可靠的研究结果以便得出结论、做出决定。系统评价可以进行定性综合,也可以进行定量综合。而荟萃分析则是一种对独立研究的结果进行统计分析的方法,该法检查研究结果间差异的原因,当结果具有足够的相似性时,对结果进行定量合成。对于系统评价和荟萃分析的关系,目前存在两种观点:一是认为二者意义相同,可以交叉使用;二是认为系统评价是运用定性或定量方法进行

① David L. Weimer and Aidan R. Vining, *Investing in the Disadvantaged:Assessing the Benefits and Costs of Social Policies* (Georgetown: Georgetown University Press,2009),p. 121.

② 参见:http://www.wsipp.wa.gov/BenefitCost.

③ 参见:https://www.cambridge.org/core/journals/journal-of-benefit-cost-analysis.

的研究综合,而荟萃分析则主要是一种运用定量方法进行的研究综合。在这个意义上,荟萃分析只是系统评价的一种类型或者只是其中的一个研究过程。当系统评价用定量合成的方法对资料进行统计学处理时,可称为荟萃分析,没有进行荟萃分析的系统评价,可认为是定性系统评价。系统评价可以包括也可以不包括荟萃分析。从相关文献来看,大多数学者都认同第二种观点。因此,本书亦采用第二种观点看待二者的关系,并且在后面的梳理中,重点梳理荟萃分析方法。

2. 系统评价与荟萃分析:起源及其在循证政策评估中的引入和发展

系统评价和荟萃分析均起源于医学领域。20 世纪 70 年代,科克伦提出将医学领域里所有相关的随机对照试验收集起来进行综合分析,以便得出更为可靠的结论;20 世纪 80 年代,科克伦首次正式提出系统评价的概念。荟萃分析最早是由莱特(R. J. Light)和 P. V. 史密斯(P. V. Smith)于 1971 年提出,1976 年格拉斯(Gene V. Glass)首次将这一概念命名为 Meta-Analysis。自 20 世纪 80 年代开始,系统评价和荟萃分析开始向社会科学领域扩展,也被逐渐地引入政策评估领域。"目前,系统评价的工具已经相当可观,它的到来构成了近年来应用社会研究的重大创新之一"[1],"荟萃分析是科学中使用的许多公认程序之一"[2]。一些循证政策评估学者甚至认为出现了"系统评价革命"。[3]

为什么循证政策评估学者如此重视系统评价与荟萃分析呢? 其原因在于以下两点:其一,证据综合的要求。如前所述,在循证评估中,需要对单个的证据进行综合,累积对某项政策评估的结果,从而提高评估的科学性,才能增强决策者对证据的使用。然而,过去的评估研究"虽很普遍,但它仍然是一个家庭手工业……证据库是由碎片组成的,没有人负责把马赛克拼凑在一起"[4]。而系统评价和荟萃分析是一种有助于综合一组个体研究结果数据的技术,它在"两个(或更多)比一个好"的原则下,以尽可能全面的研究综合为基础,能够重新计算大量研究的数据,捕获和汇集初级的单个评估,

[1] Ray Pawson, *Evidence-Based Policy*: *A Realist Perspective* (London: Sage Publications, 2006),p. 8.

[2] T. D. Stanley, "Wheat from Chaff: Meta-Analysis as Quantitative Literature Review", *The Journal of Economic Perspectives* 15, no. 3(2001): 131-150.

[3] A. Stevens and K. Abrams and R. Consensus, "Reviews and Meta-analysis: An Introduction", in A. Stevens, K. Abrams, J. Brazier, R. Fitzpatrick and R. Lilford (eds.), *Methods in Evidence Based Healthcare* (London: Sage Publications, 2001),pp. 367-369.

[4] Ray Pawson, *Evidence-Based Policy*: *A Realist Perspective* (London: Sage Publications, 2006),p. 8.

从而有效地降低在评估中出现随机错误的可能性。其二,系统评价特别是荟萃分析可以克服传统叙述性综合的弊端。因为没有正规的规则作指导,评论者对于应纳入何种类型的研究、应该如何平衡所获得的定量证据是主观的;另外,叙述性综合合成研究结果的方法是计算从各方面支持该论点的研究的数目,并选择得到最多认同的观点,这忽视了样本大小、作用大小和研究设计。因此,传统的叙述性综述易引起偏差和误差。而系统评价和荟萃分析对原始文献有着严格的纳入和剔除标准,得出集成研究结论的具体过程是清晰可知的,因此,它有助于克服主观性并降低偏差。

3. 系统评价和荟萃分析的步骤

一些机构已经总结和介绍了系统评价和荟萃分析的实施过程,比如科克伦协作网已经制定了统一的工作手册,规定了系统评价的规范和程序。本书参考英国约克大学系统评价与传播中心(CRD)制作的《系统评价引导》,梳理系统评价和荟萃分析的步骤。[①]

(1)背景描述。背景描述应传达与评论问题相关的关键背景因素和概念问题。它应该解释为什么需要进行评价,并提供支持纳入标准的理由和评论问题的重点,例如为评论中要考虑的干预措施的选择提供理由。

(2)明确评论的问题。系统评价应提出明确的问题,这些问题的答案将提供有意义的信息,可用于指导决策。这些应该明确加以说明。评价问题可以根据干预措施、人群、比较器(comparer)、将纳入评价的研究结果以及要评价的研究类型来框定。

(3)定义纳入标准。纳入标准应当明确规定,以确保评价问题的界限得到清晰界定。比如应详细说明干预措施和比较器的性质、应涵盖所有感兴趣的研究、应基于现有的质量最好的证据。原则上,应包括用任何语言写作的研究,已出版和未出版的研究都应考察,以避免语言偏见和出版偏见。

(4)检索查找相关研究。应确定相应的研究搜索策略,以获得相关的研究。需要明确要搜索的数据库和其他来源,以及可能使用的搜索词等。

(5)研究的选择。该步骤是依据一定的程序筛选出样本论文。通常分两个阶段进行:根据入选标准对标题和摘要进行初步筛选,以确定潜在的相关论文。然后在初步筛选中确定可能相关的论文进行筛选,并找出完整论文。

(6)数据提取。该步骤将从确定纳入评价的研究中提取信息。应当说

---

① CRD,University of York,2008/*Systematic Reviews:CRD's Guidance for Undertaking Reviews in Health Care*,https://www.york.ac.uk/media/crd/Systematic_Reviews.pdf.

明数据提取的程序,包括提取数据的研究人员数量以及如何解决差异、具体说明是否会联系初级研究的作者以提供缺失或额外的数据,以及提供用于记录数据的任何软件的详细信息。

(7)质量评估。对于纳入的研究,可能因其研究设计的不充分或者开展研究或分析的不充分而导致干预效果被高估或低估的偏倚风险,因此需要对纳入的研究进行质量评估。有各种质量评估工具可供使用,但没有一种工具适合在所有评估中使用,应依据研究设计、评估所需的详细程度以及区分内部有效性(偏倚风险)和外部有效性(普遍性)的能力来选择质量评估工具。如果评估包括大量研究,详细的质量评估可能会耗费时间,而且可能需要相当多的评估专业知识。如果资源有限,应优先评估偏见的主要来源。另外,在适当情况下,应考虑方法质量对纳入研究的结果的潜在影响。

(8)数据综合。数据综合是系统评价和荟萃分析的关键一步。综合将个别研究的结果汇集在一起并合成结果。综合可以采用定量方式——荟萃分析进行,也可以通过叙述综合的方式进行。综合还应探讨观察到的干预效果是否在研究中一致,并调查任何不一致的可能原因。如果研究过于多样化或者结果的合成不适当,可以进行研究的叙述性综合。如果研究大多采用随机对照试验设计或者研究的质量都较高,则可以选用定量综合方法——荟萃分析。由于荟萃分析可以提高评估干预效果的能力和精确度,因此本书主要梳理荟萃分析的数据综合程序。大多数荟萃分析采用两步分析法,首先分析感兴趣的结果,然后计算每个研究的汇总统计数据。在第二阶段,将这些个体研究统计数据结合起来,给出一个总体的总结性估计。这通常是作为个别研究估计数的加权平均数计算的。具体而言,首先计算研究的效应量。效应量主要用来度量干预措施的效果大小。由于所综述的初级研究的数据类型(如二分类数据、连续性数据、生存数据、序列数据、计数数据和比率数据等)、数据报道方式、数据的获取程度不同,在实际工作中需要根据情况选取恰当的效应量。常见的效应量计算方法有以下三种:皮尔逊相关系数(r)、标准化均数差(standardized mean difference)和发生比(odds ratio)等。为了得到更为理想的统计特征(如得到正态分布的效应量)或减轻偏倚度,往往还需要对效应量进行一定的修正,通常是对效应量的分布方式、信度和效度进行修正。经过修正的效应量可以得到更为精确的估计并且可能会减轻研究间的异质性。其次进行异质性检验。异质性检验是指对荟萃分析中不同研究间的各种变异的检验,它是荟萃分析中对各研究结果合并的基础,只有当各研究结果具有一致性时,合并分析的结果才能被认为是真实可靠的。常用的方法包括 Q 检验和 I^2 检验。再次是进行合并。如果上述异质性检验表明各研究结果具有一致性,则可以将多个统计量进行加权合并;如果不具有一致性,则需要进一步的处理,包括:改变结果变量的指标、选用随机效应模型合并效应量、探讨异质性的来源、按亚组分析、进行荟萃回归及混合效应模型分析等。当存在显著异质性时可选择剔除,如果仍要进行合并分析,则必须说明进行结果合并的理由,或者配合其他分析加以旁证。从次是呈现定量综合结果,定量结果应表示为点估计值、相关的置信区间和精确的 p 值。最后是进行敏感性分析。敏感性分析表明研究结果对所包括的研究类型和所用方法的稳健性,它可以通过在对数据或方法做出一些更改之后的再次分析来进行。

(9)结论的传播。结论的传播是评论过程的一个组成部分,仅仅得出评价结论并不能保证那些需要了解它的人能够理解结果,因此对于确保评价的基本信息能够传达给适当的受众至关重要。英国约克大学系统评价与传播中心提出了一个框架,用于考虑、制定和实施系统评价和荟萃分析结论的适当传播战略。[①]

(三)现实主义评估

现实主义评估(Realistic Evaluation)是英国学者波森等在批判系统评价、荟萃分析等方法的基础上发展起来的。该方法集中地体现在波森的三部著作中:1997 年出版的《现实主义评估》[②]、2006 年出版的《基于证据的政策:现实主义视角》[③]以及 2013 年出版的《评估的科学:现实主义宣言》[④]。目前,对"现实主义评估"的理论和应用的研究越来越多,它已经成为西方国家循证评估的一种非常重要的方法,以至于"所有那些认为自己相信(或者至少假装相信)'循证政策制定'是明智之举的人,都应该研究一下波森的书"[⑤]。

---

① CRD, University of York, *Systematic Reviews: CRD's Guidance for Undertaking Reviews in Health Care*, 2008, pp. 86-90, https://www. york. ac. uk/media/crd/Systematic_Reviews. pdf.

② R. Pawson and N. Tilley, *Realistic Evaluation* (London: Sage Publications,1997).

③ Ray Pawson, *Evidence-Based Policy: A Realist Perspective* (London: Sage Publications, 2006).

④ Ray Pawson, *The Science of Evaluation: A Realist Manifesto* (Los Angeles and London: Sage Publications,2013).

⑤ Christopher Pollitt, "Book Reviews on the Science of Evaluation: A Realist Manifesto", *International Review of Administrative Sciences* 79, no. 3(2013): 580-586.

1. 现实主义评估的含义与背景

现实主义评估是一种理论驱动的评估模型或方法。其评估重点从"政策的效果是什么"（What works?）走向"在什么环境下，政策如何或为什么以及对谁有效"（How or why does this work, for whom, in what circumstances?）。[①] 它从阐明"项目理论"开始，到进一步理解政策或项目运作的机制、运作的环境以及如果按预期运作将观察到的结果，以探究在特定环境下各种政策运行成功或失败背后的逻辑。

现实主义评估的产生有其特定的背景。系统评价和荟萃分析的局限催生了现实主义评估的出现。波森认为，作为之前被人们认为能产生"高质量证据"的评估方法，系统评价和荟萃分析虽然对循证评估有重要的贡献，然而它们"无论是在操作上还是根本逻辑上，都存在诸多的问题，致使评估不能显著和成功地纳入决策进程"。在操作上，系统评价和荟萃分析的设计和实施过程中，由于"假设被简化、一些研究被放弃、缺乏项目理论、政策细节被过滤、政策背景信息被消除、利益相关者在干预下思考和改变思维的方式被删除"等使得系统评价和荟萃分析的结果存在大量"简化与模糊"的问题。在根本逻辑上，系统评价和荟萃分析遵循的是一种"从过去到现在的反馈回路"，即设计出一种方法来综合以往政策的效果从而有能力为今后的实践提供有益的教训。[②] 然而，以往的、某地的政策的背景、氛围和当前的、当地的政策背景、氛围并不相同，系统评价和荟萃分析的评估综合并不能为当前或当地的决策提供有效的预测性信息和可转化性信息。

2. 现实主义评估的核心思想

从理论基础来看，现实主义评估以现实主义哲学为基础，以基于理论的评估为理论渊源。基于以上理论基础，现实主义评估形成了其独特的核心思想，这包括其对政策或项目的独特理解，也包括其独特的要素与评估逻辑。

（1）现实主义评估对政策或项目的理解。由于现实主义评估深受现实主义哲学和基于理论的评估的影响，因此，在现实主义评估者眼中，政策或项目具有其独特性：它们是理论的（theories）、嵌入的（embedded）、积极的（active），同时也是一个开放的系统（open systems）。[③] 首先，项目是理论

---

① R. Pawson and N. Tilley, *Realistic Evaluation* (London: Sage Publications, 1997), p. 64.

② R. Pawson, *Evidence-Based Policy: A Realist Perspective* (London: Sage Publications, 2006).

③ R. Pawson and N. Tilley, *Realistic Evaluation* (London: Sage Publications, 1997).

的。项目是理论的化身。它们从政策设计师的头脑开始,传递到实践者的手中,有时甚至进入项目对象的心灵。这些理论源于对导致不当行为、歧视事件或社会不平等的原因的理解,然后去推断如何改变这些不平等。项目总是被嵌入现有的社会体系中,这些体系被认为是支撑和解释当前问题的基础。通过给该体系带来新的输入导致行为模式、事件或条件的变化,以期破坏和重新平衡这一体系。其次,项目是嵌入的。现实主义评估认为,项目是嵌入在社会系统中的。正是通过社会关系的整个系统的运作,影响了行为、事件和社会条件的各种变化。因此,应注意构成和围绕着项目的社会现实的分层性质以及考虑人类行为在社会分层中所处的位置。比如,在进行政策评估时,若政策对象为人,则要充分考虑他们的特征、他们之间的关系、他们的组织地位、他们的经济状况等。再次,项目是积极的。在大多数项目中,引起变化的因素最终都是由项目触及的人的推理和资源所决定。这与实验评估方法截然不同。在实验评估中,人的意图被视为一种污染物,比如使用安慰剂和双盲法来去除人的意图,以保障因果推断的可靠性。相比之下,积极的项目只能通过利益相关者的推理才能起作用,这意味着了解项目参与者的解释对于评估项目结果是不可或缺的。最后,项目是开放的系统。现实主义评估指出,项目不是完全孤立或保持不变的。意外事件、政治变革、人事变动、技术创新、项目间的互动、实践者的学习、媒体报道、组织要求、绩效管理改革等外部事物都会影响项目的实施,使得项目具有渗透性和可塑性,这意味着项目永远不会以同样的方式得到实施。不仅如此,现实主义评估在理解项目不断变化的性质方面更进一步,他们认为,项目甚至具有自我改造性,项目可以改变最初使其发挥作用的条件。比如,减少犯罪项目中所谓的"军备竞赛"就是一个典型的例子。警察采取新的打击手段,犯罪分子在经历了新手段的打击后,往往能够有针对性地调整自己的作案手法以逃避打击,而这又需要警察采取新的举措以跟上步伐。

(2)现实主义评估的要素与逻辑。由于现实主义评估认为项目是在复杂的社会现实背景中进行的复杂的社会互动,于是现实主义评估设计了科学的框架对项目进行评估。其中"机制"(mechanisms,简称 M)、"背景"(context,简称 C)、"结果模式"(outcome patterns,简称 O)是现实主义评估的三个要素,而情境—机制—结果模式结构(context-mechanism-outcome pattern configurations,简称 CMOCs)则是现实主义评估的根本逻辑。

其一,机制。现实主义者认为,"机制"是指潜在的因果过程,它解释了项目运作中的"因果力量"。机制具有客观存在性、必然存在性、潜在性和启动的或然性等特点。客观存在性是指机制如同现实中的物体或事物一样独立于主体之外而存在；必然存在性是指机制存在于事物本身的结构内或存在于事物与事物之间所组成的结构中，其作为事物的真实本质而必然存在；潜在性指机制作为深层的结构性因素，往往难以通过观察而立即得到发掘；启动的或然性是指机制是否启动和能否体现，依赖于相关的背景因素，由此具有可以然但不必然的或然性。机制包括哪些呢？从一般的角度而言，现实主义评估提出了五种构想。其一为推理和资源。"推理"是"在项目预期受益者头脑中发生的任何事情"的总称，项目所提供的服务到达预期目标人群之后，预期目标人群就会进行"推理"作为回应，从而产生行为变化，进而产生结果。"资源"可以是物质资源，也可以是机会或限制。"资源"也会影响政策对象的行为并产生结果。除了推理和资源，一些学者也陆续补充了其他构想，包括权力和责任、强制、互动、反馈和前馈过程。^① 就机制的触发因素而言，科利尔认为机制是"在特定的条件下或给定的输入下，物体的结构使潜能得以发挥，并由此产生变化或事件"^②。但总的来说，机制是特定的背景所触发的。现实主义评估试图打破懒惰的语言习惯——以"项目是否有效"的问题为基础进行评估，试图回答项目为何运作或其中的"机制"，评估不仅要揭示项目的效果，更重要的是发现项目产生效果的"机制"，因此，"机制"是现实主义评估的中心要素。

其二，背景。背景指项目运行的社会环境或环境的某些方面。现实主义评估者认为，项目总是被引入预先存在的社会环境中，这些主要的条件对于解释社会项目的成功和失败至关重要。理想情况下，背景应包括有关结构、文化、能动性以及关系等方面的信息。其中，结构（或制度结构）是指一组内部相关的对象（可能是物质资源）和实践，它代表着利益的领域。文化代表主体间性的领域，处理人与人之间观念的相互影响问题。能动性意指个体通过自由意志学习使用自己能力的一种状态，在社会结构中，它被称为进入指定的位置或地位以从事所担任的社会地位所指定的活动。关系则指事物之间相互作用、相互影响的状态，社会存在是由关系构成的，社会行为是以关系为前提的。^③ 背景是机制启动或体现的条件或触发因素，将影响

---

① D. A. Bergeron and I. Gaboury, "Challenges Related to the Analytical Process in Realist Evaluation and Latest Developments on the Use of Nvivo from A Realist Perspective", *International Journal of Social Research Methodology* 23, no. 3(2020): 355-365.

② A. Collier, *Critical Realism: An introduction to Roy Bhaskar's Philosophy* (London: Verso Press, 1994).

③ Denise E. De Souza, "Elaborating the Context-mechanism-outcome Configuration (CMOc) in Realist Evaluation: A Critical Realist Perspective", *Evaluation* 19, no. 2(2013): 141-154.

机制是否运行以及哪些机制运行。比如项目目标群体内部的差异(性别、阶级、种姓、文化等)会影响某些机制起作用;除此之外,背景可以以许多不同的方式影响项目机制,比如执行项目的组织可以影响项目执行的方式或程度和预期受益者的回应等,因此背景是现实主义评估的又一要素。

其三,结果模式。结果模式是指政策或项目产生的效果。结果可以依据不同的标准进行分类,比如从时间维度来看,可以分为短期结果、中期结果和长期结果;从结果的好坏来看,可以分为积极结果和消极结果;从政策或项目影响的目标群体来看,可以划分为对各个不同群体的结果;从政策或项目影响的区域来看,可以划分为对各个不同区域的结果;从政策设计者的预期来看,可以分为预期结果和非预期结果。考察什么结果,取决于评估的目的和问题。但需要注意的是,在现实主义评估者看来,结果只是由机制生成的,而不是由背景产生的,而且,当一个政策的机制被启动时,必然会产生一个后果。结果是现实主义评估的当然要素。

其四,背景—机制—结果模式结构。现实主义评估认为,"机制之所以重要是因为它产生了结果,而背景之所以重要是因为它改变了项目产生结果的过程。因此,必须系统地研究背景和机制以及项目的结果"[①]。将背景、机制和结果模式联系在一起,便形成了背景—机制—结果模式结构。这一结构表明在项目的生命周期中,背景如何激活其中的机制,最终导致结果的改变。这一"结构"方法将机制变化和相关背景变化结合起来预测和解释结果的变化。因此,背景—机制—结果模式结构便成为现实主义评估的根本逻辑。

通过这些要素和逻辑,可以发现,现实主义评估并不是试图简单地确定某一特定时间、某一特定地点、某一特定项目的效果,而是试图通过更多地了解"在什么环境下,项目如何有效或为什么有效以及对谁有效"来为决策者提供信息。

3. 现实主义评估的操作程序

虽然现实主义评估被应用在越来越多的领域,但是由于对现实主义评估的相关理论和概念难以把握以及缺乏统一的规范,现实主义评估的操作困难依然是评估者面临的一大突出问题。[②] 通过对现实主义评估的述评、

---

① Gill Westhorp, Realist Impact Evaluation:An Introduction,2014, http://www. odi. org/sites/odi. org. uk/files/odi-assets/publications-opinion-files/9138. pdf.

② G. Wong,G. Westhorp, A. Manzano, et al. , "RAMESES II Reporting Standards for Realist Evaluations", *Bmc Medicine* 14, no.96(2016):1-18.

实证研究以及一些学者开发的报告标准等的阅读,以下对现实主义评估的操作程序进行梳理。可以将现实主义评估的操作程序归纳为以下五步:提出项目理论;提出评估目的、评估问题以及评估重点;资料收集;资料分析;得出评估结论。现实主义评估以项目理论为轴心,由项目理论推演出评估的目的、问题以及重点,以解释机制为着眼点提出并筛选出 CMOCs 假设,通过收集大量的项目数据,并使用各种解释性方法对数据进行迭代分析,以最终验证假设,获得现实主义项目理论,从而为项目的相关决策提供证据和建议。

(1)提出初始项目理论。如前所述,项目理论是项目设计者如何期望项目达到其目标的理论和设想,或者说是特定项目活动和特定结果之间的因果关系的假设。基于现实主义哲学的认识论和基于理论的评估的逻辑,设定初始项目理论是现实主义评估最初始以及最基础的一步。提出初始项目理论共包含三块内容:第一,开发初始项目理论;第二,描述初始项目理论;第三,提出 CMOCs 假设。就开发初始项目理论的方法而言,可以通过文献评论、项目文件审查、与关键线人的访谈和/或焦点小组访谈、评估团队的头脑风暴、专家咨询等方法来开发、识别和筛选初始项目理论。如果能够找到一些候选的项目理论,则可以在所有候选的项目理论中,依据"哪个理论有效解释了结果差异"这一标准来进行挑选,其往往是一个由模糊到渐进式聚焦的过程。但是,这一过程中除了排除与缩小范围,可能还需要借助半结构化访谈之类的开放方法获取更多可能适合的项目理论。在开发项目理论的过程中,要注意把握项目理论的性质——其具有半规则性及较强的情境性(即项目理论并非抽象宏观的哲学理论,也并非微观的事件描述,而是中观的、动态的、修正的)。此时的项目理论之所以是"初始的",是因为这是与现实主义评估的最终目标之一——现实主义项目理论相对而言的。现实主义项目理论是经过现实主义评估过程、更切合项目实际的、更完善的项目理论。经过评估的过程,初始项目理论可能会被支持、驳斥、改进或完善。比如更好地了解存在哪些机制以及它们是如何实际运作的;更好地了解背景中的因素是如何影响机制的;或更精确地了解背景和机制相互作用产生的结果模式。初始项目理论的功能在于提供描述和解释,并为评估提供依据。但现实主义项目理论除了更精确、更完善的描述和解释外,还可以支持有关项目细化、修正、推广等方面的决策。在确定初始项目理论后,就需要对其进行描述。描述初始项目理论需要识别影响项目结果的各种因素,为了直观地呈现,常常借助图或表,比如可以运用因果关系图来进行描述。需要注意的是,由于各项目理论之间可能也有某些联系(如包含关系、因果关系、前后关系等),这些联系也需要描述出来;若每一种机制有特定的触发因素,也应当进行说明。① 之后则是基于初始项目理论的每个元素提出 CMOCs 假设,并根据所涉及的每种参与者类型进行调整。如前所述,项目理论具有半规则性,因而需要通过提出 CMOCs 假设对项目理论进行进一步地具体化。它往往围绕项目在特定的情境下、针对特定的人会产生什么样的后果展开。这为随后提出、确定评估问题,确定需要收集哪些类型的数据以及从何处收集数据等提供了依据。

(2)提出评估目的、评估问题以及评估重点。该程序共分为四步:第一步是确定此次评估的目的;第二步是依据项目理论和评估目的,确定评估问题;第三步是依据项目理论和评估目的,确定评估问题的优先顺序;最后一步是筛选出有限个 CMOCs 假设。对于评估目的的确定,首先,由于现实主义评估很难评估项目的所有方面,所以往往需要与评估结果的使用者(评估资助者和/或用户)进行讨论和协商,针对他们的需求确定评估需要达到的目的,这也为满足循证政策制定中决策者对证据的需求奠定了基础。但需要注意的是,要尽可能避免评估偏倚,如为了使评估结果更能被使用者接受而刻意强化或弱化某些评估目的等。其次,现实主义评估的评估目的也有独特的要求,即解释(如何和为什么产生结果)而不仅仅是描述结果。

评估的问题需要依据项目理论和评估目的进行确定。首先,现实主义的评估要回答的问题是结构性问题,而非传统的价值、相关性、有效性、效率和可持续性问题(如项目实施完成度、对不同人群的效益、成本效益、影响、可持续性等)。其内容主要包含"什么是有效的、如何起作用、为什么起作用、对谁起作用、在什么程度上、在什么情况下、在什么方面起作用"。其次,现实主义评估的问题可能是动态的,因此它可能会被不断更新,可能会被修改、删除或者发现新的评估问题。由于被评估的项目并不是处于真空状态,相反,它处于一个具有复杂的政策环境和多个利益相关者的世界,且评估也是迭代进行的,所有这些都可能影响评估问题,所以在开始阶段提出的评估问题可能并不全面,如果有需要可以在评估过程中修改、补充、删除最初提出的评估问题。

评估的问题也有优先顺序。首先,依据评估目的,在确定评估的需求和范围后,确定关键机制或主机制。主机制可能是触发其他机制的前提条件,也可能是对结果影响最大的机制,因而依据主要机制提出的问题往往为优

---

① G. Wong, G. Westhorp, A. Manzano, et al., "RAMESES II Reporting Standards for Realist Evaluations", *Bmc Medicine* 14, no. 96(2016):1-18.

先问题。其次,如前所述,现实主义评估问题具有弹性,它可能在评估开展过程中被不断修改、删减或补充,因而从需要及时和优先回答的问题入手也就显得更为重要。

在确定评估目的、评估问题以及评估重点后,就需要针对以上内容,提出相应的 CMOCs 假设。首先,就 CMOCs 假设的性质而言,该假设是关于项目(或项目的组成部分)可能运作的机制的不充分的假设,其以背景—机制—结果的表达方式展开。其次,就 CMOCs 假设与问题的关系而言,CMOCs 假设是对问题的进一步推论,它提出了问题中关于背景、机制和结果的进一步设想,同时,由于一个问题中的结果可能是另一个问题中的背景,CMOCs 假设可能还包含各问题之间的结构。再次,就 CMOCs 在评估中的地位和作用而言,它是生成和/或完善项目理论的基础,正是有了这些假设,才有评估的最终产品。最后,则需要针对前面确定的特定目的和问题来筛选出最符合评估要求的 CMOCs 假设。

(3)资料收集。现实主义评估的资料收集主要包括两步:第一步,依据已筛选出的 CMOCs 假设,收集与项目相关的各种背景、机制和结果的数据;第二步,收集除 CMOCs 假设外的数据。进行数据收集时,要先从结果测量开始,之后再收集机制和背景的数据。从结果出发进行数据收集主要有两点原因:其一,现实主义评估的思路是一个逆推的过程,即它企图研究的并非政策的实际效果,而是探究产生这一效果背后的机制与理论;其二,现实主义评估更具有开放性,它不同于系统评价与荟萃分析的"堆积"思路,更希望评估人员不要拘泥于预先确定的指标。在开始收集数据前,需要确定需要考察的结果有哪些,依据要考察的结果,确定结果测量指标和每一个指标的数据收集方法。在确定数据收集方法时,需要考虑的因素包括:数据收集方法应该足以得出预期和非预期的结果;能够用于捕捉产生这些结果的背景—机制交互作用;如有必要,能够识别各 C-M-O 结构之间的关系;能够尽可能收集不同来源的相同类型的信息。之后需要收集机制和背景的数据,无论是对结果数据的收集还是对机制和背景的数据的收集,可采用的方法是很多的,包括文献法(研究文献、政府文件、统计数据、相关部门已有数据)、问卷法、深度访谈和焦点小组访谈。其中深度访谈和焦点小组访谈特别适合现实主义评估的数据收集,因为其往往能帮助评估者获得更符合项目本身、更具体、更具有开放性的数据。在进行数据收集时对假设中的各种机制和背景都应设定至少一个问题。如果要进行访谈,在访谈开始时应对项目及其结果进行直观的概述,使调查对象能够回顾性地、反思性地思考解释结果的背景和机制的基本要素,以激发调查对象的思考和推理,从而对项目及其所在的社会组织有很好的了解。第二步就是要收集除 CMOCs 假设外的数据。由于在之前的项目理论提出阶段,可能会遗漏或忽视某些项目理论,同时在已选择的项目理论中也可能存在对 CMOCs 假设存在遗漏的状况,因而通过采用开放和自由的半结构化访谈等方法进一步收集数据,以帮助评估人员寻找之前未被纳入评估范围内的 CMOCs 假设,从而使评估结果更加完善。

（4）资料分析。与所有解释性案例研究类似,现实主义评估收集和分析多个数据源,并根据这些数据源构建一个连贯、合理的关于关键事件和行动及其预期和非预期后果的叙述。首先,分析数据的重点是推断数据在特定分析中是否作为情境、机制或结果发挥作用;此外还需要推断情境、机制和结果之间的关系。这些都是由对数据进行理论驱动性的提炼得出的。例如,如果获得的是定量数据,则往往需要分析定量数据系统的结构;对于访谈数据,所收集数据的性质必须从仅获取受访者对事件的"意义"解释转变为识别因果过程(即机制)或背景的相关元素。其次,就分析方法而言,现实主义评估采用的方法包括人工分析(需要具有分类、开放式编码、轴心式编码以及撰写备忘录等定性分析技能)和运用软件(如 NVivo)分析。① 现实主义评估中的机制(M)不是变量,而是对行为过程的相互关系的描述,一种机制就是一种理论,因此,用实证主义评估方法中的变量推演对现实主义评估是没有意义的,它需要逆推出因果关系及其生成性解释,即需要研究结果(O)是由何种相关机制(M)产生的,这些机制是由何种背景(C)触发或只能在何种背景(C)中运行。当然还需要解释所用方法的基本原理、其对数据分析的影响以及这几组数据是如何整合的。最后,就整个过程而言,现实主义评估的分析过程是迭代进行的,即在分析过程中,分析会在资料与理论间来回移动。现实主义进行迭代分析的原因有如下几点:其一,项目嵌入在复杂的环境中,环境的不断变化也将对机制的运转产生影响,如果不通过回环往复地分析验证,则很难确定是不是特定的背景或机制导致了该结果;其二,为了提升评估结果的可信度,现实主义评估往往需要收集大量的数据对 CMOCs 假设进行验证,为了确定该机制是该结果的必然条件,必须经过反复的验证才能提供真正有说服力的评估结果,形成更经得起验证的项目理论;其三,现实主义评估分析的迭代性还和它的解释主义认识论有关,在现

---

① D. A. Bergeron and I. Gaboury, "Challenges Related to the Analytical Process in Realist Evaluation and Latest Developments on the Use of Nvivo from A Realist Perspective", *International Journal of Social Research Methodology* 23, no. 3(2020): 355-365.

实主义评估中每一个问题都可能涉及利益相关者或评估团队成员之间的争论。因此不同于实证主义将评估者自身的想法视为"偏见",现实主义评估试图在形成性分析与总结性分析以及(解释性)启发和(规范性)判断之间达成平衡。

(5)得出评估结论。最后,得出评估结果。进一步发展、测试或完善项目理论并为项目的相关决策提供证据和建议。其一,需要报告得到的实际CMOCs是怎样的,并论证其联系和提供支撑材料。就其结果的特征而言,分析结果是建立在不同来源数据上的多重推论,它可能是一个"总体"或"平均"结果;另外分析结果也将被分类(针对谁、在什么情况下),并解释差异。其二,需要评述得到的CMOCs是否支持、驳斥或发展了初始项目理论。将得到的实际CMOCs与之前提出的CMOCs假设和初始项目理论对照,判断是否支持、驳斥或发展了初始项目理论。经过对比后,实际的CMOCs可能只是驳斥了项目理论的某些具体方面,也可能与原先的项目理论完全不同。在资料分析之后,可能会发现意料之外的影响。如亚戈什(Justin Jagosh)等指出:"有时意外发现的机制可能更具有决定性;此外,意外影响可能会产生'连锁反应',因为它们会导致新的影响,进而导致更多的影响,从而改变评估的背景。"[①]因而,仅仅聚焦于对之前提出的假设的验证是远远不够的,还需注意挖掘此前没有发现、新产生的以及没有考虑到的机制。其三,如果支持、驳斥或发展初始项目理论,则要思考会形成或发展成怎样的现实主义项目理论。如前所述,形成现实主义项目理论是现实主义评估的最终目标之一,这需要对以上两步的结果进行进一步整合,如项目中到底存在哪些机制(包括新机制)? 它们实际是如何运作的? 背景是如何影响机制的? 机制对不同的群体的作用是否有差异? 总之,要形成项目"在什么环境下,如何有效或为什么有效以及对谁有效"的更准确、更精细的认识,从而实现对初始项目理论的发展和完善。其四,需要对决策者提出建议。现实主义评估除了获得现实主义项目理论之外,还需要进一步地向决策者提出建议。首先,当现有项目绩效不佳或者绩效没有充分发挥,可提出修改或调整现有项目的建议。比如:在特定环境下项目的"积极"机制是否没有被很好地激发? 如何激发项目的"积极"机制? 又如:如何纠正、阻止项目"消极"机制的启动? 等等。其次,也应提出对未来采纳该项目的决策者或其他地

---

① J. Jagosh, P. L. Bush, J. Salsberg, et al., "A Realist Evaluation of Community-based Participatory Research: Partnership Synergy, Trust Building and Related Ripple Effects", *Bmc Public Health* 15, no. 1(2015):725.

方实施该项目的决策者的建议。如在采纳和实施中能否创设这些机制？是否具备相应的背景？

以上梳理了被视为评估者生产证据的经典方法。但有一些学者提出了不如它们有名、但也可以提供基于证据的政策见解的其他方法，比如大数据分析、决策审议工具、设计思维、使用布尔和模糊集逻辑进行比较的定性技术、公民科学、决策者和公民的叙述、政策可视化、空间制图、模拟建模等。① 还有一些学者认为，混合方法研究设计更有可能全面了解项目及其结果，采用混合方法进行评估也可能提供可信和可操作的证据。②

二、评估者传播证据的方法

在循证评估中，评估者除了扮演前述证据生产的角色，还需要传播评估证据。西方学者的研究表明，评估者要使自己的评估惠及更多的人、更清楚地被决策者理解、更可能导致积极的行动，需要在综合考量如下五类因素的基础上，灵活采取相应的传播方法。

（一）明确评估信息的特征

要考虑的信息特征包括证据的强度、证据的可信度、证据的可转化性、证据是否确认或拒绝现有的倾向或做法、证据的吸引力。除此之外，还需要明确评估信息的类型，这种信息是影响决策者观念的信息、提供操作指南的信息还是说服的信息等？提高评估信息可信度的一个办法是创建专门的、可公开访问的网站。该网站提供有关评估所有方面的信息，并可以让外部人员对评估过程进行审查，还提供有关各方评论、询问相关问题的反馈设施。③ 另外，有的学者还提出了打造"品牌"的策略，例如为自己的评估创建一个标志和风格指南，并通过媒体加强宣传，这样可以提升证据的质量和吸引力。④

---

① G. Stoker and M. Evans, *Evidence-Based Policy Making in the Social Sciences: Methods that Matters* (Bristol: Policy Press, 2016).

② Alan Clarke, "Evidence-Based Evaluation in Different Professional Domains: Similarities, Differences and Challenges", in Ian F. Shaw, Jennifer C. Greene and Melvin M. Mark(eds.), *The SAGE Handbook of Evaluation* (London: Sage Publications, 2006).

③ CRD, University of York, *Systematic Reviews: CRD's Guidance for Undertaking Reviews in Health Care*, 2008, pp. 86-90, https://www.york.ac.uk/media/crd/Systematic_Reviews.pdf.

④ Gavin Bennett, Nasreen Jessani, *The Knowledge Translation Toolkit: Bridging the Know-Do Gap: A Resource for Researchers*. Ottawa, Canada, International Development Research Centre IDRC, 2011.

（二）分析接受信息的环境

对目标受众所处的具体环境的了解越全面，传播方法就越有效；忽视环境因素，就会犯"在北极卖冰箱、向食肉动物卖卷心菜"的错误。因此，还需要对目标受众接收信息的环境（如敌对或接受）和所处的更广泛环境（如经济、社会、组织和政治环境）进行充分分析。

（三）分析目标受众的特征

评估信息的受众可能包括广泛的决策者、实践者以及其他的个人和团体。由于他们的重要性各不相同，因此应首先确定受众的优先级，可以创建三个类别：必须与之互动/交流的人、应该与之互动/交流的人和希望与之互动/交流的人。"利益相关者分析"、"力场分析"（Force Field Analysis）、"政策网络分析"和"影响图"（Influence Mapping）工具在确定目标受众及其优先级方面特别有用。

（四）明确传播的渠道

证据传播的渠道可分为两大类：大众媒体渠道和人际（面对面）渠道。常用的大众媒体渠道包括同行评议文章、报纸文章、新闻稿、政策简报、时事通信、小册子、动画片和海报等印刷媒体工具以及视频、广播广告、播客和互联网等多媒体工具。人际渠道包括私人关系和其他的沟通工具，例如电话、研讨会、讲习班、焦点小组、会议和多方利益相关者论坛以及讲故事（Storytelling）等。有研究认为，对于传播目的来说，大众媒体渠道通常被认为更为重要，但是对于证据的实施活动而言，人际渠道则更为重要。一些研究者的经验是，传播渠道的组合有助于增加目标受众遇到正在推广的评估消息的可能性。

（五）评估信息的呈现

为了促进决策者和实践者对评估信息的理解，需要采取合理的方式对评估信息进行呈现或剪裁。在剪裁信息时，要考虑目标受众使用的语言，呈现的格式、结构和风格，呼吁的类型和重复的次数。一般来说，为非研究专业的实践专家或决策者写作，应使用非专业的术语、以尽可能简单的形式呈现，而不是使用技术性语言和统计数据，这样可以使他们和任何想要了解更多细节的人都可以阅读完整的报告。有人主张"1∶3∶25"格式是向决策者和实践者提供研究证据的最佳方式。"1∶3∶25"格式即用1页的篇幅写作

"基本观点"或"可操作信息",用 3 页的篇幅写作执行总结和用 25 页的篇幅写作报告。[①]这种首页涉及关键信息的结构类型已被经常使用,并反映了目标受众对"基本观点"的偏好。有证据表明,这种呈现顺序可以提高对研究结果的整体理解。

三、决策者使用评估证据的方法

如前所述,循证评估绝不仅仅是评估者的事,也需要决策者和实践者的"拉动"。促进决策者使用评估证据是一项系统工程,包括宏观环境建设,提升循证意识与承诺,设置推动循证的机构,建立证据获取制度、激励制度、培训制度以及评估者和决策者的互动合作制度等多方面的努力。

(一)加强宏观环境建设

创造良好的经济环境以及稳定、廉洁、开放、民主、自由的政治环境。只有良好的经济环境,才能为研究提供资源,政策分析市场也才会更加发达,智库和证据交流平台才会得到良好的发展。政治动荡、腐败往往对政策过程中使用证据产生负面影响,因此稳定、廉洁的政治环境很重要。开放的政治制度允许自由收集、评估和交流证据。民主国家意味着能加强政府的问责制,因此更鼓励改善政策和业绩;民主背景也意味着在决策过程中存在更多开放的切入点,对沟通的约束也较少。学术自由、媒体自由也是将想法传达到政策和实践中的一个关键因素。[②]

(二)提升循证意识与承诺

政府要加强循证评估的倡议,形成使用证据的良好氛围。应加强循证评估立法和制定相关政策,如英国在 1999 年便出台了《21 世纪专业政策制定》文件,美国 2017 年出台了《基于证据的政策制定法案》。各级政府和各部门的领导要予以支持,强烈强调在决策时使用证据,让"确定哪些政策干预措施是有效的、具有成本效益的和最有利于社会和公平分配的"必须成为决策的核心原则,确定已经知道的有效和高效干预措施要成为决策的一个

---

① Gavin Bennett, Nasreen Jessani, *The Knowledge Translation Toolkit*: *Bridging the Know-Do Gap*: *A Resource for Researchers* (Ottawa, Canada, International Development Research Centre IDRC, 2011).

② Sophie Sutcliffe and Julius Court, *A Toolkit for Progressive Policymakers in Developing Countries* (London: Research and Policy in Development Programme, 2006).

优先事项。① 总之,应该通过这些措施在政府的各个层面形成对循证的承诺和认同。

(三)设置循证机构

发展推动循证评估的机构,如英国设置国家政府学院,美国在各机构设置首席评估官、首席数据官等。推动致力于证据的综合和传播的证据交流平台的发展,如在英国,已成立国家卫生服务审查和传播中心以及科克伦合作组织、"证据网络"、"海外发展研究所"、循证政策开发网等证据交流机构;美国也已成立坎贝尔协作组织、循证政策联盟、有效信息中心交流站、暴力预防蓝本、华盛顿公共政策研究所等证据中介组织。

(四)建立证据获取制度

采取一系列措施提高证据的可及性,如进行电子图书馆、数据库系统的建设。英国开展的"知识池"建设也是一个很好的经验,"知识池"形成了一个政策成功和失败的历史性记录,累积了政策的相关证据。政府部门要保持"智慧型客户"的角色,建立专家咨询机构,充分调动专家的积极性,以及善于吸引人才。

(五)优化激励制度

建立更好的激励机制,鼓励使用证据。这需要在以下四个方面进行努力:其一,要求公布政策决定的证据基础。在制定新政策时,决策者依据的证据基础是什么要向社会进行公布。其二,要求部门在进行支出投标、制定预算和制订项目计划时,提供支持性的证据基础。将评估证据纳入支出投标、拨款计划和项目管理是决策者和实践者参与和使用评估证据的重要激励措施。其三,将政府分析(如预测模型)提交外部专家审查。政府在关键政策领域经济建模能力存在不足,应明确规定这些模型提交外部专家进行审核。其四,将循证纳入政府绩效管理中,将政府绩效证据、项目结果证据作为政府持续改进的依据。总之,要明确在决策、支出投标、预算、项目管理以及政府绩效管理中,必须使用证据,并确保证据在以上方面不断地产生作用。例如,在英国中央政府部门一级,公共服务协议(PSA)和服务提供协议(SDA)以及英国财政部两年一次的支出审查为建立有效性和效率证据提

---

① P. Davies, "The State of Evidence-Based Policy Evaluation and Its Role in Policy Formation", *National Institute Economic Review* 1(2019): 41-52.

供了一些激励。在地方一级,将预算下放给一线机构和决策机构,如医院信托基金、初级保健小组、地方教育当局和学校管理者,也提供了类似的激励,促使它们在资源分配和服务发展方面收集和使用可靠的证据。[1] 在美国,在联邦政府项目管理中则构建了一种"强制使用证据"的机制,这种机制要求地方项目申请者引用科学证据来证明他们对项目的申请理由,联邦资金不会用于支持那些没有有效证据的项目。但鉴于地方机构往往没有能力自行寻找证据,联邦资助机构负责审查评估证据并制定了一份"经科学证明"的项目清单,地方机构只需阅读项目清单,选择一个符合联邦标准的项目即可。[2] 无疑,这种"强制"机制也促进了证据在政府中的使用。

（六）建立培训制度

决策者和实践者需要了解证据的价值,需要了解哪些研究是可用的,也需要能够对证据进行批判性评估。除此之外,决策者和实践者也应具备搜集证据的能力。这些都需要加强对决策者和实践者的培训。

（七）建立评估者和决策者的互动合作制度

只有研究人员和决策者更密切地合作,以确保他们之间和研究界内部就证据的构成达成一致,这种关系才能发挥作用。例如美国一些机构的评估人员就与他们的项目办公室和其他利益相关者协商,以确保他们的评估议程满足政策和管理信息需求。在整个评估过程中与项目人员进行咨询,有助于确保在评估结果出来时建立更信任的关系和更愿意听到不太好的消息。项目工作人员可能不愿意接受负面的评估结果,因为他们的既得利益试图使项目继续运作。但是,如果工作人员理解评估的逻辑,或者如果评估提供了可能克服的障碍的信息,就可以反驳这一点。[3] 因此,从根本上说,需要加强评估界和政策界之间的沟通和合作,以加强政策和证据的整合。其一,在政府内部,应鼓励内部分析服务部门（如研究人员、统计学家和经济

---

[1]　P. Davies, "Is Evidence-based Government Possible?", in Jerry Lee Lecture, presented at the 4th Annual Campbell Collaboration Colloquium, Washington D. C.,2004.

[2]　C. H. Weiss, E. Murphy-Graham, A. Petrosino and A. G. Gandhi, "The Fairy Godmother—and Cer Warts: Making the Dream of Evidence-based Policy Come True", *American Journal of Evaluation* 29, no. 1(2008): 29-47.

[3]　Government Accountability Office, *Program Evaluation: Strategies to Facilitate Agencies' Use of Evaluation in Program Management and Policy Making*, report to Congressional Committees GAO-13-570 (Washington D. C., 2013).

学家)更好地合作,将评估战略与部门业务计划联系起来,在政策制定过程的所有阶段整合分析人员。其二,在政府和外部的研究者方面,以下一些途径是有效的:应将外部评估人员更多地作为合作伙伴而不是承包者;利用借调或短期调任来鼓励政府部门和大学之间的人员交流;鼓励外部评估人员尽早参与决策过程。提高交流水平的其他可能途径包括:相互学习语言、建立更多的论坛以供讨论、为决策者和评估人员提供联合培训和专业发展机会。一些学者认为,在整个评估过程中(包括从评估问题的确定到研究结果的应用),评估者和实践者都应"持续互动",因为长期进行密切的交流和合作能够促进跨界的理解。[1]

简要评析

本章系统梳理了世纪之交在西方国家出现的"循证政策评估理论流派"。这一流派是在"循证政策制定"的旗帜下发展起来的,它强调将严格的评估研究证据纳入公共政策制定的过程中。它一方面在评估中寻求严格和可靠的评估结果;另一方面追求在政策制定过程中增加对评估证据的利用,以提高政策决策的科学性和提高公共政策的质量。经过 20 年左右的发展,目前在测度、解释和干预"评估—政策缺口"方面取得了一系列理论成果,同时在评估者生产和传播评估证据、决策者使用评估证据等方面开发了大量的方法。

循证政策评估理论流派对西方政策评估理论与方法的发展做出了重大的贡献。首先,在评估的信度和效度方面,他们运用和开发的高质量评估方法,在技术上已变得颇为严格,极大地改变了评估的技巧,为生成可信的、可操作的证据提供了良好的基础,因此推动了评估质量的真正改进。其次,他们将之前的评估使用研究的趋势置于"循证政策制定"这一更广阔的知识领域内,使得评估获得了更大的发展空间,也使得他们追求的"使用"理想得到了更大程度的实现。当然,客观上,他们也推动了政策制定的科学化,有助于决策者和实践者对抗利益和意识形态的持续压力以及政治行为者依赖自身有限经验的倾向。

---

[1] UNICEF, *Bridging the Gap: The Role of Monitoring and Evaluation in Evidence-based Policy Making*, http://mymande. org/sites/default/files/Bridging_the_Gap_evidence_based_policy_making. pdf. , 2008, p. 39.

　　然而,循证政策评估理论与方法仍然存在许多值得改进之处。一方面,现有的证据生产、证据综合的方法绝不是完美的,一些方法(如随机对照试验)仍然存在争议,对于实现"最佳"的评估仍然存在大量的局限性,很难断言"科学"产生了一个持久的"真理"。① 另一方面,从决策者使用评估证据的角度来说,现有方法是否能适应决策的复杂性、确保决策者有效使用评估证据还有待于进一步研究。例如,现实中的决策不仅受评估性证据的影响,还受到压力集团、游说体系、意识形态、决策者自身的利益、价值观、专门知识、经验等的影响,因此,现实的决策是多种因素综合影响的结果,现有研究在如何将最佳外部证据与其他因素结合方面仍需要不断地探索。循证评估者们要实现他们"向权力说真相"的理想仍有很远的路要走。

---

① C. H. Weiss, E. Murphy-Graham, A. Petrosino and A. G. Gandhi, "The Fairy Godmother—and Her Warts: Making the Dream of Evidence-based Policy Come True", *American Journal of Evaluation* 29, no. 1 (2008): 29-47.

第九章　辩证多元政策评估理论及其方法

　　21世纪以来,社会的不确定性日益增加,一些待评估的政策和项目也变得更加复杂。使用单一的方法越来越难以处理这些不确定性和捕获相关的复杂性,人们对运用混合方法来进行政策或项目评估的需求和兴趣也日益增加。自2007年以来,以格林、约翰逊等为代表的评估学者提出了一种辩证多元政策评估的理论,并开发出了一些相应的方法。辩证多元政策评估主张仔细地、系统地、深思熟虑地倾听、理解、欣赏、学习和结合多种范式、学科、价值观、方法论、立场、种族观点和视角,形成一个新的、可操作的整体,从而对政策或项目进行评估。目前其影响力正与日俱增。因此,本章系统梳理辩证多元政策评估的含义、哲学基础、产生发展历程及其相关理论和经典方法。

第一节　辩证多元政策评估的含义与哲学基础

一、辩证多元政策评估的含义

　　约翰逊认为,辩证多元政策评估(Dialectical Pluralism Policy Evaluation)就是"仔细地、系统地、深思熟虑地倾听、理解、欣赏、学习和结合多种范式、学科、价值观、方法论、立场、种族观点和视角;努力在我们关心的评估项目上走到一起(同时保持许多分歧),并实行协商民主,重点是帮助所有的利益相关者。当面对许多评估问题以及在评估界、当今和未来的世界中,这种合作的、同时在分歧和知识紧张上蓬勃发展的目标将给评估带来帮助"①。对于辩证多元政策评估的这一含义,可以从以下几个方面来进行理解。

其一,辩证多元政策评估意识到并承认评估的"多元化"。到 21 世纪初期,政策评估已经具有了多种范式(例如后实证主义、建构主义、实用主义、变革性范式等),也成为一门跨学科的领域,评估人员秉持各种价值观,运用不同的模型或方法(定量、定性和混合方法),坚持多样的观点和视角(例如女权主义、批判种族理论等)。

其二,在评估中要辩证地、对话地、仔细地、深思熟虑地倾听不同的范式、理论的观点。要准确地了解复杂现象,需要包括不同评估流派的追随者,辩证多元政策评估的团队往往是一个混合了多种哲学范式的评估者组成的团队。在一个彼此尊重的论坛上,异质的团队成员在评估问题和评估设计的决策中和在研究的数据收集、分析、解释和使用阶段,提出多种意见。然后进行跨范式的对话,辩证地、仔细地、深思熟虑地倾听不同的意见。

其三,将来自相互竞争的范式和价值观的重要思想结合起来,形成一个新的可行的整体以用于评估之中。辩证多元政策评估不仅要求对话,还要求尝试产生新的创造性综合。"辩证"不仅强调评估者应该仔细倾听、思考、对话,还要从这些观点、认识论、价值观、方法之间的自然张力中学习,为每一个混合的评估制定可行的解决方案。更广泛地说,"辩证"要求充分听取、比较多种视角、学科和观点,并试图产生一种组合,然后综合和利用从这一过程中获得的见解。

其四,在评估方法的选择上,应辩证地倾听和考虑多种方法论概念、问题、探究逻辑和研究方法,并为每项研究构建适当的方法组合。辩证多元政策评估应该经常尝试优先考虑不同方法的混合,特别是平等地位混合研究方法(Equal-status Mixed Research)。

其五,注重评估结果的使用。辩证多元政策评估应促进评估结果的(局部的和更广泛的)传播和利用,并持续评估利用过程的结果(例如,评估是否具有预期的社会影响)。

简言之,辩证多元政策评估"意味着倾听、理解、学习和行动"②。

①　R. B. Johnson, "Dialectical Pluralism: A Metaparadigm Whose Time Has Come", *Journal of Mixed Methods Research*, 2015, advance online publication, doi:10. 1177/1558689815607692.

②　R. B. Johnson, "Dialectical Pluralism: A Metaparadigm Whose Time Has Come", *Journal of Mixed Methods Research*, 2015, advance online publication, doi:10. 1177/1558689815607692.

二、辩证多元政策评估的哲学基础

在辩证多元政策评估的倡导者们看来,辩证多元政策评估的哲学基础是一种被称为"辩证多元主义"(Dialectical Pluralism)的"元范式"(Metaparadigm)和"过程哲学"(Process Philosophy)。[①] 其基本思想是:"多元主义"是指对包括现实在内的几乎每一个探究领域的差异的接受和期待,"辩证"一词是指既辩证又对话的操作过程。这种哲学框架为研究者、实践者、客户、政策制定者和其他利益相关者提供了一种合作和产生新的可行的"整体"的方式,同时,在差异和知识张力上蓬勃发展。[②] 辩证多元主义也具有相应的本体论假设、认识论假设、方法论假设和价值论假设。

(一)本体论假设

辩证多元主义的本体论假设是"本体多元论"。简单地说,现实是多重的,关于现实可以有多种真实的观点。除了只是在陈述一个简单的事实(例如,这个房间里有七个人)或定义的真相(所有的单身汉都是未婚的),大多数情况下没有一种方法可以完全地概念化现实。辩证多元主义认为,概念化现实的多种方式通常都应该被表达和接受,它们都可能提供重要的见解,并指向被认为是真实的东西。对辩证多元主义的使用会产生新的和整体的现实,产生根据多个利益相关者、范式和学科经过深思熟虑地建构和修正的新的现实。除此之外,因为世界的许多地方都在不断变化,辩证多元主义也认识到过程本体论的重要性。

现实可以是学科现实(包括学科概念和它们所研究的"事物")和范式现实。根据库恩的观点,不同范式中的人实际上"看见"并体验不同的世界。对库恩来说,这可能导致范式的不可通约性。但库恩确实改变了他在这个问题上的强硬立场,并指出了"格式塔转换"和"跨范式转换"思想的可能性。格式塔转换对于人们来说是困难的,但是通过大量的努力是可以近似实现的。[③] 简言之,辩证多元主义致力于这样一种想法,即在任何时候都有许多

① R. B. Johnson and J. Stefurak, "Dialectical Pluralism: A Metaparadigm and Process Philosophy for 'Dynamically Combining' Important Differences", *Qualitative Methods in Psychology* (*QMiP*) *Bulletin* 17 (Spring)(2014): 63-69.

② R. B. Johnson, "Dialectical Pluralism: A Metaparadigm Whose Time Has Come", *Journal of Mixed Methods Research*, 2015, advance online publication, doi:10.1177/1558689815607692.

③ R. B. Johnson, "Dialectical Pluralism: A Metaparadigm Whose Time Has Come", *Journal of Mixed Methods Research*, 2015, advance online publication, doi:10.1177/1558689815607692.

重要的现实需要考虑。

虽然辩证多元主义的核心或基础本体论是"本体多元论",但在实践中,所采取的本体多元论的形式应该被考虑并与多种本体论进行理论对话。辩证多元主义者应理解,任何一个本体论都不能完全"正确地"或以人类感兴趣的所有可能方式全面或完美地"在自然的关节上雕刻"。辩证多元主义的指导性的本体论原则是:在辩证多元主义中,多个本体论的存在及其产生的紧张关系被视为优点,应该接受这种优点而不是接受阻碍对话和发展的弱点。当评估人员在一个多范式的环境中工作,以及当他们试图与遵循不同于他们的本体论的其他人合作时,他们应该尝试理解和辩证地考虑其他的本体论(例如一元论、二元主义、多元主义;本体论相对主义、本体论实在论、本体论整体论等)。

（二）认识论假设

从认识论的角度来说,辩证多元主义有目的地支持与两个或多个认识论的对话。辩证多元主义者承认知识的易错性,他们的目标是产生有些异质和有些同质的整体,这种整体尊重多个观点,并重视在理论和情境化实践中起作用的解决方案。如果处理得当,就会产生有根据的、暂时的真理和操作知识(至少在制定和阐明认识价值观/标准的人看来),这是评估或研究在历史上任何一个特定时刻所能获得的最好的东西。

辩证多元主义的元方面和辩证/对话方面强调以下指导性的认识论原则:评估者可以而且应该听取多种认识论(例如实证主义、建构主义、实用主义、理性主义、科学实在论、怀疑论和谬误论、自然主义、证据主义、认识论相对主义、情境主义、后结构主义、解释主义与解释学、功能主义、冲突理论等),以确定在认识论上与每个具体研究项目相关和对这些研究项目有重要意义的东西。人类世界是复杂的,并嵌入了多种认识论观点,评估往往必须通过新的、但仔细考虑的认识论和认识标准的混合来处理这种复杂性。评估者要积极理解认识论的张力,避免在建构知识和判断知识质量时依赖于单一的观点。在尝试产生有价值的知识的过程中,评估人员开发、使用和评估复杂的认知心理模型。一个例子就是产生将帮助我们实现评估的预期目标和目的实用的理论。

与多种认识论互动需要认识论倾听(即与多种认识论对话)。简言之,辩证多元主义是可以延展的,可以用许多不同的方式实例化。团队中的不同评估者和利益相关者将根据每个研究、团队、利益相关者、生态、复杂背景的具体情况,强调不同的适当认识论标准。评估者将为相关主张提供"辩证的必要的主张",并且这些主张很可能由团体过程中多个利益相关者群体代表来批准和实施。不断产生的知识的种类往往会更广泛、更深入、更复杂、更有整体性但又是多方面的。辩证多元主义有助于提供一个元认识论视角,供人们在对话、政策和行动中考虑和使用,它将始终基于多种证据来源。

(三)价值论假设

与本体论和认识论相类似,辩证多元主义采取了伦理学和价值观的多元性和多维性的观点,建议评估者或团队有目的地、明确地考虑多个重要的价值和有价值负载的立场。例如,当评估人员试图满足诸如不伤害人之类的绝对要求时,往往会援引义务伦理学,而美德伦理学则是通过指导评估人员以道德和正当理由行事而援引的,当评估人员根据评估行为的后果判断整个评估的伦理可接受性时,就会使用结果论。

从价值观的角度来看,几乎所有的评估项目都是复杂的,特别是在那些对异质人群有着广泛目标的大型多站点评估中。辩证多元主义提出的指导性的价值观原则是:评估者应陈述自己的显性价值观,使自己的隐性价值观显性化,尊重并着重讨论相关价值观,并为每个评估组合一个贴切合意的、为多个重要群体和观点服务的"价值包"。

(四)方法论假设

正如本体论、认识论和价值论一样,辩证多元主义具有指导性的方法论原则。这一原则是:评估者和利益相关者应辩证地倾听和考虑多种方法论概念、问题、探究逻辑和具体的研究方法,并为每项研究构建适当的组合。研究者应该辩证地听取科学自然主义、方法论人文主义、方法论整体主义、方法论个人主义、方法论折衷主义等理论和定量方法、定性方法、混合方法等主张以及所有其他与特定的评估相关的理论。然后,一个可行的方案应该被构建、实施,并根据需要不断地评估和修改。由于混合研究方法特别有可能引起对许多不同的和重要的本体论、认识论的考虑,试图明确地结合定量和定性研究人员及其多个利益相关者的价值观,因此辩证多元政策评估应该经常尝试优先考虑不同方法的混合,特别是平等地位混合研究方法。

第二节　辩证多元政策评估的产生与发展

以上梳理了辩证多元政策评估的含义和哲学基础。但是,要全面把握辩证多元政策评估的理论和方法,以下问题还需要回答:其是在怎样的现实背景和理论背景下产生的?经历了怎样的发展历程?有哪些重要的理论成果?开发了哪些评估模型或方法?本节将针对以上问题进行梳理。

一、辩证多元政策评估产生的背景

（一）现实背景

21世纪以来,由于科技快速的发展、信息技术的普及、全球化、市场化等原因,社会日益变得复杂,评估人员工作的环境和他们要评估的政策或项目也更加复杂了。帕顿明确指出了复杂性的六个表现:一是社会变化的非线性。社会变化不必然是一种线性过程,非预期的、不稳定的事件可能触发可观察的变化。二是涌现现象。个人也许单独地或以小团体的方式行动,但个人和团体之间的互动会导致超越预想的新条件的涌现。三是适应性。个人和团体通过简单运作的规则会产生出复杂的集体行为和复杂的信息处理,并通过学习和进化产生对新的知识、实践、关系、资源和他们遇到的其他要素的适应性。四是不确定性。在问题的性质、潜在的解决方案、利益相关者对于相关条件的回应方面存在不确定性。五是动态性。系统是动态变化的,社会各个部分的变化是相互联系的,而且这些变化在性质上是快速的。六是共演化。个体(组织和评估者)是一起演化的,评估也不是孤立的、与创新和变革分离的,事实上评估是和创新、变革共同变化的。[①]班伯格(Michael Bamberger)等也指出了新的历史时期评估者遭遇的五个复杂性来源:一是环境更加复杂。评估是在实践中发生的,并在由影响干预进程的历史、经济、政治、社会文化、行政、生态和法律因素构成的环境下进行的,系统相互联系并且以不同的速率发生变化。二是评估对象的复杂化。政策和项目在产生、规模、范围、设计和它们期望影响的层次等方面各有不同。三是人的因素导致复杂性增加。许多政策或项目中,都有大量的行动者参与,而这些行动者对于问题的性质、解决方案的选择均有不同的价值观和假设。四是揭示因果关系的复杂化。评估者不仅回答政策或项目是否有效,也希望回答政策或项目为什么有效或无效,然而,原因和结果并不必然是一种线性过程。五是一些约束增加了复杂性。评估者是在各种约束中进行评估的,这些约束包括时间、资源、接近利益相关者的机会、对评估的接受程度

[①] M. Q. Patton, *Developmental Evaluation: Applying Complexity Concepts to Enhance Innovation and Use* (New York: Guilford Press, 2011).

等,这些约束往往都对评估施加了限制或障碍。[①]

还有一些学者提出了"邪恶问题"(Wicked Problems)的概念。邪恶问题是涉及多种互动系统、充满社会和制度不确定性、对于它们的性质和解决方案仅仅存在不完全的知识的问题。对于这类问题没有完全正确的解决方案,仅能通过如何理解问题部分地确定较好和较坏的解决办法。还有一些学者甚至提出了"超级邪恶问题"的概念。除了"邪恶问题"的特点,它还具有如下附加的特征:处理问题的时间紧迫、不存在中央控制、试图解决问题的人也正在导致问题的出现、处理这些问题的政策不顾未来。"邪恶问题"的例子包括气候变化、恐怖主义、地区冲突、预防暴力、社会不平等、医疗保健、教育机会和贫困等。[②] 面对 21 世纪初日益增加的复杂性,许多评估者直觉地认识到,运用单一评估方法将难以捕获这种复杂性,单一评估方法在这种复杂性面前显得有些力不从心了。

(二)理论背景

从理论上看,首先,辩证多元政策评估的出现仍然与 20 世纪八九十年代的"范式战争"相关。尽管过去了很多年,但评估者们仍然对那场坚持各自的范式、各自的方法而进行的争辩印象深刻。如第六章所述,批判复合主义政策评估流派在谋求范式的对话、事实与价值的协调、定量方法和定性方法的整合方面提出了一些可能性、做法、途径、原则和框架,但对于整合的逻辑、整合的操作等方面还缺乏充分的研究。"这表明 20 世纪 90 年代的范式辩论远未结束,它继续占据着关于评估基础的讨论。"[③]因此,到 21 世纪初期,如何整合各种范式、价值观、方法以进行有效的评估仍然是需要进一步研究的课题。

其次,辩证多元政策评估的出现也与循证政策评估的进一步发展相关。如前所述,循证政策评估意味着后实证主义的复兴,随机对照试验、准实验、系统评价、荟萃分析、成本收益分析等定量方法被视为产生高质量证据的有

---

① Michael Bamberger, Jos Vaessen and Estelle Raimondo, *Dealing with Complexity in Development Evaluation：A Practical Approach* (Los Angeles：Sage Publications, 2016).

② 转引自 Donna M. Mertens, *Mixed Methods Design in Evaluation*(London：Sage Publicatons, 2018), p.7.

③ R. B. Johnson, "Dialectical Pluralism：A Metaparadigm Whose Time has Come", *Journal of Mixed Methods Research*, 2015, advance online publication, doi：10.1177/1558689815607692.

效方法,"基于证据的政策制定仍然是相当根深蒂固的后实证主义认识论"①。那么,定性方法能否产生高质量的证据?是否还有其他产生高质量证据的方法?这也成了21世纪初期评估者们思考的重要问题。一些学者的研究表明,定性研究在证据的生成中也起着重要的作用②;美国评估界在回应美国教育部关于优先考虑基于科学的评估方法的决定时,认为将评估人员限制在单一的、以定量为重点的方法不符合实现改善教育体验目标的最佳利益,而以严格的方式使用混合方法有可能解决更广泛的问题③。因此,高质量证据的产生也需要与定性和混合方法的认识论和研究实践进行更多的对话。

最重要的理论推动力来自混合方法评估的发展。混合方法的历史可以追溯到19世纪初,但是到20世纪80年代末期和20世纪90年代初期它才成为"一个不同的和具有自我意识的策略"④。在政策和项目评估中,20世纪80年代末期和20世纪90年代初期也才有一定的运用。但是在接下来的20年中,混合方法评估的发展非常迅速。1997年,格林和卡拉切利(V. Caracelli)在《评估新方向》上以"混合方法评估的进展:整合不同范式的挑战和成效"为主题编辑了一期论文,提出了规划和实施混合方法评估的加强版概念框架,"正是格林等编辑的这一期论文,使得混合方法评估作为评估界的一个重要讨论领域获得正式认可"⑤。自那以后,对混合方法评估的关注呈指数级增长。例如,2003年,塔沙科里(A. Tashakkori)等出版了《社会和行为研究中混合方法的Sage手册》;2007年,《混合方法研究杂志》得以创刊;2010年,美国评估协会成立了"评估中的混合方法"专题兴趣小组(Topical Interest Group),并迅速成为美国评估协会最大的专题兴趣小组之一;关于混合方法评估的研讨会也经常举行,资助机构也加强了对混合方法评估项目的支持;接受混合方法评估的学者不断增多,学科领域也在不断

① R. B. Johnson and T. Stefurak, "Considering the Evidence-and-credibility Discussion in Evaluation through the Lens of Dialectical Pluralism", in D. Mertens and S. Hesse-Biber (eds.), *Mixed Methods and Credibility of Evidence in Evaluation* (Hoboken: Wiley, 2013), pp. 37-48.

② S. Porter, "The Role of Qualitative Research in Evidence-based Policy and Practice", *Journal of Research in Nursing* 15, no. 6(2010):495-496.

③ American Evaluation Association (AEA), Response to U. S. Department of Education, 2003, retrieved from http://www. eval. org/doestatement. htm.

④ Donna M. Mertens, *Mixed Methods Design in Evaluation* (London: Sage Publications, 2018), p. 3.

⑤ Donna M. Mertens, *Mixed Methods Design in Evaluation* (London: Sage Publications, 2018).

扩大。与之相应地,对混合方法评估的研究也在不断深入和拓展,这体现在两个方面:一是从混合方法评估的技术问题走向哲学基础的研究;二是从混合研究方法的研究走向"混合研究",即所涉及的不仅仅是研究方法,而走向探索方法、数据、方法论、学科、价值观或伦理原则、理论、调查模式、范式、视角、哲学和分析层次(例如微观、中观、宏观和元)的混合和组合。

所有这些现实背景和理论背景都导致了辩证多元政策评估的产生。

二、辩证多元评估产生与发展的历程

(一)混合方法评估的哲学基础研究

如前所述,混合方法评估在 20 世纪 90 年代末以前都集中在技术层面,侧重于探索在一项评估中如何结合定性和定量方法。到 20 世纪 90 年代末期,人们开始探索混合方法评估的哲学层面,即从哲学上进行混合的可能性和可辩护性,具体地说,即分析在一项评估中如何结合不同的,甚至冲突的关于社会现象本质的假设以及认识这些现象的主张。

1997 年格林等在《评估新方向》上的一篇论文中,已经明确地提出了三种关于混合方法评估的立场:纯粹主义立场、实用主义立场和辩证立场[1];到 21 世纪初时,又陆续出现了多种新的哲学立场,例如范式不重要立场、实质性理论立场、互补优势立场等[2]。其中,范式不重要立场认为,对于在现实世界中特别是在应用领域进行的许多评估,范式或观念立场对实践并不重要,方法可以从其产生的认识论中分离出来。纯粹主义立场认为,不同的范式体现了对人类、世界、知识主张的性质以及可能认识的内容的不同且不相容的假设,而且,这些假设形成了一个相互关联的整体,无法进行有意义的划分。因此,在一项评估中混合不同的评估范式既不可能也不明智。实质性理论立场认为与正在进行的评估相关的理论取向(如批判种族理论、归因理论)比哲学范式更为重要。互补优势立场认为,混合方法评估是可能的,但是不同的方法必须尽可能分开,以便实现每个范式的优势。实用主义立场认为,各种研究范式之间存在哲学上的差异,但是,这些哲学假设在逻辑上是独立的,因此结合方法的选择使它们可以混合和匹配,以实现最适合

---

① J. C. Greene and V. J. Caracelli, "Defining and Describing the Paradigm Issue in Mixed-method Evaluation", *New Directions for Evaluation* 74(1997): 5-17.

② J. C. Greene and J. N. Hall, "Dialectics and Pragmatism: Being of Consequence", in A. Tashakkori and C. Teddlie (eds.), *Sage Handbook of Mixed Methods in Social & Behavioral Science*(Thousand Oaks: Sage Publicatons, 2010), pp. 119-143.

特定评估问题的组合。此外,这些范式差异对于评估实践并不十分重要,因为范式最好被视为对评估实践的描述,而不是评估实践的解决方案。更重要的是,在评估中,推动所有方法论决策的是评估问题的实际需求。也就是说,评估者应该不受哲学假设的限制或阻碍,能够基于背景响应性选择对于特定的评估问题进行"最有效"的方法组合。而辩证立场认为,评估的哲学范式或逻辑之间的差异不仅存在,而且很重要。这些差异不能被忽视,必须以维护不同范式完整性的方式予以尊重。此外,应该在评估内部和评估之间有意地使用这些差异,以便辩证地发现增强的理解、新的和修正的观点和意义,将不同范式并置所引发的不可避免的紧张可能产生更完整、更深刻,甚至转变性的评估理解。

在随后的各种立场的对话和交流中,一些学者逐渐认识到并强调"辩证立场"和"实用主义立场"特别是辩证立场对混合方法评估的指导意义。例如,格林在相关的研究中,明确指出了辩证立场和实用主义立场的重要意义,并希望"达到既尊重辩证法又尊重实用主义的立场来作为混合方法评估的合法框架"[①]。而约翰逊则在格林对辩证立场和实用主义立场的强调的基础上,提出了一种"辩证实用主义"的支持性哲学。他认为,"实用主义"是指对哲学上和方法论上的实用主义的核心原则的应用;"辩证"强调混合方法评估人员在为混合方法评估开发可行的解决方案时,必须仔细地对定性和定量观点进行倾听、思考和对话,从这些观点之间的自然紧张(natural tension)中进行学习。对话在评估的每个阶段都要进行。一般来说,重点是辩证地听取多种观点,并提出一种综合定性和定量以及任何其他相关观点的见解的评估方法。[②] 由于辩证立场更强调哲学和指导探究的多重哲学框架下的假设、立场和价值观相协调,而实用主义立场则更注重针对正在研究中的重要问题产生有用的实际解决方案,而非哲学问题[③],因此,从混合方法评估的哲学基础研究来看,格林和约翰逊等人特别是约翰逊实际上更侧重于对辩证立场的强调。

---

① J. C. Greene, *Mixed Methods in Social Inquiry* (San Francisco: Jossey-Bass, 2007).

② C. Teddlie and R. B. Johnson, "Methodological Thought since the 20th Century", in C. Teddlie & A. Tashakkori, *Foundations of Mixed Methods Research: Integrating Quantitative and Qualitative Techniques in the Social and Behavioral Sciences* (Thousand Oaks: Sage Publications, 2009), pp. 62-82.

③ J. C. Greene and J. N. Hall, "Dialectics and Pragmatism: Being of Consequence", in A. Tashakkori and C. Teddlie (eds.), *Sage Handbook of Mixed Methods in Social & Behavioral Science* (Thousand Oaks: Sage Publications, 2010), pp. 119-143.

当然在此阶段,学者们对如何运用混合方法进行实际评估也进行了探索。例如,塔沙科里等在《社会科学和行为科学中的混合方法 Sage 手册》中对混合方法评估的设计和实施进行了较为全面的探讨;还有一些学者运用混合方法对政策或项目进行了评估,例如,豪尔(B. Hall)等运用混合方法对澳大利亚女性健康筛查项目进行了评估。①

(二)"辩证多元主义 1.0"

在随后的一些年里,混合方法评估的辩证立场越来越流行,辩证立场受到从事混合方法评估的许多学者的赞扬,很多人都喜欢辩证立场的基本概念,并认为它既有用又重要。然而,辩证立场仍然只是某种哲学理念,其内涵和外延到底如何、在实际的实施中如何操作等问题还有待于回答。2011年,约翰逊为了扩展和丰富辩证立场,提出了"辩证多元主义"的概念以及相关的一些操作性设想。他认为,辩证多元主义是将格林等强调的辩证立场与多元主义本体论概念相结合的结果。从哲学上看,多元主义本体论假定有多种现实和许多可能的方式来解释现实,相应地在政策评估中,也存在多种评估范式、价值观、方法论和方法,它们都能够提供对现实的一些解释。因此这些范式、价值观、方法论和方法都值得高度尊重。"辩证"的本意是互动对话或者两个对立的部分连接起来形成一个互动的整体。因此,辩证多元主义就是使人们不断地与多样的、不同的本体论、认识论、伦理原则、学科、方法论和方法相互作用,从而产生有益的整体。辩证多元主义应从以下几个假设出发:(1)应该考虑多个视角和证据来源,它们可能是矛盾的和发散的;(2)没有一种观点在理解或意义上是完美的或详尽的;(3)每一种观点都提供了一套可供考虑的"有用的东西",以及对其最重要的"价值"、目的或好处的愿景;(4)不同的视角推动创造力、变革,并提供新的、更有用的整体;(5)评估者应该辩证地、对话地、解释学地和经验主义地参与多个视角。其核心理念是理解差异和有目的地、辩证地、对话地与差异进行交流,并与多种范式、学科、价值观和观念进行互动。以这种方式进行的评估将有助于产生合理的、承载价值的、暂时真实的、有用且被广泛接受的知识。从这个角度而言,辩证多元主义旨在产生混合方法视角的哲学,但其潜在用途比其在方法论中的用途要广泛得多。辩证多元主义还可被表述为一个智力过程,

---

① B. Hall and K. Howard, "A Synergistic Approach Conducting Mixed Methods Research with Typological and Systemic Design Considerations", *Journal of Mixed Methods Research* 2, no. 3 (2008):248-269.

该过程如下：辩证地、对话地、仔细地、深思熟虑地倾听不同的范式、理论的观点；将来自相互竞争的范式和价值观的重要思想结合起来，形成一个新的可行的整体，用于每项评估；陈述并"打包"研究者的认识论和社会/政治价值观，以制定社会建构标准并指导研究。这包括所期望的有价值的目的和达到目的的有价值的手段；尝试在不同的评估者/实践者之间就有价值的目的和方法达成一些共识；进行大量的讨论和批判性反思。他还提出了辩证多元主义可以帮助调解的许多不同紧张关系，例如理性与信仰、自然主义与人文主义、事实和价值、手段和目的、定量与定性等。除此之外，他们为由不同范式的人组成的小组或团队开展辩证多元主义评估提供了一套操作原则，还提出了如何与多种本体论、多种认识论、多种伦理理论和价值观以及多种方法论和方法进行对话的策略，例如权利平等、建立信任、开放、诚实、建设性冲突、角色扮演、分割（即将有争议的问题分割成更小的部分以达成初步协议）、基于小收益、宽容、妥协、合作、为双赢解决方案而努力等策略。① 由于是对"辩证多元主义"的初步探索，因此约翰逊等将这些观点称为"辩证多元主义 1.0"。

值得注意的是，在此阶段，随着辩证多元主义观念的传播，一些学者开始践行这些理念。例如霍迪诺特（P. Hoddinott）等在对苏格兰社区母乳喂养支持政策的评估中，将随机对照试验方法和人种志、案例研究相结合，通过定量数据和定性数据的相互对话，得出了他们的评估结果。② 而美国卫生与人类服务部疾病控制与预防中心提供了混合方法评估设计的概要。

（三）"辩证多元主义 2.0"

在接下来的几年里，约翰逊等对辩证多元主义进一步地补充、丰富和深化。2012 年，他们宣称已将其构建为一种元范式和过程哲学。为了与以前的版本相区别，他们将其称为"辩证多元主义 2.0"。"辩证多元主义 2.0"与以前版本相比在以下方面进行了改进：（1）通过阐明辩证多元主义的哲学假设（本体论假设、认识论假设、价值论假设和方法论假设），明确了辩证多元主义的哲学基础。（2）借鉴关于协商、冲突管理和处理差异的群体过程的社

---

① R. B. Johnson, "Dialectical Pluralism: A Metaparadigm to Help Us Hear and 'Combine' Our Valued Differences", paper presented in plenary session at the Seventh International Congress of Qualitative Inquiry, Urbana-Champaign, I L, 2011.

② P. Hoddinott, J. Britten and R. Pill, "Why Do Interventions Work in Some Places and Not Others: A Breastfeeding Support Group Trial", *Social Science & Medicine* 70, no. 5(2010): 769-778.

会心理学理论和方法以及罗尔斯的相关理论,丰富了开展辩证多元主义评估的原则和策略。(3)建立了混合评估中辩证多元主义的实施框架。(4)探索了辩证多元主义评估的有效性标准以及证据的可信性和使用等问题。(5)运用辩证多元评估理论进行一些实证评估。

"辩证多元主义 2.0"之所以被称为元范式,是因为它是一种仔细地、充分地、尊重地倾听两个或多个(通常是多个)范式的研究途径和方针,提供了一种将不同观点和价值观结合起来的方法,为政策评估和实践增添一种"元声音"。① 之所以被称为过程哲学,是因为辩证多元主义认为现实是多元的和动态的,而不是单一的和静态的,它的辩证的对话是以过程为导向的,也是一种基于协商民主和程序正义的行动。② 辩证多元主义的主要特征在于:(1)辩证多元主义是本体论上的多元主义者,并假定有多种现实和许多可能的方式来解释现实,不同的学科和不同的范式提供了不同的、可供考虑的现实。(2)"辩证"表明认识论是辩证的(允许从不同甚至相反的观点中学习)、对话的(沟通和对话需要考虑差异和相似性)和解释性的(所做的最终结论是解释性的,并将在未来不断地被重新解释和重新建构)。(3)辩证多元主义符合罗尔斯的程序正义模型,强调通过协商民主程序实现程序正义。

借鉴了冲突管理、谈判、小团体心理学、团体咨询、团体动力学、政治外交、协商民主和工作场所公正等社会心理学理论和方法,约翰逊等进一步提出了辩证多元主义作为一种智力过程的类型和策略。辩证多元主义作为一种智力过程可以表现为两种类型:个人内部对话的智力过程和团队对话的智力过程。前者指评估者个人与其他的想法、价值观、观念和其他的差异进行内部对话。当个体受到自相矛盾的框架的刺激时,这些矛盾会产生积极的个人内部冲突,从而促使个体远离现有假设,探索矛盾之间的新关系。个人的内部对话需要巨大的自我力量,并通过实践反思来促进。这一过程的关键在于能够清楚地表达自己在研究方面的价值观。揭示研究所依据的价值观是一个反思性的过程,需要不断质疑个人在范式基础、程序、个人动机、需求和技能、背景和条件、组织、协作和预期结果等方面的核心假设。除此之外,个人对话需要将两个或多个观点作为一个动态的整体予以共存,因此

---

① R. B. Johnson, "Dialectical Pluralism: A Metaparadigm Whose Time has Come", *Journal of Mixed Methods Research*, 2015, advance online publication, doi:10.1177/1558689815607692.

② R. B. Johnson, A. J. Onwuegbuzie, S. Tucker and M. L. Icenogle, "Conducting Mixed Methods Research Using Dialectical Pluralism and Social Psychological Strategies", in P. Leavy (ed.), *The Oxford Handbook of Qualitative Research* (New York: Oxford University Press, 2014), pp. 557-580.

个体应具备定位、观察、理解以及在不同视角和位置之间来回移动的技能。后者指辩证多元过程通常在评估团队和更大的群体中进行，因此这一智力过程通常表现为人际过程或群体过程。在群体的背景下，虽然价值观可以被表达出来，但尊重分歧和保持缄默的价值观会导致群体过程更加难以捉摸和更容易产生紧张，因此，实现良好的群体过程需要资源和时间，也需要培育和组织。实践群体过程主要需要解决三个方面的问题：如何处理团队冲突？如何实现协作创新？如何促进变革？结合相关研究，约翰逊等提出了走向辩证多元主义道路的智力过程的关键策略：不断培养信任和同理心，参与建设性冲突和练习建设性的批评，合作，理解和利用差异，个人不断实践自我反省，确定和援引共同利益、共同目标和共同预期结果，专注于预期的创造以及开展对话。

　　基于上述的辩证多元主义思想、过程和策略，约翰逊等还提出了一个实施辩证多元主义的框架。该框架包含了辩证多元主义实施的三个目的、辩证多元主义实施的三个阶段以及在各个阶段实现各个目的的方法。三个目的分别是：培养团队成员表达其哲学、愿景、价值观和研究目标的能力，促进团队互动以为预期的团队目标和价值观共享对话和信任创造必要条件，系统地优化可支持辩证多元主义的条件和实践群体的价值观。三个阶段包括设计阶段——使策略与团队成员和团队需求相匹配；能力建设阶段——发展结构资本、人力资本和关系资本；辩证多元主义绩效阶段——利用实施策略并实现准确性和可持续性。[1]

　　辩证多元评估要追求以下评估有效性标准：内外合法化（提供主位和客位观点）、范式/哲学合法化（阐明自己的假设或范式）、可公度近似合法化（进行格式塔或代码转换，并提供综合观点或元观点）、弱点最小化/优势最大化（结合各种方法排除相关弱点并包含多种优势）、顺序合法化（后面的阶段必须适当地建立在前面阶段的基础上）、转换合法化（被整合并产生高质量元推理的定性化和定量化）、样本整合合法化（从定量和定性样本中得出适当结论）、整合合法化（成功地使用整合策略）、社会政治合法化（设法了解并处理所有重要利益相关者的观点，包括最不强大的利益相关者）和多重有效性合法化（要求评估者必须确定并解决特定评估所面临的所有相关有效

① R. B. Johnson, A. J. Onwuegbuzie, S. Tucker and M. L. Icenogle, "Conducting Mixed Methods Research Using Dialectical Pluralism and Social Psychological Strategies", in P. Leavy (ed.), *The Oxford Handbook of Qualitative Research* (New York: Oxford University Press, 2014), pp. 557-580.

性类型,包括与特定评估相关的所有定性、定量和混合有效性类型)。① 从循证决策的角度来看,辩证多元评估坚持的程序正义原则有助于证明其被应用的结果的正当性,辩证多元评估和相关的科学证据及知识环模型可以帮助评估界产生一个具有包容性的评估知识生成、传播和使用系统。②

　　在这一阶段,学者们不仅对相关理论进行了研究,也运用辩证多元评估理论进行一些实证评估。这主要集中在三种评估方法的探索上。一是将辩证多元主义思想运用于一般性的定性与定量混合评估中。例如斯特弗拉等在对一个以社区为基础的少年犯干预项目的评估中,通过评估人员和利益相关者之间的一系列讨论,以辩证和对话的方式构建了评估目标,然后通过一系列会议商定了评估方法。这些方法包括定性方法(半结构访谈等)和定量方法(问卷和量表等),但二者都不享有特权地位,来自两个领域的数据以辩证和对话的方式相互提供信息。最后对各自的结果进行三角化并分析它们之间的差异。③ 二是将辩证多元主义思想运用于混合方法随机对照试验评估(Mixed Methods RCTs)这一特定类型中。由于随机对照试验是一种典型的政策或项目评估方法,因此较多的研究聚焦于如何运用辩证多元主义思想将定性研究要素或者自身是定性和定量组合的研究要素补充至随机对照试验评估中。例如,约翰逊等探索了将定性研究和混合研究添加至RCT 评估的多种可能性和相关策略。这些可能性包括在 RCT 评估开始前、RCT 评估实施期间以及 RCT 的主要定量部分完成后,定性和混合方法研究都可以增加一定的内容;添加的策略包括创造性策略(涉及创造可能不同于 RCT 本身测量的预期效果的额外结果的策略)和综合性策略(将创造性策略产生的差异与 RCT 结果整合起来的策略)。④ 三是将辩证多元主义思想运用于系统评价中。如前所述,系统评价可以是定量的系统评价(往往

---

① R. B. Johnson, "Dialectical Pluralism: A Metaparadigm Whose Time Has Come", *Journal of Mixed Methods Research*, 2015, advance online publication, doi:10. 1177/1558689815607692.

② R. B. Johnson and T. Stefurak, "Considering the Evidence-and-credibility Discussion in Evaluation through the Lens of Dialectical Pluralism", in D. M. Mertens and S. Hesse-Biber (eds.), *Mixed Methods and Credibility of Evidence in Evaluation*, New Directions for Evaluation 138(2013): 37-48.

③ T. Stefurak, R. B. Johnson and E. Shatto, "Mixed Methods and Dialectical Pluralism", in L. A. Jason and D. S. Glenwick (eds.), *Handbook of Methodological Approaches to Community-based Research* (New York: Oxford University Press,2015).

④ R. B. Johnson and J. Schoonenboom, "Adding Qualitative and Mixed Methods Research to Health Intervention Studies: Interacting with Differences", *Qualitative Health Research* 5, no. 26(2016): 587-602.

采用荟萃分析方法），也可以是定性的系统评价，然而如何对混合研究进行研究综合？特别是如何将辩证多元主义思想运用于对混合研究的综合中？这些问题也激起了一些学者的兴趣并开展了相关探索。例如，梅尔滕斯等指出了进行混合系统评价的一些策略[①]，而彼得罗西诺等则运用混合系统评价方法对防止青少年犯罪的现身说法（Scared straight）项目和其他青少年意识项目进行了评估综合[②]。

总之，经过几个时期的探索，辩证多元评估从哲学基础、理论、方法和应用层面都取得了一定的成果，可以说已经构建起了一个相对成熟的评估体系。

三、辩证多元政策评估的主要理论家与模型

从以上辩证多元政策评估的发展历程中，可以发现一些理论家对辩证多元政策评估的发展做出了重要的贡献，他们也提出了一些具有重要意义的方法或模型。本书认为，其中具有代表性的模型或方法包括：其一，一般混合评估方法，即没有从辩证多元角度出发而运用混合方法进行的评估。尽管它没有将辩证多元思想贯彻其中，但它是辩证多元评估发展的基础。其二，辩证多元混合评估实施框架。作为一个智力过程，辩证多元主义评估到底如何尊重、倾听、理解多种视角，如何进行辩证对话，如何产生合理的、新的可行的整体，这需要在实施的各个阶段采取实现有关目的的方法。如前所述，约翰逊等提出一个实施框架以解决这些问题。其三，运用辩证多元思想进行实证评估的方法。这包括将辩证多元主义思想运用于一般性的定性与定量混合评估的方法和将辩证多元主义思想运用于混合方法随机对照试验评估的方法。其四，辩证多元系统评价方法。它提供了基于辩证多元思想对混合研究进行系统评价的方法。表 9-1 对相关理论家及其开发的方法、开发该方法的时间和该方法的基本观点进行了总结。

① Donna M. Mertens, *Mixed Methods Design in Evaluation* (London：Sage Publications，2018).
② A. Petrosino, C. Turpin-Petrosino, M. E. Hollis-Peel and J. G. Lavenberg, "Scared Straight and Other Juvenile Awareness Programs for Preventing Juvenile Delinquency：A Systematic Review", *Campbell Systematic Reviews* 5(2013)，doi：10.4073/csr.2013.5.

表 9-1　辩证多元政策评估的主要模型或方法

评估模型或方法	主要理论家	产生时间	基本观点
一般混合评估方法（General Mixed-method Evaluation）	格林；塔沙科里；特德利（C. Teddlie）；约翰逊	21世纪初	一般混合评估方法是混合研究方法在评估中的应用。评估人员或评估团队结合定性和定量评估方法的要素（例如，使用定性和定量观点、数据收集、分析、推理技术），以实现理解和证实的广度和深度的广泛目的。一般混合评估方法有其独有的特征、广泛的目的和多种类型。需要根据主要维度（例如评估目的、理论驱动、时间、整合点、设计复杂性）以及相关的次要维度（例如现象、评估参与者相似或不同的程度、评估团队中的评估人员相似或不同的程度、实施环境等）进行混合评估设计
辩证多元混合评估实施框架（Implementation Framework for Dialectical Pluralism in Mixed-evaluation）	约翰逊；奥屋格普兹（A. Onwuegbuzie）	2010年	该框架认为，辩证多元主义实施具有三个目的（培养团队成员表达其哲学、愿景、价值观和研究目标的能力，促进团队互动以为预期的团队目标和价值观共享对话和信任创造必要条件，系统优化可支持辩证多元主义的条件和实践群体的价值观），也具有三个阶段（设计阶段、能力建设阶段、绩效阶段），并设计了在各个阶段实现各个目的的方法。此实施框架将有利于辩证对话的实现
辩证多元混合评估方法（Dialectical Pluralism Mixed-method Evaluation）	约翰逊；肖恩布隆；霍迪诺特；豪尔	2010年	运用辩证多元评估理论进行实证评估的方法，包括将辩证多元主义思想运用于一般性的定性与定量混合评估中的方法和将辩证多元主义思想运用于混合随机对照试验评估中的方法

续表

评估模型或方法	主要理论家	产生时间	基本观点
辩证多元系统评估方法（Dialectical Pluralism Systematic Review）	彼得罗西诺（A. Petrosino）；特平-彼得罗西诺（C. Turpin-Petrosino）；哈登（A. Harden）	2010 年	该方法的核心意图是将定量和定性数据（包括混合评估方法中定量部分的数据和定性部分的数据）综合起来，或将定量和定性证据加以合成，以形成一种广度和深度的理解，从而确认或质疑证据，并最终回答提出的评估问题。在评估合成的过程中，强调对各种数据和证据的尊重、倾听和对话

第三节　辩证多元政策评估的经典方法

本节将具体地梳理辩证多元政策评估理论家提出的评估模型或方法。鉴于目前他们提出的方法还相对有限，因此本节对前述的四种模型或方法均进行梳理。

一、一般混合评估方法

（一）一般混合评估方法的含义与特征

1. 一般混合评估方法的含义

许多学者都对混合评估方法进行过界定。肖恩布隆和约翰逊认为，混合评估方法是混合研究方法在评估中的应用，评估人员或评估团队结合定性和定量评估方法的要素（例如，使用定性和定量观点、数据收集、分析、推理技术）进行评估，以实现理解和证实的广度和深度的广泛目的。[①] 需要注意的是，它与多方法评估（Multimethod Evaluation）存在一定的差异，在多方法评估中，可以只组合多种定性方法或只组合多种定量方法。

2. 一般混合评估方法的特征

塔沙科里等认为混合评估方法具有以下九个特征。（1）方法论折衷主义，即从众多的定性、定量方法中选择并协同整合最合适的技术，以更彻底地评估感兴趣的政策或项目。（2）范式多元主义，即认为多种范式可以作为

---

① J. Schoonenboom and R. B. Johnson, "How to Construct a Mixed Methods Research Design", *Springer Open Choice* 69, no. 2(2017).

使用混合方法的基本哲学。（3）强调评估各个层面（从更广泛、更理论的维度到更狭隘、更经验性的维度）的多样性。例如混合评估方法可以同时解决各种验证性和探索性问题。（4）强调连续性而不是二分法。它用定性—混合—定量多维连续体代替了范式争论中的非此即彼。（5）它是一种迭代、循环的评估方法，在同一评估中既包括演绎逻辑也包括归纳逻辑。（6）在确定任何给定评估中采用的方法时，关注评估问题。评估问题的具体情况将决定最佳工具的选择。（7）具有一套基本的"独特的"研究设计和分析过程。例如运用平行混合设计、顺序混合设计、转换混合设计和固有混合数据分析等特有的设计和分析术语。（8）走向"第三方法论群体"中隐含的平衡和妥协趋势。倾向于在方法论光谱两端的学者所表现出的过度行为之间取得平衡。（9）依赖于视觉表示（如图、表）和通用的符号系统。混合评估方法设计、数据采集程序和分析技术往往采用视觉表示，这可以简化这些过程中固有的元素之间的复杂相互关系。①

（二）一般混合评估方法的目的与类型

1. 一般混合评估方法的目的

总的来看，混合评估方法的目的是扩大和加强评估结论，提高证据质量和评估的有效性。但针对不同的评估情景，混合评估方法还可以划分为多种具体的目的。早在1989年，格林便指出混合方法评估的五个目的：三角测量、互补、发展、触发和扩展。三角测量寻求不同方法结果的收敛性、佐证性和一致性；互补寻求一种方法的结果对另一种方法的结果的细化、增强、说明和澄清；而发展则寻求使用一种方法的结果来帮助发展另一种方法或为另一种方法提供信息；触发寻求发现悖论和矛盾，发现新的视角，用另一种方法的问题或结果来重铸一种方法的问题或结果；扩展旨在通过使用不同的方法和不同的探究元素来扩展探究的广度和范围。布里曼（Alan Bryman）在格林等研究的基础上，对混合评估方法的目的进行了重新划分，并增加了一些额外的方面，形成了如下六种混合评估方法的目的：（1）可信性，指采用两种方法可提高评估结果完整性。（2）情境，指通过提供情境理解的定性研究，结合通过定量研究揭示的可推广的、外部有效的结果或变量之间的广泛关系，证明组合是合理的。（3）说明，指使用定性数据来说明定

---

① C. Teddlie and A. Tashakkori, "Overview of Contemporary Issues in Mixed Methods Research", in A. Tashakkori and C. Teddlie(eds.), *Sage Handbook of Mixed Methods in Social & Behavioral Science* (Thousand Oaks: Sage Publicatons, 2010), pp. 16-59.

量结果,通常被称为将"肉"放在"干的"定量结果中的"骨头"上。(4)效用或改进结果的有用性,结合两种方法将对实践者和其他人更有用,这在强调应用的评估中可能更为突出。(5)确认和发现,指使用定性数据生成假设,并使用定量研究测试这些假设。(6)观点的多样性,即分别通过定量和定性研究结合研究者和参与者的观点,通过定量研究揭示变量之间的关系,同时通过定性研究揭示研究参与者之间的意义。[①]

2. 一般混合评估方法的类型

对于混合方法评估的类型,不同的学者提出了不同的观点。特德利等将混合方法评估分为五种类型,包括:(1)平行混合设计。在该设计中,有两个或多个同时进行的定量和定性部分,在进行单独分析后,各部分的结果被整合到元推理中。(2)顺序混合设计。在该设计中,定性和定量按时间顺序先后出现,后一部分过程依赖或建立在前一部分的基础上。(3)转换混合设计。在该设计中,一种类型的数据转换为另一种类型,然后进行综合分析。(4)多层次混合设计。在该设计中,混合发生在多个分析层次(如个人、社区、组织等)。(5)完全整合的混合设计。在该设计中,混合在评估的所有阶段(如概念化阶段、方法学阶段、分析阶段和推理阶段)都以交互方式进行。[②] 约翰逊等则将混合方法评估的类型分为九种,分别为:同等地位并行设计、定性驱动并行设计、定量驱动并行设计、先定性后定量的同等地位顺序设计、先定量后定性的同等地位顺序设计、先定性后定量的定性驱动顺序设计、先定量后定性的定量驱动顺序设计、先定性后定量的定量驱动顺序设计、先定量后定性的定性驱动顺序设计。

(三)一般混合评估方法的设计与实施

1. 一般混合评估方法的设计

如何进行混合评估方法设计? 多名学者提出了多种思路。肖恩布隆等认为,混合方法评估设计要结合七个主要的维度和十个次要的维度。七个主要维度包括混合的目的、理论驱动力、时间性、整合点、设计类型、设计的性质和设计复杂性,而十个次要的维度包括评估的对象、社会科学理论、意识形态驱动、抽样方法组合、评估参与者相似或不同的程度、评估团队中的

① Alan Bryman, "Integrating Quantitative and Qualitative Research: How is It Done?", *Qualitative Research* 6(2006): 97-113.

② Charles B. Teddlie and Abbas Tashakkori, *Foundations of Mixed Methods Research: Integrating Quantitative and Qualitative Approaches in the Social and Behavioral Sciences* (Los Angeles: Sage Publications, 2009).

评估人员相似或不同的程度、实施环境、方法相似或不同的程度、有效性标准和策略以及评估的全面性。[1] 对这些主要维度和次要维度思考越多，就越有能力构建适应自己独特的评估情况和问题的混合评估方法的设计。

在七个主要维度中，混合的目的指将定性和定量研究要素相结合的具体目的，如前所述，格林和布里曼等学者已经指出了混合研究的多种具体目的。理论驱动力是指混合研究所依据的范式或逻辑，例如定性驱动的混合方法评估依赖于对评估过程的定性的、建构主义的观点或者遵循归纳的逻辑，同时认识到添加定量数据和方法可能会使评估受益；而定量驱动的混合方法评估依赖于对评估过程的定量、后实证主义观点，同时认识到添加定性数据和方法可能会使评估受益。时间性指混合方法研究中进行定性部分与定量部分研究的时间先后问题，它包括同时性和依赖性两个方面。同时性表示定性部分和定量部分是同时进行还是按顺序进行。在顺序设计中，一个部分先于另一个部分进行；在平行设计中，两个部分几乎同时进行。依赖性则指的是一个部分的实现是否取决于另一个部分的数据分析结果。如果第二个部分的实现取决于第一个部分中的数据分析结果，则称两个部分具有依赖性；如果一个部分的实现不依赖于另一个部分中的数据分析结果，则它们是独立的。整合点是混合方法评估设计的重要决策，也被称为"接合点"，意指定性部分和定量部分应该在何处结合以及如何结合。从广义的角度看，它可以是"评估中两个或多个评估部分以某种方式混合或连接的任何点"[2]。对评估目的、评估问题、理论驱动力、范式、方法论、数据收集、收集分析、评估结果甚至评估人员和利益相关者的观点均可以进行整合。一些学者重点强调了"结果整合点"和"分析整合点"。整合通常发生在"结果整合点"，当获得第一个部分的结果时，第二个部分的结果会被添加和整合进第一个部分的结果；在"分析整合点"情况下，定性部分的结果——在将分析阶段的结果作为一个整体记录下来之前——将被转化成定量的；反之，定量部分的结果也将被转化成定性的，然后予以整合。设计的类型已在上述"一般混合评估方法的类型"中进行了梳理，在设计时，也需要根据相关情况选择合适的类型。设计的性质考虑是事先做好的设计还是在研究过程中临时做出的设计。前者常被称为"计划性设计"，后者常被称为"紧急性设计"。

---

[1]　J. Schoonenboom and R. B. Johnson, "How to Construct a Mixed Methods Research Design", *Springer Open Choice* 69, no. 2(2017).

[2]　J. Schoonenboom and R. B. Johnson, "How to Construct a Mixed Methods Research Design", *Springer Open Choice* 69, no. 2(2017).

当评估人员在评估过程中发现其中一个部分存在不足、需要添加额外的部分以及出现其他意外情况时，就需要紧急性设计。最后一个维度——设计复杂性，即要明确所要进行的评估是简单的还是复杂的。复杂的评估往往需要进行多点综合、多层次混合、强依赖性的混合或者各组成部分不断相互比较的互动式综合。

除了这七个主要维度，构建强大的混合方法评估设计还需要考虑一些次要维度。首先是评估的对象。评估是针对某个政策的同一部分还是不同部分？该政策是惯常性的政策还是独特的、创新性的政策？这种区别对设计有着不同的要求。其次是社会科学理论，评估是产生一个项目理论或检验一个已经构建的项目理论，还是对项目理论不感兴趣？这也可能要求不同的设计。接下来的一个维度是意识形态驱动，其指评估是否有明确的意识形态（例如女权主义、批判种族范式）驱动。抽样方法维度是指将使用何种具体的定量、定性抽样方法以及它们将如何被组合或关联的问题。评估参与者相似或不同的程度、评估团队中的评估人员相似或不同的程度以及方法（如结构化访谈、问卷、标准化测试、现场参与者观察等）相似或不同的程度也将影响混合方法评估设计。最后实施环境（是以自然主义为主的方法进行评估还是以实验性的方法进行评估）、有效性标准和策略（将使用什么样的有效性标准和策略来解决评估和结论的可辩护性）、评估的全面性（基本上是一项评估还是一项以上的评估）三个维度也是设计时要考虑的因素。

2. 一般混合评估方法的实施

一般混合评估方法的实施是对设计的贯彻。此处仅强调两点：不同类型数据集的连接方式和不同评估结果的整合。在混合数据收集和分析中，如何将不同类型数据集连接起来？一些学者提供了一些连接的方式，包括合并两个数据集、将第一组数据的分析与第二组数据的收集连接起来、将一种形式的数据嵌入更大的设计或程序中、使用一个框架（理论或程序）将数据集绑定在一起。由于定性部分和定量部分的结果可能具有分歧，那么如何整合这些分歧也是一个不太容易处理的问题。肖恩布隆等提出了两种策略：第一种策略是确定是否存在真实的分歧，然后进行进一步的研究。可以对各个部分的结论进行推断质量审核，调查每个不同结论的强度，并分析结果之间产生差异的原因（可能是反映现实的差异，也可能是所涉及的方法属性的结果），确定是否存在"真正的"分歧。然后将检测到的分歧作为进一步分析的起点，谋求解决分歧。第二种策略是采取一种外展的形式，即寻找一个更全面的理论，发展一种既符合"有意义的结果"（合理的结果）又符合"反意义的结果"(不合理的、意外的结果)的全面解释。①

二、辩证多元主义实施框架

辩证多元主义是一种过程哲学,表现为一种智力过程。具体地说,即辩证地、仔细地、深思熟虑地倾听不同的学科、范式、理论、方法论、方法的观点并将竞争价值观中的重要思想结合起来,形成一个新的、可用于每项评估的可操作的整体。这种智力过程可以是个人的智力过程,也可以是团队的智力过程。个人的智力过程体现为评估者个人的内部对话,团队的智力过程表现为人际过程或群体过程。由于混合研究通常会使用混合团队,因此,这种智力过程更多的是一种团体过程。

然而,无论是个人过程还是团体过程,要实现全面的辩证倾听和格式塔转换或代码转换,都面临许多挑战。约翰逊等借鉴了社会心理学中的理论和成果(如冲突管理、谈判、小团体心理学、团体咨询、团体动力学、政治外交、协商民主和工作场所公正等),构建了一个辩证多元主义实施框架,以指导智力过程(主要是团体过程)的实施。

(一)基本框架

该框架包含了辩证多元主义实施的三个目的、辩证多元主义实施的三个阶段以及在各个阶段实现各个目的的方法。三个目的分别是:培养团队成员表达其哲学、愿景、价值观和研究目标的能力,促进团队互动以为预期的团队目标和价值观共享对话和信任创造必要条件,系统优化可支持辩证多元主义的条件和实践群体的价值观。三个阶段包括设计阶段(以使策略与团队成员和团队需求相匹配)、能力建设阶段(以发展结构资本、人力资本和关系资本)、辩证多元主义绩效阶段(以利用实施策略并实现准确性和可持续性)。② 相关目的、相关阶段以及相关方法如表9-2所示。这些目的、阶段和方法的总体逻辑是:通过社会心理方法的运用,培养团队成员的能力、促进团队互动、优化可支持辩证多元主义的条件和实践群体的价值观,从而获得积极成果——实现辩证整合或获得双赢解决方案。

---

① J. Schoonenboom and R. B. Johnson,"How to Construct a Mixed Methods Research Design", *Springer Open Choice* 69, no.2(2017).

② R. B. Johnson, A. J. Onwuegbuzie, S. Tucker and M. L. Icenogle, "Conducting Mixed Methods Research Using Dialectical Pluralism and Social Psychological Strategies", in P. Leavy (ed.), *The Oxford Handbook of Qualitative Research* (New York: Oxford University Press, 2014),pp. 557-580.

表 9-2　辩证多元主义的实施框架

目的	具体目的	辩证多元主义的各个阶段和实现方法		
		设计（面向辩证多元主义的相关者；建立关系；明确目的；识别不确定性、矛盾、模糊等背景）	发展（辩证多元的结构本、人力资本和关系资本的增长能力；系统本的复杂性、当地的一般的证据）	执行策略（通过实现策略执行辩证多元主义：保持动力和互动，管理问题、响应变化，走向转型或整个系统的变化，争取双赢解决方案）
	质疑个人和辩证多元主义假设（哲学/价值观、成员、协作、手段和目的、探究的结果）			
1.团队成员个人能力建设	了解探究网络的环境和人员的优势	进行个人需求评估；将当前的范式作为基线；确定辩证多元指标和预期结果	绘制极性地图： —自上而下 Vs.紧急 —结果 Vs.发现 —封闭 Vs.开放 —常规型模型 Vs.创新型模型 —常规型 Vs.变革型模型	促进协作逻辑建模（CLM）以构建关于个人和群体假设的讨论；通过推理阶段确保前提条件和假设；管理复杂性、不确定性、模糊性和悖论的综合决策方法
	确定扮演重要角色的个人能力（资助者、领导者、指导者、核心成员；明确可做出贡献的角色：知识渊博的其他人）	明确的成员资格标准；受尊重的多种知识/专业技能	培养对知识、观点、风格的多样性和模糊性的容忍度	用鉴赏性探究来评估需求
		支持合作的可能方案；寻找共同点；制订计划以扩展参与者的角色	支持协作行动；建设内部和外部促进的能力；建立成员协商联系的角色；协商成员人数边界	确定并支持分布式领导；通过成员协商联系不同策略识别和支持有影响力的人员和跨越不同网络的"跨界者"

续表

目的	具体目的	辩证多元主义的各个阶段和实现方法		
		设计（面向辩证多元主义的设计：确定利益相关者；建立关系；明确目的；识别不确定性、矛盾、模糊等背景）	发展（辩证多元主义的结构资本、人力资本和关系资本的发展）：增长能力；系统理论；当地的和一般的证据）	执行策略（通过实现策略执行辩证多元主义：保持动力和互动，管理问题，响应变化，走向转型或整个系统的变化，争取双赢解决方案）
	了解探究网络中的互动、结构和治理模式、规范、关系，团队发展/变化不是线性的（间断均衡）	背景设置；支持增强信任、互惠和发展的对话和探究	促进讨论；向混合结构过渡；随着目标变得更加抽象、事件逻辑也随之增加监督决策制定	在背景中解释价值网络分析（VNA），协作逻辑建模（CLM），并平衡业务的互动；实行互惠；团队成员使用冲突管理过程，团队发展的4C程序，报告性访谈，实践社群合作评估原则（CoPCAR）等过程和原则对实践社群的运作进行自我监测
2.团队发展和辩证多元过程建设	建立对对团体状况或信任的支持	团队成员在远景规划和目标设定中尊重彼此不同的观点	文化响应框架；协商的核心价值观；创造与合作平衡的、健康的竞争	未来搜索；开放空间规则：无论谁来都是合适的人；开放空间会议记制
	进行正式和非正式的互动	参与相关活动；回应具有挑战性的问题；适应培训；探索时间；叙事集、自组织	网络化的学习机会；在活动之前传播信息；创建自由开放的议程；批准深入对话	对数据的深入审查；协同创新；世界咖啡馆；绘制脚本；对话或学习圈；团队成员使用诸如实践社群合作评估原则（CoP-CAR）等准则对实践群体进行自我监控；开放空间

续表

目的	具体目的	辩证多元主义的各个阶段和实现方法
		设计(面向辩证多元相关者;建立关系;确定利益目的;识别不确定性、矛盾、模糊等背景)
		发展(辩证多元的结构资本、人力资本和关系资本;增长能力;系统理论、复杂性、当地的和一般的证据)
		执行策略(通过实现策略执行辩证多元主义;保持动力和互动,管理多元主义;响应变化,走向转型或整体解决方案)
		问题、系统的变化,争取双赢解决方案)
2. 团队发展和辩证多元过程建设	将可交付成果定义为一组;每一次结束都是一个新的起点	明确地表述
		寻求显性和隐性价值观;迭代
		共同设计/共同交付的意义创造;协商社会网络分析工具
	优化合作和网络化的价值观;关注学习而不是影响	发展多面的和整体的真相
		致力于合作;跟踪双赢和其他混合的路径
		基于复杂性的意义创造;价值网络分析
3. 系统优化辩证多元价值观	理解不同观点背后的利益和原因,确定问题或紧张关系,要认识到许多差异是互补的(差异)、增加有形和无形资产新共识,增加重学习而影响的价值,注重学习实践社群而不是影响网络或实践社群的价值,提升网络影响结构影响多样性的价值	收集叙事和隐喻; 与其他网络协作完成任务; 发展多面的和整体的真相; 使发现可行; 增加沟通渠道; 通过与其他网络建立联系,增加多样性; 运用奖励结构影响多样性
		参与建设性冲突; 同题解决发后发; 监控变化触发因素;事实先计划的、已发现的、动态的、不对称的; 和平来自平衡或平等的权力
		鉴赏性探究; 批判性朋友协议; 德尔菲法; 重新使用或再次讨论协作逻辑; 冲突管理; 探究的生态系统模型

（二）典型策略

由于涉及的相关方法众多，因此本书仅选择几种具有代表性且不易理解的方法进行梳理。首先，为了达到团队成员个人能力建设这一目的，需要运用绘制极性地图、协作逻辑建模和第三空间（The Third Space）的方法。绘制极性地图是极性管理（polarity management）中的术语，极性是需要相互作用以创造积极结果的相互依赖的两个部分（如矛盾、困境、难题），它往往不可避免也难以解决，具有两个或更多个处理它的正确答案并必须运用兼而有之的思维来解决；极性管理是处理生活中的极性的原则、工具和模式；而绘制极性地图则是极性管理中的一种工具。协作逻辑建模（collaborative logic modeling）强调基于团队成员共享理解的团队过程和反复过程来开发逻辑模型，其有利于跨越网络化合作伙伴的复杂层次来达成共识和促进协作，确定并阐明协商的变革理论。第三空间则强调每一件事物都结合在一起，是理解和改变人类生活空间性的另一种方式。它是一个变革性概念，可以促进对假设的质疑和对边界、意义和文化身份的重新协商，意味着多重性可以参与和共享以及具有从受尊重的差异中学习的空间。

其次，为了实现团队发展和辩证多元过程建设的目的，在相关阶段需要采取团队发展的4C程序、实践社群、未来搜索、开放空间规则、世界咖啡馆等方法。团队发展的4C程序是哈佛谈判提出的团队发展程序，包括分析和影响团队背景（context）、了解并影响团队组成（composition）、发展团队成员的能力（competencies）和技能以及团队需要根据需要做出改变（change）。实践社群（community of practice）是一个非正式的共享知识群体，其由不同的观点、经验、角色和其他特征的个人或群体构成，并为实现共同的目标和利益从事实际工作。在某个重要的时期里，成员们开展建造、解决问题、学习发明、创造新的知识，从而促进社群的进步。未来搜索（future search）将所有利益相关者聚集在一起，绘制互动路径，使用协商的主题建立共同基础，然后搜索创新战略，以建立对共享未来的共同承诺。开放空间（open space）要求参与者确定他们想谈论的话题，然后为有兴趣收集、探索和制定承诺的人提供分组讨论室。世界咖啡馆（world café）是一系列精心安排的小组对话，集中讨论一个共同的问题，引发成员的想法和创新。

最后，为了达到系统优化辩证多元价值观的目的，在相关阶段可以采取价值网络分析、鉴赏性探究、批判性朋友协议等方法。价值网络分析（value network analysis）认为价值创造和获得满意的绩效需要关系和以知识共享或其他互惠支持的创新路径，人们通过自己创造的无形价值和降低合作障碍的能力来定义自己,从而增加智力和社会资本。鉴赏性探究(appreciative inquiry)则是所有利益相关者发现过去的故事所表达的积极核心价值观的过程,然后利用这些价值观设想理想的未来目标,并共同制订行动计划以实现这一目标。批判性朋友是一个同意诚实地但有建设性地谈论需要改进的领域的人,批判性朋友协议(critical friend protocol)允许团体成员彼此交谈、分享问题、提供"热情"和"冷酷"的反馈,让他们能够找到合作的方式,绕过常常限制或扼杀有效行动的障碍,寻求积极解决问题的建议。

三、辩证多元混合评估方法

辩证多元混合评估方法是指运用辩证多元主义思想进行混合评估的方法或者以辩证多元主义作为思想来源的混合评估方法。以下对其特点和典型方法进行梳理。

（一）辩证多元混合评估方法的特点

辩证多元混合评估方法的特点是指其与一般混合评估方法的不同之处。从相关学者的观点来看,辩证多元混合评估方法的特点体现在两个方面:其一,以辩证多元主义为思想基础。如前所述,混合评估方法存在多种哲学基础,例如实质性理论立场、互补优势立场、实用主义立场等,而辩证多元混合评估方法特别强调以辩证多元主义立场为基础。其二,特别强调同等地位混合评估。如前所述,混合方法评估包括多种类型,而最主要的是三种类型:定性驱动的混合评估、定量驱动的混合评估和同等地位混合评估。定性驱动的混合评估中,定性评估具有优势,同时添加定量评估方法;在定量驱动的混合评估中,定量评估具有优势,同时添加定性评估方法。而同等地位混合评估意味着在不同层次上结合定量和定性评估技术,其中定性评估和定量评估的权重大致相等,两种传统都没有特权。虽然辩证多元主义可用于其他所有类型的混合评估,但是它特别偏好同等地位混合评估。因为在同等地位混合评估中,各种范式和方法不仅是紧张和矛盾的,也是平等的,其更明确地关注权力滥用和解决知识的长期差异,因此,它只能基于辩证多元主义尊重地、倾听地、动态地、辩证地、创造性地"合并"不同的范式和方法。

(二)典型方法:混合方法随机对照试验评估

如前所述,辩证多元主义思想可以运用于多种评估设计中,但目前学者们对混合方法随机对照试验评估进行了较多的研究,以下以混合方法随机对照试验评估为例,梳理辩证多元混合评估方法的实施。

1. 随机对照试验评估和定性评估、混合评估结合的可能性

首先,约翰逊等描述了随机对照试验(RCT)和定性评估、混合评估结合的可能性,包括随机对照试验开始前、随机对照试验实施期间以及随机对照试验主要部分完成后与定性评估、混合评估结合的可能性[1],如表 9-3 所示。

表 9-3   随机对照试验和定性评估、混合评估结合的可能性

	RCT 开始前	RCT 实施期间	RCT 主要部分完成后
与定性评估、混合评估结合的可能性	1.就概念、文化和背景因素作出决策 ·确定概念框架对于人群和环境的适用性; ·确定项目需求/适合度和需要测量的因素; ·确定背景、项目和参与者的性质; ·确定建构的相关性以及指导项目开发的基础理论; ·检查进行 RCT 和解释结果所需的辅助人员和背景假设。	1.检查可接受性和对照组的认知 ·确定项目对于利益相关者的可接受性; ·利用内部知识帮助解释损耗的原因。 2.文件完整性 ·确定该项目是否以及如何在现场实施,并识别潜在的问题; ·为环境状况所需调整的决策提供数据; ·识别项目实施过程可能遇到的挑战。 3.加强内部有效性 ·获取额外的案例数据以帮助排除竞争性假设并加强内部有效性;	1.探索可接受性和社会文化效度 ·通过了解项目在个人生活中的意义(即社会有效性)更好地理解实际和决策意义,在这个过程中考虑项目的影响; ·从参与者的角度回顾性探讨项目的可接受性。 2.考察完整性和内部效度 ·从参与中收集数据作为操控检查;参与者如何描述项目? ·确定用来调整项目的方法;

---

[1]   R. B. Johnson and J. Schoonenboom, "Adding Qualitative and Mixed Methods Research to Health Intervention Studies: Interacting with Differences", *Qualitative Health Research* 26, no. 5(2016): 587-602.

	RCT 开始前	RCT 实施期间	RCT 主要部分完成后
与定性评估、混合评估结合的可能性	**2. 就数据收集工具或结果测量作出决策** ·开发对参与者有意义的数据收集工具; ·确保利益结构将得到适当的衡量; ·在基线测量时获得价值负载的、"有意义的"定性数据。 **3. 让利益相关者参与** ·促进参与过程让利益相关者参与确定变革的重点; ·确定如何促进评估并获得参与。	·确定现场可能影响结果的"其他"因素或变量; ·识别对内部有效性的威胁,如潜在的历史效应、潜在的天花板和地板效应、差异选择等。 **4. 探索因果过程/假设/理论生成** ·确定在评估开始时未确定的、新的/其他的调节变量; ·描述在背景中发生的变化过程并尝试观察结果链中变量的时间顺序; ·生成扎根理论; ·除了传统的描述性因果关系外,增加对解释性因果关系的理解; ·收集难以量化的、有可能促进或抑制项目产生影响的背景、文化、变化条件方面的数据; ·收集在传统的社会因果关系测量和分析中经常被忽略的动机、情绪和原因的数据; ·探索成功案例和非成功案例以探索项目运行的影响因素; ·识别意外结果; ·识别遗漏的变量以改进模型; ·在评估的其他测试/论证方法中添加发现/生成维度; ·研究个体(除群体外)以了解表意因果关系。 **5. 促进可转移性/外部有效性** ·收集"有意义的、丰富的、背景相关的"数据以帮助使用者理解项目——背景互动的微妙之处,并帮助评估结果的类推; ·通过个案分析记录复杂性,可以弥补总体平均值的不足,有助于理解在个体层面上实时发生的情况。	·从参与者中收集关于项目过程和实施的开放式回顾数据; ·让多个参与者讲述他们的故事; ·利用传统的定性策略(如三角测量、同行审查或解释、成员检查、负面案例抽样等)促进有效性。 **3. 检查可转移性和外部有效性** ·继续记录参与者的意义、特征和背景以提高外部效度; ·确定参与者对改进项目和评估程序的未来方向的看法。 **4. 加强结果证据和过程一成果的连接** ·确定参与者对结果的看法; ·收集参与者关于影响、意外影响和结果的开放式回顾性数据; ·进行测量检查:定量测量是否遗漏了重要的结果和细微差别? ·让参与者对和他们相关的结论做出回应并让他们给出他们的主位解释; ·对定性数据进行前后比较以及对实验组与对照组进行比较; ·探索过程—结果的联系; ·探索数据或收集其他深入的定性数据以理解无效结果。

2. 创造性策略与综合策略

由于辩证多元主义需要设计分歧并将产生的分歧汇集在一起,以产生更好的理解和更广泛接受的结果。因此,在混合方法随机对照试验评估中,还需要使用特定的策略来创造分歧和整合分歧。这些策略分为两大类:第一类涉及创造可能不同于 RCT 本身测量的预期效果的其他结果的策略,可被称为创造性策略;第二类是将创造性策略产生的差异与 RCT 结果整合起来的策略,可被称为综合策略。[①]

(1)创造性策略。其一,纳入评估人员和参与者的观点和价值观。RCT 最初可能只纳入评估人员或评估团队的想法。然而,在整个评估过程中,重要的是让利益相关者和参与者的想法、观点和价值观参与进来。其二,纳入参与者对项目的体验。参与者对项目的体验可能与研究者的想法不符或与 RCT 的结果不符。因此,需要在 RCT 期间和之后纳入参与者的体验。其三,探索参与者参与评估的经验。由于进行 RCT 可能会对参与者产生额外的影响,因此应该询问评估如何影响他们获得并纳入参与者被研究的体验。其四,纳入特定背景的特征。RCT 往往是基于一般的基本理论。因此,需要纳入背景和环境的特征。其五,将对个人/具体层面的理解添加到团体/普遍层面的效果上。RCT 产生的是团体层面的效果,因此,重要的是要包括个人的结果和经验,以了解个体的差异。其六,探索参与者群体之间的差异。如上所述,RCT 在人群层面产生了影响。然而,样本实际上可能由不同的亚群体组成,其影响可能不同。因此,需要探索参与者群体之间的差异。其七,探索影响背后的过程。RCT 表明存在整体效应,但过程未知,没有显示具体效应是如何产生的,因此,探索潜在的过程非常重要。其八,除了假设的效果外,还探索非预期的结果。其九,在其他数据中更好地处理效果。对于整合来说,RCT 本身提供的数据是不够的。因此,收集其他数据(如动机、情绪和原因的数据)非常重要。最后,仔细检查基本假设。使用 RCT 确定效果需要许多假设。例如,已为评估确定了正确的变量、没有遗漏任何重要变量、实验组的参与者是诚实的等。然而,这些假设有时是不正确的。因此,需要识别和仔细检查这些隐藏的假设。

(2)综合策略。创造性策略产生了丰富的、不同的观点、想法和可能的证据,如何将这些观点、想法和证据整合起来,就需要综合策略。综合策略

---

① R. B. Johnson and J. Schoonenboom, "Adding Qualitative and Mixed Methods Research to Health Intervention Studies: Interacting with Differences", *Qualitative Health Research* 26, no. 5(2016): 587-602.

具有辩证和解释学的特征。综合策略是辩证的,是因为其目的在于基于
RCT 本身产生的初始结论或观点以及定性和混合研究产生的替代或反对
而达成深思熟虑的结论和综合。综合策略也是解释学的,这意味着进行综
合通常不是简单地"相加",而是需要经历连续地解释和重新解释的解释学
循环。在这一过程中,RCT 的结果被深化和细化,直到它们变化很大,甚至
最初的结果变得不可识别。以下是一些常用的整合策略:其一,调整自己作
为评估者的行为。在整个评估过程中,评估人员可以倾听利益相关者的观
点和价值观,以调整他们的行动。这同样适用于评估主题的确定、评估问题
的提出、评估的设计、测量工具的开发等。通过所有这些行动,评估人员可
以考虑参与者和其他关键利益相关者的价值观。其二,补充黑箱式 RCT
获得的效果。定性评估的结果可以用来补充黑箱式 RCT 获得的效果。例
如,定性评估可以提供潜在过程的描述,也可以提供 RCT 中未预见的补充
效应。其三,描述项目有效或无效的条件。上述一些策略导致在定性结果
的基础上修改 RCT。例如,在结果之间进行对话、探索参与者之间的差异
可以更好地理解项目对谁有效、对谁无效。类似地,对背景的详细描述可能
会清楚地表明项目在什么环境下有效,这意味着如果换一种环境,它可能不
会产生效果。其四,解释意外或矛盾的结果。通过找到解释意外的或矛盾
的结果的解决方案来解决这些意外或矛盾结果的问题。这需要涉及多个层
次的分析,评估者必须在各个层面内和不同的层面之间进行互动。例如,在
数据层面上包含着多个视角的证据可能会出现矛盾。然而,在项目层面,从
对项目本身、项目的历史、制定者的意图以及项目中发生的事情的整体理解
来看,其中一些矛盾可能会得到解决。而在对社会世界的认识和理解的层
面上,结果和知识通常适合于一个新的、互补的整体。另外,可以通过与理
论、数据和文献以及参与者和评估同事进行对话,尝试使用新的或现有的理
论来为这些不一致和矛盾的结果或"令人惊讶的事实"找到一个解释。其
五,将项目的效果与参与评估的效果分开。将项目的效果与参与评估的效
果分开是一个困难的问题,所罗门四组设计虽然有助于解决这个问题,但它
只部分解决了这个问题。询问参与者参与 RCT 是否以及如何影响他们的
是一种可能的办法,参与者提供的关于他们的经历的答案将有助于评估者
对 RCT 参与者产生的不同影响的程度和方式有一个第一印象。

四、辩证多元系统评价方法

　　系统评价是对评估进行综合的一种方法。系统评价可以进行定性综合
(如元聚合),也可以进行定量综合(一般运用荟萃分析方法)。然而,对于混

合评估如何进行综合？特别是如何基于辩证多元主义对混合评估进行综合？这也成了辩证多元政策评估方法需要解决的一个重要问题。本书首先梳理一般性的混合评估系统评价方法，然后梳理辩证多元主义系统评价的做法。

（一）一般性的混合评估系统评价方法

自 2010 年以来，对混合评估如何进行系统评价的研究逐渐增加，不少学者和机构都对混合评估系统评价提出了自己的思路、框架和方法。本书仅以乔安娜·布里格斯研究所（Joanna Briggs Institute，JBI）的研究为例[①]，梳理一般性混合评估系统评价的过程和方法。

JBI 认为，在各种混合评估系统评价的框架中，存在两种占主导地位的框架：聚合方法（合成同时进行）和顺序方法（合成有先后地进行）。鉴于系统评价员对顺序方法的最低使用率（约 5％），JBI 目前只关注聚合方法。聚合设计可分解为两种方法：整合式聚合（涉及数据转换，允许评估员结合定量和定性数据）和分离式聚合（涉及分别合成定量和定性数据，从而生成定量和定性证据，然后将其整合在一起）。关于采用哪种方法的决定取决于系统评估中提出的问题的性质或类型。如果是既可以通过定量设计也可以通过定性研究设计来解决的评估问题（例如，"采用电子健康记录支持成年慢性病患者自我管理的障碍和促成因素是什么？"），则应遵循整合式聚合方法；如果评估的重点是某一政策或项目的不同方面或维度（例如，"犬类辅助干预对长期护理的老年人的健康和社会护理有什么影响？"以及"接受犬类辅助干预的长期护理老年人的体验如何？"），则采用分离式聚合方法。这两种方法的逻辑和过程如图 9-1 所示。

1. 整合式聚合方法

整合式聚合（Convergent Integrated）方法是指通过数据的转换，将定量研究中提取的数据（包括混合方法研究中定量部分的数据）与定性研究（包括混合方法研究中定性部分的数据）相结合的过程。为了整合定性和定量数据，需要将数据转换为相互兼容的格式，如都转换为定性数据或都转换为定量数据。将定性数据转换为定量数据称为定量化，其将定性数据转换为数值；将定量数据转换为定性数据称为定性化，其将定量数据转换为主

---

① C. Stern，L. Lizarondo，J. Carrier，C. Godfrey and L. Loveday，"Methodological Guidance for the Conduct of Mixed Methods Systematic Reviews"，*JBI Database of Systematic Reviews and Implementation Reports* 18，no. 1(2020).

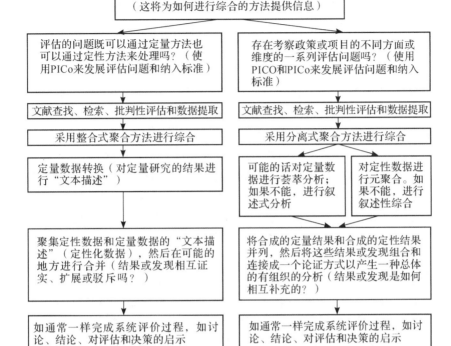

图 9-1　整合式聚合和分离式聚合的过程与逻辑

题、类别、类型或叙述。

　　在数据转换时,是选择定量化还是定性化? JBI 建议对定量数据进行定性化,因为编码定量数据比将数值归属于定性数据更不容易出错。定性化涉及从定量研究中提取数据,并将其转换为文本描述,以便于定性数据综合。定性化涉及对定量结果的叙述性解释。在最简单的层面上,定性化数据可能包括使用基于补充性的描述性统计(如平均值或百分比)的词类描述样本(或样本中的个体)。定性化数据还可以包括使用聚类或因子分析对样本进行概要分析。具有时间或纵向成分的数据或使用推断统计(如线性或逻辑回归分析)考察关联和关系的数据也具有叙述的潜力,因此可以通过识别分析中包含的变量进行定性化。通过定性化,评估员以回答评审问题的方式将数量转换为声明性独立句子。

　　然后将来自定量评估中的文本描述(定性化数据)与直接从定性评估中提取的定性数据进行组合和汇总。然后,评估员需要对汇总的数据进行反复的、详细的检查,以根据意义上的相似性确定类别,这与定性综合的元聚合(Meta-aggregation)过程非常相似。一个类别将整合两个或多个定性数据、定性化数据或两者的组合。然而,在某些情况下,数据可能与其他数据的含义不同(即可能不能在研究之间相互转换),因此不能组合成一个类别。在可能的情况下,对类别进行汇总,以得出总体的综合结果。

2. 分离式聚合方法

分离式聚合(Convergent Segregated)方法包括进行单独的定量合成和定性合成,然后整合来自两种合成的证据。

在综合过程中,定量数据以荟萃分析(如果荟萃分析不能进行,则采用叙述性综合)的形式合成。此外,定性数据通过元聚合过程(如果元聚合被认为不合适,则通过叙述性综合)来综合。定量数据的合成和定性数据的合成没有先后顺序,因为它们是独立的。然而,在进入下一步——整合定量和定性证据之前,两者都必须完成。整合定量和定性证据涉及将合成的定量结果与合成的定性结果并列,并将结果和发现组织或连接到一条线或一个论证中,以生成总体的有组织的分析。此时,评估员通过使用一种类型的证据来探索、情境化或解释另一种类型的证据的发现,来考虑结果和发现是否以及如何相互补充。在这一步中,不能减少结果和发现,而是将它们组织成一个连贯的整体。在这种方法中,评估员对定量综合的结果与定性综合的结果进行反复比较,并根据参与者的经验(定性的)来分析政策或项目的有效性(定量的)。以下问题可作为此过程的指南:单独合成的结果/发现是相互支持的还是相互矛盾的? 定性证据是否解释了政策或项目为什么有效或无效? 定性证据是否有助于解释纳入的定量评估之间的效应方向和大小的差异? 定量证据的哪些方面已被定性评估探索或未被定性评估探索? 定性证据的哪些方面已被定量证据检验或未被定量证据检验?

在某些情况下,评估员可能会发现定量综合的结果与定性综合的结果不是互补的或没有关系。在这种情况下,评估员可以识别分歧,开展进一步研究,以解释相互矛盾的结果。

(二)辩证多元系统评价方法

辩证多元系统评价方法坚持以辩证多元主义为思想基础,即尊重地、倾听地、动态地、辩证地、创造性地"合并"不同的范式和方法的结果。从实施上来看,辩证多元系统评价方法的思路类似于分离式聚合方法的思路,即首先分别进行定量合成和定性合成,然后整合来自两种合成的证据。与上述分离式聚合方法的差异在于:辩证多元系统评价方法特别强调定量证据和定性证据的同等地位,强调同等、并置的两种证据如何相互质疑、印证、对话以产生综合的结果。

　　一个典型的例子是彼得罗西诺等对美国防止青少年犯罪的"现身说法"（scared straight）项目评估的综合。该项目让处于危险中的年轻人面临短暂的监狱生活，并假定处于危险中的年轻人的这种经历让他们产生对监狱生活的恐惧，进而让他们走上生活的正轨。然而，定量数据综合的结果表明，这一项目没有效果。具有同等地位的定性数据综合表明，项目的假设是不正确的，一些年轻人并没有害怕监狱生活，而是喜欢监狱生活，把因犯视为榜样，他们遇到的因犯甚至为他们提供了与外界的罪犯联系的机会。由此，并置的这两种证据的对话充分说明了"现身说法"项目的无效性。[①]

简要评析

　　21 世纪以来，社会的复杂性日益增加，使用单一的方法越来越难以处理复杂性。随着混合评估方法的日益发展，2007 年以来一批学者提出了辩证多元政策评估的理论和方法。其以辩证多元主义为哲学基础，主张仔细地、系统地、深思熟虑地倾听、理解、欣赏、学习和结合多种范式、学科、价值观、方法论、立场、种族观点和视角，形成一个新的、可操作的整体，从而对政策或项目进行评估。他们也发展了一般混合评估方法，开发了辩证多元主义实施框架、辩证多元混合评估方法和辩证多元系统评价方法等。

　　从西方政策评估的历史发展来看，该流派的理论和方法具有重要的意义。首先，虽然 20 世纪 90 年代批判复合主义政策评估流派在谋求范式的对话、事实与价值的协调、定量方法和定性方法的整合方面做出了重要的努力，但是关于范式的辩论远未结束。辩证多元政策评估流派在批判复合主义政策评估流派的基础上，进一步探索结合多种范式、学科、价值观、方法论、立场和观点，因此对评估理论和方法的进一步整合做出了重要的贡献。其次，虽然 20 世纪 80 年代末期和 20 世纪 90 年代初期评估界开始运用混合评估方法，但是该方法远未成熟。辩证多元政策评估流派进一步探索混合评估的哲学基础、原则、策略、方法和技术，可以说极大地推动了混合评估方法的发展。最后，辩证多元政策评估的相关方法谋求将定量评估和定性

---

① A. Petrosino, C. Turpin-Petrosino, M. E. Hollis-Peel and J. G. Lavenberg, "Scared Straight and Other Juvenile Awareness Programs for Preventing Juvenile Delinquency: A Systematic Review", *Campbell Systematic Reviews* 5(2013), doi:10.4073/csr.2013.5.

评估结合起来,将"数字的力量"与"故事的力量"结合起来,这有利于形成对政策或项目更广泛和更深刻的理解,更有利于捕获和处理复杂性,也更能为决策者提供更可信、更可靠的证据,因此,它很好地契合了现实的需要。

但是,由于辩证多元政策评估流派仍然是一种正在发展的理论和方法,因此目前也存在诸多的局限。首先,从整合的角度看,辩证多元政策评估谋求在方法层面、范式层面甚至学科层面进行整合,从目前来看,其取得的成就主要还是在方法层面的整合,范式层面和学科层面整合的理想仍未实现。其次,辩证多元政策评估除了谋求整合和混合外,它更希望实现定性评估和定量评估都没有特权的、同等地位的混合评估,然而,受现实评估条件的限制,评估人员可能更多地运用一方驱动的、占优势的混合评估,因此,从此角度而言,其适用性一定程度上受到了制约。最后,从理论和方法的清晰性上看,辩证多元政策评估的某些理论和方法还显得较为模糊,比如,到底如何实现"辩证"? 到底如何"形成新的、可操作的整体"? 虽然辩证多元政策评估提出了一些策略和方法,但仍让人难以把握和操作。因此,辩证多元政策评估流派仍然需要不断研究、不断发展和不断完善。

第十章　大数据政策评估理论及其方法

随着云计算、大数据、物联网的快速发展,世界拉开了第三次信息化的大幕,2012 年人类社会进入大数据时代。大数据对人类的日常生活、企业管理、政府治理等产生了越来越大的影响,也给政策评估带来了新的机遇。在这个新的时代,政策评估如何利用新的机遇进行理论和方法的创新,成为公共政策评估正在经历的重大命题。西方学者也自 2010 年左右开始了大数据时代政策评估理论和方法的探索,至今已取得了一系列研究成果。本章将对大数据政策评估的含义与哲学基础、发展历程以及相关的理论和方法进行系统梳理。

第一节　大数据政策评估的含义与哲学基础

一、大数据政策评估的含义

（一）大数据及其关键技术

1. 大数据的含义与特征

学界对大数据还没有一个公认的定义。迈尔-舍恩伯格等从应用方法角度把大数据看成是"一种方法,即不能用随机分析法(抽样调查)这样的捷径,而采用所有数据的方法"[①];研究机构高德纳(Gartner)从应用价值角度指出,大数据是需要新处理模式才能具有更强的决策力、洞察发现力和流程

---

① 〔英〕维克托·迈尔-舍恩伯格、肯尼斯·库克耶:《大数据时代——生活、工作与思维的大变革》,周涛等译,浙江人民出版社,2013,第 17-20 页。

优化能力来适应海量、高增长率和多样化的信息资产;而著名的咨询公司麦肯锡则认为"大数据是一种规模大到在获取、存储、管理、分析方面大大超出了传统数据库软件工具能力范围的数据集合"[①]。而学者杰克逊(S. Jackson)则提出了一个更为综合的界定:"大数据是一个总括性的术语,指的是我们在使用数字设备时不断生成的大量且不断增加的数字数据,以及分析大型复杂数据集的新技术和方法。"[②]在该定义中,大数据并非仅指数据本身,而是数据和大数据方法、技术的综合。本书采用杰克逊的界定。

迈尔-舍恩伯格等认为,大数据具有 4V 特点。Volume:表示大数据的数据体量巨大,数据集合的规模不断扩大,已经从 GB 级增加到 TB 级再增加到 PB 级。近年来,数据量甚至开始以 EB 和 ZB 来计数。Velocity:指数据增长速度快,数据移动速度快,数据处理速度也快,十分具有时效性。Variety:表示大数据的数据类型繁多。随着传感器、智能设备、社交网络、物联网、移动计算、在线广告等新的渠道和技术的不断涌现,产生的数据类型难以计数。Value:表示大数据的数据价值密度低,随着数据的增长速度越来越快,要在海量的数据中寻找到有价值的数据工作量也越来越大,数据的总体量与有价值的数据量呈反比关系。除此之外,随着大数据技术的快速发展,不断有人提出大数据特征的新的论断,增加了 Veracity(真实性)、动态性(Vitality)、可视性(Visualization)、合法性(Validity)等。

2. 大数据的来源与类型

大数据具有多种来源。从数据生成的角度,大数据具有以下三种来源:一是对现实世界的测量,即通过感知设备获得数据。这类数据包括机器产生的海量数据,例如应用服务器日志、传感器数据(天气、水、智能电网等)、科学仪器产生的数据、摄像头监控数据、医疗影像数据、RFID 和二维码或条形码扫描数据。二是人类的记录。外部信息通过人类大脑的识别变成计算机可以识别的信息,由人录入计算机形成数据。这类数据包括关系型数据库中的数据和数据仓库中的数据,如企业中企业资源计划系统、客户关系系统等产生的数据。另一类是人类用户在使用信息系统过程中记录的行为,包括微博、微信、电子商务在线日志、呼叫中心评论、留言或者电话投诉等。三是计算机生成。计算机通过现实世界模拟等程序生成数据,例如通

---

① James Manyika, Michael Chui and Brad Brown, *Big Data: The Next Frontier for Innovation, Competition, and Productivity* (McKinsey Global Institute, 2011).

② Sally Jackson, "Big Data Monitoring and Evaluation: A Theoretical Framework, Tools and Lessons Learned from Practice", http:// unglobalpulse. org/sites/default/files/Annex%201% 20Big_data_monitoring_and_evaluation. pdf, 2018.

过计算机动态模拟城市交通，生成噪声、流量等信息。而从数据渠道的角度，大数据具有以下获取渠道：一是政府数据来源，主要指国家平台（如国家信用信息共享平台、国家公共资源交易平台、国家投资项目在线审批监管平台等）、各职能部门平台（如公安、人社、税务、市场监管、民政、教育等）和各地方政府平台。二是企业数据来源，其指企业生产经营全生命周期中的各类数据（如工商登记注册、就业招聘、投融资、专利软著等）。三是个人数据来源，主要是指自然人工作生活中产生的各类行为数据（如移动位置、出行、教育、消费、通信等）。四是互联网数据来源，其指互联网上的公开信息（如新闻、微博、微信、学术智库、电商评论、房产信息等）。五是物联网数据来源，指从智能硬件设备中获取数据资源（如可穿戴设备、车辆、智能家居、工业控制等）。六是国际数据来源，包括世界各国的基本概况、经济产业、政策法规、规划计划、项目工程、投资贸易、科研机构、企业组织、旅游及文化交流、社会舆情等各方面的信息。①

可以从不同的角度对大数据进行分类。例如，从大数据的存在形态来看，可以分为文本数据、数字数据、声音数据（音频文件和音乐）、图像数据（照片和图形）、视频数据（结合音频和视觉）。从数据的结构化程度来看，大数据也可被分为结构化、半结构化和非结构化数据三种类型。结构化数据指任何可以以固定格式存储、访问和处理的数据，其以二维的形式存在，数据以行为单位，一行数据表示一个实体的信息，每一行数据的属性是相同的，常见的结构化数据有财务系统、学生信息库、企业的 ERP 系统、环境监测数据等。半结构化数据也是结构化的数据，但是结构变化很大，不符合关系型数据库或其他数据表的形式关联起来的数据模型结构，常见的半结构化数据有 XML 文档、JSON 文档、邮件系统和档案系统等。非结构化数据是指数据结构不规则或不完整，没有预定义的数据模型，不方便用数据库二维逻辑表来表现的数据，其可能是文本的也可能是非文本的，可能是人为的也可能是机器生成的，常见的非结构化数据有文档、图片、视频、音频等，对于这类数据一般采用直接整体存储的方式。

3. 大数据关键技术

大数据技术是一系列使用非传统工具来对大量数据进行处理从而获得分析结果的数据处理技术，其关键技术包括大数据采集、大数据预处理、大数据存储及管理、大数据分析及挖掘、大数据可视化等方面的技术。表10-1

---

① 王建冬等：《大数据时代公共政策评估的变革——理论、方法与实践》，社会科学文献出版社，2019，第 112-115 页。

对大数据处理相关环节及其关键技术进行了归纳。

表 10-1 大数据处理相关环节及其关键技术

环节	主要任务	关键技术
大数据采集	通过各种方式获得各种类型的海量数据	传感器、日志文件、网络爬虫、API 数据接口导入、众包
大数据预处理	完成对已采集数据的辨析、抽取、清洗、填补、平滑、合并、规格化以及检查一致性等操作	数据清洗(遗漏数据处理技术、噪声数据处理技术、不一致数据处理技术)、数据集成、数据转换、数据削减(数据立方合计、维数消减、数据压缩、数据块消减)
大数据存储及管理	运用存储器把采集到的数据存储起来,建立相应的数据库并进行管理和调用	分布式文件系统、NoSQL 数据库系统、数据仓库系统
大数据分析	运用各种方法对大数据进行分析,以获得有价值的、深入的信息	依据大数据存在形态:文本分析方法(文本检索、文本摘要、词法与句法分析、文本分类与聚类、语篇分析、语义分析、信息抽取、情感分析、序列标注、机器翻译);图像分析方法(图像内容检索、光学字符识别、人脸识别、卫星遥感影像分析、表情识别);音频分析方法(音频分类、音频流分割、音频内容检索);视频分析方法(运动目标识别、运动图像抽取等)
		依据分析方法的层次:基本分析方法(对比分析、趋势分析、显著性差异分析、分组分析、结构分析、综合评价分析、漏斗分析等);高级分析方法(时间序列分析、相关分析、回归分析、判别分析、主成分分析、因子分析和多维尺度分析等);数据挖掘(机器学习、专家系统和模式识别等)
大数据可视化	将大数据分析结果以各种视觉表现形式直观地展现给用户	高维数据可视化、网络数据可视化、层次结构数据可视化、时空数据可视化、文本数据可视化等

(二)大数据政策评估的含义

虽然目前西方学界对大数据政策评估具有众多理论的探讨和实践的尝

试,但均未进行过明晰准确的定义。但他们都认为,大数据政策评估是将大数据的理论、方法、技术与政策评估相结合或者说是"大数据＋政策评估"。在这些学者看来,大数据和公共政策评估虽然存在若干的差异,但是大数据和公共政策评估也存在若干的共同点或互补性。例如:其一,二者都是以数据为基础的。大数据自不待言,而公共政策评估的实质亦是以数据为原材料。其二,关于数据的处理过程都是一致的,都经过数据的收集和分析等步骤。其三,在具体的数据收集和分析的方法上,也存在若干的共同点。如两者都试图找出影响政策绩效的因素,都试图预测政策未来的运作情况,都将建模应用于大型数据的分析,都试图监测行为变化;使用的数据类型和数据分析方法都存在很多的重叠,都强调人的维度的重要性以及双方都关心分析结果的传播和利用。因此,大数据政策评估就是在这些共同点的基础上,将大数据提供的多数据源、新的算法和技术整合进公共政策评估中,形成新的政策评估理论和方法。

因此,本书认为,大数据政策评估(Big Data-Based Policy Evaluation)即指在大数据时代下充分利用大数据及其相关的技术和方法,对公共政策进行评估的行为。其具体含义是:充分利用各种数据源、大数据相关算法、数据采集、整理、分析和可视化等新的技术,对公共政策的效果进行更科学的判断。

二、大数据政策评估的哲学基础

从哲学上看,大数据政策评估以"数据密集型科学发现范式"为哲学基础。[①] 2007 年 1 月,图灵奖得主、关系数据库鼻祖格雷(J. Gray)发表了《e-Science:科学方法的一次革命》的演讲,他凭借自己对于人类科学发展特征的深刻洞察,敏锐地指出科学的发展正在进入"数据密集型科学发现范式"——科学史上的"第四范式"。[②] 在他看来,人类科学研究活动已经经历了三种不同范式的演变过程。"第一范式"即经验范式包括人类最早期对自然现象的生活体验和初步观察阶段,也包括人类后来制造了仪器设备进行受控实验阶段,其核心特征是对有限的客观现象进行观察、总结、提炼,用归纳法找出其中的规律,如伽利略提出的物理学定律。"第二范式"即理论范式则出现于后来的理论科学阶段,其以模型和归纳为核心特征,强调主要通

---

① 托尼·赫伊等:《第四范式:数据密集型科学发现》,潘教峰等译,科学出版社,2012。
② 吉姆·格雷:《吉姆·格雷论 e-Science:科学方法的一次革命》,载托尼·赫伊等著《第四范式:数据密集型科学发现》,潘教峰等译,科学出版社,2012,第 ix-xxiv 页。

过演绎法,凭借科学家的智慧构建理论大厦,如爱因斯坦的相对论。"第三范式"又称计算范式,出现于 20 世纪中期以来的计算科学阶段。面对过于复杂的现象,归纳法和演绎法都难以满足科学研究的需求,人们开始利用计算机的强大功能对复杂现象(如地震、原子的运动等)进行建模和预测。然而,随着近年来人类采集数据量的爆炸性增长,传统的计算科学范式已经越来越无力驾驭海量的数据了,很明显,海量的数据已经突破了"第三范式"的处理极限,无法被研究者有效利用。因此,"第四范式"即"数据密集型科学发现范式"已经来临,并成为大数据时代科学研究的哲学基础。"数据密集型科学发现范式"的基本观点是:科学工作者不再用全部精力与物质世界打交道,而是直接挖掘反映物理实在的大数据或数据世界,从而发现数据里面所隐藏的各种秘密,找到数据规律并挖掘出所隐含的自然或社会规律。作为一种新的哲学,"数据密集型科学发现范式"也有其本体论假设、认识论假设、方法论假设和价值论假设。

(一)本体论假设

"数据密集型科学发现范式"认为,大数据的兴起,数据被赋予世界本体的意义。数据化的趋势,就是把自然界中的万事万物以及万事万物的关系都转化为可计算的数据,不但人的情感、情绪等心理活动和外部行为可以数据化,而且人与人的关系也可以数据化,甚至整个世界的万事万物都可以数据化。世界的一切关系皆可用数据表征,万物皆由数据构成,数据与世界是逻辑同构的,数据是世界的图像,世界就是一个数据化的世界,世界的本质就是数据,数据世界已经构成了一个独立的客观世界。

(二)认识论假设

大数据革命也引发了认识论革命,具体地说,它引起了知识来源革命、知识本质改变、知识内容革命、知识观念革命以及知识主体的改变。正如博伊德和克莱夫特在《大数据批判问题》中提出的:大数据构建了关于知识构成、研究过程、我们应该如何处理信息,以及显示的本质和分类等关键问题。[①] 在大数据时代,大数据是人们获得知识的源泉。不仅如此,也产生了认识方式的变革,例如,大数据诉诸对数据的全样本分析来认识世界、获取知识,避免了以往理论反思与小样本分析的片面性和非代表性弊端;知识获

---

① Boyd Danan and Kate Crawford, "Critical Questions for Big Data Information", *Communication & Society* 15(2012).

取形态从简单的归纳转变为"大数据归纳法"以及对于数据的挖掘、处理和分析;大数据通过海量数据来发现事物之间的相关关系,只需要知道"是什么",而不需要追寻"为什么",知识从分析世界的因果关系转变为分析数据间的相关关系①,并利用数据之间的相关关系来解释现象和预测未来;人们只需对数据进行分析,而不必对数据显示的内容进行假设和检验,也不用赋予数据意义就能获得知识;而且,知识的不确定性取代知识的确定性,知识观念由真信念转变为可靠性。

（三）方法论假设

"数据密集型科学发现范式"也有其方法论假设。首先在思维方法上,大数据对传统的机械还原论进行了深入批判,提出了整体、多样、关联、动态、开放、平等的大数据思维。大数据提出了数据化的整体论,实现了还原论与整体论的融贯;承认复杂的多样性,突出了科学知识的语境性和地方性;强调事物的关联性,认为事实的存在比因果关系更重要。这些新思维具有复杂性思维特征。当然这些思维也得到了技术上的实现,即通过事物的数据化,实现定性定量的综合集成,数据挖掘成了科学发现、知识产生的新工具。

（四）价值论假设

"数据密集型科学发现范式"认为,大数据时代的来临让数据从记录符号变成了有价的资源,数据从符号价值逐渐延伸到具有认知、经济、政治等诸多价值的财富。

同时,数据的使用也可能存在诸多的道德问题。数据是财富,人类可以通过获得的数据来认识世界、分析世界、改造世界,但并不意味着数据没有风险,更不意味着数据获取和分析就一定是道德的。在大数据时代,人们时刻被暴露在"第三只眼"的监视之下,网络购物平台监视着我们的购物习惯,搜索引擎监视着我们的网页浏览习惯,移动电话公司掌握着我们所有的通话和短信记录,社交媒体则储存着我们的交往秘密,而随处可见的各种监控则让人无处藏身。因此,大数据技术带来了个人隐私保护的隐忧,也带来了个别组织的数据滥用或对垄断的担心,甚至可能侵犯人类神圣的自由意志,由此产生了大数据时代人类的自由与责任问题。"数据密集型科学发现范

---

① [英]维克托·迈尔-舍恩伯格、肯尼斯·库克耶:《大数据时代——生活、工作与思维的大变革》,周涛等译,浙江人民出版社,2013,第67页。

式"认为,在科学研究中,应在坚守人的主体地位、维护人的尊严的前提下,关注大数据技术应用可能带来的社会隐忧和对社会的冲击,重新审视生命的意义,维护人类的尊严。

第二节　大数据政策评估的产生与发展

一、大数据政策评估产生与发展的概况

按照拉蒂纳姆(F. Rathinam)等的研究,自 2005 年以来,便有了创新性地使用大数据衡量和评估发展成果的测量研究,2009 年有学者开始使用大数据进行影响评估。[①] 赫杰隆德(Steven Højlund)等在 2015 年对 SCOPUS 数据库的检索表明,截至 2014 年底,已有 160 项有关大数据与评估的出版物。[②] 拉蒂纳姆的检索发现,截至 2019 年底,仅在国际发展领域的评估中,已有 437 篇运用大数据进行评估或测量的论文。[③] 而拉蒂纳姆等和赫杰隆德等的研究均发现,从 2011 年开始,关于大数据与评估的文章呈现出蓬勃发展的趋势或开始大幅增加。本书认为,可以将 2011 年视为大数据政策评估的"元年"。总的来看,2011 年至今,大数据政策评估大致经历了如下三个阶段。

第一阶段(2011—2014 年):初步引入阶段。由于大数据的方法和技术日益对人们的日常生活、企业管理和政府治理产生影响,特别是 2012 年(大数据元年)的到来,一些学者开始思考和探索如何将大数据的方法和技术运用到政策或项目评估中。例如,安-索拉贝耶等展示了大数据纠正传统调查误报的可能性,一些学者开始建议使用大数据来监测和评估上市后药物监管过程;普罗克特等探索了警察和其他机构如何运用大数据在暴乱危机期间使用推特评估局势。然而,尽管进行了上述研究,但是这些研究是零星的、少量的;而且大数据方法、技术和评估的联系还很不紧密,按照赫杰隆德

---

①　F. Rathinam, S. Khatua, Z. Siddiqui, et al., "Using Big Data for Evaluating Development Outcomes: A Systematic Map", *Campbell Systematic Reviews* 17(2021).

②　Steven Højlund, Karol Olejniczak, Gustav Jakob Petersson and Jakub Rok, "The Current Use of Big Data in Evaluation", in Gustav Jakob Petersson and Jonathan D. Breul(eds.), *Cyber Society, Big Dataand Evaluation* (Piscataway: Transaction Publishers,2017).

③　F. Rathinam, S. Khatua, Z. Siddiqui, et al., "Using Big Data for Evaluating Development Outcomes: A Systematic Map", *Campbell Systematic Reviews* 17(2021).

等的检索,这一时期真正将大数据运用于评估性探究的研究仅有一项。除此之外,在评估实践中,评估人员对大数据的使用也非常有限,赫杰隆德的调查表明,受访的评估人员中很少有人曾接触过大数据,在 324 名受访者中,只有 15 名受访者实际使用过大数据,评估人员对大数据的理解也颇为有限,从概念上讲,只有极少数受访者真正理解大数据的含义。[①]

　　第二阶段(2014—2016 年):理论探索阶段。要将大数据与政策或项目融合,必须突破相关的理论问题,例如:数据科学与政策评估有何异同? 二者能否结合? 大数据方法和技术为政策评估带来哪些新的理念? 将大数据整合进政策或项目评估有哪些可能性? 将大数据整合进政策或项目评估需要哪些条件或者会遭遇哪些障碍? 等等。2014—2016 年,一批学者较为集中地探索了这些理论问题。例如,班伯格探索了大数据分析与评估实践的互补性[②],辛特勒(L. A. Schintler)等和赫特尔(J. Höchtl)等提出了大数据为政策评估带来的新理念[③],杰克逊提出一个将大数据应用于评估的框架[④],班伯格等探索了大数据在政策或项目评估(包括评估设计、评估数据收集、评估数据分析、评估结果传播等)中的多种潜在应用,并分析了将大数据应用于政策或项目评估可能存在的问题或挑战[⑤]。对这些理论问题的探索一方面深化了前一阶段的研究,另一方面为运用大数据方法进行实证评估奠定了理论基础。当然,这一阶段也有一些实证评估的探索,但研究的重

---

① Steven Højlund, Karol Olejniczak, Gustav Jakob Petersson and Jakub Rok, "The Current Use of Big Data in Evaluation", in Gustav Jakob Petersson and Jonathan D. Breul(eds.), *Cyber Society*, *Big Dataand Evaluation* (Piscataway: Transaction Publishers,2017).

② Michael Bamberger, "Integrating Big Data into the Monitoring and Evaluation of Development Programmes ", 2016, http://unglobalpulse. org/sites/default/files/IntegratingBigData _ intoMEDP_web_UNGP. pdf.

③ L. A. Schintler and R. Kulkarni, "Big Data for Policy Analysis: The Good, the Bad, and the Ugly", *Review of Policy Research* 31, no. 4 (2014): 343-348; P. Parycek and R. Schöllhammer, "Big Data in the Policy Cycle: Policy Decision Making in the Digital Era", *Journal of Organizational Computing and Electronic Commerce* 26, no. (1-2)(2016): 147-169.

④ Sally Jackson, "Big Data Monitoring and Evaluation: A Theoretical Framework, Tools, and Lessons Learned from Practice", 2018, http://unglobalpulse. org/sites/default/files/Annex% 201%20Big_data_monitoring_and_evaluation. pdf.

⑤ Michael Bamberger, "Integrating Big Data into the Monitoring and Evaluation of Development Programmes ", 2016, http://unglobalpulse. org/sites/default/files/IntegratingBigData _ intoMEDP_web _ UNGP. pdf; N. Olsson and H. Bull-Berg, " Use of Big Data in Project Evaluations", *International Journal of Managing Projects in Business* 8, no. 3(2015): 491-512.

点在于相关理论问题的突破。

第三阶段(2016年至今):操作运用阶段。由于相关理论问题的突破以及研究者和评估者对大数据的方法和技术的了解越来越多,自2016年末以来,运用大数据进行政策评估的具体运用越来越多。从数据类型来看,较多地使用了社交媒体数据、卫星图像和遥感数据、手机数据以及网络搜索数据;从政策领域来看,相关评估涉及教育、就业、环境(如可持续消费和生产、气候变化、水下生物、陆地生物)、经济发展和人民生活(如区域经济政策、旅游政策)、城市发展、卫生以及疫情应对等。从开展评估的研究者和评估者来看,人员不断增加,不仅包括个体形式的研究者和评估者,一些组织和研究机构也日益投身于其中。这些组织包括联合国全球脉动行动(UN Global Pulse)、国际影响评估倡议(International Initiative for Impact Evaluation)、世界银行、全球环境基金(Global Environmental Fund)、贫困行动实验室等。

二、大数据政策评估的理念

(一)低成本高效益评估理念

数据收集是昂贵的,一是费用上的昂贵,许多评估只能收集比理想情况下为确保令人满意的统计能力所需要的更小的样本的数据,出于成本的限制,数据量、数据种类和质量上都难以达到满意状态;二是时间上的昂贵,收集和分析许多类型、庞大数量的数据需要耗费大量时间。追求效益不单是市场经济行为,也符合评估领域的向往。在这样的理念驱动下,设计、建构简单的模型,如何保证一定质量的情况下尽可能少地做关于数据收集与处理上的工作一直是评估者的追求。由大数据创新出来的数据收集技术和方法提供了低成本、高效益的机会。

(二)多元主体评估理念

大数据改变了传统的评估主体单一问题,给公共政策评估提供了全新的视角。传统的行政决策评估主要是政府的自我评估,专家团体、公民代表参与的机会较少,且往往存在形式主义;大数据时代评估主体将十分多元,从而将极大地推进行政决策的民主化。受制于人力物力财力和空间的限制,以往的政策评估多采用数据报表和抽样问卷、访谈的形式开展,通过抽样来解决代表性的问题,但即使再有耐心的抽样设计,也无法覆盖各个政策利害相关主体,特别是还有群体交叉、人群隐藏、地域特征、民族特征等复杂的因素。在传统的评估中,评估主体的划分往往只局限于城乡、东中西、年龄段等粗糙且简单的类别。评估主体多元化一直是政策评估者的追求,这关乎科学性的问题,大数据给公共政策评估带来的多元评估主体的变革作用,也是学者们普遍认可和看好的。

(三)全面评估理念

报表数据作为客观存在的政策绩效表现自然是重要的评估依据,但对公共机构来说,政策的实施结果面向的是公众,对于政策利害相关人的感受、看法和态度的反馈是衡量政策实施效果的重要评估环节。公共政策作为公共服务的工具,怎么进行量化其效果一直是学者们研究的重要课题。斯泰斯卡尔(Jan Stejskal)等提出,这是因为公共服务没有物质实体,因此很难转化为绩效单位。[①] 考虑到这一局限性,大多数试图衡量服务有效性的研究都是通过向被调查者发送调查来进行的,从而评估政策相关人的感知。"客户满意度"对于评估公共服务和公共政策越发重要,但是问卷或者访谈受限于时间、空间和人财物力的限制,抽样的对象总是有限。信息技术和互联网技术给所有公民(不分种群、不分层级、无论老幼)以发声的平台,大数据技术则让这些巨量的声音可以经过大数据技术处理后有效传达到评估者手中,这些技术为政策全面评估提供了良好的契机。

(四)快速评估理念

大数据可以快速提供大量数据,许多数据可以近乎实时地交付并不断更新,这将提升政策评估的速度。传统的政策评估方法由于数据收集过程缓慢而效率低下,这就使得想了解某个阶段的情况时,需要滞后很多时间才能获知,因此难以实现监测政策执行和行为变化的过程。但是大数据拥有传输的高速性,也就意味着时效性,信息抓取能力、储存能力和传播速度的极大提高使得大数据评估方法可以提供实时的、连续的、完整的数据,这有助于评估者观察政策执行过程和行为变化过程并完成评估。例如通过政府门户网站的数据公开就可以轻易了解到实时的婴幼儿出生情况,从而了解人口政策效果;在人手一部智能手机的今天,借助 GPS 定位的数据变化就可以及时掌握某地的人口变动情况,从而了解当地的人才吸引政策带动效应。再例如,如果想了解某项政策对当地经济发展的促进作用,在假设不考

---

① 　Jan Stejskala and Petr Hajek, "Evaluating the Economic Value of a Public Service: The Case of the Municipal Library of Prague", *Public Money and Management* 35, no. 2(2015): 145-152.

虑其他因素影响的情况下,只需要追踪当地的商品交易量、监测居民电表和网络数据流量变化情况等就可以进行客观推算,而不需要再进行传统的抽样设计、实地走访调查。

（五）持续性评估理念

由于可以快速、实时地获取数据以及瞬时或近瞬时数据处理,政策评估不会只在政策制定和政策执行过程结束时进行,评估能够在政策周期的任何阶段发生,实现持续的政策评估。[①] 学者普遍认为大数据的预测作用十分明显,政策评估不再局限于"政策执行产生的效果",而是包括了需求、过程、效果和影响等。政策制定者在出台政策之前,可以通过互联网搜集网络民情、舆情,搜索引擎热词、时政热点关注以及相关的评论都能反映民众对某一领域的倾向;在政策执行时,可以利用互联网进行网民意见反馈收集,大数据时代对于提升公共政策的事前评估、事中评估,掌握民众对即将出台的政策态度、修正已经执行的政策都有重大意义。运用大数据也可以对政策的后果进行测量,改善公共政策的事后评估。总之,评估的持续性可以加强对政策的跟踪、实时掌握政策执行给施政对象带来的变化,更全面、准确地了解政策执行不同阶段的效果。这也是大数据给公共政策评估带来的十分有意义的一点。

（六）参与式评估理念

大数据技术特别是社交媒体的广泛应用确保了人们之间的交互性,允许评估者、公共机构、公众进行对话并参与到评估中,大大提高了利益相关者的参与度。[②] 随着多年电子政务的发展,政府设立电子信箱收集公众问题和意见已是常态,很多政府部门和政治人物也顺应潮流开通了自己的社交账号,这是大家喜闻乐见的使用频率更高的交互阵地。但是对于政府网站和官方电子信箱来说,并非任何留言都能得到政府的注意,大部分会因为人力有限和留言本身质量而得不到回应,这些平台往往只成为政府机构单方面发布消息的渠道,并没有达到"交互"的目的。然而大数据技术给参与

---

① Sally Jackson,"Big Data Monitoring and Evaluation: A Theoretical Framework, Tools and Lessons Learned from Practice",2018,http:// unglobalpulse. org/sites/default/files/Annex%201%20Big_data_monitoring_and_evaluation. pdf.

② Deborah Agostino and Michela Arnaboldi, "Social Media Data Used in the Measurement of Public Services Effectiveness: Empirical Evidence from Twitter in Higher Education Institutions",*Public Policy and Administration* 32, no. 4(2017): 296-322.

和互动提供了更多可行性,评估者想评价政府发布的某项公共政策,可以通过大数据技术对网上信息进行相关关键词抓取、筛选、采集自政策发布以来与之相关的公众的声音,同时也可以通过设立网上评估模块和运用社交媒体,引导、鼓励公共机构和公众直接加入到评估过程中来。

（七）包容式评估理念

对于一些在政策中处于弱势地位、难以发出自己的声音、容易被排斥的群体,大数据技术还使评估者更容易对其进行识别和交流,倾听他们的声音,提升政策评估的包容性。公共政策之所以称为公共政策,是因为其具有公共性。但政策是博弈的过程,其天平的倾斜程度与政策制定者接收到的声音有十分紧密的关系。而评估也面临同样的问题,在评估者开展评估时,出于技术和交流的困难,像流浪汉、残障人士、"非法移民"等一些特殊群体可能很难发出自己的声音,评估者也很难将他们纳入评估之中。互联技术、通信技术和大数据技术可以省略沟通场地、不需要问答式的正面沟通,低成本、高效率和技术带来的规避性可以使得评估者将这些弱势群体或难以接触到的群体都纳入评估中来,实现全体的广泛参与,使得评估更具有包容性。

三、大数据运用于政策评估中的潜在可能性

一般来说,公共政策评估包括确立背景和利益相关者、公共政策评估设计、公共政策评估数据收集、公共政策评估数据分析以及评估结果传播和利用等五个环节。在这五个环节中,均具有将大数据运用于其中的潜在可能性。[①]

（一）将大数据整合进政策背景和利益相关者的识别中

公共政策评估的首要环节是要把握被评估政策的背景和识别政策利益相关者。政策的背景包括与当地环境（时间和地点等）、政策问题的历史及其建议的解决方案等相关的变量。背景变量影响评估的问题、评估的类型、数据分析以及评估结果传播、利用的决策。由于政策评估是评估政策对利益相关者的影响,并且评估过程中与利益相关者的充分互动是获得准确评

---

① Michael Bamberger, "Integrating Big Data into the Monitoring and Evaluation of Development Programmes ", 2016, http://unglobalpulse. org/sites/default/files/IntegratingBigData ＿ intoMEDP_web_UNGP. pdf.

估结果的重要要求,因此亦需要首先识别利益相关者。几种大数据技术将被整合进这一环节中:一是通过遥感分析来明确政策的空间状况。二是运用社会媒体数据分析和网络查询来把握政策问题的历史及其建议的解决方案等相关的变量。三是社会媒体数据分析和手机调查来获取利益相关者的信息,从而识别利益相关者。由此,将大大提升背景和利益相关者识别的清晰性和完整性。

(二)将大数据整合进公共政策评估设计中

在识别了政策背景和利益相关者之后,评估者应针对政策的特征、背景和评估的问题选择适当的评估设计。至少有六种可被考虑的评估设计,大数据都可以被成功地整合进其中,并改善设计的质量。

1. 实验与准实验设计

这些设计通过比较实验组(实施政策的组)和比较组(不实施政策的组)的预期结果变量随时间的变化(通常在政策启动和政策完成之间),来获得政策结果。这类设计的关键在于为两组创造出相同的对象。大数据可以通过来自各种数据源的数据(例如传感器数据、社交媒体数据、移动电话数据、电子交易数据、网络搜索与浏览数据)进行分析比较,对实验组对象和控制组对象进行较为精确的匹配。而且,还可以将这些数据与传统数据(统计数据、访谈、问卷调查等)结合起来,使用倾向差分匹配技术来进一步加强匹配。

2. 统计设计

此类设计经常在国家层面(在控制宏观层面指标的同时,通过与其他类似国家的指标进行比较),使用计量经济技术评估全国性政策的影响。此时充分运用大数据的多样性和集成性,寻找更多的或更有价值的可比较指标,提升评估的精度。

3. 基于理论的设计

这类设计运用逻辑模型描述政策如何达成其结果以及达成这些结果的随机链。模型还可以包括可能影响结果的背景因素。通过比较预期结果与观察到的结果,评估政策的有效性。此时,充分运用大数据集,可以提供更广泛的背景因素数据,还可以提供关于实施指标和行为变化的实时反馈,最终可以在连续反馈的基础上不断地测试和更新政策变化的理论。

4. 案例研究

此类设计以个案为分析单位,其基本思路是通过比较已实施政策和未实施政策的案例或根据政策收益人案例研究的样本进行推断来评估政策效果。最近定性比较分析(QCA)被越来越多地运用到该类设计中,其采用 50

个或更少的样本个案,首先为每个个案准备矩阵,然后进行分析,以确定哪些因素与结果的实现相关、哪些因素对结果的实现没有贡献。此时,充分运用大数据集,对相关案例进行深入分析,可以增加每个案例的样本量或矩阵中包含的变量数量。

5. 参与式设计

这类设计试图通过不同类型的小组协商或深入观察来收集受政策影响的社区和团体的观点,并根据受影响人群的意见和观点评估政策效果。参与式方法通常在相对较小的规模上进行。此时,如果嵌入"参与式跟踪"的大数据方法,此类设计将被极大地改良。"参与式跟踪"的大数据方法将平板电脑等尖端技术与参与性流程(如基于社区的问卷生成)相结合,以生成与所有利益相关者相关的政策绩效实时图像;同时,加上数据可视化系统,还可以使数据在识字能力有限的环境中真正民主化,由此形成大规模群体的、参与式的、真实的政策反馈回路。

6. 评论和综合

审查(如 Meta 分析)是对达到可接受的严格方法标准的特定主题进行的所有评估进行评论,并综合结果。平均结果对政策结果的平均影响大小提供了对政策潜在影响范围的估计。综合评估(如叙事合成、现实主义者合成)既可用于对不同背景下特定政策的效果进行更宏观的评估,也可用于通过帮助确定影响结果的因素范围来指导新评估的设计。此时,可以使用具有定制的关键字序列的数据搜索机制来覆盖学术数据库和在线门户网站,增加拟审查和综合的文献量。大数据分析也可以增加分析中包含的变量数量和在综合大量研究时协助分析。

7. 混合方法设计

政策评估界越来越认识到混合方法设计的重要性,这种方法设计既能捕获政策的定量方面,又能捕获政策的定性方面。即使不总是使用混合方法设计,也始终将其视为设计选择。大数据旨在管理大型和复杂的数据集,涉及多个来源数据的整合,既收集、分析定量数据,亦允许收集、分析非结构化文本材料、声音和视频材料等定性数据。大数据通常与混合方法技术相结合,或通过混合方法技术进行验证。目前大数据已经开发出分析不同类型/数据集组合的技术,比如数据挖掘、机器学习和自然语言分析等技术。此时引入这些方法或技术,将提升政策评估混合方法设计的质量。

(三)将大数据整合进评估数据收集中

数据是评估的原材料,只有充分的数据,才能提供证据证明政策如何改变了其所服务的人的生活。因此,数据收集是公共政策评估的一个重要组成部分。大数据可以被成功地整合进抽样、评估数据采集、评估数据集成、评估数据收集质量控制等多个环节中。

1. 抽样

卫星图像和 GPS 地图可以提供总目标人口的图像,这些图像可以覆盖实际抽样的人口,以确定是否存在重要差异。电话公司保留其客户的详细信息,这可用于确保选择的电话用户样本代表所有电话用户,还可以确定一个电话用户样本与总人口的匹配程度,由此降低样本选择偏差。

2. 评估数据采集

首先,整合大数据技术,收集来自多个来源和多种格式数据,如系统日志采集、网络数据采集、特定系统接口以及大数据采集平台等技术可以采集海量的线上行为数据和内容数据,从而实现评估数据的规模化和多样性。其次,利用大数据技术识别政策意外效果,大数据能对政策实施过程的一系列关键指标的变化和对更广泛的背景因素的影响提供实时或快速的反馈,以发现意想不到的结果。通过分析社交媒体数据,在线变化理论提供了用于识别、跟踪和更新意外结果的有用框架。再次,整合大数据收集难以接近的群体的数据。大数据提供了利用新的数据源联系这些群体的新方式,例如通过电话而不是亲自与人面谈,通过电话或社交媒体让在特定社区中声音被淹没的某些群体更自由地说话,高风险地区的人们有时可以发送有关这些地区情况的视频和音频记录,卫星也可以跟踪那些本来很难找到或联系到的群体。从次,利用大数据技术收集政策实施和行为变化过程的数据,大数据通常可以提供实时和连续的数据,这有利于观察政策实施的过程。各种大数据和通信技术资源可以获取行为变化的信息,例如移动设备可以捕获会议、工作团队和社区生活的不同方面的视频和音频记录,社交媒体也是一个丰富的信息来源,社交网络分析工具也可以分析人们行为的变化。最后,运用大数据技术加强定性数据的收集。智能手机等可以收集高质量的音频和视频数据,提升定性数据的数量和质量。

3. 评估数据集成

对于多个来源和多种格式数据的集成,传统公共政策评估无能为力。此时,运用模式集成、数据复制、综合性集成以及其他大数据技术可以将这些数据较为方便地加以集成。

4. 数据收集的质量控制

在数据收集中,除了运用传统的培训、职业道德、抽查、人工审核等手段外,还可以广泛使用信息与通信技术软件。例如,GPS 可以确保适当的家庭正在接受采访,当使用随机抽样时,移动设备可以确保使用适当的选择程序。如此,可以在收集过程的所有阶段控制数据质量。

（四）将大数据整合进评估数据分析中

只有对评估数据进行科学分析,才能得出准确的评估结果。评估数据分析可以被视为一个神秘的由专业统计学家对定量数据进行分析的过程,或是一个神秘的由那些有足够的智慧和洞察力的人观察在定性数据中出现的模式的过程。数据挖掘、数据可视化等基本分析工具和预测建模、文本分析等高级分析工具为分析太大和太复杂的数据集提供了强大的手段。另外,用于分析和解释定性数据的软件正在迅速改进,这将帮助消除某些报告偏差或主观解释。此时,应及时地将这些工具和软件整合进数据分析环节中,这无疑将大大提升对评估数据的分析能力,破除数据分析的"神秘性"。

（五）将大数据整合进评估结果的传播和利用中

公共政策评估是为了向科学地配置资源、修正或终结政策提供依据,因此,其最终目的是传播和利用。大数据通过社交媒体和通信技术提供了更多的传播渠道,数据可视化有助于清晰有效地传播与沟通评估结果,而社交媒体的交互性对于确保多个利益相关者的参与和对评估结果的反馈提供了便利。所以在该环节中,应运用这些技术对传统的手段进行补充、加强或者替代,促进公共政策评估结果的传播和利用,提升基于证据的政策制定能力。

四、影响大数据在政策评估中运用的因素

尽管大数据运用于政策评估中存在诸多的潜在可能性,但需要注意的是,并不是所有的情况都适合运用大数据进行政策评估,大数据在公共政策评估中的适用性受到以下因素的影响。

（一）方法需求

大数据虽然有其突出的优势,但传统的评估方法也有其不可忽视的优点。传统的评估方法拥有对背后主观动机的敏锐洞察力,可能评价的结果一样,却是出于不同的原因。人是最复杂的生物,只有运用社会学的方法,实实在在地调研访谈才能揭示数据背后的鲜活现实,所以如果传统的评估设计已经被认为是充分的,那么就不必再采用新的方法进行评估。而如果传统评估设计在方法上存在薄弱之处,则大数据方法具有高适用性。

(二)测量指标的属性

用来评估公共政策的指标的属性(如指标数据的可获得性、指标的结构效度)等影响大数据方法的适用性。如使用诸如气候变化、城市增长、交通模式等容易测量的(和现成的)物理测量方法的指标来评估政策时,大数据方法具有高适用性。反之,运用诸如对妇女的暴力、家庭暴力和难以获得数字数据的社区组织等社会和行为指标来评估时,大数据方法适用性低。另外,使用高结构效度的指标(指标被设计是为了与评估相关的目的)适合运用大数据方法,而使用构造有效性较低的指标(为不同目的生成的代理指标和代理有效性没有明确验证)则不大适合使用大数据方法。

(三)政策属性

大的、复杂的政策更适合使用大数据方法,而小的、简单的政策则不适合使用。对于在最初的概念验证之后将继续运行的政策,适合运用大数据方法,因为政策的继续运行,使得预测成为可能。而对于唯一的目的是测试理论的实验性政策,则不适合运用大数据方法。另外,对具有相对较长的持续时间和可生成(实时)时间序列数据的政策,使用大数据方法进行评估是合适的选择。相反,对持续时间较短且时间序列数据无法生成或不相关的政策,则不适合使用大数据方法进行评估。

(四)潜在变量和变化理论

如果政策中有大量可能影响政策结果的潜在变量,以及该政策没有关于如何达成结果的明确理论,此时运用大数据方法适用性高。反之,如果某项政策具有基于现有数据的简单模型可清楚说明的变化理论,则此时运用大数据方法适用性低。

(五)隐私和安全因素

大数据的应用最大的问题在于信息安全和个人隐私权极易受到侵犯,当预计政策评估中没有数据隐私和安全方面的问题时,可以将大数据方法整合进评估中。而如果政策评估中存在数据隐私和安全方面的风险,则不宜使用大数据方法。

五、大数据在政策评估中的具体运用

大数据政策评估的关键是要能够将大数据运用到实际的政策评估中。

如前所述,自 2011 年特别是 2016 年以来,西方学者已经进行了一些实际运用,走向了操作运用层面,以下对这些具体运用进行梳理。由于这些具体运用的一个主要差别体现在数据类型上(不同数据类型有着不同的数据收集和分析方法),因此本书从数据类型的角度来梳理相关的具体运用。根据对相关文献的阅读和借鉴相关学者的观点[①],本书发现目前大数据政策评估主要集中在社交媒体数据、卫星图像和遥感数据、手机数据、网络搜索数据、综合数据(结合多种数据)五种数据类型的运用上。因此,以下从数据类型、运用特定类型数据进行政策评估的代表性学者、评估的政策或项目、主要评估指标以及涉及的主要数据收集和分析方法进行梳理,如表 10-2 所示。

第三节　大数据政策评估的经典方法

在操作层面,运用大数据进行政策或项目评估涉及诸多的方法和技术。鉴于目前大数据政策评估主要集中在社交媒体数据、卫星图像和遥感数据、手机数据、网络搜索数据、综合数据(结合多种数据)五种数据类型的运用上,因此,本节仅围绕以上五种数据类型对相关的核心评估技术和方法进行梳理。

一、运用社交媒体数据评估政策或项目的方法

(一)社交媒体数据及其可能的评估代理指标

社交媒体数据是大数据的一个特殊类别,被定义为一系列以社交互动为中心的在线工具所产生的大量用户数据。社交媒体包括各种各样的平台,如 Facebook、Twitter、微博等社交网络,YouTube、抖音等视频和图片共享平台以及维基百科或博客之类的维基网站。尽管在社交媒体这一总括术语下已知的工具种类繁多,但它们都具有用户主动实时生成内容的共同

---

① Gustav Jakob Petersson and Jonathan D. Breul (eds.), *Cyber Society*, *Big Data and Evaluation* (Piscataway: Transaction Publishers, 2017); Pete York and Michael Bamberger, "Measuring Results and Impact in the Age of Big Data: The Nexus of Evaluation, Analytics and Digital Technology", 2020, https://www. rockefellerfoundation. org/wp-content/uploads/ Measuring-results-and-impact-in-the-age-of-big-data-by-York-and-Bamberger-March-2020 pdf. ; F. Rathinam, S. Khatua, Z. Siddiqui, et al., "Using Big Data for Evaluating Development Outcomes: A Systematic Map", *Campbell Systematic Reviews* 17(2021).

表 10-2　大数据在政策或项目评估中的具体运用

数据类型	代表性学者	政策或项目	主要评估指标	主要数据收集方法	主要数据分析方法
社交媒体数据	塞隆（A. Ceron）和内格里（F. Negri）；阿戈斯蒂诺（Deborah Agostino）和阿纳博（Michela Arnaboldi）；席尔瓦（Elisabete A. Silva）；拉莫斯–桑多瓦尔（Rosmery Ramos-Sandoval）	就业市场改革政策；学校改革政策；高校公共服务；再生城市政策；秘鲁应对疫情项目	公众对政策的关注度及趋势；公众讨论的主题；公众对政策的态度或满意度	网络爬虫；API接口	帖子强度分析；词云图、主题建模；情绪分析；用户画像
卫星图像和遥感数据	亨德森（J. Henderson）和斯道亚德（V. Storeygard）；哈默（D. Hammer），克拉夫特（D. Kraft）和惠勒（D. Wheeler）；巴特尔纪念研究所（Battelle Memorial Institute，CIESIN）	经济政策；森林保护政策；空气污染控制政策	GDP增长率；森林砍伐量；PM2.5污染物地表浓度	Google Earth；Google Maps；下载卫星数据集	基于夜光数据建模；基于生物量的燃烧物和植被颜色建模；基于气溶胶光学厚度（AOD）建模
手机数据	索托（V. Soto）、弗里亚斯–马丁内斯（Frias-Martinez）和维尔塞（J. Virseda）；C. 史密斯；布鲁门斯托克（J. E. Blumenstock）；菲纳（S. Fina）	经济政策；扶贫政策；人口迁移政策；交通规划政策	社会经济水平；人口流动性；社交特征（如联系人数量）	从移动网络运营商处获得匿名的移动电话数据	支持向量机；随机森林；回归分析；基于GIS的网络分析；建模；可视化分析

续表

数据类型	代表性学者	政策或项目	主要评估指标	主要数据收集方法	主要数据分析方法
网络搜索数据	谷歌；威廉森（F. Willemsen）和 F. 莱乌（F. Leeuw）；H. B. M. 莱乌（H. B. M. Leeuw）；埃尔斯（J. B. Ayers）	卫生政策；经济政策；数字盗版的"电子干预"；减少吸烟的干预措施	传染病活动水平；企业破产数量；侵权流量；烟草搜索查询量	谷歌趋势；多种搜索引擎	最近邻算法；相关分析；建模；政策实施前后比较分析；实施政策、未实施政策的地区反事实分析；贡献分析
综合数据	全球环境基金；尼尔森（S. B. Nielsen）	森林和红树林沼泽地保护项目；儿童寄养、无家可归儿童收容、青少年母亲生育服务	森林覆盖率、野生动物数量和管理有效性跟踪工具（METT）得分；寄养儿童、无家可归儿童、已生育的青少年母亲数量；以上人群的分布；以上人群的相互影响	获取卫星图像和遥感数据、常规调查以及二次数据；获取多个相关部门的行政数据；定性访谈、文献综述、谷歌地图数据	倾向评分匹配、时间序列分析；现实主义评估、贡献分析；可视化分析、三角测量

特征。对于政策或项目评估而言,社交媒体数据具有三个显著的优势:一是民主性,许多公众都可以使用或访问社交媒体,并可以自主地发表对政策或项目的评论意见;二是实时性,社交媒体数据是实时生成的,公众也可以全天候地提供评论和意见,这提高了事件信息的创建、传播和评论的速度;三是互动性,允许政策制定者、执行者与公众进行对话。[①] 由于这些优势,因此特别适合收集公众的意见,进而有利于衡量政策或项目的有效性。

从一般意义上说,社交媒体数据包含以用户为中心的数据、以关系为中心的数据、以内容为中心的数据等三个方面的数据,并且都具有多种潜在的挖掘价值。从用户数据方面看,社交媒体中的用户可分为博主、关注对象和粉丝,可以进行发布、关注、转发(RT)、提及(@)、回复和评论操作,并且同一个用户可以参与多个社交网络的互动。因此,可以从以用户为中心的数据中识别用户身份、分析用户互动形成的社群的特征和行为规律以及进行用户影响力计算。从关系数据方面看,社交媒体用户之间存在关注关系、传播关系和互惠关系。从这些数据中,可以挖掘用户关系的强度、用户对信息的传播和采纳规律以及用户的集体联合影响力。从内容数据方面看,社交媒体中用户交互的内容不仅有文本信息,还会包含大量的地理位置、图像和视频等多媒体信息,并且在这些信息中还会包含情感信息。从这些数据中,可以挖掘用户的移动趋势、挖掘话题事件及其动态演变、提取公众的情绪和意见。因此,从理论上说,社交媒体数据也为政策或项目评估提供了大量有价值的信息。

当前西方评估界主要从以下几个角度来建构政策评估的指标。其一,公众对政策或项目的关注度。由于公众在特定时间内发帖或评论的数量反映了公众对政策或项目的兴趣,因而可以体现公众对政策或项目的关注度。这可以通过两个具体指标来衡量,即绝对帖子量和标准化帖子量。绝对帖子量是消息的绝对数量,反映了社交媒体中对政策或项目讨论的绝对强度。然而,在分析发帖行为的空间分布时,一个区域内相关的帖子量不仅受该区域相关话题的突出影响,还受到人口规模、互联网普及率和社交媒体流行度等因素影响。为了消除这些因素的影响,可以建构一个标准化的指标——标准化帖子量,将一个区域内相关的帖子量除以该区域的"发帖强度背

---

① Deborah Agostino and Michela Arnaboldi, "Social Media Data Used in the Measurement of Public Services Effectiveness: Empirical Evidence from Twitter in Higher Education Institutions", *Public Policy and Administration* 32, no. 4(2017): 296-322.

景"[1]，以更好衡量公众关注度并可用于比较。其二，公众对政策的态度或满意度。社交媒体允许公众对政策或项目发表具有特征性的极性意见，因此可以从中挖掘公众对相关政策或项目的支持或满意程度。常用的指标包括情绪得分、情感强度、平均情绪值或负面情绪值等。其三，公众讨论的主题。可以从公众对政策或项目的讨论中识别特定的主题，可以从海量的在线评论中推导出公众对政策或项目的主要关注点、重要事件。公众态度分析和公众讨论主题分析的结合可以帮助找出公众对相关问题满意或不满意的决定因素。其四，公众政策关注度、满意度、讨论主题的时空分布和不同群体对政策关注度、满意度、讨论主题的比较分析以及公众对政策中的各种政策组成部分的关注度、满意度、讨论主题的分析。从更细致的角度看，加入社交媒体数据中的位置、时间信息，可以分析公众政策关注度、满意度、讨论主题的时空分布；通过群体识别，可以比较不同利益相关群体的政策关注度、满意度、讨论主题的差异；通过细化政策的构成，还可以分析公众对政策中的各种政策组成部分的关注度、满意度、讨论主题。

（二）常用的数据收集方法

常用的社交媒体数据收集方法包括社交媒体平台公开 API 或网络爬虫。

API 英文全称为 Application Program Interface（应用程序接口），其最主要的功能是提供通用功能集，程序员可以通过调用 API 函数对应用程序进行开发。API 相当于是一块地基，程序员在其上面搭建自己想要的建筑，大家共享着同一个接口。如果各个平台开放自己的 API，那就很容易实现各种不同平台之间、各种应用程序之间、各类网站之间的数据共享；开发者也可以在无须访问源码或理解内部工作机制细节的情况下，调用他人共享的功能和资源。在实践中，评估人员可以通过认证，根据社交媒体平台提供的编程接口，有限制性地获取自己需要的数据。大部分社交媒体平台（如 Twitter、Facebook、微博等）都开放自己的 API。采取 API 的获取方式通常需要先获取平台的 API 密钥，再连接到 API。其一般步骤为：首先，获取社交媒体平台 API 密钥；其次，连接到平台 API 并下载数据。这一步骤需要按照不同平台的获取方式进行相应操作，需要一些工具（如 Python），并需要进行代码的编写以执行下载工作。

① A. P. Kirilenko and S. O. Stepchenkova, "Public Microblogging on Climate Change: One Year of Twitter Worldwide", *Global Environmental Change* 26(2014): 171-182.

网络爬虫(Web Spider),又称为网络蜘蛛,是一种按照一定的规则自动地抓取网络信息的程序或者脚本。网络爬虫系统通过网页中的超链接信息不断获得网络上的其他网页,在抓取网页的过程中,不断从当前网页上抽取新的 URL 放入队列,直到满足系统的一定停止条件。目前已知的各种网络爬虫工具已经有上百个。因此,网络爬虫也是采集社交媒体数据的有力工具。

(三)常用的数据分析方法

在政策或项目评估中,一般性的社交媒体数据分析方法(如文本分析方法、图像数据分析方法、声音数据分析方法和视频数据分析方法)均可能被使用。但基于前述的评估指标,目前评估学者更常使用话题事件挖掘方法和情感分析方法。

在话题事件挖掘方面,人们已经开发了一些话题模型识别文本中的潜在主题。典型的话题模型有:(1)向量空间模型,用向量表示词,计算方便,但缺乏信息的语义关联,并且新词、多义词、别义词对基于第三方词典或者语言资料的词汇链模型挑战性很大。(2)图模型,充分考虑上下文的语义关系,弥补了传统话题模型语义信息缺失的不足,但是在实际应用中存在计算代价高、存储容量大等问题。(3)概率模型,典型的模型如 LDA(Latent Dirichlet Allocation),它采用三层贝叶斯的形式表示潜在的话题,具有较好的泛化性,但也不太适合稀疏数据和短文本。可以根据评估的具体情况对这些模型进行恰当选择,以识别公众对政策或项目开展讨论的主题。

情感分析(SA),又称为倾向性分析和意见挖掘,旨在利用句子中带有感情色彩的词进行赋值和归类,进而判别出该文本的情感倾向。在政策或项目评估中,对社交媒体数据的情感分析可以评估公众对政策或项目的态度或满意度。根据使用的不同具体方法,情感分析方法可以分为基于情感词典的情感分析方法、基于传统机器学习的情感分析方法和基于深度学习的情感分析方法三种。基于情感词典的情感分析方法是先制定一套情感词典与规则,再对文本、段落、句子进行拆解,分析其内含的情感词所属(可以进行分级,但大部分只分为正向、中性和负向),然后判断出该文本的情感倾向。目前一些机构和团队已经构建了适用于不同语言的多种情感词典。例如,有学者运用此法评估了公众对莱比锡再生城市政策的情绪。[①] 基于情感词典的情感分析方法可以准确反映文本的非结构化特征,易于分析和理解。在情感词覆盖率和准确率高的情况下,情感分类效果比较准确。但这种方法也存在一定的缺陷:由于其主要依赖于情感词典的构建,随着网络的快速发展,出现了许多网络新词,对于许多类似于歇后语、成语或网络特殊用语等新词的识别并不能有很好的效果;情感词典中的同一情感词可能在不同时间、不同语言或不同领域中所表达的含义不同,因此基于情感词典的情感分析方法在跨领域和跨语言中的效果不是很理想;在使用情感词典进行情感分类时,往往考虑不到上下文之间的语义关系。基于传统机器学习的情感分析方法是指通过大量有标注的或无标注的语料,使用统计机器学习算法,抽取特征,最后再进行情感分析输出结果。基于传统机器学习的情感分析方法主要分为三类:监督、半监督和无监督。例如拉莫斯-桑多瓦尔运用基于有监督机器学习的情感分类方法对秘鲁应对新冠疫情的项目——Reactiva Perú 的公众满意度进行了分析。[②] 虽然该方法能更有效地预测情感极性,但仍然存在忽略上下文语义的问题。基于深度学习的情感分析方法包括单一神经网络的情感分析方法、混合(组合、融合)神经网络的情感分析方法、引入注意力机制的情感分析方法和使用预训练模型的情感分析方法。该方法具有能充分利用上下文文本的语境信息、能主动学习文本特征、保留文本中词语的顺序信息等优点,但它往往需要大量数据支撑,不适合小规模数据集,而且一般花费时间较长。评估者也应根据具体的评估情形,对以上方法进行适当选择,以更好地揭示公众对政策或项目的态度或满意度。

二、运用卫星遥感数据评估政策或项目的方法

(一)卫星遥感数据及其可能的评估代理指标

卫星遥感数据指利用卫星采用光学或微波等观测方法获取及加工处理形成的遥感影像数据。随着卫星遥感技术的发展,遥感数据空间分辨率、时

[①]　Y. Chen, E. A. Silva and J. P. Reis, "Measuring Policy Debate in A Regrowing City by Sentiment Analysis Using Online Media Data: A Case Study of Leipzig 2030", *Regional Science Policy & Practice* 13(2021):675-692.

[②]　R. Ramos-Sandoval, "Peruvian Citizens Reaction to Reactiva Perú Program: A Twitter Sentiment Analysis Approach", in J. A. Lossio-Ventura, J. C. Valverde-Rebaza, E. Díaz and H. Alatrista-Salas(eds.), *Information Management and Big Data*, 2021, https://doi.org/10.1007/978-3-030-76228-5_2.

间分辨率、光谱分辨率和辐射分辨率越来越高,数据类型越来越丰富,数据量也越来越大,遥感数据已经具有了明显的大数据特征。具体而言,其一,大容量。随着多种卫星上的多个传感器的发展,遥感数据量不断增加。目前全球卫星数量已经超过了 1000 颗,而且单个数据中心的数据量达到了TB 级,国家级的数据量也已达到了 PB 级,如 NASA 地球观测数据与信息系统每天接收到的数据量以 4 TB 的速度增长。其二,多类型。遥感观测的传感器种类包括全色、多光谱、高光谱、红外、合成孔径雷达(SAR)、激光雷达(LiDAR)等,因此数据类型多样。其三,高维度性。用高维特征描述同一地物。其四,多尺度。遥感大数据的获取系统包括多个对地观测子系统,而每个子系统具有各自的空间尺度和时间尺度,因此,采集的数据具有空间多尺度和时间多尺度的特点。其五,非平稳。不同的时间所获取的遥感影像特征是不相同的,如早晨与下午所获取的遥感影像反射率的值,会随着太阳高度角的改变而改变;春季与秋季所获取的农作物的遥感影像的特征也有差异。其六,高价值。各种遥感数据反映了地物的不同属性,从遥感数据中可以挖掘出军事目标信息、环境状况信息、水文信息、气象信息、农作物长势以及产量信息、森林信息、城市要素信息、城市变迁要素信息、城市环境要素信息、交通信息等,这些属性信息对科学研究及人们日常生活具有极高的价值。其七,难以辨识。遥感数据在获取的过程中受到传感器自身特性、传感器平台抖动、大气、地物复杂环境干扰等因素的影响,使得获取的数据存在不一致性、不完整性、模糊性等多类不确定性。同时,遥感数据还会受到模型近似的影响而存在误差。这些因素使得从数据中发现规律存在一定难度。

从一般的角度看,遥感大数据的应用领域非常广泛,可应用于农业、工业、灾害应急、生态环境等各个方面。例如,通过监测森林覆盖及其变化、江河湖泊水质状况与变化、从多时相 SAR 数据中发现地表下沉情况来优化生态环境保护;通过遥感数据分析旱情、火灾形势、地形的变化改善应急管理;又如遥感卫星夜间获得的地表可见光和近红外亮度可以用来表征城镇范围、GDP 分布、人口分布、城市入住率等社会经济要素,因此遥感影像还可以为推进城镇化、促进经济发展、优化建筑资源利用等提供信息;从高光谱遥感数据还可以提取农作物类别、农作物长势等信息,因此卫星遥感数据还有利于农业的发展。

从政策或项目评估的角度看,目前西方学者常从以下几个方面来建构评估的指标。其一,经济发展水平。由于夜间灯光强度反映了室外和部分室内灯光的使用情况,更普遍的是,晚上几乎所有商品的消费都需要灯光。

随着收入的增加,无论是在消费活动还是在许多投资活动中,人均光照使用量也随之增加。[1] 因此,在政策或项目评估中,夜间灯光的增长为 GDP 增长的衡量提供了一个非常有用的代理指标。其二,森林砍伐率。森林砍伐意味着某些树木被清除,并被牧场、农田或种植园所取代,因此森林砍伐涉及生物量的燃烧和植被颜色的暂时的或长期的变化。由此,在政策或项目评估中,可以根据卫星平台上成像光谱仪衍生的火灾发生率和植被颜色变化数据构建毁林指标来测量森林砍伐率。[2] 其三,空气污染程度。利用卫星搭载设备对气溶胶光学厚度(AOD)进行测定,由于气溶胶粒子通过吸收散射能够对光线产生消减作用,因此利用这一特点就可以对颗粒污染物的地面指标(例如 PM 2.5 污染物地表浓度)进行测量。除此之外,还可以通过相关的光谱仪获取的数据测量二氧化氮水平、扬尘源指数等。

　　(二)常用的数据收集方法

　　对于卫星遥感数据采集的专业人员而言,遥感卫星原始数据获取的工作流程分为数据的接收和记录两个步骤。数据的接收通过卫星数据接收系统来完成,其由天线与馈源、天线座、伺服系统、信道及管理与监控等部分组成,其主要任务是完成卫星的跟踪与信号接收,并在软件系统的支持下,根据预先设定的任务形成数据接收与记录计划,完成数据的接收。而数据记录则将数据接收系统捕获的卫星信号,经由信道和数据通道开关送交记录系统进行数据的保存。数据记录的主要工作是将卫星下行的遥感卫星数据保存到存储设备上,为后续数据的处理做好数据准备。

　　而对于一般研究人员或政策评估者而言,往往是向相关机构(如数据中心)申请下载服务获得相关的卫星遥感数据集。为了促进充分开发利用,扩大卫星数据应用的领域和范围,相关国家陆续制定了卫星遥感数据发布和共享政策,建立了卫星遥感数据对外公布、提供查找、检查、索取以及其他数据管理的服务机制。目前,遥感数据的发布和共享不仅能提供对数据的检索、查询服务,并且能够实现数据产品的在线定制、无缝拼接与浏览、数据产品实时下载等。例如,美国宇航局 NASA 的 EOSDIS 系统就主要用于遥感数据的分发与共享。在遥感数据存储方面,EOSDIS 系统将遥感数据按照

---

[1]　J. Vernon Henderson, Adam Storeygard and David N. Weil, "Measuring Economic Growth from Outer Space", *American Economic Review* 102, no. 2(2021): 994-1028.

[2]　H. Dan, R. Kraft and D. Wheeler, "Forma: Forest Monitoring for Action—Rapid Identification of Pan-tropical Deforestation Using Moderate-resolution Remotely Sensed Data", *Social Science Electronic Publishing* 192(2010).

标准的格式根据不同的行业需求存储在各个数据中心，每个数据中心向各类用户提供统一的数据访问接口。政策评估者可以通过相关的数据访问接口进行免费或有偿的下载。

（三）常用的数据分析方法

在政策或项目评估中，对于卫星遥感数据的分析，常常采用以下两种方法。

一是进行数学建模与统计建模。通过建立相关卫星遥感数据中的指标与评估指标的数学模型或统计模型，探索卫星遥感数据中的指标与评估指标的关系。例如建立夜间灯光增长与 GDP 增长的统计模型、气溶胶光学厚度与 PM 2.5 污染物地表浓度的数学模型。虽然从理论上看卫星遥感数据中的相关指标与评估指标存在某种关系，但是二者是否存在这种关系还需要验证，具体关系还需要精确刻画。因此需要建立相关统计模型、估计模型参数并进行检验。例如，探索夜间灯光增长与 GDP 增长的关系可以建立如下模型：

$$Y_{it} = \alpha L_{it} + \beta C_{it} + \eta_i + k_i + \mu_{it}$$

其中，Y_{it} 表示 GDP 增长率；L 表示卫星观察到的灯光亮度增长率，可用灯光密度（灯光灰度总值/土地面积）几何增长率表示；η 为不可观察的地区效应；k 为时间效应；μ 为误差项；C 为一系列其他替代或控制变量集合，例如电力消费、城市化水平、资本、劳动力、产业结构等；i 和 t 分别表示地区和年份。研究表明，简单的回归模型虽已被广泛应用在卫星遥感数据中的指标对评估指标的估算中，但这些模型不能确认卫星遥感数据中的指标和评估指标关系的真实性。而面板数据分析赋予的一系列的回归模型，在空间和时间上都可以得到更准确的估算值。

二是将相关卫星遥感数据中的指标作为代理指标直接应用于评估中。由于众多的研究已经对卫星遥感数据中的指标和评估指标的关系及相关参数进行了确认，因此，一些评估者直接将相关卫星遥感数据中的指标作为评估代理指标应用于评估中。例如，诸多研究认为灯光亮度增长率是 GDP 增长率的替代指标，因此一些评估者在运用自然实验评估政策或项目的经济效应时，直接运用灯光亮度增长率替代 GDP 增长率进行评估。

三、运用手机数据评估政策或项目的方法

(一)手机数据及其可能的评估代理指标

　　智能手机作为一种便携式通信设备已快速普及,在手机的使用中也产生了大量的数据。手机数据包含如下四类:其一,呼叫详细记录(Call Detail Records, CDRs),其主要在用户进行电话通话或短信时进行记录,它描述了呼叫接续的全过程,如用户之间的通话频率和时长。其二,手机信令数据。为确保通信服务质量,通信基站需要获得手机终端位置所记录的一类数据。手机终端为满足用户通信和上网的需求,会向邻近通信基站发出请求连接至基站,同时记录下用户接入基站的时间戳和基站的地区区域码(LAC/TAC)及基站号(CELLID/ECI)等,从而产生手机信令数据。其三,手机传感器数据。智能手机通常配备了多个功能强大的传感器,包括GPS、加速计、重力传感器、气压计、光传感器、陀螺仪和指南针等。这些传感器会记录和产生各种类型的数据,例如,GPS产生智能手机的位置信息,加速计记录沿轴的加速度,陀螺仪测量转速和旋转角度等。其四,手机社交网络数据。其主要指手机中装载的社交网络应用程序(如微博、Twitter、Facebook等)产生的数据。鉴于之前已对运用社交媒体数据评估政策或项目的相关方法进行了梳理,故此处仅梳理前三类数据在政策或项目评估中的应用。

　　手机数据具有以下特点:一是用户持有率高、大样本、覆盖范围广,能广泛地调查相关政策对象;二是非自愿数据,用户被动提供信息无法干预调查结果;三是具有动态实时性和连续性,能准确实时地反映政策对象的相关情况,而且还可以在连续时间区段内识别政策对象的状态。从整个社会科学研究而言,手机数据已经有了较为广泛的运用。例如,手机数据能够记录用户带时间戳的一系列位置轨迹的特点,能够有效追溯个体出行方式、出行目的等出行信息,能够深入分析人口迁徙、通勤模式、判断城市中公园以及道路障碍的位置,从而为疫情防控、交通规划、交通管控、城市功能区识别、旅游政策提供依据。结合手机中的位置数据、出行方式、出行轨迹等数据,可以用于推算人口分布、常住人口数量、城市人群密度以及识别老年人群、受灾人群等,可以为城市治理、灾害应急管理等提供信息。除此之外,由于手机中的相关数据(如旅行距离、社交网络情况、打电话次数等)还蕴含着用户的经济水平信息,因此还可以用来预测个人、地区的经济发展水平,为相关的经济政策提供依据。

　　目前西方政策或项目评估界主要从以下几个方面来建构评估的指标。其一,经济发展水平。如前所述,手机中的相关数据还蕴含着用户的经济水平信息,因此可以用来评估人口或地区的经济状况。例如索托等从手机数据中提取了279种信息,包括69个行为变量(如呼叫总数或短信总数)、192个社交网络特征(如入度和出度)和18个移动变量(如使用的不同基站数量和总旅行距离),通过分类和回归,估算出每个基站塔覆盖区域的社会经济水平。① C. 史密斯(C. Smith)等收集了手机通话详细记录数据,认为区域的移动通信活动水平(包括通话的总发送量和持续时间)、区域观测到的和预期的人口流动之间的差异、区域与其他地区联系的多样性、区域与其他地区联系的数量可以反映一个地区的贫困程度,从而估算了科特迪瓦11个地区的贫困程度。② 这些有利于评估经济政策或扶贫政策的效果。其二,人口迁移。由于基站与通话地点之间的差异表明呼叫者的移动情况,因此可以测量人口的移动情况,当这些数据进行汇总时,可以在区域或全国层次上揭示人口的迁移状况。③ 这有利于评估经济政策、农业政策、灾害应急决策等效果。其三,交通和出行模式。手机数据中包括出行开始地点、出行结束地点、日期、时间和出行次数等,就地理位置而言,可以挖掘人们的空间(城市内、城市之间)流动模式;就日期、时间而言,可以分析人们早晚高峰或特定时间的出行模式,甚至基于从一个位置移动到另一个位置所需的时间还可以推测人们出行运用的交通方式。④ 这些为评估交通规划、旅游政策等提供了代理指标。

　　(二)常用的数据收集方法

　　可以从移动手机网络中的各种来源收集数据。这些数据通常分为两

---

① V. Soto，Vanessa Frias-Martinez，J. Virseda and Enrique Frias-Martinez，"Prediction of Socioeconomic Levels Using Cell Phone Records"，User Modeling，Adaption & Personalization-international Conference，Umap，Girona，Spain，July，2011.

② C. Smith，A. Mashhadi and L. Capra，"Ubiquitous Sensing for Mapping Poverty in Developing Countries"，2013，http://citeseerx. ist. psu. edu/viewdoc/download；jsessionid＝086120FED6EF82F11AA79F83137AB951？doi＝10. 1. 1. 408. 9095&rep＝rep1&type＝pdf.

③ UN Global Pulse，"Analysing Seasonal Mobility Patterns Using Mobile Phone Data"，*Global Pulse Project Series*，no. 15(2015)，https://www. unglobalpulse. org/document/analysing-seasonal-mobility-patterns-using-mobile-phone-data/.

④ S. Fina，J. Joshi and D. Wittowsky，"Monitoring Travel Patterns in German City Regions with the Help of Mobile Phone Network Data"，*International Journal of Digital Earth* 14，no. 3(2021)：379-399.

类：一类包括移动应用程序供应商直接从手机传感器收集的应用程序级数据。由于智能手机(如 GPS、加速计、磁场传感器、陀螺仪等)普遍配备了传感器技术，因此手机通常充当传感器枢纽，具有丰富的数据采集和传输连接。另一类数据是传统上由内容服务提供商和移动运营商收集的网络级数据，包括大量的各种移动服务内容以及关于其系统和客户的时空移动宽带数据。此类数据记录系统状态、服务请求以及用户信息(例如用户 ID、位置、设备类型、时间戳、服务类型等)。

　　首先，应用程序级数据主要来自移动终端(包括软件端和硬件端)。硬件端数据包括设备使用信息、传感器信息等；软件端数据包括应用程序信息、与设备关联的用户配置文件以及系统日志。有相当多的项目侧重于从移动终端收集数据。例如，自 2011 年 3 月以来，剑桥大学计算机实验室开展了大规模的设备分析仪实验，涉及 12500 台 Android 设备。收集并分析了所覆盖的国家/地区、电话类型、操作系统版本、设备设置、已安装应用程序、系统属性、蓝牙设备、Wi-Fi 网络、磁盘存储状态、能量和充电状态、电话、数据使用、中央处理器(CPU)和内存状态、警报、媒体和联系人以及传感器的记录。[1]　其次，网络级数据通常在 OTT 服务器或网络运营商服务器上收集。OTT 服务器上的原始信息包括大量文本、用户专业文件、系统日志、音频和视频内容等；而网络运营商独有的服务器数据项包括位置、地址、时间、记录、流量、URL 等。其中，"位置"包含 BSs(位置区码)、小区(服务区码)和路由器(路由区码)的位置，从中可以唯一地确定每个用户的物理位置，而无须移动终端 GPS 的帮助。"地址"包含客户端、服务器等的 IP 地址。"时间"包含用户连接和会话的开始时间戳。网络运营商还可以唯一访问用户移动电话号码(MSISDN)和用户设备标识(IMEI)，从中可以确定每个用户的特定设备。[2]

　　对于评估者而言，在遵守有关规定和获得应用程序运营商、移动运营商的授权和许可的前提下，可以在相关平台提取或下载经过加密处理后的手机数据。在确保隐私得到保护和知情同意的情况下，评估者也可以从相关志愿者处收集数据。

---

[1]　C. Xiang, L. Fang, L. Yang and S. Cui, "Mobile Big Data: The Fuel for Data-driven Wireless", *IEEE Internet of Things Journal*, no. 5(2017): 1.

[2]　C. Xiang, L. Fang, L. Yang and S. Cui, "Mobile Big Data: The Fuel for Data-driven Wireless", *IEEE Internet of Things Journal*, no. 5(2017): 1.

（三）常用的数据分析方法

对于手机数据的分析，常常有两个关键的步骤：特征工程和建模。

其一，特征工程。在机器学习中使用数学模型来拟合数据并预测结果，而特征就是模型的输入。特征就是原始数据某个方面的数值表示。特征工程（Feature Engineering）是指从原始数据中提取特征并将其转换为适合机器学习模型的格式。它是机器学习流程中一个极其关键的环节，因为正确的特征可以减轻构建模型的难度，从而使机器学习流程输出更高质量的结果。例如，索托等为了估算每个基站覆盖区域的经济水平，从手机数据中提取了279种特征，包括69个行为特征、192个社交网络特征和18个移动特征，并运用特征选择技术，选择出与经济水平最相关的10个特征：每周使用不同基站的数量、每周影响区域的直径、每周通话总数、某人与短信联系人的距离占其与所有联系人的距离的比例、接收到短信的数量与所有通信的数量的比例、互惠度为5的短信联系人的百分比、旋转半径、每周总旅行距离、呼叫总数中位数、互惠度为2的语音联系人百分比。C. 史密斯等基于通话详细记录，提取了与贫困水平相关的四个特征：移动通信活动水平、重力残差（观测到的和预期的人口流动之间的差异）、多样性（一个地区与其他地区联系的多样性）、内向程度（一个地区与其他地区联系的数量）。从所有的信息中，提取、选择出有意义、对模型有帮助的特征，可以避免将所有特征都导入模型去训练的情况，以提高学习者的学习性能，或者在建模中更精确地捕获潜在解释的后验分布。

其二，建立模型。模型可分为两类，即描述性模型和预测性模型。描述性模型旨在说明数据之间的依赖性或关系，而预测性模型则基于从标记数据中学习的函数进行预测。根据数据是否标记，也可以将描述性和预测性模型分别称为无监督学习和有监督学习。描述方法包括聚类或分割、主成分分析和概率图模型等。预测方法包括回归和分类，回归旨在基于培训数据集构建函数，生成连续值输出；分类利用标记的历史数据集来构建分类器，以预测给定一组特征的分类输出。

除了这两类模型之外，过去几年还提出并发展了"强化学习"，其训练数据来自学习机与其环境的反馈之间的交互作用。[1] 目前，在手机数据分析领域已经出现了数千种模型，评估者要根据具体的情况选择合适的模型来

———

① C. Xiang, L. Fang, L. Yang and S. Cui, "Mobile Big Data: The Fuel for Data-driven Wireless", *IEEE Internet of Things Journal*, no.5(2017): 1.

分析特定的问题。

四、运用网络搜索数据评估政策或项目的方法

（一）网络搜索数据及其评估代理指标

网络搜索数据是指用户利用搜索引擎对互联网上的信息进行搜索而产生的数据。用户通过使用不同搜索引擎和社交平台（如通过谷歌、论坛、电商平台等）来实现信息查询和交互，而搜索引擎和社交平台则会将用户的搜索行为记录下来，从而形成庞大的数据沉淀。用户访问搜索引擎的基本操作包括：提交查询、浏览结果页面和在结果页面中点击相关的网页。这些行为都被记录在搜索引擎的用户日志中。搜索引擎日志记录了用户与系统交互的整个过程，虽然不同搜索引擎的日志记录格式略有不同，但一般都包括用户的访问时间、用户的 IP 地址、输入的查询词、用户所点击的 URL、点击的时间以及点击 URL 的序号等。为了利用这些数据并为用户提供帮助，自 2006 年以来，诸多的搜索引擎公司、电商平台、社交平台都推出了基于搜索日志分析的应用产品，例如谷歌趋势 、微软零售搜索趋势、推特趋势等。其中，谷歌趋势是最早出现的应用产品，它通过分析 Google 全球数以十亿计的搜索结果，告诉用户某一搜索关键词各个时期在 Google 被搜索的频率和相关统计数据。谷歌趋势中的每一个关键词的趋势记录图形显示分为搜索量和新闻引用量两部分，用户可直观地分别看到每一个关键词在全球的搜索量和相关新闻的引用情况的变化走势，并有详细的城市、国家、地区、语言柱状图显示。

网络搜索数据在科学研究中也有了较为广泛的运用。比如，分析日志可以获取用户使用搜索引擎的基本特征，以这些基本特征为依据改进搜索引擎，可以提高搜索引擎的服务质量。运用网络搜索数据可以预测传染病的活动水平，一个著名例子是谷歌流感趋势（GFTs），它提供了对流感发病率的实时估计。也有研究表明，由于每天有许多人将他们的健康症状输入谷歌搜索框中，因此在谷歌上的关键词搜索与美国部分地区的新冠疫情暴发之间出现了强烈的相关性。[1] 这些预测和分析可为分配检测用品、个人防护设备、药物等资源提供依据。此外，由于网络搜寻关键词与大量经济变量间存在相关性，因此，还有一些研究运用网络搜索数据来估计和预测商品需求量、商品价格、消费者信心、游客量、商品销量等，这也为企业的经营销

---

[1]　参见：https://www.sciencedaily.com/releases/2020/10/201022083309.htm.

售决策和政府的经济政策制定提供了信息。

目前西方政策或项目评估界主要从以下几个方面来建构评估的指标。其一，政策关注度。通过了解与政策相关的特定关键词在搜索引擎上的搜索规模与变化，可以获得网民或公众对特定政策的关注度及其特征、变化趋势。其二，经济影响。例如通过网络搜索数据估计企业破产数量，由于有严重财务问题的公司的员工会产生更多的对"失业救济"和类似条款的查询，因此可以通过网络搜索数据估计企业破产状况。[①] 其三，政策干预的前后差异。对政策干预效果衡量的一种重要方法是比较政策实施前和实施后的差异，网络搜索数据为这种比较提供了良好的资料。例如，为了减少数字盗版，在美国实施了一种"电子干预"或"网络干预"——通过版权警报系统（CAS）向侵权者发布警告或采取断开互联网、账户降级或带宽限制等措施实施干预。H. B. M. 莱乌认为，这种"电子干预"的效果可以通过比较干预前和干预后的搜索或下载盗版内容的搜索查询量来评估。[②] 基于同样的思路，埃尔斯等运用与烟草相关的在线搜索查询数据，评估了一项旨在减少吸烟的干预措施（增税）的效果。[③]

（二）常用的数据收集方法

第一，通过搜索引擎日志收集数据。用户进行搜索时，首先进行查询，然后从搜索引擎返回的结果中筛选自己需要的信息，并点击相应的网址。用户和搜索引擎交互的这些信息都会被搜索引擎服务器记录下来，例如，其不仅将用户访问信息记录到日志文件中，还会对用户信息进行记录。用户每点击一个网址就记录一次。于是，在搜索引擎服务器端形成了搜索引擎日志。对于搜索引擎公司而言，这就完成了相关数据的收集。而对于评估者而言，需要相关搜索引擎公司的许可才能获得搜索引擎日志。出于商业目的和保护用户隐私的目的，搜索引擎日志往往是不公开的，仅有少数搜索引擎开放搜索引擎日志。

① Frank Willemsen and Frans Leeuw, "Big Data, Real-World Events, and Evaluations", in Gustav Jakob Petersson and Jonathan D. Breul (eds.), *Cyber Society, Big Data, and Evaluation* (Piscataway: Transaction Publishers, 2017), pp. 77-95.
② H. B. M. Leeuw, "Using Big Data to Study Digital Piracy and the Copyright Alert System", in Gustav Jakob Petersson and Jonathan D. Breul (eds), *Cyber Society, Big Data, and Evaluation* (Piscataway: Transaction Publishers, 2017), pp. 97-116.
③ J. B. Ayers, Althouse, K. Ribisl and S. Emery, "Digital Detection for Tobacco Control: Online Reactions to the 2009 U. S. Cigarette Exicse Tax Increase", *Nicotine & Tobacco Research* 16, no. 5(2014): 576-583.

第二,通过相关应用产品采集数据。如前所述,目前已经有不少的机构都推出了基于搜索日志分析的应用产品,例如谷歌趋势、微软零售搜索趋势等。在这些平台上进行检索即可获得某一搜索关键词各个时期中被搜索的频率和相关统计数据。

(三)常用的数据分析方法

第一,可以运用查询串长度和频次分析、URL 点击深度和频次分析、用户使用高级检索情况分析等方法分析用户的行为。

第二,建模。网络搜索与评估指标之间可能存在一定关联性,但是否存在关联性以及如何关联需要通过建立模型来加以分析、检验,然后才能运用于预测或评估。此时建模方法与手机数据的建模方法相似。首先甄别出具有良好预测性能的关键词作为预测变量,然后以评估指标作为被预测变量建立模型。

第三,比较分析。如前所述,对政策干预效果衡量的一种重要方法是进行政策干预前后的比较。从思路来看,这种比较可以视为政策干预前网络搜索行为与政策干预后网络搜索行为的比较。但需要注意的是,搜索行为的变化是否可以归因于这种政策干预仍然是一个问题。此时,有两种考虑方法:一是构建反事实,寻找一个未实施此种政策干预的国家或地区作为对照,以孤立出政策干预的效果。二是运用贡献分析方法(Contribution Analysis)来确定搜索行为的变化是否可以归因于政策干预。[1]

五、运用综合数据评估政策或项目的方法

(一)综合数据的含义与意义

综合数据意指将多种来源、多种类型的数据进行汇集而形成的综合性数据。例如将社交媒体数据、卫星遥感数据、手机数据、网络搜索数据、常规调查(问卷、访谈等)、行政数据等加以综合。综合数据的意义在于:一是可以避免数据的割裂性。数据的割裂导致无法勾勒用户或政策、项目全貌,因此综合数据可以避免对用户或政策、项目认识的片面性。二是可以有效提升数据的内涵价值。不同来源、不同类型数据的融合,具有互补性和完整

---

[1] H. B. M. Leeuw, "Using Big Data to Study Digital Piracy and the Copyright Alert System", in Gustav Jakob Petersson and Jonathan D. Breul (eds), *Cyber Society*, *Big Data*, *and Evaluation* (Piscataway: Transaction Publishers, 2017), pp. 97-116.

性,有利于新规律或新价值的发现。可以说,综合数据才是真正意义上的大数据。

从数据的交互程度来看,数据的综合可以分为数据组合、数据整合和数据聚合三个层次。数据组合由各种数据的简单组合形成,其产生的是"物理反应",数据属性本质没有改变。数据整合由多种数据共同存在才能够实现产品价值,其产生的是"化学反应",有价值出现。数据聚合则是由多种数据聚合孵化产生出新的产品或新的模式,其产生的是"核反应"。这三个层次由低到高,逐步实现数据之间的深度交互。从目前西方政策或项目评估界的运用来看,研究主要涉及的是数据组合层次。例如:全球环境基金(GEF)将卫星图像和遥感数据、常规调查和二次数据相结合评估了其资助的保护森林覆盖和红树林沼泽地项目的影响。[①] 尼尔森等设计了如何运用多个相关部门的行政数据、定性访谈、文献综述、谷歌地图数据对儿童寄养、无家可归儿童收容、青少年母亲生育服务项目进行评估。[②] 虽然运用手机数据可以研究公众的出行模式从而为交通规划提供信息,但是与道路网络数据、交通监控数据、交通统计数据、家庭调查数据等结合,则能够更好地识别公众的出行行为。

(二)综合数据的收集与预处理

综合数据的收集可以分别采用相应的收集方法收集数据。与单一数据的收集相比,由于是不同来源、不同类型、不同格式、不同形态数据的汇聚,综合数据收集面临着一个很大的困难,即数据的预处理。在最简单的层面上,需要将相同来源、相同类型或格式的数据进行合并。而从更复杂的角度来看,不同来源的数据格式不一,且存在质量问题,因此需要采取更复杂的数据集成和数据融合。而这些都需要通过实体与关联抽取、模式匹配(Schema Matching)、实体对齐(Record Linkage)和实体融合(Data Fusion)等方法来实现,需要在法律基础、合并可能以不同方式构建的各种数据库的技术、使用各种软件等方面进行大量工作,往往是一项艰巨而昂贵的任务。从目前西方政策或项目评估界的实践来看,数据的合并和预处理尚处于简

---

① Global Environment Facility, Impact Evaluation of GEF Support to Protected Areas and Protected Area Systems, 49th GEF Council Meeting, October 20-22, 2015, Washington D. C.

② Steffen Bohni Nielsen, Nicolaj Ejler and Maryanne Schretzman, "Exploring Big Data Opportunities: The Case of the Center for Innovation through Data Intelligence (CIDI)", New York, in Gustav Jakob Petersson, Jonathan D. Breul(eds), *Cyber Society*, *Big Dataand Evaluation*(Piscataway: Transaction Publishers, 2017), pp.147-169.

单的层面上。

(三)常用的数据分析方法

由于目前西方政策或项目评估界往往只是对各种数据的简单组合,因此,对数据的分析也主要采用混合方法来进行。其基本的思路是:首先,依据数据的来源和类型,选择相应的方法来进行分析。例如,行政数据需要运用定量数据分析方法进行分析,而定性访谈数据将被系统地编码并在NVIVO 软件中进行分析,而手机数据则可能需要运用机器学习的方法进行分析。其次,运用三角测量方法对前述的各种类型数据的分析结果进行相互印证、相互支撑,进而获得更可靠、更全面的结论。例如,在全球环境基金对保护森林覆盖和红树林沼泽地项目的评估中,针对卫星图像和遥感数据、常规调查和二次数据,采用相应的定量、定性和空间方法对数据进行了分析,然后通过对不同类型数据的分析结果的三角测量,确定了全球环境基金对生物多样性保护的贡献程度及其与更大的社会生态系统相互作用的方向和模式。①

简要评析

随着人类社会向大数据时代的迈进,借助大数据及其方法技术进行政策评估已成必然。大数据政策评估流派基于"数据密集型科学发现范式"这一哲学基础,将大数据提供的多数据源、新的方法和技术整合进公共政策评估当中,形成了新的政策评估理念和方法,并不断加强在政策评估实践中的运用。

毫无疑问,大数据政策评估理论与方法是西方政策评估在新时代进行的一次重大创新,可以说是对以往政策评估理论与方法的一种全面变革。它有利于推进政策评估的低成本化、主体多元化、快速化、全面化和持续化,也有助于解决以往政策评估中面临的一些难题,为提升政策评估的全面性、充分性、信度、效度均做出了重要的贡献。

然而,由于大数据政策评估理论是一种正在发展中的评估理论流派,其理论和方法还存在一些局限性。其一,需要进一步思考评估领域大数据革

---

① Global Environment Facility,"Impact Evaluation of GEF Support to Protected Areas and Protected Area Systems",49th GEF Council Meeting,October 20-22,2015,Washington D. C.

命的基本原理,例如从理论转向数据驱动的知识生产、从因果关系到相关性的转变、从干净数据到混乱数据的转变、从小样本到总体的转变等对评估到底意味着什么? 只有很好地回答这些问题,才能更好地厘清大数据政策评估的理论逻辑。其二,进一步思考大数据在政策评估中还有哪些潜在的应用。虽然目前对大数据在政策评估中的潜在应用有了一定的探索,但是大数据所固有的机会还应该被充分地追求。其三,实践运用还存在不足。例如目前大数据在实际评估中运用总体偏少,所开发的评估指标仍然有限,一些类型的数据特别是综合数据还缺少使用,对大数据收集、预处理的技术运用有限,对评估数据的深度挖掘还不够,等等。因此,未来还需要不断地研究、开发和改进。

第十一章　西方政策评估理论与方法的历史反思、未来趋势与启示

西方政策评估自 20 世纪 60 年代以来,不断发展其理论和方法。本书第三章至第十章分别梳理了后实证主义政策评估、建构主义政策评估、实用主义政策评估、批判复合主义政策评估、变革性政策评估、循证政策评估、辩证多元政策评估和大数据政策评估的理论和方法。经过此近 60 年的发展,我们该如何评价其理论和方法的发展程度? 是否形成了理论体系和方法体系? 此近 60 年的理论发展逻辑是什么? 还存在哪些不足? 未来的发展趋势或方向是什么? 西方政策评估理论与方法对中国特色政策评估理论和方法体系的建构有何启示? 作为最后一章,本章将对西方政策评估理论与方法的过去、现在进行反思,对其未来进行展望并思考其对我国的启示。

第一节　西方政策评估理论与方法的历史反思

一、西方政策评估理论与方法演变的逻辑是什么?

如何看待西方政策评估理论与方法演变的历史图像? 如前所述,为了揭示西方政策评估理论的历史演进逻辑,一些评估学者提出了"代""导向""树""浪潮""范式"等多种隐喻。这些隐喻虽然一定程度揭示了西方政策评估理论演变的历史图像,但由于他们做出判断的历史时代(大多为 2010 年以前)和看待政策评估理论的视角的局限性,导致他们所绘制的理论演变图景都"残缺不全"。从当前的角度和本书看待政策评估理论的视角,笔者认为,西方政策评估理论的历史演进呈现出如下逻辑。

其一,西方政策评估理论沿着评估科学性和评估的使用两条路径不断

推进。如前所述,政策评估具有科学性和有用性双重属性。从不同的属性出发,西方政策评估理论几乎一开始就出现了两种理论追求,并因此形成了相应的两种理论发展路径:评估本身的科学性路径和评估的可使用性路径。从评估本身的路径看,最初的后实证主义评估流派鉴于以往"测量"时期和"描述"时期的粗糙,开创和引入了实验与准实验、基于理论的评估、成本收益分析以及其他量化方法试图使评估的结果更为准确和客观。然而,对"价值"的忽视使得评估结果并不可靠,也不可信。建构主义评估流派针对这一不足,主张在政策评估中通过定性方法识别多种价值观和视角并促进不同评估参与主体进行互动,创造出共同建构的评估结果,推动政策评估质量的有效提高。然而,后实证主义评估流派和建构主义评估流派都忽视了边缘化群体和权力不平等问题,这促成 20 世纪 90 年代变革性评估流派的诞生,开发出了一系列以"变革性范式"为基础、质疑系统的权力结构以促进社会正义和人权的评估模型和方法。2012 年,人类社会进入了大数据时代,大数据时代的到来不仅带来了评估数据源的空前增加,也带来了更为先进的评估数据收集和分析的技术,大数据评估流派及时引入这些理念、方法和技术,进一步提升了政策评估本身的科学性。从评估使用的路径来看,20 世纪 70 年代初实用主义评估流派将其提上理论发展的议程,并探索了若干评估使用的基本议题。20 世纪 90 年代末的循证评估流派则更为细腻地研究了如何将评估结果应用于公共决策和利益相关者的决策,进一步拓展了评估使用的深度和广度。

其二,西方政策评估理论通过"单一理论开发"和"理论整合"两种方式不断发展。如前所述,社会理论存在单一理论开发与理论整合两种发展方式,这也适用于西方政策评估理论的历史演进。20 世纪六七十年代,以后实证主义为基础、信奉"价值中立"的理论家开创了后实证主义评估流派,而秉持建构主义、重视"价值"的学者们建立了建构主义评估流派,于是出现了两种单一理论的开发,并发展成为两种评估"理论阵营"。由于对各自理论的钟情,导致在 20 世纪 70 年代、80 年代中二者之间出现了"范式战争"。理论整合的思维由此出现,20 世纪 90 年代批判复合主义流派以批判性复合主义为哲学基础,谋求范式的对话,谋求整合事实与价值,提出了一些整合后实证主义评估和建构主义评估的原则、框架、可能性、做法和途径,可以说是西方政策评估理论的第一次理论整合。但由于其对整合的内在逻辑还缺乏深入的挖掘,且整合的实际操作不易实现,导致其影响力有限。20 世纪 90 年代中后期以来,随着变革性评估流派、循证评估流派的出现,到 21 世纪初期,西方政策评估再次进入了一个"异质时代"。2010 年以来,辩证多元评估流派提出政策评估的"元范式",谋求在政策评估中进行跨范式的对话,又提供了一条整合路径。无疑,由"单一理论开发"到"理论整合"也是西方政策评估理论发展的一条重要脉络。

其三,西方政策评估理论由方法、模型向哲学基础不断深入。由于政策评估的关键是要通过特定的方法获得对政策效果的认识,因此,早期的政策评估便被定位于一种实务和技术,仅仅注重评估的方法、工具的开发,比如标准化测验、实地访视、实验、准实验和统计等。然而,政策评估并非只是一个技术问题,还涉及对政策评估工作的主要概念与结构、评估过程的看法以及对系统性地运用技术的描述,于是,自 20 世纪 60 年代以后,一些评估研究者便开始提出各种各样的模型,例如 CIPP 模型、聚焦于使用的模型等。然而,虽然这些模型能够产生具有辨明性的描述、判断及建议,提供指导方针并发挥示范性作用,但由于仍然没有揭示各种模型背后所潜藏的评估逻辑和哲学假设问题,导致对评估的认识浅薄,也无法有效地阐明各种模型在评估中的适用性。因此,自 20 世纪 90 年代以来,评估研究者日益重视对评估背后的哲学基础的挖掘。例如 20 世纪 90 年代古巴的"范式对话"[1]、2012 年梅尔滕斯提出的"四大范式"[2]以及她 2018 年提出的"五大范式"[3]等都阐明了重要的哲学基础问题。由此不难发现,西方政策评估理论也展现出了一种由方法、模型向哲学基础不断深入的历史图景。

二、西方政策评估理论与方法是否已经成熟?

历史的反思还需要回答西方政策评估的理论化状态如何,即它是否已经成熟? 首先,从西方评估者的观点来看,一部分学者已经得出了"评估领域已经成熟"的结论。早在 1984 年,康纳(R. F. Conner)等就认为,评估"已是一个获得公认的领域,现在已进入青春期晚期,目前正在向成年过渡"[4]。沙迪什等的观点是:"到 20 世纪 90 年代,评估作为一种职业已经相当成熟。"[5]马西森(Sandra Mathison)也认为,评估"目前已经形成了自己的

① E. G. Guba, *The Paradigm Dialog* (Newbury Park: Sage Publications, 1990).
② Donna M. Mertens and Amy T. Wilson, *Program Evaluation Theory and Practice: A Comprehensive Guide* (Guilford: The Guilford Press, 2012).
③ D. M. Mertens, *Mixed Methods Design in Evaluation* (London: Sage Publications, 2018).
④ R. F. Conner, D. G. Altman and C. Jackson, *Evaluation Studies Review Annual* (Beverly Hills: Sage Publicatons, 1984).
⑤ William R. Shadish and Jason K. Luellen, "History of Evaluation", in Sandra Mathison(ed.), *Encyclopedia of Evaluation* (Thousand Oaks: Sage Publicatons, 2005).

体系"①。霍根(R. Lance Hogan)的观点则更为明确:"项目评估已经成为一个成熟的研究领域。"②本书认为,判断西方政策评估理论与方法是否成熟需要依据相关的标准才能进行恰当的评价。

(一)评价政策评估理论的标准

迄今为止,已有一些学者和组织提出了几套评价政策评估理论的标准。

首先是沙迪什等在 20 世纪 90 年代提出了五个标准:社会规划、知识结构、价值、应用和实践。其中,社会规划指评估理论应阐明政策(项目)的本质及其在解决社会问题中的作用;知识结构指评估理论应产生关于评估目标的可接受的知识要求、产生知识要求的合理方法以及有关哪一种知识值得研究的假设;价值是指理论应阐明评估中的价值及其在评估过程中发挥的作用,并明确如何构建价值判断;应用则指理论应说明评估信息如何应用、被谁使用和为了什么目的使用以及如何增加合法应用;实践则指评估理论应阐明评估人员做的或在实施评估中应该做的事情。③

其次是美国联合委员会的《项目评估标准》(1994、2011)和美国评估协会《评估人员指导原则》(2004)中提出的评估理论的一般标准,包括评估理论应为评估的专业化、评估研究、评估规划、评估人力资源配置以及评估导向提供指导。具体来说,在评估的专业化方面,理论能阐明评估的定位和目标、为开展评估工作开发必要的方法和策略;在评估研究方面,理论应能产生和检验有关评估行为和结果的预测或观点以及产生评估的新思想;在评估规划方面,理论应可用于给评估人员提供评估问题和方法概念化的结构、为特定的评估提供决策和阐明全面、清晰的假设;在评估人力资源配置方面,理论可以阐明评估人员的角色和职责,决定评估人员进行完善、有效的评估需要拥有的资质、能力和其他特征;在评估导向方面,理论应可被用于进行低成本、高效率、有适应力和有效的评估以及为公益提供值得信赖的服务等。④

---

① Sandra Mathison, "Evaluation Theory", in Sandra Mathison (ed.), *Encyclopedia of Evaluation* (Thousand Oaks:Sage Publicatons, 2005).

② R. Lance Hogan, "The Historical Development of Program Evaluation: Exploreing the Past and Present", *Online Journal of Workforce Education and Development* 2, no. 4 (2007): 1-14.

③ W. R. Shadish, T. D. Cook and L. C. Leviton, *Foundations of Program Evaluation: Theories of Practice* (London: Sage Publications, 1991).

④ [美]斯塔弗尔比姆、科林:《评估理论、模型和应用》(第 2 版),杨保平等译,国防工业出版社,2019,第 38 页。

上述较早时期探索的两套标准更多的是强调评估理论在满足评估过程方面的要求，还没有从理论需具备的高度、全面性和严格性方面来评价。自2010年以来，一些学者又陆续提出了更为全面和更为严格的标准。

首先是米勒（R. L. Miller）在2010年提出的五大标准。这套标准包括操作特性、应用范围、实践可行性、明显效果和再现性。操作特性要求评估理论能够转化为从业者明确的指导和引导思想，并且理论特性必须可识别；应用范围则指确定在什么环境下和探索什么样的评估问题时，评估理论能被运用；实践可行性则要求理论应明确应用理论计划和实践中引导思想的难易度；明显效果要求理论能够确定预期的要求达到的影响以及是否有非预期的效果发生；再现性即可重复性，指理论指导下所观察的评估影响能够随时间、场合和评估人员的变化再现。[①]

而斯塔弗尔比姆则指出一个完善的政策评估理论应具有如下六个要求：全面一致、核心概念、关于评估进程如何产生预期结果的假设检验、可行的程序、伦理需求、指导政策评估实践和进行评估研究的总体框架。其中，能够有效地产生有关评估行为和结果的、可验证的预测和观点，为开展有效的评估提供可靠的、有效的、有意义的指导是政策评估理论的主要标准。除此之外，如同其他社会科学理论一样，评估理论还需满足"健全理论"的要求，即理论应具备清晰性、全面性、节约性、弹性、鲁棒性、普遍性和启发性。[②]　本书认为，斯塔弗尔比姆提出的六个要求或标准更为全面和合理。

（二）当前西方政策评估理论的发展状态

本书依据斯塔弗尔比姆提出的"完善的政策评估理论应具备的六个要求"来对当前西方政策评估理论的发展状态进行评价。

（1）在核心概念的建构中，西方政策评估理论已建立了许多成熟的概念，例如形成性评估、总结性评估、正式评估、非正式评估、优点、价值、产出、结果等。

（2）在可行的程序方面，西方政策评估理论对于评估的一般程序、定量评估的程序、定性评估的程序和混合评估的程序等方面都已达成了基本的共识。

① R. L. Miller, "Developing Standards for Empirical Examinations of Evaluation Theory", *American Journal of Evaluation* 31, no.3(2010)：390-399.

② ［美］斯塔弗尔比姆、科林：《评估理论、模型和应用》（第2版），杨保平等译，国防工业出版社，2019，第36-37页。

（3）在伦理要求方面，在《评估人员指导原则》《项目评估标准》以及其他著作中，都包含了丰富的政策评估标准和道德准则，这方面已取得长足的进步。

（4）在指导评估实践和开展评估研究的一般框架下，西方学者对评估哲学基础的认识以及开发的多种多样的评估模型都对评估实践和研究提供了很好的指导。

（5）在总体一致性方面，虽然出现了各种流派之间的对话以及整合的努力，然而"无论是被称为实践领域、学科、跨学科还是职业，评估都还没有发展出传统社会科学领域中常见的单一的、总体的、统一的理论"[1]。

（6）在关于评估程序如何产生预期结果的测试假设方面，该领域"缺少充分的调查研究，也缺乏从严格的、基于经验的理论发展的持续过程中产生的稳定改进的理论……当前评估理论的最薄弱环节是缺乏在实际评估中采用不同理论方法效果的公式化表达和假设检验"[2]，或者说，当前西方的评估理论主要是一种规定性理论而非经过验证的描述性理论。

总的来说，西方政策评估理论在核心概念、可行的程序、道德要求以及指导评估实践和开展评估研究的一般框架方面已经积累了丰富的成果，取得了长足的发展。但还存在一些不足，例如：在理论的总体一致性和描述性理论的建构方面"还有很长的路要走"；如果从更严格的"健全理论"的要求来看，对于评估本身来说当前评估的科学性仍有待提高，在评估的使用方面当前的评估对社会的影响仍然有限，另外，随着复杂性和"邪恶问题"的增加，当前的评估评估复杂政策的能力还颇为不足等。由此可以发现，西方政策评估理论已经取得了相当的成果，产生了较大的影响，然而，其距离"完善的评估理论"或"健全的理论"还有较远的距离。因此，当前的西方评估理论也许可以称为"准理论"或者处于比较成熟的状态。西方政策评估理论要变得更成熟、更重要和更具有学术地位，还有诸多的改进空间。

---

① Jean A. King and Marvin C. Alkin, "The Centrality of Use: Theories of Evaluation Use and Influence and Thoughts on the First 50 Years of Use Research", *American Journal of Evaluation* 40, no. 3(2018):5.

② ［美］斯塔弗尔比姆、科林：《评估理论、模型和应用》（第2版），杨保平等译，国防工业出版社，2019，第41页。

第二节　西方政策评估理论与方法的未来趋势

以下对西方政策评估理论与方法的未来发展趋势进行展望。笔者在阅读大量近几年西方评估学者出版的著作、了解相关国际评估学术会议讯息，特别是阅读一些有影响力的评估刊物（如《评估新方向》《美国评估杂志》等）的基础上，结合自身对西方政策评估研究现状的理解以及对未来的社会环境的预测，提出如下五个未来研究趋势。

一、不断提升评估的科学性，生产出更高质量的评估证据

虽然西方政策评估先后涌现了后实证主义评估流派、建构主义评估流派、变革性评估流派和大数据评估流派并各自开发出了各种模型和方法，提升了政策评估本身的科学性，促进了评估质量的提高，但是，对于要达到评估结果的全面、准确、客观、有效和生产出可靠、可信的评估证据仍有一定的距离。有学者指出：在数量庞大的相关评估和报告中，通常只有大约 10%的报告能够通过可信度和评估质量的筛选。因此，未来需要对影响评估质量的多种因素进行研究，并据此寻找提升评估科学性的有效途径。一些学者指出，途径之一是继续借鉴和利用社会科学的理论、概念和研究方法来丰富评估理论；途径之二是进一步加强对能揭示出政策干预与政策效果之间的因果关系的理论和方法的研究；途径之三是进一步深化对大数据政策评估理论和方法的研究，在大数据评估设计、政策大数据收集和分析方面都需要不断改进。

二、加强评估使用的研究，促进评估对社会发挥更大的影响

当前，评估使用或循证评估已经成为大多数评估者思考评估方式的一部分，然而，当前的评估要实现有效地循证，特别是实现更大的"宣传解释、合法性证明和社会调控"的理想还存在较大的距离。因此，加强评估使用的研究，促进评估对社会发挥更大的影响是其未来的必然趋势。未来的理论着力点将在于：一是深入研究从评估证据转向决策过程中面临的挑战，谋求对决策者和利益相关者产生更大的作用。二是加强对"评估误用"（Evaluation Misuse）的研究。当前的研究大部分都聚焦于如何从正面的角度获得促进评估使用的经验，但对如何从"评估误用"中获取教训却付之阙如。评估结果什么时候会被误用？为什么被误用以及如何矫正误用？这些

都需要未来的研究进行回答。三是加强对"评估影响"的研究。评估不仅仅对政府决策和个人决策产生作用,还应对更广泛的社会改善或长期影响发挥作用,因此加强对评估影响的研究来扩展当前狭窄的评估使用框架也将是未来的一个重要内容。

三、开发评估复杂政策的理论和方法,提升处理评估中的复杂性的能力

当今社会变得日益复杂,许多问题都可被称为"邪恶问题",政府处理这些问题的政策(如气候政策、扶贫政策、危机应对政策等)也往往是复杂的。这些政策是在相互联系并不断变化的背景下进行的,涉及多样化的目标群体、执行机构在不同层次(如地方、国家)开展的多种活动,利益相关者对政策的期望或政策的运作存在不同的、冲突的价值观和假设,政策与政策后果的因果变化过程往往也是非线性的。当前的评估理论和方法在评估复杂政策方面存在空前的困难,一切照旧不会导致有效地利用评估来解决"邪恶问题"。因此,"在未来的评估中越来越需要一个复杂的视角"[1]。处理评估中的复杂性不仅需要很好地理解政策及其背景特征的各种复杂性维度,也需要相应的理论和方法来处理评估设计和实施过程中的复杂性的特定方面。因此,借鉴系统论和复杂性科学等知识,定义和识别复杂性维度,发展和创新评估复杂政策的理论和方法将是西方政策评估的另一个重要趋势。

四、加强理论整合,提升政策评估理论的"总体一致性"

如前所述,虽然在西方政策评估理论发展的历程中,先后存在两次理论整合的努力,但当前仍然处于"一个创造性和思维分歧的时代,一个被认为尚未确立标准实践的时代"[2]。正如梅尔滕斯指出的那样,"评估的未来很可能在于将不同范式的思维和与之相关的评估支流结合在一起的漩涡中"[3]。因此,加强理论整合仍将是其未来的一个重要趋势。这需要不同的理论流派不断进行对话,认识到彼此之间的共性和互补性,寻找能取得共识的更高一级或更一般性的理论目标,然后以最大化整合机会的方式(例如格式塔转换、弱点最小化、优势最大化等)进行综合,从而获得评估的"元理论"

---

[1] Michael Bamberger, Jos Vaessen and Estelle Raimondo (eds.), *Dealing with Complexity in Development Evaluation: A Practical Approach* (Thousand Oaks: Sage Publicatons, 2016).

[2] D. M. Mertens, *Mixed Methods Design in Evaluation* (London: Sage Publications, 2018).

[3] Donna M. Mertens and Amy T. Wilson, *Program Evaluation Theory and Practice: A Comprehensive Guide* (2nd ed.) (Guilford: The Guilford Press, 2019), p. 44.

和增强理论的"总体一致性"。然而，需要指出的是，这种整合的目的是获得更多的评估的共识性基础，并不意味着实现评估理论的"唯一性"或形成某种霸权的框架或否认理论的多元化。

五、加强描述性理论研究，满足健全理论的要求

如前所述，尽管当前西方评估理论界提出了多种富有创造性和影响力的评估模型和方法，但都只能归为规定性或说明性理论。在很大程度上，政策评估学者没有系统地从评估的概念化中生成和测试命题，没有试图理解政策评估中变量之间的关系，没有研究不同评估方法的作用以及在什么条件下起作用，从而不能为评估行为造成的结果提供有效的预测，也还不能满足一个健全理论的标准。因此，未来必须着手推导和正式地、经验性地测试关于正确地、有效地进行评估的理论命题，有效地生成有关评估行为和后果的可验证的预测。从可采取的途径来说，一是要着手总结和严格地制定相关的假设；二是要开展经验性的假设检验；三是要不断地对已有评估模型和方法进行评价，总结其对理论发展和实际应用的价值；四是要增加元评估的使用，由于元评估可以系统地检查评估方法成功或失败的原因，因此也将有助于描述性理论的开发。

第三节　西方政策评估理论与方法对我国的启示

评估实践和学科发展都亟待推进中国政策评估理论的发展。结合中国政策评估理论的现状，本书认为西方政策评估理论与方法的发展可为中国特色政策评估理论的构建提供以下启示。

一、借鉴乃是重要途径

"他山之石，可以攻玉"，借鉴和吸收西方国家较为成熟的政策评估研究成果，是夯实和构建我国政策评估理论和方法体系的重要途径。对于西方政策评估理论已建立的成熟的概念、各种具有科学性的评估模型和方法、可行的程序、适当的伦理要求等，应该采取"拿来主义"的态度，充分地予以吸收。值得注意的是，目前我国对于西方政策评估的相关概念、评估模型和方法、可行的程序、伦理要求还缺乏足够的梳理、整理和跟踪，未来必须加强对西方政策评估已有研究成果的系统化梳理和批判性分析。

二、注重对评估实践经验的总结

无论是从理论建构的逻辑还是西方政策评估理论建构的经验来看,"理论家们常常基于系统的、严格的评估以及环境的记录分析建构理论"①。评估理论家们的思想观念大多来自实际经验,他们通过关注实地经验数据,从中提炼自己创造性的想法,确立自己的理论,评估理论汇聚着创作者们对大量评估经验的思考和总结,因此,"每一个评估理论最好基于大量的政策评估实践"②。我国近些年特别是党的十八届三中全会以来,政策评估的实践日益蓬勃,无论是中央政府还是地方政府,都将许多的政策和项目付诸评估,无论是政府内部机构还是第三方机构,都越来越多地参与到政策评估中。然而,时代赋予我国评估者的任务不光是进行评估实践,还需要加强对自身评估经历的反思,加强对评估经验的总结和提炼,从而形成政策评估的概念化并进而促进政策评估的理论化。

三、紧紧围绕评估科学性和评估使用性来开发理论

如前所述,评估具有双重性,一方面,政策评估必须符合"科学"的要求,需要遵循经验社会学的规则,能够对观测到的社会变革进行准确、客观、有效的测量、分析和评价,为过程的合理调控生成形成性的数据;另一方面,评估总是和政治过程联系在一起的,政治作为主要的任务委托方会以各种方式对评估产生影响并要求回应政治的需求,即为政治或社会实践的改进提供可以使用的结果。因此,这也导致政策评估理论在内容上必须既要研究政策评估的科学性,也要研究政策评估的使用性。对于我国政策评估理论发展而言,也应围绕这两个核心内容来不断推进。相对而言,当前我国评估理论对评估的使用性方面的研究更为薄弱。未来在研究影响评估质量的多种因素并据此寻找提升评估科学性的有效途径的同时,更要注重深入研究从评估证据转向决策过程中面临的挑战,以对决策者和利益相关者产生更大的作用。

四、注重评估过程的理论化

"可行的程序"也是完善的评估理论的一个重要要求。从国内的研究情

---

① ［美］斯塔弗尔比姆、科林:《评估理论、模型和应用》(第2版),杨保平等译,国防工业出版社,2019,第44页。
② ［美］斯塔弗尔比姆、科林:《评估理论、模型和应用》(第2版),杨保平等译,国防工业出版社,2019,第41页。

况看,目前对评估的过程已经具备了一定的研究成果,比如评估过程要分为准备阶段、实施阶段和得出评估结论阶段,评估要经过建立评估标准、资料收集、资料分析和得出结论等环节。然而,政策评估往往具有多种理论流派,存在多种评估模型和方法,而且还存在定量评估、定性评估和混合评估等类型,评估过程并非如当前国内研究认识的那么简单。比如,随机对照试验评估需要经过明确干预措施、定义干预效果、进行实验设计、确定实验对象、随机分组、前测、实施干预措施、后测、进行比较得出评估结论;又如回应性评估遵循的是解释学辩证过程;现实主义评估首先要提出项目理论,并最终发展现现实主义项目理论。定量评估、定性评估和混合评估的过程也不相同,质量标准也不一样。因此,国内研究对政策评估的过程的认识还比较粗糙,一定程度上只是形成一个大的过程框架。未来要结合不同的评估流派、不同的评估模型、不同的评估类型对评估过程加以精细化,如此,才能真正为评估实践提供可行的程序和指导。

五、加强研究政策评估伦理

评估涉及至少四个层次(委托评估的政府和其他机构决策者,被评估的项目、政策和机构的参与者,评估专业人员,在民主社会中评估者有责任向其报告的更广泛的受众)的社会—政治互动。因此,评估工作必须在具有不同利益的多层次背景下进行,评估者必须做出复杂的判断,在备选评估方案之间做出选择,同时要考虑与特定环境相关的无数因素(如社会、个人、政治、文化因素)。[①] 由于标准、道德原则、准则可为道德行为提供信息和指导,因此通常需要有标准和/或道德理论来指导评估决策。[②] 政策评估伦理是政策评估理论的基本要素,也是完善的评估理论的一个重要要求。西方国家已经建立了多种政策评估的标准和伦理原则,如美国联合委员会建立的《项目评估标准》、美国评估协会制定的《评估人员指导原则》、美国总审计署颁布了《政府审计标准》,加拿大、法国、德国、瑞士、英国、澳大利亚和新西兰的评估协会也制定了评估标准或指南。但是在我国的评估理论发展过程中,尽管一些学者开始探索高等教育评估、政府购买公共服务评估中的伦理问题,然而总的来讲对政策评估伦理问题没有引起足够的重视,研究极少且

---

① Helen Simons, "Ethics in Evaluation", in Ian F. Shaw, Jennifer C. Greene and Melvin M. Mark (eds), *The SAGE Handbook of Evaluation* (London: Sage Publications, 2006), pp. 213-232.

② C. Barnett and T. Munslow, "Workshop Report: Framing Ethics in Impact Evaluation: Where Are We? Which Route Should We Take?", *IDS Evidence Report*, 98 (Brighton: IDS, 2014).

零散。因此,要推动中国评估理论的发展,必须加强对我国政策评估伦理的研究。尽管我国可以借鉴西方国家的有益成果,然而,基于中西方的文化差异,仍然需要做大量的修正和创新工作,以建立具有中国特色的政策评估伦理。

六、提出本土化的评估模型和方法,并注重评估的方法论体系

如前所述,评估模型是个别评估者根据他们的信念与经验,对执行政策评估所采取的理想化或示范式的看法,或者说是他们概念化及描述评估过程方法的总结、缩影或摘要。每一种模型都能表现特征,呈现作者对于评估工作的主要概念与结构的看法,同时能针对如何使用这些概念产生辨明性的描述、判断及建议,提供指导方针并发挥示范性作用。前述的八大理论流派每一个流派都有若干个相应的评估模型,比如后实证主义评估流派中便有陈慧泽等提出的"基于理论的评估",建构主义评估流派中有古巴和林肯提出的"回应性评估",实用主义流派中也有帕顿提出的"以使用为中心的评估"等。尽管这些评估模型不能满足充分验证的要求,但是它们为评估人员提供了大量的方法和丰富的指导,成为"规定性理论"的最重要部分。然而,从我国评估理论的发展来看,目前尚没有学者依据他们的信念和经验提出本土化的评估模型,这无疑是我国政策评估理论的一个明显的缺陷。因此,要加强本土化的评估模型的开发。当然需要注意的是,在开发本土化评估模型的过程中,应注意坚持"方法论体系"的思维,即评估方法体系是由哲学基础—评估模型—方法三个层次构成的体系,其中哲学基础是评估之"根",评估模型是对"如何评估"的概念化,而方法则是最表层的具体技术。只有坚持这种"体系"思维,才能使本土化的评估模型具有应有的深度和系统性,也才能为实际的应用提供指南。

七、注重假设检验,谋求建立描述性理论

如前所述,西方政策评估理论目前最薄弱的环节是缺乏描述性理论,即缺乏对政策评估中的相关变量的关系进行经验性的、严格的假设检验,使得理论缺乏解释性和预测性。对于我国政策评估理论发展来说,这一点显得更为薄弱。因此,基于中国政策评估的背景,进行经验性的假设检验并建立描述性理论便是我国政策评估理论发展的一个重要内容。就具体的路径而言,首先,要基于已有理论、评估经验和研究文献制定有关政策评估的假设。斯塔弗尔比姆等围绕评估模型和方法、项目方的参与、合作参与评估、评估中理论和逻辑模型的应用、需求评估、评估的实施、调查、抽样、测量、报告策

略、评估技术的应用、评估的专业标准和准则以及发展评估组织能力方面提出了 30 个研究假设,比如:利益相关者的参与可以强化评估结果的使用,评估标准和准则的应用可以提升评估质量,综合的评估模型和方法能获得更加可信的、有效的和有益的评估,不同的评估问题排序能够得到不同的结论,运用多种报告策略有助于强化利益相关者对结果的应用,等等。[①] 这为我国开发评估研究假设提供了良好的范例。除此之外,由于中西方政策评估的政治、经济、社会、文化背景的不同,也需要对西方学者开发出来的各种评估模型进行验证,比如要考察这些模型在中国情境下是否有效? 为什么有效或无效? 因此,这也是评估研究假设的一个重要来源。其次,经验性地对这些假设进行严格测试,形成经验概括,并基于这些经验概括提出新的评估理论、支持或修正已有的评估理论,从而积累描述性理论。

八、加强对复杂政策评估的理论研究

复杂政策(如气候政策、反恐政策、医疗政策、教育政策、扶贫政策、危机应对政策等)是在相互联系并不断变化的背景下进行的,涉及多样化的目标群体、执行机构在不同层次(如地方、国家)开展的多种活动,利益相关者对政策的期望或政策的运作存在不同的、冲突的价值观和假设,政策与政策后果的因果变化过程往往也是非线性的。[②] 它与一般的政策或项目存在差异。随着我国社会的日益复杂,这类政策在我国公共治理中将日益增多,评估复杂政策的需求也将日益增加。然而,目前我国政策评估理论对于复杂政策评估理论的研究付之阙如。评估复杂性政策不仅需要很好地理解政策及其背景特征的各种复杂性维度,也需要相应的方法来处理评估设计和实施过程中的复杂性的特定方面。因此,借鉴系统论和复杂性科学等知识,定义和识别复杂性维度,发展和创新评估复杂政策的理论将是我国政策评估理论发展的重要组成部分。

九、引入和加强元评估

元评估是一个对评估进行的评估,是一个描述、获取和应用有关评估的有效性、可行性、适用性、准确性和问责等描述性与判断性信息的过程。元

---

① 〔美〕斯塔弗尔比姆、科林:《评估理论、模型和应用》(第 2 版),杨保平等译,国防工业出版社,2019,第 42-44 页。

② Michael Bamberger, Jos Vaessen and Estelle Raimondo (eds.), *Dealing with Complexity in Development Evaluation: A Practical Approach* (Thousand Oaks: Sage Publications, 2016).

评估具有两方面的功能。一是有助于确保评估的公正性和可靠性,它可以帮助评估人员检测和解决评估中存在的问题,确保评估的质量并毫不避讳地解释评估的局限性;也能够帮助受众判断评估的诚信度、可信度、费效比和适用性。二是其有助于评估理论的发展。通过对评估的广泛、全面地批判性反思,可以发现概念化和设计过程、实施的过程、合理的考虑、利益相关者参与等方面的充分性和影响力①,从而为提出新理论贡献思想,为支持或修正理论提供证据。从后者来说,元评估也是评估理论建构和发展的重要工具,或者说是一种从实践中总结、发现理论的具体途径。然而,在当前我国的评估实践中,基本没有开展元评估,或者即使开展了元评估,也不够全面、系统和规范。因此,应注意将元评估引入我国政策评估实践中,将其作为政策评估的标准之一,并加强其在实施中的规范性,以促进理论的构建和发展。

十、注重理论的整合

由于研究者的研究兴趣、理论目标、哲学基础、知识形式和研究方法以及评估环境的多样性,会出现"理论多元化"现象,例如不同的评估者可能会提出不同的评估模型,由于政治、经济、社会、文化环境的差异,中外学者提出的评估模型也可能存在不同。当理论发展到足够多并且相互冲突、争论不休之时,为了提升政策评估理论的"总体一致性",有必要加强理论的整合。这需要在不同评估者提出的理论、不同国家提出的理论之间不断进行对话,认识到彼此之间的共性和互补性,寻找能取得共识的更高一级或更一般性的理论目标,然后以最大化整合机会的方式(例如格式塔转换、弱点最小化、优势最大化等)对这些理论进行综合,从而增强评估理论的"总体一致性"。

---

① ［美］斯塔弗尔比姆、科林:《评估理论、模型和应用》(第 2 版),杨保平等译,国防工业出版社,2019,第 45 页。

结论与未来的研究方向

一、结　论

　　自党的十八届三中全会以来,我国政策评估实践迅速提速,变得十分活跃,然而,与蓬勃发展的实践状况相比,我国政策评估的理论与方法体系建设却非常滞后。本书写作的目的在于系统梳理西方 50 多年来政策评估理论与方法的研究成果,为夯实我国政策评估理论与方法的基础、建构中国特色政策评估理论与方法体系添砖加瓦。

　　本书首先提出了认识政策评估理论的视角和框架。认识政策评估理论具有三个重要的视角:政策评估的双重属性(评估的科学性和评估的有用性)、政策评估的哲学基础(每一种评估理论都有其哲学基础,并且哲学基础的差异导致其理论与方法的差异)、政策评估理论具有两种发展方式(单一理论开发与理论整合)。认识政策评估理论也具有一个基本的框架,即“哲学基础—理论流派—评估方法”框架。该框架认为,政策评估理论与方法是一个有着不同层次的综合体系,这包括哲学基础、理论流派和评估方法三个层次。哲学基础包括一系列逻辑相关的哲学假设(本体论、认识论、方法论、价值论),构成了政策评估之“根”;由于哲学基础的不同,导致评估的理念、规则、假设的不同,由此便形成了各种政策评估理论流派;由于所处理论流派的不同,又导致每一流派开发的评估模型或评估方法存在差异。

　　基于以上三个视角,本书归纳出了西方政策评估的八大理论流派,即后实证主义政策评估流派、建构主义政策评估流派、实用主义政策评估流派、批判复合主义政策评估流派、变革性政策评估流派、循证政策评估流派、辩证多元政策评估流派以及大数据政策评估流派。基于“哲学基础—理论流派—评估方法”框架,本书对每一流派的含义与哲学基础,每一流派的理论渊源、理论演变、理论家及其对理论与方法的贡献,每一流派的经典方法进行了全面的梳理,从而较为系统深入地揭示了西方政策评估的理论体系和方法体系。

　　本书最后对西方政策评估理论与方法的发展进行了历史反思和未来展望,揭示了其历史演进的逻辑,运用相应标准评价了西方政策评估理论的发展程度,并展望了其未来的发展趋势。在此基础上,思考了西方政策评估理论与方法对建构中国特色政策评估理论体系和方法体系的启示。

二、研究尚存在的不足与未来的研究方向

(一)研究尚存在的不足之处

　　尽管本书创新性地运用相关视角和框架对西方政策评估理论与方法进行了较为全面、系统和深入的研究,思考了西方政策评估理论与方法对建构中国特色政策评估理论的启示,然而,由于各方面的原因,研究还存在以下不足。

　　(1)本书以自身提出的认识政策评估理论的视角识别重要的评估理论流派可能导致对某些理论、模型和方法的遗漏。自专业化以来,西方政策评估理论与方法已发展近 60 年,提出了众多的理论和丰富的模型、方法。本书仅以自身提出的认识政策评估理论的视角识别出其中最为重要的理论流派。但任何认识理论的视角都具有一定的局限性,不可能完美地呈现出完整的图像,因此,对于某些理论、模型和方法难免有所遗漏。

　　(2)本书仅从"哲学基础—理论流派—评估方法"框架出发梳理西方政策评估的理论。然而,如果对政策评估理论作广义的理解,还应包括对各种政策评估的概念、政策评估伦理理论、政策评估过程理论等的梳理。为把握政策评估理论的核心方面,本书对前述相关内容缺少研究。

　　(3)本书对公共政策持广义的理解,即公共政策包括政策、项目、计划甚至干预,所梳理的理论和方法亦是对广义的政策进行评估的理论和方法。但事实上政策、项目、计划和干预之间是存在一定的差异的,相应地,政策评估、项目评估、计划评估和干预评估的理论和方法也应存在一定的差异。本书未对这些差异进行探索和研究。

　　(4)政策评估是一个跨学科的研究领域,相关的理论和方法涉及哲学、管理科学与工程、经济学、统计学、数学、社会学、公共管理、政治学、教育学、数据科学与大数据技术等多个学科。本书在研究过程中,对某些理论特别是某些具体方法和技术的理解还不够全面和深入。

（二）未来的研究方向

基于以上的不足，本书提出以下五个未来的研究方向。

（1）加强对本书视角之外的理论流派的研究。鉴于西方政策评估理论与方法的丰富性，我们预期还存在本书视角之外的理论流派、模型和方法。例如桑德斯（W. L. Sanders）等提出的结果增值模型、加拿大学者梁鹤年提出的 S-CAD 评估模型等。开展对这些模型和方法的研究，可以更完善地呈现西方政策评估的理论与方法图景。

（2）加强对各种政策评估的概念、政策评估伦理理论、政策评估过程理论等的梳理。核心概念是理论建构的基础，因此对西方学者提出的诸多评估概念还需要梳理。政策评估伦理也是评估理论的重要组成部分，因此未来需要对评估人员的道德准则、指导评估的专业标准等进行研究。政策评估过程是政策评估的重要方面，因此对于一般的评估过程、定量评估过程、定性评估过程、混合评估过程都有必要加强研究。

（3）探索政策评估、项目评估、计划评估和干预评估理论与方法的差异。尽管存在一定的共同性，但是这四种评估的差异也是存在的。例如，某些项目评估的方法不适合运用于背景复杂、目前群体众多、涉及地域广泛的复杂政策中。未来应厘清它们之间的差异，明确相关模型和方法的限度，并梳理出各具特色的理论与方法。

（4）加强对某些理论特别是某些具体方法和技术的理解。鉴于政策评估的鲜明跨学科性，未来宜组建更具异质性的团队，充分吸收各个学科的研究人员（例如数据科学与大数据技术研究人员），以期能对某些理论、方法和技术做出更全面和更深入的理解。

（5）不断跟踪西方政策评估理论与方法的最新进展。时代、环境、知识的发展将导致西方政策评估理论与方法的不断发展，新的评估理论、模型和方法将不断被提出，对这些新的评估理论、模型和方法未来仍需要紧密跟踪。

参考文献

一、中文类

安超:《艾斯纳质性评价理论述评》,《教育测量与评价》2015年第8期。

宾厄姆、菲尔宾格:《项目与政策评估:方法与应用》(第二版),朱春奎等译,复旦大学出版社,2008。

邓恩等:《公共政策分析导论》,谢明等译,中国人民大学出版社,2010。

董幼鸿:《我国地方政府政策评估制度化建设研究》,上海人民出版社,2012。

范柏乃、龙海波、王光华:《西部大开发政策绩效评估与调整策略研究》,浙江大学出版社,2011。

费希尔:《公共政策评估》,吴爱明等译,中国人民大学出版社,2003。

高树婷、龙凤、杨琦佳:《水污染物排污收费政策评估与改革研究》,中国环境出版社,2013。

格雷等:《科学方法的一次革命》,载赫伊等著《第四范式:数据密集型科学发现》,潘教峰等译,科学出版社,2012。

耿明斋、王雪云:《河南省十大民生工程政策评估报告》,社会科学文献出版社,2015。

古巴、林肯:《第四代评估》,秦霖等译,中国人民大学出版社,2008。

哈贝马斯:《作为"意识形态"的技术与科学》,李黎、郭官义译,学林出版社,1999。

赫伊等:《第四范式:数据密集型科学发现》,潘教峰等译,科学出版社,2012。

何植民:《农村最低生活保障政策实施绩效评估及优化研究》,经济科学出版社,2015。

柯克帕特里克、柯克帕特里克:《柯氏评估的过去和现在:未来的坚实基础》,崔连斌、胡丽译,江苏人民出版社,2012。

孔德:《论实证精神》,黄建华译,商务印书馆,1996。

孔祥智:《中国农机购置补贴政策评估与优化研究》,中国农业出版社,2016。

李文军:《社区居家养老服务绩效评估研究》,中国政法大学出版社,2017。

李亚、宋宁:《后实证主义政策评估主要模式评析》,《天津社会科学》2017年
　　第1期。

李允杰、丘昌泰:《政策执行与评估》,北京大学出版社,2008。

李志军:《第三方评估理论与方法》,中国发展出版社,2016。

李志军:《重大公共政策评估理论、方法与实践》(第二版),中国发展出版
　　社,2016。

李志军:《重大公共政策评估理论、方法与实践》,中国发展出版社,2013。

刘洪银、田翠杰:《我国科技人才政策实施成效评估》,中国社会科学出版
　　社,2017。

罗西、弗里曼、李普希:《项目评估方法与技术》,邱泽奇等译,华夏出版
　　社,2007。

罗伊斯、赛义、帕吉特:《项目评估:循证方法导论》(第六版),王海霞、王海洁
　　译,中国人民大学出版社,2018。

马旭红、唐正繁:《第三方评估的实证理论与实证探索》,西南交通大学出版
　　社,2017。

迈尔-舍恩伯格、库克耶:《大数据时代——生活、工作与思维的大变革》,周
　　涛译,浙江人民出版社,2013。

赛鲁利:《社会经济政策的计量经济学评估:理论与应用》,邸俊鹏译,格致
　　出版社,2020。

上海社会科学院政府绩效评估中心:《公共政策绩效评估:理论与实践》,上
　　海社会科学院出版社,2017。

施托克曼、梅耶:《评估学》,唐以志译,人民出版社,2012。

斯塔弗尔比姆:《评估模型》,苏锦丽等译,北京大学出版社,2007。

斯塔弗尔比姆、科林:《评估理论、模型和应用》(第2版),杨保平等译,国防
　　工业出版社,2019。

孙璐:《扶贫项目绩效评估研究:基于精准扶贫的视角》,社会科学文献出版
　　社,2018。

王崇举、陈新力、徐刚:《科技支持政策绩效评估:以重庆市为例》,经济管理
　　出版社,2015。

王建冬、童楠楠、易成岐:《大数据时代公共政策评估的变革——理论、方法
　　与实践》,社会科学文献出版社,2019。

王蕾:《政府监管政策绩效评估研究》,首都经济贸易大学出版社,2012。

王世忠:《大学生资助政策执行效果评估研究》,中国社会科学出版社,2014。

杨代福、云展:《大数据时代公共政策评估创新研究:基于过程的视角》,《电子政务》2020 年第 2 期。

贠杰、杨诚虎:《公共政策评估:理论与方法》,中国社会科学出版社,2006。

张欢、任婧玲:《灾害救助政策评估:以灾民为中心的新框架》,社会科学文献出版社,2014。

张平、王宏淼等:《厦门自贸区政策研究和评估:自贸区改革突破与"十三五"转型升级战略》,社会科学文献出版社,2016。

赵德余:《政策绩效评估:地方部门案例》,复旦大学出版社,2011。

中国社会科学院法学研究所法治指数创新工程项目组:《中国政府信息公开第三方评估报告(2014)》,中国社会科学出版社,2015。

周丽旋、杜敏、于锡军:《生态补偿政策实施动态评估与政策优化》,中国环境科学出版社,2018。

二、英文类

Abbas Tashakkori and Charles Teddlie, *Mixed Methodology: Combining Qualitative and Quantitative Approaches* (London: Sage Publications, 1998).

Alan Bryman, "Integrating Quantitative and Qualitative Research: How is It Done?", *Qualitative Research* 6, no. 1(2006): 97-113.

Alan Clarke, "Evidence-based Evaluation in Different Professional Domains: Similarities, Differences and Challenges", in Ian F. Shaw, Jennifer C. Greene and Melvin M. Mark (eds.). *The SAGE Handbook of Evaluation*(London: Sage Publications, 2006).

Alberto Abadie and Javier Gardeazabal, "The Economic Costs of Conflict: A Case Study of the Basque Country", *American Economic Review*93, no. 1, (2003):112-132.

Alberto Abadie, Alexis Diamond and Jens Hainmueller, "Synthetic Control Methods for Comparative Case Studies: Estimating the Effect of California's Tobacco Control Program", *Journal of the American Statistical Association*105, no. 490(2010):493-505.

Andrew Collier, *Critical Realism: An Introduction to Roy Bhaskar's Philosophy* (London: Verso Press, 1994), p. 57.

Andrew Stevens, Keith R. Abrams, et al. "Reviews and Meta-analysis: An Introduction", in Andrew Stevens, Keith R. Abrams and John Brazier (eds.), *Methods in Evidence Based Healthcare* (London: Sage Publications, 2001), pp. 367-369.

Anthony Petrosino, Carolyn Turpin-Petrosino, Meghan E. Hollis-Peel and Julia G. Lavenberg, "Scared Straight and Other Juvenile Qwareness Programs for Preventing Juvenile Delinquency: A Systematic Review", *Campbell Systematic Reviews* 9, no. 1 (2013): 1-55.

American Evaluation Association (AEA), "Response to U. S. Department of Education", 2003, http://www. eval. org/doestatement. htm.

American Evaluation Association (AEA), *Guiding Principles for Evaluators*, 2004, retrieved from www. eval. org/Publications/ Guiding Principles asp.

American Evaluation Association, American Evaluation Association Evaluator Competencies, 2018, retrieved from www. eval. org.

American Evaluation Association, American Evaluation Association Draft Revision of Guiding Principles for Evaluators, 2018, retrieved from www. eval. org.

Amy T. Wilson and Rowena E. Winiarczyk, "Mixed Methods Research Strategies with Deaf People", *Journal of Mixed Methods Research* 8, no. 3 (2014):266-277.

Andrei P. Kirilenko and Svetlana O. Stepchenkova, "Public Microblogging on Climate Change: One Year of Twitter Worldwide", *Global Environmental Change* 26 (2014): 171-182.

Anthony E. Boardman, David H. Greenberg, Aidan R. Vining and David L. Weimer, *Cost-Benefit Analysis: Concepts and Practice* (4th ed.) (Upper Saddle River: Prentice Hall, 2010).

Anthony E. Boardman, David H. Greenberg, Aidan R. Vining and David L. Weimer, *Cost-Benefit Analysis: Concepts and Practice* (5th ed.) (Cambridge: Cambridge University Press, 2018).

Arthur C. Houts, Thomas D. Cook and William R. Shadish, "The Person-situation Debate: A Critical Multiplist Perspective", *Journal of Personality* 54, no. 1 (1986): 52-105.

Baert Patrick,"Realist Philosophy of the Social Sciences and Economics: A Critique", *Cambridge Journal of Economics* 20, no. 5(1996): 513-522.

Bickman Leonard and Debra J. Rog (eds.), *The Sage Handbook of Applied Research Methods* (2nd ed.) (Thousand Oaks: Sage Publications, 2009).

Brandon W. Youker, "Goal-free Evaluation: A Potential Model for the Evaluation of Social Work Programs", *Social Work Research* 37, no. 4 (2013):432-438.

Brandon W. Youker, "Ethnographyand Evaluation: Their Relationship and Three Anthropological Models of Evaluation", *Journal of MultiDisciplinary Evaluation* 2, no. 3 (2005): 113-132.

P. Brandon and J. Malkeet Singh, "The Strengths of the Methodological Warrants for the Findings on Research on Program Evaluation Use", *American Journal of Evaluation* 30, no. 2 (2009): 123-157.

Bronwyn Hall and Kirsten Howard,"A Synergistic Approach Conducting Mixed Methods Research with Typological and Systemic Design Considerations",*Journal of Mixed Methods Research* 2,no. 3(2008): 248-269.

Boyd Danan and Crawford Kate, "Critical Questions for Big Data", *Information Communication & Society* 15,no. 5(2012): 662-679.

Carol H. Weiss, *Evaluation Research: Methods of Assessing Program Effectiveness* (Upper Saddle River: Prentice Hall, 1972).

Carol H. Weiss, "Utilization of Evaluation: Toward Comparative Study", in Carol H. Weiss (ed.) *Evaluating Action Programs: Readings in Social Action and Education*(Boston: Allyn and Bacon, 1972), pp. 318-326.

Carol H. Weiss, "Theory-based Evaluation: Past, Present, and Future", *New Directions for Program Evaluation*76(1997):41-55.

Carol H. Weiss,"The Interface between Evaluation and Public Policy", *Evaluation* 5, no. 4(1999): 468-486.

Carol H. Weiss, Erin Murphy-Graham,Anthony Petrosino and Allison G. Gandhi,"The Fairy Godmother and Her Warts-making the Dream of Evidence-based Policy Come True",*American Journal of Evaluation*

29,no. 1(2008)：29-47.

Carol T. Fitz-Gibbon and Lynn L. Morris,"Theory-based Evaluation", *Evaluation Comment* 5, no. 1(1992)：1-4.

Charles Teddlie and Abbas Tashakkori,*Foundations of Mixed Methods Research：Integrating Quantitative and Qualitative Approaches in the Social and Behavioral Sciences* (Los Angeles：Sage Publications, 2009).

Charles Teddlie and R. Burke Johnson,"Methodological Thought since the 20th Century", in C. Teddlie and A. Tashakkori(eds.) *Foundations of Mixed Methods Research：Integrating Quantitative and Qualitative Techniques in the Social and Behavioral Sciences* (Thousand Oaks：Sage Publications,2009),pp. 62-82.

Charles Teddlie and Abbas Tashakkori, "Overview of Contemporary Issues in Mixed Methods Research", in Abbas Tashakkori and Charles Teddlie(eds.) *Sage Handbook of Mixed Methods in Social & Behavioral Science* (Thousand Oaks：Sage Publications,2010), pp. 16-59.

Christopher Smith,Afra Mashhadi and Licia Capra,"Ubiquitous Sensing for Mapping Poverty in Developing Countries", published 2013, http://citeseerx. ist. psu. edu/viewdoc/download; jsessionid＝086120FED 6EF82F11AA79F83137AB951? doi＝10. 1. 1. 408. 9095&rep＝rep1 &type＝pdf.

Chris Barnett and Tamlyn Munslow, "Workshop Report：Framing Ethics in Impact Evaluation：Where are We? Which Route should We Take?"(IDS Evidence Report,98, Brighton：IDS,2014).

Christopher Pollitt, "Book Reviews on the Science of Evaluation：A Realist Manifesto", *International Review of Administrative Sciences* 79,no. 3(2013)：580-586.

Cindy Stern, Lucy Lizarondo, Judith Carrier, Christina Godfrey and Heather Loveday, "Methodological Guidance for the Conduct of Mixed Methods Systematic Reviews", *JBI Database of Systematic Reviews and Implementation Reports* 18,no. 1(2020)：2108-2118.

CRD, University of York, "Systematic reviews：CRD's Guidance for Undertaking Reviews in Health Care", published 2008, https://

www. york. ac. uk/media/crd/Systematic_Reviews. pdf.

Cynthia E. Coburn, Meredith I. Honig and Mary K. Stein, "What's the Evidence on Districts' Use of Evidence?", in J. Bransford(ed.) *The Role of Research in Educational Improvement* (Cambridge: Harvard Educational Press,2009), pp. 67-86.

Dan Hammer, Robin Kraft and David Wheeler, "Forma: Forest Monitoring for Action-rapid Identification of Pan-tropical Deforestation Using Moderate-resolution Remotely Sensed Data", *Social Science Electronic Publishing* 192 (2010), https://www. cgdev. org/publication/forma-forest-monitoring-action-rapid-identification-pan-tropical-deforestation-using.

Daniel L. Stufflebeam, "Evaluation Models", *New Directions For Evaluation* ,no. 89(2001):7-98.

Daniel L. Stufflebeam and Anthony J. Shinkfield, *Evaluation Theory, Models, and Applications* (San Franciso: Jossey Bass, 2007), pp. 242-243.

Daniel L. Stufflebeam and Guili Zhang, *The CIPP Evaluation Model: How to Evaluate for Improvement and Accountability* (New York: The Guilford Press, 2017).

Daniel G. Solórzano and Tara J. Yosso, "Critical Race and Latcrit Theory and Method: Counter-storytelling ", *International Journal of Qualitative Studies in Education* 14, no. 4 (2001): 471-495.

Dave A. Bergeron and Isabelle Gaboury, "Challenges Related to the Analytical Process in Realist Evaluation and Latest Developments on the Use of Nvivo from a Realist Perspective", *International Journal of Social Research Methodology* 23,no. 3(2020): 355-365.

David C. Paris and James F. Reynolds, *The Logic of Policy Inquiry* (New York: Longman, 1983).

David D. Williams (ed.), *Seven North American Evaluation Pioneers* (New York:Jossey-Bass, 2016).

David L. Weimer and Aidan R. Vining, *Investing in the Disadvantaged: Assessing the Benefits and Costs of Social Policies* (Washington D. C. : Georgetown University Press, 2009).

David L. Morgan, "Paradigms Lost and Pragmatism Regained: Methodological Implications of Combining Qualitative and

Quantitative Methods", *Journal of Mixed Methods Research* 1, no. 1 (2007): 48-76.

David M. Fetterman, "Empowerment Evaluation", *Evaluation Practice* 15, no. 1 (1994): 1-15.

David M. Fetterman and Shakeh J. Kaftarian, *Empowerment Evaluation: Knowledge and Tools for Self-Assessment, Evaluation Capacity Building, and Accountability* (2nd ed.) (London: Sage Publications, 2015).

Davis B. Bobrow and John S. Dryzek, *Policy Analysis by Design* (Pittsburg: University of Pittsburgh Press, 1987).

Deborah Agostino and Michela Arnaboldi, "Social Media Data Used in the Measurement of Public Services Effectiveness: Empirical Evidence from Twitter in Higher Education Institutions", *Public Policy and Administration* 32, no. 4 (2017): 296-322.

Denise E. De Souza, "Elaborating the Context-mechanism-outcome Configuration (CMOc) in Realist Evaluation: A Critical Realist Perspective", *Evaluation* 19, no. 2 (2013): 141-154.

Donna M. Mertens, Joanne Farley, Anna-Marie Madison and Patti Singleton, "Diverse Voices in Evaluation Practice: Feminists, Minorities, and Persons with Disabilities", *Evaluation Practice* 15, no. 2 (1994): 123-129.

Donna M. Mertens, *Research and Evaluation in Education and Psychology: Integrating Diversity with Quantitative and Qualitative Approaches* (Thousand Oaks: Sage Publications, 1998).

Donna M. Mertens, *Research and Evaluation in Education and Psychology: Integrating Diversity with Quantitative, Qualitative and Mixed Methods* (2nd ed.) (Thousand Oaks: Sage Publicatons, 2005).

Donna M. Mertens, H. Holmes, H. Harris, et al., *Project SUCCESS: Summative Evaluation Report* (Washington D. C.: Gallaudet, 2007).

Donna M. Mertens, *Transformative Research and Evaluation* (New York: The Guilford Press, 2009).

Donna M. Mertens and Amy T. Wilson, *Program Evaluation Theory and Practice: A Comprehensive Guide* (New York: The Guilford Press,

2012).

Donna M. Mertens, "Mixed Methods and Wicked Problems", *Journal of Mixed Methods Research* 9, no. 1(2015): 3-6.

Donna M. Mertens, *Research and Evaluation in Education and Psychology: Integrating Diversity with Quantitative, Qualitative, and Mixed Methods* (4th ed.) (Thousand Oaks: Sage Publications, 2015).

Donna M. Mertens, *Mixed Methods Design in Evaluation* (London: Sage Publications, 2018).

Donna M. Mertens and Amy T. Wilson, *Program Evaluation Theory and Practice: A Comprehensive Guide* (2nd ed.) (New York: The Guilford Press, 2019).

Donald B. Yarbrough, Lyn M. Shulha, Rodney K. Hopson, et al., *The Program Evaluation Standards* (3rd ed.) (Thousand Oaks: Sage Publications, 2010).

Donald B. Rubin, "Estimating Causal Effects of Treatments in Randomized and Nonrandomized Studies", *Journal of Educational Psychology* 66, no. 5(1974):688-701.

Donald L. Thistlewaite and Donald T. Campbel, "Regression-discontinuity Analysis: An Alternative to the Ex Post Facto Experiment", *Journal of Educational psychology* 51, no. 6(1960).

Donald T. Campbell and Julian Stanley, *Experimental and Quasi-experimental Designs for Research* (Cambridge: Wadsworth Publishing, 1963).

Donald T. Campbell, "Reforms as Experiments", *American Psychologist* 24 (1969):409-429.

Elina Pradhan and Dean T. Jamison, "Standardized Sensitivity Analysis in BCA: An Education Case Study", *Journal of Benefit-Cost Analysis* 10, no. 1 (2019):206-222.

Egon G. Guba, "Educational Evaluation: The State of the Art"(Keynote address at the annual meeting of the Evaluation Network, St. Louis, 1977).

Egon G. Guba, *The Paradigm Dialog* (Newbury Park: Sage Publications, 1990).

Egon G. Guba, "The Alternative Paradigm Dialog", in E. G. Guba (ed.) *The Paradigm Dialog* (Newbury Park: Sage Publications, 1990), pp. 17-30.

Egon G. Guba and Yvonna S. Lincoln(eds.), *Handbook of Qualitative Research*(Thousand Oaks: Sage Publications,2005).

Elliot W. Eisner and Alan Peshkin, *Qualitative Inquiry in Education: The Continuing Debate* (New York: Teachers College, Columbia University, 1990).

Ernest R. House, "Assumptions Underlying Evaluation Models", in G. F. Madaus, et al. *Evaluation Models* (Boston: Kluwer-Nijhoff Publishing,1983).

Ernest R. House, "Research News and Comment: Trends in Evaluation", *Educational Researcher* 19, no. 3 (1990): 24-28.

Ernest R. House, "Integrating the Quantitative and Qualitative", *New Directions for Evaluation* 61(1994): 13-22.

Ernest R. House and K. R. Howe, *Values in Evaluation and Social Research*(Thousand Oaks: Sage Publications, 1999).

Ernest R. House and K. R. Howe, "Deliberative Democratic Evaluation", *New Directions for Evaluation* 85(2000): 3-12.

Ernest R. House and K. R. Howe, Deliberative Democratic Evaluation Checklist, 2000, https://wmich. edu/evaluation/checklists.

Evert Vedung,"Four Waves of Evaluation", *Evaluation*16, no. 3(2010): 263-277.

Fiona Cram, "Maintaining Indigenous Voices", in Donna M. Mertens and P. E. Ginsberg (eds.), *Handbook of Social Research Ethics* (Thousand Oaks: Sage Publications, 2009), pp. 308-322.

Francis Rathinam, et al. ,"Using Big Data for Evaluating Development Outcomes: A Systematic Map", *Campbell Systematic Reviews* 17,no. 3 (2021): 1-57.

Frank Willemsen and Frans Leeuw,"Big Data, Real-world Events, and Evaluations", in Gustav Jakob Petersson and Jonathan D. Breul (eds.), *Cyber Society, Big Data and Evaluation* (London: Transaction Publishers,2017), pp. 77-95.

Frank Fischer, "In Pursuit of Usable Knowledge: Critical Policy Analysis and the Argumentative Turn", in Frank Fischer, et al. (eds.), *Handbook of Critical Policy Studies* (Cheltenham: Edward Elgar Publishing, 2016).

Frank Fischer and Herbert Gottweis, *The Argumentative Turn Revisited Public Policy as Communicative Practice* (Durham: Duke University Press, 2012).

Francisco Valdes, "Under Construction-latcrit Consciousness, Community, and Theory", *La Raza Law Journal*, no. 10 (1998): 3-56.

Frederick J. Wertz, "Multiple Methods in Psychology: Epistemological Grounding and the Possibility of Unity", *Journal of Theoretical and Philosophical Psychology* 19, no. 2 (1999): 131-166.

Gavin Bennett and Nasreen Jessani, *The Knowledge Translation Toolkit: Bridging the Know-Do Gap: A Resource for Researchers* (Ottawa: International Development Research Centre IDRC, 2011), pp. 131-179, 189-205.

General Accounting Office, "Programme Evaluation: Improving the Flow of Information to the Congress", published Jan 30, 1995, https://www.gao.gov/assets/pemd-95-1.pdf.

George F. Madaus and Daniel L. Stufflebeam, *Educational Evaluation: Classic Works of Ralph W. Tyler* (Boston: Kluwer Academic, 1989).

Geoff Wong, Gill Westhorp and Ana Manzano, et al., "RAMESES II Reporting Standards for Realist Evaluations", *Bmc Medicine* 14, no. 1 (2016): 1-18.

Gerard Stoker and Mark Evans, *Evidence-Based Policy Making in the Social Sciences: Methods that Matters* (Bristol: Policy Press, 2016), pp. 20-201.

Gill Westhorp, "Realist Impact Evaluation: An Introduction", 2014, http://www.odi.org/sites/odi.org.uk/files/odi-assets/publications-opinion-files/9138.pdf.

Global Environment Facility, "Impact Evaluation of GEF Support to Protected Areas and Protected Area Systems" (49th GEF Council meeting, Washington D. C., October 20-22, 2015).

Government Accountability Office, "Program Evaluation: Strategies to

Facilitate Agencies Use of Evaluation in Program Management and Policy Making", published Jun 26, 2013, https://www. gao. gov/ assets/gao-13-570. pdf.

Gustav Jakob Petersson and D. Breul Jonathan, *Cyber Society*, *Big Data and Evaluation* (New Brunswick: Transaction Publishers, 2017).

Hallie S. Preskill and Rosalie T. Torres, Evaluative *Inquiry for Learning in Organizations* (Thousand Oaks: Sage Publications, 1999).

H. B. M. Leeuw, "Using Big Data to Study Digital Piracy and the Copyright Alert System", in Gustav Jakob Petersson and Jonathan D. Breul (eds.), *Cyber Society*, *Big Data and Evaluation* (New Brunswick: Transaction Publishers, 2017), pp. 97-116.

Henderson J. Vernon, Adam Storeygard and David N. Weil, "Measuring Economic Growth from Outer Space", *American Economic Review* 102, no. 2 (2012): 994-1028.

Helen Simons, "Ethics in Evaluation", in Ian F. Shaw, Jennifer C. Greene and Melvin M. Mark (eds.), *The SAGE Handbook of Evaluation* (London: Sage Publications, 2006), pp. 213-232.

Hopkins C. Q. and Koss M. P., "Incorporating Feminist Theory and Insights into a Restorative Justice Response to Sex Offenses", *Violence against Women* 11, no. 5 (2005): 693-723.

Huey-Tsyh Chen and Peter H. Rossi, "The Multi-goal, Theory-driven Approach to Evaluation: A Model Lining Basic and Applied Social Science", in H. E. Freeman and M. A. Solomon (eds.), *Evaluation Studies Review Annual* 6 (London: Sage Publications, 1981), pp. 38-54.

Huey-Tsyh Chen and Peter Rossi, "Evaluating with Sense the Theory-driven Approach", *Evaluation Review* 3, no. 7 (1983): 283-302.

Huey-Tsyh Chen and Peter Rossi, "Issues in the Theory-driven Perspective", *Evaluation and Program Planning* 12 (1989): 299-306.

Huey-Tsyh Chen, "The Conceptual Framework of the Theory-driven Perspective", *Evaluation and Program Planning* 12 (1989): 391-396.

Huey-Tsyh Chen, *Theory-Driven Evaluations* (Newbury Park: Sage Publications, 1990).

Huey-Tsyh Chen and Peter Rossi, "Introduction: Integrating Theory into Evaluation Practice", in Huey-Tsyh Chen and Peter Rossi (eds.), *Using Theory to Improve Program and Policy Evaluation* (Westport: Greenwood, 1992).

Isaac Ehrlich, "The Deterrent Effect of Capital Punishment: A Question of Life and Death", *The American Economic Review* 65, no. 3 (1975): 397-417.

Jack P. Shonkoff, "Science, Policy, and Practice: Three Cultures in Search of a Shared Mission", *Child Development* 71, no. 1 (2000): 181-187.

James J. Heckman and Edward Vytlacil, "Structural Equations, Treatment Effects and Econometric Policy Evaluation", *Econometrica* 73 (2005): 669-738.

James Manyika, Michael Chui, Brad Brown, et al., *Big Data: The Next Frontier for Innovation, Competition, and Productivity* (McKinsey Global Institute, 2011), pp. 1-143.

Jan Stejskal and Petr Hajek, "Evaluating the Economic Value of a Public Service: The Case of the Municipal Library of Prague", *Public Money and Management* 35, no. 2 (2015): 145-152.

J. Bradley Cousins and Lorna M. Earl, "The Case for Participatory Evaluation", *Educational Evaluation and Policy Analysis* 14, no. 4 (1992): 397-418.

J. Bradley Cousins and Kenneth A. Leithwood, "Current Empirical Research on Evaluation Utilization", *Review of Educational Research* 56, no. 3 (1986): 331-364.

J. Bradley Cousins and Jill Anne Chouinard, *Participatory Evaluation Up Close: An Integration of Research-Based Knowledge* (Charlotte: Information Age Publishing, Inc., 2012).

Jean A. King and Bruce Thompson, "Research on School Use of Program Evaluation: A Literature Review and Research Agenda", *Studies in Educational Evaluation* 9 (1983): 5-21.

Jean A. King, "A Proposal to Build Evaluation Capacity at the Bunche-davinci Learning Partnership Academy", *New Directions for Evaluation* 106 (2005): 85-97.

Jean A. King and Marvin C. Alkin, "The Centrality of Use: Theories of Evaluation use and Influence and Thoughts on the First 50 Years of Use Research", *American Journal of Evaluation* 40, no. 3 (2018): 1-28.

Jennifer C. Greene, Valerie J. Caracelli and Wendy F. Graham, "Toward a Conceptual Framework for Mixed-method Evaluation Designs", *Educational Evaluation and Policy Analysis* 11, no. 3 (1989): 255-274.

Jennifer C. Greene and Valerie J. Caracelli, "Defining and Describing the Paradigm Issue in Mixed-method Evaluation", *New Directions for Evaluation* 74(1997): 5-17.

Jennifer C. Greene, *Mixed Methods in Social Inquiry* (San Francisco: Jossey-Bass,2007).

Jennifer C. Greene and Jori N. Hall, "Dialectics and Pragmatism: Being of Consequence", in A. Tashakkori and C. Teddlie (eds.), *Sage Handbook of Mixed Methods in Social & Behavioral Science*, (Thousand Oaks: Sage Publications,2010),pp. 119-143.

Jeffrey L. Todahl, Deanna Linville, Amy Bustin, et al. , "Sexual Assault Support Services and Community Systems: Understanding Critical Issues and Needs in the LGBTQ Community", *Violence against Women* 15, no. 8 (2009): 952-976.

Jenny Povey, Paul Boreham and Michele Ferguson, "The Utilisation of Social Science Research: The Perspectives of Academic Researchers in Australia", *Journal of Sociology* 51,no. 2(2015): 252-270.

Jill Anne Chouinard and J. Bradley Cousins, "Participatory Evaluation for Development: Examining Research-based Knowledge from within the African Context", *African Evaluation Journal* 1, no. 1 (2013):1-9.

Joakim Tranquist, "The Oral History of Evaluation: The Professional Development of Evert Vedung", *American Journal of Evaluation* 4, no. 36(2015):570-583.

Jody L. Fitzpatrick, James R. Sanders and Blanie R. Worthen, *Program Evaluation: Alternative Approaches and Practical Guidelines* (Upper Saddle River: Pearson Education, 2004).

John W. Ayers,Benjamin M. Althouse,Kurt M. Ribisl and Sherry Emery,

"Digital Detection for Tobacco Control: Online Reactions to the 2009 U. S. Cigarette Exicse Tax increase", *Nicotine & Tobacco Research* 16, no. 5(2014): 576-583.

John W. Evers, "A Field Study of Goal-based and Goal-free Evaluation Techniques"(PhD diss., Western Michigan University, 1980).

Johann Höchtl, Peter Parycek and Ralph Schöllhammer, "Big Data in the Policy Cycle: Policy Decision Making in the Digital Era", *Journal of Organizational Computing and Electronic Commerce* 26, no. 1-2 (2016): 147-169.

Joseph G. Ponterotto, "Qualitative Research in Counseling Psychology: A Primer on Research Paradigms and Philosophy of Science", *Journal of Counseling Psychology* 52, no. 2 (2005): 126-136.

Joseph S. Wholey, *Evaluation: Performance and Promise* (Washington D. C.: The Urban Institute, 1979), pp. 131-132.

Joshua Angrist and Victor Lavy, "New Evidence on Classroom Computers and Pupil Learning", *The Economic Journal* 112, no. 482 (2002): 735-765.

Judea Pearl, *Probabilistic Reasoning in Intelligent Systems: Networks of Plausible Inference* (San Francisco: Morgan Kaufmann, 1988).

Judea Pearl, *Causality: Models, Reasoning, and Inference* (2nd ed.) (New York: Cambridge University Press, 2009).

Judith Ottoson and Diane Martinez, *An Ecological Understanding of Evaluation Use* (Princeton: Robert Wood Johnson Foundation, 2010).

Judith M. Gueron, "The Politics of Random Assignment: Implementing Studies and Impacting Policy", *Journal of Children's Services* 3, no. 1(2008): 14-26.

Judith Schoonenboom and R. Burke Johnson, "How to Construct a Mixed Methods Research Design", *Springer Open Choice* 69, no. 2 (2017): 107-131.

Justin Jagosh, Paula L. Bush, Jon. Salsberg, et al., "A Realist Evaluation of Community-based Participatory Research: Partnership Synergy, Trust Building and Related Ripple Effects", *Bmc Public Health* 15, no. 1 (2015): 1-11.

Karen E. Kirkhart, "Reconceptualizing Evaluation Use: An Integrated Theory of Influence", *New Directions for Evaluation* 88 (2000): 5-23.

Karen Bogenschneider and Thomas. J. Corbett, *Evidence-based Policymaking: Insights from Policy-minded Researchers and Research-minded Policymakers* (New York: Routledge, 2011), pp. 99-125.

Karin D. Knorr, "Policymakers' Use of Social Science Knowledge: Symbolic or Instrumental?", in Carol H. Weiss (ed.), *Using Social Research in Public Policy Making* (Lexington: D. C. Health, 1977), pp. 165-182.

Karol Olejniczak, "Mechanisms Shaping Evaluation System—A Case Study of Poland 1999—2010", *Europe-Asia Studies* 65, no. 8 (2013): 1642-1666.

Kathryn A. Sielbeck-Bowen, Sharon Brisolara, Denise Seigart and Camille Tishler, "Exploring Feminist Evaluation: The Ground from Which We Rise", *New Directions for Evaluation* 96 (2002): 3-8.

Kathryn E. Newcomer, Joseph S. Wholey and Harry P. Hatry, *Handbook of Practical Program Evaluation* (2nd ed.) (San Francisco: Jossey-Bass, 2004).

Kathryn Oliver, Simon Innvar, Theo Lorenc, et al., "A Systematic Review of Barriers to and Facilitators of the Use of Evidence by Policymakers", *BMC Health Services Research* 14, no. 1 (2014): 1-12.

Katherine Ryan, "Making Educational Accountability More Democratic", *American Journal of Evaluation* 26, no. 4 (2000): 532-543.

Kelli Johnson, Lija O. Greenseid, Toal Stacie, et al., "Research on Evaluation Use: A Review of the Empirical Literature from 1986 to 2005", *American Journal of Evaluation* 30, no. 3 (2009): 377-410.

Kelly M. Munger and Donna M. Mertens, "Conducting Research with the Disability Community: A Rights-based Approach", *New Directions for Adult and Continuing Education*, no. 132 (2011): 23-33.

Kendon J. Conrad and Todd Q. Miller, "From Program Theory to Tests of Program Theory", *New Directions for Program Evaluation* 33

(1987):19-42.

Korzenik Diana, "On Robert Stake's 'Responsive Evaluation'", *Journal of Aesthetic Education* 11, no. 1 (1977): 106-109.

K. Parker and M. Lynn, "What's Race Got to do with It?: Critical Race Theory's Conflicts with and Connections to Qualitative Research Methodology and Epistemology", *Qualitative Inquiry* 8, no. 1 (2002): 7-22.

Lan D. Graham, et al., "Lost in Knowledge Translation: Time for A Map?", *Journal of Continuing Education in the Health Professions* 26,no. 1(2006): 13-24.

Laura Haynes,Owain Service, Ben Goldacre,et al. ,"Test, Learn, Adapt: Developing Public Policy with Randomised Controlled Trials", *SSRN Electronic Journal* 1(2012):22-25.

Laura C. Leviton and Edward F. X. Hughes, "Research on the Utilization of Evaluations: A Review and Synthesis", *Evaluation Review* 5, no. 4 (1981): 525-548.

Laurie A. Schintler and Rajendra Kulkarni, "Big Data for Policy Analysis: The Good, the Bad, and the Ugly", *Review of Policy Research* 31, no. 4(2014): 343-348.

Larry A. Braskamp, "A Definition of Use", *Studies in Educational Evaluation* 8, no. 2 (1982): 169-174.

Larry L. Orr, "The Role of Evaluation in Building Evidence-based Policy", *The ANNALS of the American Academy of Political and Social Science* 678, no. 1(2018): 51-59.

Leonard Bickman, "The Importance of Program Theory", *New Directions for Program Evaluation* 33 (1987):5-18.

Lee J. Cronbach, "Course Improvement through Evaluation", *Teachers College Record* 64, no. 8 (1963): 672-683.

Lois E. Datta, "Paradigm Wars: A Basis for Peaceful Coexistence and Beyond", *New Directions for Evaluation* 61(1994): 53-70.

Lucy Yardley, "Demonstrating Validity in Qualitative Psychology", in J. A. Smith (ed.), *Qualitative Psychology: A Practical Guide to Research Method* (Los Angeles: Sage Publications, 2009), pp. 235-251.

Lyn M. Shulha and J. Bradley Cousins, "Evaluation Use: Theory, Research, and Practice since 1986", *Evaluation Practice* 18, no. 1 (1997): 195-208.

Martin Rein and Donald Schön, "Frame-critical Policy Analysis and Frame-reflective Policy Practice", *Knowledge & Policy* 9, no. 1 (1996): 85-104.

Marco Segone, *New Trends in Development Evaluation* (Geneva: UNICEF Regional Office, 2006).

Malcolm Parlett and David Hamilton, "Evaluation as Illumination: A New Approach to the Study of Innovatory Programs", in G. Glass (ed.) *Evaluation Review Studies Annual* (Beverly Hills: Sage Publications, 1972), pp. 140-157.

Marvin C. Alkin, Richard Daillak and Peter White, *Using Evaluations: Does Evaluation Make a Difference?* (Beverly Hills: Sage Publications, 1979).

Marvin C. Alkin, "Organizing Evaluations for Use as A Management Tool", *Studies in Educational Journal* 11, no. 2 (1985): 131-157.

Marvin C. Alkin, *Evaluation Roots: A Wider Perspective of Theorists' Views and Influences* (2nd ed.)(London:Sage Publications,2012).

Marvin C. Alkin and Jean A. King, "The Historical Development of Evaluation Use", *American Journal of Evaluation* 37, no. 4 (2016): 568-579.

Marvin C. Alkin and Jean A. King, "Definitions of Evaluation Use and Misuse, Evaluation Influence, and Factors Affecting Use", *American Journal of Evaluation* 38, no. 3(2017): 434-450.

Martin Mattsson and Mushfiq Mobarak, "Rural Institutional Innovation: Can Village Courts in Bangladesh Accelerate Access to Justice and Improve Socio-economic Outcomes?", *Impact Evaluation Report* 116,April 2020.

Matthew C. Nisbet and Dietram A. Scheufele, "What's Next for Science Communication? Promising Directions and Lingering Distractions", *American Journal of Botany* 96, no. 10(2009): 1767-1778.

Melvin M. Mark and R. Lance Shotland, "Alternative Models for the Use of Multiple Methods", *New Directions for Program Evaluation* 35

(1987):95-100.

Melvin M. Mark, et al., "Toward an Integrative Framework for Evaluation Practice", *American Journal of Evaluation* 20, no. 2 (1999): 177-198.

Melvin M. Mark, Gary T. Henry and George Julnes, "Toward an Integrative Framework for Evaluation Practice", *American Journal of Evaluation* 20, no. 2 (1999): 177-198.

Melvin M. Mark, Gary T. Henry and George Julnes, *Evaluation* (San Francisco: Jossey-Bass, 2004).

Melvin M. Mark and Gary T. Henry, "The Mechanisms and Outcomes of Evaluation Influence", *Evaluation* 10, no. 1 (2004): 35-57.

Melvin M. Mark, Valerie Caracelli, Miles A. McNall and Robin Lin Miller, "The Oral History of Evaluation: The Professional Development of Thomas D. Cook", *American Journal of Evaluation* 39, no. 2 (2018): 290-304.

Michael Bamberger, "Integrating Big Data into the Monitoring and Evaluation of Development Programmes" (2016), accessed October, 2020, http:// unglob -al pulse. org/ sites/default/files/ Integrating BigData_intoMEDP_web_ UNGP.

Michael Bamberger, Jos Vaessen and Estelle Raimondo, *Dealing with Complexity in Development Evaluation: A Practical Approach* (Thousand Oaks: Sage Publications, 2016).

Michael Quinn Patton, "A Context and Boundaries for a Theory-driven Approach to Validity", *Evaluation and Program Planning* 12 (1989):375-377.

Michael Q. Patton, "Discovering Process Use", *Evaluation* 4 (1998): 225-233.

Michael Quinn Patton, *Utilization-focused Evaluation* (3rd ed.) (Thousand Oaks: Sage Publications, 2007).

Michael Q. Patton, *Utilization-Focused Evaluation* (4th ed.) (Los Angeles: Sage Publications, 2008).

Michael Quinn Patton, *Developmental Evaluation: Applying Complexity Concepts to Enhance Innovation and Use* (New York: Guilford Press, 2011).

Michael Q. Patton, *Essentials of Utilization-focused Evaluation* (Los Angeles: Sage Publications, 2012).

Michael Q. Patton, Utilization-focused Evaluation Checklist, 2013, https://wmich. edu/sites /default/files/attachments/ u350/2014/ UFE_Checklist_2013. pdf.

Michael Scriven, *Evaluation Thesaurus* (Newbury Park: Sage Publications, 1991).

Michael Scriven, "Evaluation as A Discipline", *Studies in Educational Evaluation* 20, no. 1 (1994):147-166.

Michael Gibbert, Winfried Ruigork and Barbara Wicki, "What Passes as a rigorous case study?", *Strategic Management Journal* 29, no. 13 (2008): 1465-1474.

Melvin M. Mark and Chris Gamble, "Experiments, Quasi-experiments and Ethics", in Donna M. Mertens and Pauline E. Ginsburg(eds.), *Handbook of Social Research Ethics* (Thousand Oaks: Sage Publications,2009),pp. 198-213.

Melvin M. Mark and G. T. Henry, "Methods for Policy-making and Knowledge Development Evaluations", in Ian F. Shaw,Jennifer C. Greene and Melvin M. Mark (eds.), *The SAGE Handbook of Evaluation* (Thousand Oaks: Sage Publications,2006), pp. 317-339.

M. Sullivan, "Philosophy, Ethics, and the Disability Community", in Donna M. Mertens and P. E. Ginsberg(eds.), *Handbook of Social Research Ethics* (Thousand Oaks: Sage Publications, 2009), pp. 69-84.

National Academies of Sciences, Engineering, and Medicine, *Principles and Practices for Federal Program Evaluation: Proceedings of a Workshop-in Brief* (Washington D. C. : The National Academies Press, 2017).

Nathan Caplan, A. Morrison and R. Stambaugh, *The Use of Social Science Research at the National Level* (Ann Arbor: Institute for Social Research,1975).

Nathan Caplan, " The Two-communities Theory and Knowledge Utilization", *American Behavioral Scientist* 22, no. 3 (1979): 459-470.

Nils O. E. Olsson and Heidi Bull-Berg, "Use of Big Data in Project Evaluations", *International Journal of Managing Projects in Business* 8, no. 3(2015): 491-512.

Orley C. Ashenfelter, "Estimating the Effect of Training Programs on Earnings", *Review of Economics and Statistics* 60, no. 1 (1978): 47-57.

Ove Karlsson, "The Relationship Between Evaluation and Politics", in Ian Shaw, Jennifer Greene and Melvin Mark (eds.), *The Sage Handbook of Evaluation* (London: Sage Publications, 2006).

Paul R. Rosenbaum and Donald B. Rubin, "The Central Role of the Propensity Score in Observational Studies for Causal Effects", *Biometrica* 70, no. 1(1983): 41-55.

Paul W. Holland, "Statistics and Causal Inference", *Journal of the American Statistical Association* 81, no. 396(1986):945-960.

Pat Hoddinott, Jane Britten and Roisin Pill, "Why do Interventions Work in Some Places and not Others: A Breastfeeding Support Group Trial", *Social Science & Medicine* 70, no. 5(2010): 769-778.

Patti Lather, "Critical Frames in Educational Research: Feminist and Post-structural Perspectives", *Theory and Practice* 31, no. 2 (1992): 1-13.

Patricia J. Rogers, "Theory-based Evaluation: Reflections Ten Years on", *New Directions for Evaluation* 114(2007): 63-67.

P. Diesing, "Objectivism vs. Subjectivism in the Social Sciences", *Philosophy of Science* 33, no. 1/2 (1966): 124-133.

Pernelle A. Smits and Francois Champagne, "An Assessment of the Theoretical Underpinnings of Practical Participatory Evaluation", *American Journal of Evaluation* 29, no. 4 (2008): 427-442.

Peter H. Rossi and James D. Wright, "Evaluation Research: An Assessment", Annual Review of Sociology 10(1984):331-352.

Pete York and Michael Bamberger, "Measuring Results and Impact in the Age of Big Data: The Nexus of Evaluation, Analytics and Digital Technology", 2020, https://www. rockefellerFoundation. org/wp-content/uploads/Measuring-results-and-impact-in-the-age-of-big-data-by-York-and-Bamberger-March-2020. pdf.

Philip Davies, "The State of Evidence-based Policy Evaluation and Its Role in Policy Formation", *National Institute Economic Review* 219, no. 1(2012): 41-52.

Philip Davies, "Is Evidence-based Government Possible?" (Jerry Lee Lecture, presented at the 4th Annual Campbell Collaboration Colloquium, Washington D. C. ,2004).

Rachel Glennerster and Kudzai Takavarasha, *Running Randomized Evaluations: A Practical Guide* (Princeton: Princeton University Press, 2013).

Ray Pawson and Nicholas Tilley, *Realistic Evaluation* (London: Sage Publications,1997).

Ray Pawson, *Evidence-Based Policy: A Realist Perspective* (London: Sage Publications, 2006).

Ray Pawson and Ana Manzano-Santaella, "A Realist Diagnostic Workshop", *Evaluation* 18,no. 2(2012): 176-191.

Ray Pawson, *The Science of Evaluation: A Realist Manifesto* (Los Angeles and London:Sage Publications,2013).

Raychelle Harris, H. Holmes and Donna M. Mertens, "Research Ethics in Sign Language Communities", *Sign Language Studies* 9, no. 2 (2009): 104-131.

R. Burke Johnson, "Toward a Theoretical Model of Evaluation Utilization", *Evaluation and Program Planning* 21(1998): 93-110.

R. Burke Johnson, "Dialectical Pluralism: A Metaparadigm to Help Us Hear and 'Combine' Our Valued Differences" (Paper presented in plenary session at the Seventh International Congress of Qualitative Inquiry, Urbana-Champaign, I L,2011).

R. Burke Johnson and Tres Stefurak, "Considering the Evidence-and-credibility Discussion in Evaluation through the Lens of Dialectical Pluralism", in D. Mertens and S. Hesse-Biber (eds.), *Mixed Methods and Credibility of Evidence in Evaluation* (Hoboken: Wiley,2013),pp. 37-48.

R. Burke Johnson and Tres Stefurak, "Dialectical Pluralism: A Metaparadigm and Process Philosophy for 'Dynamically Combining' Important Differences", *Qualitative Methods in Psychology* (*QMiP*)

Bulletin，17（Spring）（2014）：63-69.

R. Burke Johnson，Anthony J. Onwuegbuzie，Susan Tucker and M. L. Icenogle，"Conducting Mixed Methods Research Using Dialectical Pluralism and Social Psychological Strategies"，in P. Leavy（ed.），*The Oxford Handbook of Qualitative Research*（New York：Oxford University Press，2014），pp. 557-580.

R. Burke Johnson and Judith Schoonenboom，"Adding Qualitative and Mixed Methods Research to Health Intervention Studies：Interacting with Differences"，*Qualitative Health Research* 26，no. 5（2016）：587-602.

Reay Trish，Berta Whitney and Kohn Melanie，"What's the Evidence on Evidence-based Management?"，*Academy of Management Perspectives* 23，no. 4（2009）：5-18.

Réjean Landry，Moktar Lamari and Nabil Amara，"The Extent and Determinants of the Utilization of University Research in Government Agencies"，*Public Administration Review* 63，no. 2（2003）：192-205.

R. F. Conner，D. G. Altman and C. Jackson，*Evaluation Studies Review Annual*（Beverly Hills：Sage Publications，1984）.

Richard I. Miller，"Developing Standards for Empirical Examinations of Evaluation Theory"，*American Journal of Evaluation* 31，no. 3（2010）：390-399.

Richard J. Shavelson and Lisa Towne（eds.），*Scientific Research in Education*（Washington D. C.：National Academies Press，2002）.

R. Lance Hogan，"The Historical Development of Program Evaluation：Exploreing the Past and Present"，*Online Journal of Workforce Education and Development* 2，no. 4（2007）：1-14.

Robert D. Brown，Larry A. Braskamp and Dianna L. Newman，"Evaluator Credibility as A Function of Report Style：Do Jargon and Data Make A Difference?"，*Evaluation Quarterly* 2（1978）：331-341.

Robert E. Stake，"The Countenance of Educational Evaluation"，*Teacher College Record* 68，no. 7（1967）：523-540.

Robert E. Stake，Nine Approaches to Educational Evaluation，unpublished chart（Urbana：University of Illinois，Center for

Instructional Research and Curriculum Evaluation, 1974).

Robert E. Stake and Tineke A. Abma, "Responsive Evaluation", in S. Mathison(ed.), *Encyclopedia of Evaluation*(Thousand Oaks: Sage Publications, 2005), pp. 376-379.

Robert K. Yin, "Evaluation: A Singular Craft", *New Directions for Evaluation* 61 (1994): 71-84.

Robert K. Yin, *Case Study Research: Design and Methods* (4th ed.) (Thousand Oaks: Sage Publications, 2009).

Robert K. Yin, *Qualitative Research from Start to Finish*(New York: Guilford, 2011).

Robert Picciotto, "International Trends and Development Evaluation: The Need for Ideas", *American Journal of Evaluation* 24, no. 2(2002): 227-234.

Robert S. Weiss, *Learning from Strangers: The Art and Method of Qualitative Interview Studies*(New York: The Free Press, 1994).

Rosmery Ramos-Sandoval, "Peruvian Citizens Reaction to Reactiva Perú Program: A Twitter Sentiment Analysis Approach", https://doi. org/10. 1007/978-3-030-76228-5_2.

Ross C. Brownson, Elizabeth A. Dodson, Katherine A. Stamatakis, et al., "Communicating Evidence-based Information on Cancer Prevention to State-level Policymakers", *JNCI: Journal of the National Cancer Institute* 103, no. 4(2011): 306-316.

Roy Bhaskar, "Critical Realism: Essential Readings", *Historical Materialism* 8, no. 1(2020): 507-517.

Sally Jackson, "Big Data Monitoring and Evaluation: A Theoretical Framework, Tools and Lessons Learned from Practice", 2018, http:// unglobalpulse. org/sites/default/files/Annex％ 201％ 20Big_data_monitoring_and_evaluation. pdf.

Sam Porter, "The Role of Qualitative Research in Evidence-based Policy and Practice", *Journal of Research in Nursing* 15, no. 6(2010): 495-496.

Sandra Nutley, Isabel Walter and Huw T. O. Davies, "From Knowing to Doing: A Framework for Understanding the Evidence-into-practice Agenda", *Evaluation* 9, no. 2(2003): 125-148.

Sandra Nutley, Isabel Walter and Huw T. O. Davies, *Using Evidence:*

How Research can Inform Public Services. Bristol（United Kingdom：Policy Press，2007）.

Sandra Mathison，"Evaluation Theory"，in Sandra Mathison（ed.），*Encyclopedia of Evaluation*（Thousand Oaks：Sage Publications，2011），p. 2.

Shelley Bowen and Anthony B. Zwi，"Pathways to'Evidence-informed'Policy and Practice：A Framework for Action"，*Public Library of Science* 2，no. 7（2005）：600-605.

Shenyang Guo and Mark W. Fraser，*Propensity Score Analysis：Statistical Methods and Applications*（Thousand Oaks：Sage Publications，2010）.

Sophie Sutcliffe and Julius Court，*A Toolkit for Progressive Policymakers in Developing Countries*（London：Research and Policy in Development Programme，2006），pp. 1-5.

Stafford Hood，Rodney K. Hopson and Karen E. Kirkhart，"Culturally Responsive Evaluation：Theory，Practice，and Future Implications"，in Kathryn E. Newcomer，Harry P. Hatry and Joseph S. Wholey（eds.），*Handbook on Practical Program Evaluation*（4th ed.）（San Francisco：Jossey-Bass，2015），pp. 281-317.

Stefan Fina，"Monitoring Travel Patterns in German City Regions with the Help of Mobile Phone Network Data"，*International Journal of Digital Earth* 14，no. 3（2021）：379-399.

Steffen Bohni Nielsen，Nicolaj Ejler and Maryanne Schretzman，"Exploring Big Data Opportunities：The Case of the Center for Innovation through Data Intelligence（CIDI），New York City"，in Gustav Jakob Petersson and Jonathan D. Breul（eds.），*Cyber Society，Big Data and Evaluation*（New York：Transaction Publishers，2017），pp. 147-169.

Stephen Kemmis and Robin McTaggart，"Participatory Action Research"，in N. Denzin and Y. Lincoln（eds.），*The Handbook of Qualitative Research*（2nd ed.）（Beverly Hills：Sage Publications，2000）.

Steven Højlund，Karol Olejniczak，Gustav Jakob Petersson and Jakub Rok，"The Current Use of Big Data in Evaluation"，in Gustav Jakob Petersson and Jonathan D. Breul（eds.），*Cyber Society，Big Data and Evaluation* (New York: Transaction Publishers, 2017), pp. 35-60.

Stewart I. Donaldson, *Program Theory Driven Evaluation Science: Strategies and Applications* (Mahwah: Erlbaum, 2007).

Gerry Stoker and Mark Evans, *Evidence-Based Policy Making in the Social Sciences: Methods that Matters* (Cambridge: Policy Press, 2016).

Strategic Policy Making Team, Cabinet Office, "Professional Policy Making for the Twenty-first Century", 1999, https://dera. ioe. ac. uk/6320/1/profpolicymaking. pdf.

Swedish International Development Agency (SIDA), "Are Evaluations Useful? Cases from Swedish Development Cooperation", published May 1, 1999, https://www. alnap. org/system/files/content/ resource/files/main/are-evaluations-useful-cases-from-swedish- devel. pdf.

Terry E. Hedrick, "The Quantitative-qualitative Debate: Possibilities for Integration", *New Directions for Evaluation* 61 (1994): 45-52.

Tom D. Stanley, "Wheat from Chaff: Meta-analysis as Quantitative Literature Review", *The Journal of Economic Perspectives* 15, no. 3 (2001): 131-150.

Thomas D. Cook and Donald Campbel, *Quasi-Experimentation: Design and Analysis Issues for Field Settings* (Chicago: Rand McNally, 1979), pp. 96-99.

Thomas D. Cook and Charles S. Reichardt (eds.), *Qualitative and Quantitative Methods in Evaluation Research* (Newbury Park: Sage Publications, 1979).

Thomas D. Cook, "Postpositivist Critical Multiplisrn", in L. Shotland and Melvin M. Mark (eds.), *Social Science and Social Policy* (Newbury Park: Sage Publications, 1985).

Thomas A. Schwandt, "Three Epistemological Stances for Qualitative Inquiry: Interpretivism, Hermeneutics, and Social Constructionism", in K. Denzin and Y. S. Lincoln (eds.), *Handbook of Qualitative Research* (2nd ed.)(Thousand Oaks: Sage Publications, 2000), pp. 17-213.

Thomas A. Schwandt, "Egon Guba: Observations on A Journey to

Constructivism", in *The Constructivist Credo* (New York: Left Coast Press, 2013), pp. 15-24.

Tres Stefurak, R. Burke Johnson and Erynne H. Shatto, "Mixed Methods and Dialectical Pluralism", in L. A. Jason and D. S. Glenwick (eds.), *Handbook of Methodological Approaches to Community-based Research* (New York: Oxford University Press, 2015), pp. 345-354.

Trevor Hastings, "A Portrayal of the Changing Evaluation Scene" (Keynote speech at the annual meeting of the Evaluation Network, St. Louis, 1976).

Tseng Vivian, "The Uses of Research in Policy and Practice", *Social Policy Report* 26, no. 2(2012): 1-24.

UN Global Pulse, "Analysing Seasonal Mobility Patterns Using Mobile Phone Data", *Global Pulse Project Series*, no. 15(2015).

UNICEF, "Bridging the Gap: The Role of Monitoring and Evaluation in Evidence-based Policy Making", 2008, http://mymande. org/sites/default/files/Bridging_the_Gap_evidence_based_policy_making. pdf.

Victor Soto, Vanessa Frias-Martinez, Jesus Virseda and Enrique Frias-Martinez, "Prediction of Socioeconomic Levels Using Cell Phone Records" (User Modeling, Adaption & Personalization-international Conference, Umap, Girona, Spain, July 11,2011).

Vicky Ward, Simon Smith, Samantha Carruthers, Susan Hamer and Allan House, "Knowledge Brokering: Exploring the Process of Transferring Knowledge into Action", *BMC Health Services Research* 9, no. 1(2009): 1-6.

V. G. Thomas, "Critical Race Theory: Ethics and Dimensions of Diversity in Research", in Donna. M. Mertens and Pauline. E. Ginsberg (eds.), *Handbook of Social Research Ethics* (Thousand Oaks: Sage Publications, 2009), pp. 54-68.

William R. Shadish, Thomas D. Cook and Laura C. Leviton, *Foundations of Program Evaluation Theory of Practice* (New York: Sage Publications, 1991).

William R. Shadish, Thomas D. Cook & Laura C. Leviton, "Social Program Evaluation: Its History, Tasks, and Theory", in William

R. Shadish, Thomas D. Cook and Laura C. Leviton (eds.), *Foundations of Program Evaluation: Theories of Practice* (Newbury Park: Sage Publications, 1991), pp. 19-35.

William R. Shadish, "Critical Multiplism: A Research Strategy and Its Attendant Tactics", *American Journal of Evaluation*, no. 60 (1993): 13-57.

William R. Shadish, "Evaluation Theory is Who We Are", *American Journal of Evaluation* 19, no. 1(1998).

William R. Shadish and Thomas D. Cook, "Donald Campbell and Evaluation Theory", *American Journal of Evaluation* 19 (1998): 417-422.

William R. Shadish, Thomas D. Cook and Donald T. Campbell, *Experimental and Quasi-experimental Designs for Generalized Causal Inferences* (New York: Houghton Mifflin, 2002).

William R. Shadish and Jason K. Luellen, "History of Evaluation", in Sandra Mathison (ed.), *Encyclopedia of Evaluation* (Thousand Oaks: Sage Publications, 2011), pp. 3-6.

William M. K. Trochim, *Research Design for Program Evaluation: The Regression-Discontinuity Approach* (Newbury Park: Sage Publications, 1984).

Xiang Cheng, Luoyang Fang, et al., "Mobile Big Data: The Fuel for Data-driven Wireless", *IEEE Internet of Things Journal* 4, no. 5 (2017): 1489-1516.

Yiqiao Chen, Elisabete A. Silva and José P. Reis, "Measuring Policy Debate in a Regrowing City by Sentiment Analysis Using Online Media Data: A Case Study of Leipzig 2030", *Regional Science Policy & Practice* 13, no. 3(2020): 675-692.

Yvonna S. Lincoln and Egon G. Guba (eds.), *Handbook of Qualitative Research* (Thousand Oaks: Sage Publications, 2005).

Yvonna S. Lincoln, "'What A Long, Strange Trip It's been': Twenty-five Years of Qualitative and New Paradigm Research", *Qualitative Inquiry* 16, no. 1 (2010): pp. 3-9.

Yvonna S. Lincoln and Egon G. Guba, *The Constructivist Credo* (New York: Left Coast Press, 2013), pp. 27-31.

后　记

　　本书是国家社科基金后期资助项目(20FGLB043)的最终成果。2017年左右,我便对政策评估这一研究主题产生了浓厚的兴趣。一方面,是源于党的十八届三中全会以来我国政策评估实践的蓬勃发展,从这些活跃的评估实践中,我感受到了对政策评估理论和方法的强烈需求;另一方面,因为长期从事"公共政策分析"课程的教学,每当讲到"公共政策评估"一讲时,因几乎没有系统和深入的政策评估理论和方法的参考资料,也常常感到困惑,因此便产生了研究政策评估理论和方法的想法。2017年9月至2018年9月,在国家留学基金委的资助下,我赴美国威斯康辛大学麦迪逊分校进行了以"公共政策评估"为主题的访问学习。归国后,一方面对访学的成果进行归纳总结;另一方面对相关问题不断进行拓展和深入研究,于2020年6月形成了《西方政策评估理论与方法研究》的初稿,后以此稿申请了当年的国家社科基金后期资助。幸运的是,该年10月,获得了国家社科基金后期资助项目立项。在接下来的近两年时间里,我们又结合五名立项评审专家、三名结项评审专家等的意见,对书稿进行了全面、扎实的修改,最终形成本书。

　　虽然本书绝大部分由我写作完成,但是我的研究生也参与了部分研究和写作工作。我除了统筹本项目之外,撰写了本书的第一章、第二章、第五章、第八章、第九章、第十一章,修改了第三章、第四章、第六章、第七章、第十章并进行了最后的统稿。在我的指导下,博士研究生穆冬梅撰写了第三章初稿(除"成本收益分析"部分外),博士研究生沈玲丽撰写了第四章初稿和第三章中"成本收益分析"部分初稿,硕士研究生张琼方、陈雪晴撰写了第六章初稿,硕士研究生李增撰写了第七章初稿,硕士研究生云展撰写了第十章初稿。从这个角度而言,本书也是集体努力的结果。

　　付梓之际,脑中涌现出了许多值得感谢的人们的身影。

　　感谢我在美国威斯康辛大学麦迪逊分校访问学习期间的合作导师戴

维·韦默教授(该校资深教授,曾任美国政策分析与管理协会主席、成本收益分析协会主席)和王阳(Yang Wang)教授。戴维·韦默教授对我的学术和生活都给予了大量的关心和帮助,他主讲的课程"公共政策分析""成本收益分析"使我受益匪浅。尽管我因病仅旁听了王阳教授主讲的"公共项目评估"课程的少量内容,但其丰富的教学资料使我增加了对政策评估的新的理解。

感谢我的博士导师——武汉大学丁煌教授。正是丁老师在百忙之中为本书所作的精彩序言,使得本书增色不少;丁老师对本书的肯定,也将激励我继续向前。

感谢重庆大学公共管理学院的领导和同事。正是学院领导创造的良好学术环境和同事们的关心和帮助,才使得本书得以顺利完成。

感谢浙江大学出版社蔡圆圆女士和赵伟女士。正是她们的精心编辑,才使得本书能以更好的学术面貌得以呈现。

本书的完成也离不开家人的支持。我的岳母李会淑女士常年帮助照顾我的女儿,妻子董利红女士承担了大量家务,当然,我的女儿——"宝贝辰"也少了一些父亲的陪伴。

最后,向所有帮助本书完成的人表示感谢!

目前,国内政策评估研究日盛,正在不断地拓展和深化。虽然本书对政策评估理论和方法进行了一定的探索,但是由于水平的制约,取得的成果有限。其中的不足之处,还请专家学者们批评指正。

杨代福

2023 年 3 月